Christoph Dinkel

Kirche gestalten –
Schleiermachers Theorie
des Kirchenregiments

Walter de Gruyter · Berlin · New York
1996

♾ Gedruckt auf säurefreiem Papier,
das die US-ANSI-Norm über Haltbarkeit erfüllt.

Die Deutsche Bibliothek – CIP-Einheitsaufnahme

Dinkel, Christoph:
Kirche gestalten – Schleiermachers Theorie des Kirchenregiments /
Christoph Dinkel. – Berlin ; New York : de Gruyter, 1996
   (Schleiermacher-Archiv ; Bd. 17)
   Zugl.: Kiel, Univ., Diss., 1994/95
   ISBN 3-11-014943-5
NE: GT

Vorwort

Die vorliegende Studie wurde im Wintersemester 1994/95 von der Theologischen Fakultät der Christian-Albrechts-Universität zu Kiel als Dissertation angenommen. Meine Beschäftigung mit Schleiermachers Theorie des Kirchenregiments geht auf eine Anregung von Prof. Dr. Hans-Joachim Birkner zurück, der am 21. September 1991 verstarb. Ich erinnere mich in Dankbarkeit an seine freundliche Zuwendung. Prof. Dr. Reiner Preul schlug mir vor, Schleiermachers Theorie des Kirchenregiments in einer Dissertation genauer zu untersuchen. Er übernahm auch das Erstgutachten und betreute den Fortgang der Arbeit mit großer Sorgfalt. Ihm danke ich herzlich. Prof. Dr. Reinhard Schmidt-Rost übernahm freundlicherweise das Zweitgutachten, und Prof. Dr. Dr. Günter Meckenstock stand für Rückfragen immer zur Verfügung. Beiden gilt ebenfalls mein Dank. Für die Aufnahme der Studie in das Schleiermacher-Archiv danke ich den Herausgebern der Reihe, insbesondere Prof. Dr. Hermann Fischer. Der Studienstiftung des Deutschen Volkes danke ich für ein Promotionsstipendium, das die Arbeit überhaupt erst möglich gemacht hat. Meinen Eltern danke ich herzlich für weitere vielfältige Unterstützung. Für Druckkostenzuschüsse bin ich der Kieler Christian-Albrechts-Universität und der Württembergischen Landeskirche zu Dank verpflichtet. Ganz besonderer Dank gilt meiner Frau, Dr. Isolde Karle. Sie hat als erste Leserin und unermüdliche Gesprächspartnerin den Fortgang der Arbeit nachhaltig unterstützt.

Reutlingen, den 21. September 1995   Christoph Dinkel

SchlA 17

Schleiermacher-Archiv

Herausgegeben von
Hermann Fischer
und
Gerhard Ebeling, Heinz Kimmerle,
Günter Meckenstock, Kurt-Victor Selge

Band 17

Walter de Gruyter · Berlin · New York
1996

Inhaltsverzeichnis

Einleitung: Eine Theorie evangelischer Kirchenleitung

1. Das Thema der Studie

Im Jahr 1811 legte Friedrich Schleiermacher in der ersten Auflage der „Kurzen Darstellung des Theologischen Studiums"[1] die Grundzüge einer „Theorie des Kirchenregiments" als Teildisziplin der Praktischen Theologie vor. Diese in der „Kurzen Darstellung" nur skizzierte Theorie einer evangelischen Kirchenleitung[2] führte er in seinen praktisch-theologischen Vorlesungen und in mehreren kirchenpolitischen Schriften detailliert aus. Schleiermacher greift mit seiner Theorie seiner Zeit weit voraus. Er fordert nicht nur die Abschaffung des landesherrlichen Kirchenregiments und die Einführung einer von den Gemeinden ausgehenden, synodalen Kirchenverfassung mit demokratisch legitimierten Leitungsorganen, sondern entwirft für diese noch nicht realisierte Form der Kirchenleitung zugleich die entsprechende Theorie. Sein Programm lautet, daß die Kirche sich selbst steuern und gestalten solle und daß die Theologie den Verantwortlichen das dafür erforderliche theoretische Wissen zur Verfügung stellen müsse. Schleiermachers Vorschläge werden dabei durch eingehende exegetische, dogmatische, soziologische und ethische Reflexionen begründet. Die Theorie des Kirchenregiments ist in einen Kosmos von Wissenschaften eingebettet und berücksichtigt die ganze denkbare Weite und Vielfalt menschlichen Lebens. Zusammen mit seiner Theorie des Kirchenregiments entwickelt Schleiermacher als erster überhaupt das Konzept einer Praktischen

---

1   Kurze Darstellung des theologischen Studiums zum Behuf einleitender Vorlesungen, Berlin 1811, 2., umgearbeitete Ausgabe, Berlin 1830. Texte Schleiermachers werden in der Studie prinzipiell ohne Angabe des Autors zitiert.
2   Schleiermacher verwendet den Begriff „Kirchenleitung" in einem weiteren Sinn als heute üblich. Kirchenleitung ist für ihn zunächst jedes auf theologischer Reflexion basierende Handeln in der Kirche. Was heute Kirchenleitung heißt, bezeichnet Schleiermacher als „Kirchenregiment". Genauere Begriffsbestimmungen werden in der vorliegenden Studie erarbeitet.

Theologie, die als akademische Disziplin gleichberechtigt neben die klassischen theologischen Disziplinen zu stehen kommt. Er gilt als „Urheber der praktischen Theologie als Wissenschaft"[3], auch wenn sich ihr Zuschnitt durch Carl Immanuel Nitzsch noch änderte. Mit der Betonung des menschlichen Gestaltungsauftrags erweist sich Schleiermachers Programm der Praktischen Theologie als neuzeitlich-modernes Konzept. Sein ganzes Schaffen stellt den geglückten Versuch dar, das Christentum in der Moderne neu zur Geltung zu bringen.

Schleiermacher arbeitete seine in der „Kurzen Darstellung" konzipierte und in den Vorlesungen zur Praktischen Theologie ausgeführte Theorie des Kirchenregiments nie zu einer eigenständigen Veröffentlichung aus. Die Theorie des Kirchenregiments teilt dieses Schicksal mit vielen anderen wichtigen Beiträgen Schleiermachers zu theologischen und philosophischen Fragen. Manche dieser Lücken wurden inzwischen durch Editionen oder Rekonstruktionsversuche geschlossen.[4] Die Theorie des Kirchenregiments hingegen wurde bislang noch nicht Gegenstand einer eingehenden Untersuchung. Die vorliegende Arbeit macht es sich deshalb zur Aufgabe, Schleiermachers Theorie des Kirchenregiments in ihren weitverzweigten Bezügen und ihrer hohen Komplexität zu rekonstruieren. Dabei sollen nicht nur ihre Beziehungen zu Schleiermachers Wissenschaftssystem und zu seiner ethischen und dogmatischen Ekklesiologie aufgezeigt werden. Vielmehr muß die Theorie des Kirchenregiments insbesondere als Teil von Schleiermachers Konzept der Praktischen Theologie, aber auch der Theologie überhaupt interpretiert werden, um gängige Mißverständnisse zu vermeiden und ihre Leistungsfähigkeit unverkürzt in den Blick zu bekommen.[5] Darüber hinaus gilt es, auch

---

3   Ernst Christian Achelis, Lehrbuch der Praktischen Theologie, 2 Bde., 2., neu bearb. Aufl., Leipzig 1898, Bd. 1, 14.
4   Es sei an dieser Stelle nur auf die für die neuere Schleiermacherforschung bahnbrechende Rekonstruktion von Schleiermachers Wissenschaftssystem durch Hans-Joachim Birkner hingewiesen: Ders., Schleiermachers Christliche Sittenlehre. Im Zusammenhang seines philosophisch-theologischen Systems, TBT 8, Berlin 1964, 30ff (abgekürzt: Birkner, SCS) sowie: Ders., Theologie und Philosophie. Einführung in Probleme der Schleiermacher-Interpretation, TEH 178, München 1974.
5   Vgl. Birkner, SCS, 30, ders., Theologie und Philosophie, 7-22 und: Eilert Herms, Die Ethik des Wissens beim späten Schleiermacher, in: ZThK 73 (1976), 471-523, 471f. Speziell für die Praktische Theologie Schleiermachers fordern eine solche Rekonstruktion im Rahmen des Gesamtsystems: Volker Drehsen, Neuzeitliche Konstitutionsbedingungen der Praktischen Theologie.

die historischen und biographischen Zusammenhänge der Theorie zu
beleuchten. Gerade das zeitgeschichtliche Umfeld läßt das Profil von
Schleiermachers Theorie, die zugleich ein mutiges kirchenpolitisches
Programm darstellt, besonders deutlich hervortreten.

Schleiermachers Programm eines eigenständigen, staatsunabhängigen Kirchenregiments konnte sich zu seinen Lebzeiten nicht durchsetzen. Die Strukturen des landesherrlichen Kirchenregiments erwie-
sen sich als zu mächtig. Carl Immanuel Nitzsch knüpfte an Schleiermachers Arbeit sowohl kirchenpolitisch wie theoretisch an und
widmete den dritten Teil seiner Praktischen Theologie der evangelischen Kirchenordnung.[6] Schon bei Nitzsch kommt es jedoch zu
einer Aussöhnung zwischen den synodalen Bestrebungen und dem
Fortbestehen des landesherrlichen Kirchenregiments. Den Regenten
versteht er nach dem Modell des patriarchalen Hausvaters als „Lan-
desvater" und „Oberältesten" der evangelischen Kirche.[7] Das Fach
Kybernetik, so wird die Theorie der Kirchenleitung in der Regel
genannt, hat noch nach Nitzsch und bis zum Ende des Kaiserreiches
Konjunktur. Die Kybernetik wird jedoch immer mehr zu einer
konservativen Legitimierung des Staatskirchentums.[8] Sie ist weniger
dem kritischen Liberalismus Schleiermachers, als vielmehr dem
imperialen Nationalismus des Kaiserreiches verpflichtet, es fehlt ihr
die innovative und kritische Kraft. Die Weite und Elementarität des
Schleiermacherschen Entwurfs und seine programmatische Orientierung auf eine staatsunabhängige Kirche hin gehen verloren. Kir-

---

Aspekte der theologischen Wende zur sozialkulturellen Lebenswelt christlicher
Religion, 2 Bde. (Bd. 2 Anmerkungen zu Band 1), Gütersloh 1988, Anmer-
kung 1 zur Einleitung, Bd. 2, 3 und: Henning Luther, Praktische Theologie als
Kunst für alle. Individualität und Kirche in Schleiermachers Verständnis
Praktischer Theologie, in: ZThK 84 (1987), 371-393, 372.

6   Carl Immanuel Nitzsch, Praktische Theologie Bd. 3, 2, Die evangelische
Kirchenordnung, Berlin 1867. Zu Nitzsch vgl. Dietrich Rössler, Grundriß der
Praktischen Theologie, 2. erw. Aufl., Berlin/New York 1994, 37-40. Dort
finden sich weitere Literaturhinweise.

7   Vgl. C. I. Nitzsch, Praktische Theologie, Bd. 3, 2, 339.

8   In einer kurzen Skizze beschreibt Alfred Jäger (Konzepte der Kirchenleitung
für die Zukunft. Wirtschaftsethische Analysen und theologische Perspektiven,
Gütersloh 1993, 87-118) die Geschichte der evangelischen Kirchenleitungstheorie von Schleiermacher über Carl Immanuel Nitzsch bis zu Ernst Christian
Achelis und Alfred Dedo Müller. Ich schließe mich im folgenden seiner Charakterisierung an. Mit seinen eigenen Überlegungen zur „Kybernese", wie er
die Kirchenleitungstheorie nennt, knüpft Jäger zwar besonders an Schleiermacher an und bemüht sich, dessen Verdienste für die Kybernetik hervorzuheben, er schöpft das innovative Potential Schleiermachers jedoch keinesfalls
aus.

chenleitung und Staatsführung bleiben trotz der Einführung von Synoden aufs engste miteinander verbunden. Als 1919 durch die Weimarer Reichsverfassung das Ende der Verbindung von Thron und Altar besiegelt wird und die evangelischen Kirchen vor der Aufgabe stehen, sich in einem demokratischen Umfeld selbst zu regieren, sind die Verantwortlichen mangels demokratischer Gesinnung und einer adäquaten Theorie der Kirchenleitung weitgehend orientierungslos. Die neuen Kirchenverfassungen werden von juristischen Pragmatikern entworfen, die so viel als möglich konservative Tradition zu retten versuchen. Die Kirche ist der neuen Aufgabe nicht gewachsen, sie kann ihre Eigenständigkeit nicht produktiv nutzen und vermag sich schließlich der Übernahmeversuche des Nationalsozialismus kaum zu erwehren.[9]

Die Umbrüche durch das Ende des Staatskirchentums waren Anlaß für eine breite, bis in die Gegenwart hinein reichende ekklesiologische Debatte, an deren Anfang Otto Dibelius' umstrittene Vision vom „Jahrhundert der Kirche" und das Berneuchener Buch standen.[10] Weitere wichtige Impulse für die ekklesiologische Diskussion waren die Erfahrungen der Bekennenden Kirche in der Zeit der nationalsozialistischen Diktatur, die ökumenische Öffnung des deutschen Protestantismus nach dem zweiten Weltkrieg, die Ordination

---

9   Eindrücklich wird das Versagen der Theologie und der Kirchenleitungen in der Weimarer Republik von Klaus Scholder geschildert in seinem Aufsatzband: Die Kirchen zwischen Republik und Gewaltherrschaft. Gesammelte Aufsätze, hg. v. K. O. v. Arentin u. G. Besier, Frankfurt a.M./Berlin 1991. Besonders ist auf folgende zwei Aufsätze in diesem Band zu verweisen: Neuere deutsche Geschichte und protestantische Theologie. Aspekte und Fragen (1963), 75-97 sowie: Eugenio Pacelli und Karl Barth. Politik, Kirchenpolitik und Theologie in der Weimarer Republik, 98-109. Vor allem der zweite Aufsatz geht intensiv auf die Schwierigkeiten der Kirche ein, sich nach dem Zusammenbruch des landesherrlichen Kirchenregiments rechtlich und politisch neu zu orientieren.

10   Otto Dibelius, Das Jahrhundert der Kirche. Geschichte, Betrachtungen, Umschau, Ziele (1926), 4. Aufl., Berlin 1927; Das Berneuchener Buch. Vom Anspruch des Evangeliums auf die Kirchen der Reformation, hg. v. der Berneuchener Konferenz (1926), Darmstadt 1971. Zu verweisen ist auch auf Dietrich Bonhoeffers Dissertation „Sanctorum Communio. Eine dogmatische Untersuchung zur Soziologie der Kirche" (1930), 4. Aufl., München 1969. Zum Aufkommen des Themas Kirche nach 1925 vgl. Andreas Lindt, Das Zeitalter des Totalitarismus. Politische Heilslehren und ökumenischer Aufbruch, Christentum und Gesellschaft Bd. 13, Stuttgart/Berlin/Köln/ Mainz 1981, 92-95. Die Schwierigkeiten der Theologie, die Kirche des Glaubens und die empirische Kirche aufeinander zu beziehen, untersucht Martin Honecker, Kirche als Gestalt und Ereignis. Die sichtbare Gestalt der Kirche als dogmatisches Problem, FGLP 10, 25, München 1963.

von Frauen seit Ende der sechziger Jahre und die Entstehung neuer Gemeindestrukturen (Basisgemeinden) vor allem in Südamerika und Afrika. In jüngerer Zeit sorgen die deutsche Einheit und die sich daran anknüpfende Vereinigung der evangelischen Kirchen in Ost- und Westdeutschland, die Rolle des Religionsunterrichts an staatlichen Schulen, die zahlreichen Kirchenaustritte sowie die Frage der Kirchensteuer und die finanzielle Lage der Kirchen für neuen Diskussionsstoff. Kirchliche Leitungsfragen werden jedoch in der ekklesiologischen Diskussion weitgehend ausgeblendet.[11] Trotz der jahrzehntelangen ekklesiologischen Debatte ist es dem deutschen Protestantismus bislang nicht gelungen, seine Struktur und seine Stellung in der Gesellschaft bestimmen zu können. Das Konzept der „Volkskirche" gerät jedenfalls unter zunehmenden Druck und verliert seine allgemeine Akzeptanz.[12]

---

11   Eine Ausnahme bildet der wenig durchschlagende Versuch der Wiederbelebung der Kybernetik durch Alfred Dedo Müller in seinem „Grundriß der praktischen Theologie", Gütersloh 1950, 67-122. Für die siebziger Jahre ist immerhin zu verweisen auf den kleinen Band: Kirchenleitung und Wissenschaftliche Theologie. Vorträge vor einer Konferenz der Leitungen der Landeskirchen der EKD und Vertretern der wissenschaftlichen Theologie mit einem Geleitwort v. W. Lohff, TEH 179, München 1974. Einen bischöflich-autoritätsorientierten Versuch zur Frage der Kirchenleitung stellen die Ausführungen von Wolfhart Pannenberg im dritten Band seiner Systematischen Theologie dar: Ders., Systematische Theologie, Bd. 3, Göttingen 1993, 404-469.

12   Erst mehr als sechzig Jahre nach Inkrafttreten der ersten demokratischen Verfassung in Deutschland formulierte der deutsche Protestantismus ein eindeutiges Bekenntnis zur Demokratie: Evangelische Kirche und freiheitliche Demokratie. Der Staat des Grundgesetzes als Angebot und Aufgabe. Eine Denkschrift der Kammer der Evangelischen Kirche in Deutschland für Öffentliche Verantwortung, hg. v. Kirchenamt im Auftrag des Rates der Evangelischen Kirche in Deutschland, Gütersloh 1985. Die deutsche Einheit und vor allem die andersartigen Erfahrungen der ostdeutschen Kirchen mit dem Staat rufen neue Diskussionen über das Verhältnis der Kirche zum Staat hervor (Kirchensteuer, Militärseelsorge, Religionsunterricht).- Zur Diskussion um die Volkskirche vgl. den Sammelband: Volkskirche - Kirche der Zukunft?, hg. v. W. Lohff u. L. Mohaupt, Hamburg 1977. Vgl. auch: Wolfgang Huber, Welche Volkskirche meinen wir? Ein Schlüsselbegriff gegenwärtigen Kirchenverständnisses im Licht der Barmer Theologischen Erklärung, in: Ders., Folgen christlicher Freiheit. Ethik und Theorie der Kirche im Horizont der Barmer Theologischen Erklärung, Neukirchen-Vluyn, 2. Aufl. 1985, 131ff; Wolfram Kopfermann, Abschied von einer Illusion. Volkskirche ohne Zukunft, Hamburg/Mainz 1990; Michael Welker, Der Mythos „Volkskirche", EvTh 54 (1994), 180-193. Zur neueren ekklesiologischen Debatte vgl. ansonsten die Literaturangaben von Wilfried Härle zum Artikel „Kirche VII. Dogmatisch", TRE 18, 310-317. Besonders möchte ich auf die Beiträge von Eilert Herms hinweisen, die in seinem Aufsatzband „Erfahrbare Kirche. Beiträge zur Ekklesiologie", Tübingen 1990 zusammengestellt sind. Herms

Angesichts der zahlreichen Kirchenaustritte und der Erosion der gesellschaftlichen Rolle der evangelischen Kirche in Deutschland fragten die Kirchenleitungen der EKD, wie das Christsein in der modernen Gesellschaft zu gestalten sei und beauftragten ihre Studien- und Planungskommission mit Studien zum Weg der Kirche.[13] Die Ergebnisse dieser Untersuchungen fanden ein geteiltes Echo. Die Studien, so konstatiert Michael Welker, sind eher als Symptome der Orientierungslosigkeit denn als Wegweisung für die Kirche zu beurteilen.[14] Die Kirchenleitungen leiden unter einem erheblichen Mangel an theologischer Reflexion, es fehlt ihnen die kybernetische Kompetenz.[15] Tatsächlich sind Fragen der Kirchenlei-

---

widmet sich ausführlich den Fragen kirchlicher Leitung: Vgl. ders., Was heißt „Leitung in der Kirche"?, a.a.O., 80-101. Einschlägig ist von Herms auch der Beitrag „Das Kirchenrecht als Thema der theologischen Ethik", in: ZEvKR (1983), 199-277. Aus der aktuellen Diskussion zu Fragen evangelischer Kirchenleitung sind noch zu nennen: Heinz Schmitz-Pfeiffer, Kirche am „fin de siècle". Ein Szenario aus dem Jahr 2000, EK 27 (1994), 423-426 sowie: Eberhard Jüngel: Was ist die theologische Aufgabe evangelischer Kirchenleitung?, ZThK 91 (1994), 189-209. Trotz zahlreicher Verweise auf Schleiermacher handelt es sich bei Jüngels Ausführungen in mancher Hinsicht eher um ein Gegenprogramm zu Schleiermacher. Ich werde darauf eingehen (Kap. VII. 4. Anm. 95).

13   Christsein gestalten. Eine Studie zum Weg der Kirche, hg. v. Kirchenamt im Auftrag des Rates der Evangelischen Kirche in Deutschland, Gütersloh 1986. Vorausgegangen war die Untersuchung: Strukturbedingungen der Kirche auf längere Sicht, hg. v. der Evangelischen Kirche in Deutschland, Kirchenamt. Studien- und Planungsgruppe, Hannover 1986. Die neueste kirchenamtliche Veröffentlichung ist die Untersuchung: Fremde Heimat Kirche. Ansichten ihrer Mitglieder. Erste Ergebnisse der dritten EKD-Umfrage über Kirchenmitgliedschaft, Studien und Planungsgruppe der EKD, Hannover 1993.

14   Michael Welker antwortete auf die EKD-Studie „Christsein gestalten" mit der kleinen, polemischen Schrift: Kirche ohne Kurs? Aus Anlaß der EKD-Studie „Christsein gestalten", Neukirchen-Vluyn 1987. Er attestiert der EKD gravierende Theoriedefizite, existenzgefährdende Orientierungslosigkeit und Fatalismus. Die Studie sei „desorientierend" und das „Dokument einer Kirche ohne Kurs". Die Kirchenleitung schreibe nur die Verfallstrends fort, die sie beklagt und wirke ihnen nicht entgegen (a.a.O., 8).

15   Diesen Mangel beklagt auch Alfred Jäger und reklamiert „Kybernese als theologisches Defizit", vgl. ders., Konzepte der Kirchenleitung für die Zukunft. Vgl. auch den Artikel „Kybernetik" von Henning Schröer, in: TRE 20, 356-359. Ich bediene mich im folgenden des traditionellen Begriffs „Kybernetik" für die Theorie der Kirchenleitung. Der gängigen Reduktion der Kybernetik auf Gemeindeleitung schließe ich mich nicht an. Der Begriff „kybernetische Kompetenz" erinnert zurecht an Eilert Herms' Begriff der „theologischen Kompetenz". Zum Kompetenzbegriff vgl. auch: Rainer Volp, Praktische Theologie als Theoriebildung und Kompetenzgewinnung bei F. D. Schleiermacher, in: Praktische Theologie Heute, hg. v. F. Klostermann u. R. Zerfaß, München u. Mainz 1974, 52-64.

tung seit vielen Jahrzehnten in der Praktischen Theologie kaum thematisiert worden. Lange Zeit stand die Predigttheorie im Mittelpunkt praktisch-theologischen Interesses. Seit den sechziger Jahren wurde der Predigttheorie dieser Rang von der Seelsorgetheorie streitig gemacht. Erst in jüngster Zeit entsteht überhaupt erst wieder das Bewußtsein, daß die Leitung der evangelischen Kirche theoretischer Reflexion bedarf.[16] Die theologischen Weichenstellungen der zwanziger und dreißiger Jahre haben für lange Zeit verhindert, daß Leitungsfragen der Kirche von der wissenschaftlichen Theologie ernst genommen wurden. Die Kirchenleitungen waren weitgehend mit ihren Problemen allein. Erst der zunehmende Druck der letzten Jahre, der mit den Kirchen zugleich auch die theologischen Fakultäten und ihr Existenzrecht an den staatlichen Universitäten betrifft, rückt den Kirchenbezug der Theologie wieder verstärkt ins Blickfeld. Die Theologie kann sich die vornehme und kritische Distanz zu den Kirchen nicht mehr leisten. Das „Christentum außerhalb der Kirche" (T. Rendtorff) sichert ihre Position an den Universitäten gewiß nicht mehr. Nur wenn die Kirchen gesellschaftlich relevante Faktoren bleiben, werden sich theologische Fakultäten an deutschen Universitäten auf Dauer behaupten können.

Die Schwierigkeiten der Kirchenleitungen, die evangelische Kirche angemessen zu steuern und in der Gesellschaft wirkungsvoll zu vertreten dürfte mindestens zwei Ursachen haben, die ich 1. als *strukturell-kybernetische* und 2. als *ekklesiologisch-kybernetische* Probleme bezeichnen möchte. Das erste Problem betrifft die Struktur der kirchlichen Leitungsapparate, die den gestiegenen Anforderungen nicht mehr gewachsen sind. Den Kirchenleitungen fehlt eine moderne Struktur und eine spezielle Kompetenz für Leitungsfragen, die es ihnen ermöglicht, mit modernen Managementmethoden effektiv und professionell auf die sich stellenden Probleme zu reagieren. Das zweite Problem ist ein grundsätzliches Orientierungsproblem der evangelischen Kirche. Es ist keinesfalls unumstritten, daß die evangelische Kirche ein gesellschaftlich bedeutender Faktor sein soll.

---

16 Einen wichtigen Impuls stellt das schon angeführte Werk von Alfred Jäger, Konzepte der Kirchenleitung für die Zukunft, dar. Der von Jäger in diesem Band vorgestellte Versuch, die Leitung der württembergischen Landeskirche mit Hilfe moderner Methoden der Unternehmensführung umzugestalten, ist schon als solcher in hohem Maße bemerkenswert. Daß diese professionelle Beratungstätigkeit theologisch fundiert und begleitet wurde, ist besonders zu begrüßen.

Wichtige Gruppen in der Kirche halten genau diese Zielsetzung für
einen Fehler und streben eine Bekenntniskirche an, die sich als kriti-
sches Gegenüber der Gesellschaft und nicht als ein Teil von ihr versteht. Sie berufen sich nicht selten auf die Erfahrungen der Kirchen
in der ehemaligen DDR und orientieren sich am Modell der Basis-
gemeinde. Einzig als kleine aber engagierte Minderheit und ohne
jede Verflechtung mit dem Staat könne die Kirche ihrem Auftrag
gerecht werden. Als große Volkskirche hingegen verrate sie zwangs-
läufig das Kreuz Christi.[17] Auf der anderen Seite stehen kirchliche
Kreise, die eine möglichst enge Zusammenarbeit der Kirche mit
staatlichen Institutionen anstreben. Sie plädieren für die Beibehaltung
der bisherigen Form der Militärseelsorge und befürworten den
Bestand diakonischer Großeinrichtungen und den Religionsunterricht
an staatlichen Schulen. Gerade durch die Zusammenarbeit mit dem
Staat und anderen gesellschaftlichen Institutionen könne die Kirche
besonders erfolgreich bei der Gestaltung der Gesellschaft im christlichen Sinn mitwirken.[18] Es ist also innerhalb der evangelischen
Kirche völlig umstritten, welche Ziele sich die Kirche überhaupt
setzen soll. Zum strukturell-kybernetischen Problem, *wie* die Kirche
zu steuern sei, kommt für die Kirchenleitung das ekklesiologisch-
kybernetische Problem hinzu, *wohin* die Kirche überhaupt zu steuern sei.

Angesichts der skizzierten Probleme evangelischer Kirchenleitungen, die Kirche in der modernen, funktional ausdifferenzierten Gesellschaft zu steuern und nach außen wirkungsvoll zu vertreten, stellt
sich die Frage nach einer Theorie evangelischer Kirchenleitung mit
Nachdruck. Aufgabe einer Theorie der Kirchenleitung wäre es, die
beklagten Theoriedefizite und die bedrohliche Orientierungslosigkeit
zu überwinden und Perspektiven für eine verbesserte Kirchenleitung
zu entwickeln. Das Fehlen einer solchen Kirchenleitungstheorie als
Teil der Praktischen Theologie verwundert insbesondere deshalb,
weil das Entstehen des Faches Praktische Theologie als Disziplin der
akademischen Theologie bei Schleiermacher aufs engste mit einer
Theorie evangelischer Kirchenleitung verknüpft ist. Es ist in diesem
Zusammenhang signifikant, daß Schleiermachers Theorie der Kir-

---

17   In diese Richtung tendiert z.B. Bärbel Wartenberg-Potter, Für eine Kirche, die
     wir lieben können. Ein Kommentar zu vier Thesen, EK 27 (1994), 353-355.
18   Für diese Position verweise ich exemplarisch auf Hans Koschnik, Notwen-
     diges Instrument. Für eine offene Kirche ist die Kirchensteuer nötig, EK 27
     (1994), 352-353.

chenleitung bislang weitgehend unaufgearbeitet ist. Wenn die vorliegende Arbeit die vergessenen Wurzeln einer Theorie evangelischer
Kirchenleitung bei Schleiermacher aufzusuchen und seine bislang un-
bearbeitete Theorie des Kirchenregiments darzustellen und zu interpretieren sucht, so ist dies nicht nur als Beitrag zur Schleiermacherforschung zu verstehen, sondern auch als Impuls für eine heute neu
zu erarbeitende Theorie evangelischer Kirchenleitung. Der Titel
dieser Arbeit soll diesen doppelten Bezug unterstreichen. „Kirche
gestalten" ist nicht nur eine Charakterisierung von Schleiermachers
Theorie des Kirchenregiments. „Kirche gestalten" kann auch als Pro-
grammformel einer in der Gegenwart neu zu erarbeitenden Kybernetik verstanden werden. An Schleiermachers Theorie kann man sich
dabei nicht nur in der grundsätzlichen Programmatik orientieren.
Wie die Arbeit zeigen wird, ist Schleiermachers Theorie selbst in
Detailfragen noch heute instruktiv und leistungsstark.

Im folgenden skizziere ich zunächst den biographischen und historischen Hintergrund von Schleiermacher Theorie des Kirchenregiments. Sein kirchenpolitisches Engagement und die daraus hervor-
gegangenen Schriften sind maßgeblich für das Verständnis seiner
Theorie (2). Ich gehe dann auf die beiden Hauptquellen zu Schleiermachers Theorie des Kirchenregiments, die „Kurze Darstellung" und
die Vorlesungen zur Praktischen Theologie, ein (3). Daran schließen
sich die Darstellung des Forschungsstandes (4) sowie Erläuterungen
zum Aufriß der Studie an (5).

2. Schleiermacher als Kirchenpolitiker und Kirchentheoretiker

Die Gestaltung der evangelischen Kirche war ein wesentliches Anliegen Schleiermachers von Beginn seiner öffentlichen Wirksamkeit an.
Dem Thema „Kirche" widmete er nicht nur wesentliche Teile seiner
wissenschaftlichen Arbeit, er war darüber hinaus kirchenpolitisch
aktiv und setzte sich mit hohem persönlichen Risiko für die Reform
des Kirchenwesens in Preußen ein.[19] Der persönliche Hintergrund

---

19 Eine eingehende Untersuchung von Schleiermachers kirchenpolitischer Tätig-
    keit liegt bislang nicht vor und soll auch von dieser Arbeit nicht geleistet
    werden. In der folgenden Skizze zu Schleiermachers kirchenpolitischer Bio-
    graphie stütze ich mich im wesentlichen auf: Hans-Joachim Birkner, Friedrich
    Schleiermacher, in: Gestalten der Kirchengeschichte Bd. 9, hg. v. Martin
    Greschat, Stuttgart u.a., 1985, 87-115, auf Martin Honecker, Schleiermacher

von Schleiermachers kirchlichem Engagement ist sein reformiertes Elternhaus und seine Erziehung durch die Brüdergemeine. Schleiermacher wurde 1768 als Sohn eines reformierten Feldpredigers in Breslau geboren. 1783 wurde er von seinen Eltern der Obhut der Brüdergemeine, in der Reformierte und Lutheraner gleichermaßen Mitglied werden konnten, anvertraut. 1787 nahm Schleiermacher das Theologiestudium in Halle auf und entzog sich damit dem engen Geist der Brüdergemeine. Mit 21 Jahren legte er das erste kirchliche Examen ab und mußte danach sechseinhalb Jahre als Hauslehrer, Lehramtskandidat und Aushilfsprediger (seit seinem zweiten Examen 1794) überbrücken, bis er 1796 seine erste feste Stelle als reformierter Prediger an der Berliner Charité erhielt. In Berlin wurde Schleiermacher in das gesellige Leben der Salons eingeführt und entwickelte sich zum religiösen Exponenten der frühromantischen Bewegung. Aus dem Frühromantikerkreis um Henriette Herz und die Brüder Schlegel kam auch der Impuls für Schleiermachers erste bedeutende Publikation, die Reden über die Religion von 1799.[20]

Schon in dieser Frühschrift beschäftigt sich Schleiermacher ausführlich mit dem Thema Kirche. Die ganze vierte Rede ist ihr gewidmet und trägt die Überschrift: „Über das Gesellige in der Religion oder über Kirche und Priesterthum." Schleiermachers Urteil über die bestehende Kirche ist allerdings vernichtend - sie stellt nahezu das Gegenteil der wahren Kirche dar. Der realen und falschen Kirche stellt Schleiermacher die Vision der wahren Kirche aus religiösen Virtuosen gegenüber, für die die bestehende Kirche höchstens eine Lehranstalt sein kann. Die von Schleiermacher ge-

---

und das Kirchenrecht, TEH 148, München 1968 sowie auf Martin Redeker, Friedrich Schleiermacher, Leben und Werk (1768 bis 1834), Berlin 1968. Bei Redeker ist insbesondere der Abschnitt über Schleiermacher als Kirchenpolitiker (269-287) von Bedeutung. Wichtiges Quellenmaterial findet sich in: Aus Schleiermacher's Leben. In Briefen [abgekürzt: Briefe], 4. Bde, Bd. 1-2, 2. Aufl. Berlin 1860, Bd. 3-4, hg. v. W. Dilthey u. L. Jonas, Berlin 1861-1863; Nachdruck Berlin/New York 1974, Bd. IV, 411-500: Amtliche Briefe und Denkschriften, politische und kirchliche Dinge betreffend. Aufschlußreich ist auch die Dissertation von Andreas Reich, Friedrich Schleiermacher als Pfarrer an der Berliner Dreifaltigkeitskirche 1809-1834, SchlAr 12, Berlin/New York 1992.

20 Ueber die Religion. Reden an die Gebildeten unter ihren Verächtern, Berlin 1799; KGA I, 2, 185-326. Im folgenden wird dieses Werk mit „Reden 1. Aufl." abgekürzt, wobei die kritische Edition der KGA zugrunde gelegt wird. Die Seitenangaben beziehen sich auf die Auflage von 1799. Die Seitenzahlen der ersten Auflage sind in der KGA am Rand und zumeist auch in anderen Ausgaben verzeichnet.

zeichnete wahre Kirche ist eine Kirche der gebildeten Elite, die nur abseits der großen Kirchengemeinschaften verwirklicht werden kann.[21] Die verfaßte Kirche will Schleiermacher zwar verbessern, insbesondere gelte es, sie aus der Fremdbestimmung durch den Staat zu befreien. Seine eigentliche Liebe gilt zu dieser Zeit jedoch nicht der verfaßten Kirche, sondern der elitären Gemeinschaft religiöser Virtuosen.

Schleiermachers Bild von der Kirche wandelt sich in den Jahren nach der Veröffentlichung der Reden erheblich. Aus dem Utopisten wird ein realistischer Kirchenpolitiker, der sich mit Sachverstand und eifrigem Bemühen der Verbesserung der *realen* kirchlichen Verhältnisse widmet. Diese Entwicklung vom Kirchenvisionär zum Kirchenpolitiker vollzieht sich bei Schleiermacher relativ zügig in den Jahren nach 1800. 1802 verläßt er Berlin und wird reformierter Hofprediger in Stolp in Pommern. Seine Erfahrungen im Pfarramt legt er in seiner ersten kirchenpolitischen Schrift nieder, die er von Stolp aus 1804 in Berlin publiziert. Es handelt sich um die anonyme Veröffentlichung: „Zwei unvorgreifliche Gutachten in Sachen des protestantischen Kirchenwesens zunächst in Beziehung auf den Preußischen Staat"[22]. Schleiermacher votiert in diesen Gutachten für die Vereinigung der lutherischen und der reformierten Konfession zu einer preußischen Landeskirche. Er tritt den zu dieser Zeit weit verbreiteten Verfallsdiagnosen in bezug auf die Religion entgegen und entwickelt ein erstes konkretes Programm zur Kirchenreform. Besonderen Nachdruck legt er dabei auf die verbesserte Gestaltung der Gottesdienste sowie auf die Ausbildung und die finanzielle Situation der Geistlichen.

1804 wird Schleiermacher als erster Reformierter zum Professor an der bis dahin rein lutherischen theologischen Fakultät der Universität Halle ernannt. Nach der preußischen Niederlage, der Besetzung Halles durch Napoleon und der Schließung der dortigen Universität siedelt er 1807 endgültig nach Berlin über. Dort bekommt er engen Kontakt zu den preußischen Reformern und entwirft auf deren Anregung hin 1808 einen detaillierten Verfassungsentwurf für eine unierte Preußische Landeskirche, der jedoch in den Schubladen der

---

21 Vgl. Reden 1. Aufl., 192. In Kapitel II werde ich ausführlich auf Schleiermachers Kirchenkonzept in der ersten Auflage der Reden und auf die signifikanten Änderungen in der dritten Auflage der Reden eingehen.

22 Berlin 1804; Schriften zur Kirchen- und Bekenntnisfrage, bearb. v. H. Gerdes, Schriften und Predigten Bd. 2, Berlin 1969, 21-112.

Ministerialbürokratie verschwindet.[23] Spätestens mit diesem Verfassungsentwurf ist der Wandel Schleiermachers vom utopischen Visionär zum kirchlichen Realpolitiker vollzogen. Schleiermacher wirkt in der Folgezeit an der Gründung der Berliner Universität mit und ist von 1810 bis 1814 als ordentliches Mitglied der Unterrichtssektion im Ministerium des Innern für die Reform des preußischen Schulwesens tätig. Mit dem Abbruch der Reformen und dem Erstarken der Restauration nach den Befreiungskriegen und dem Wiener Kongreß fällt Schleiermacher wie die meisten Reformer in Ungnade. Er verliert sein politisches Amt und ist seit dieser Zeit trotz seiner grundsätzlichen Loyalität zum preußischen Königshaus im wesentlichen auf Seiten der politischen und kirchlichen Opposition. Schleiermacher ist ein Anhänger der *konstitutionellen* Monarchie und fühlt sich den von Nordamerika und der französischen Revolution ausgehenden Bestrebungen zur Demokratisierung der Gesellschaft verpflichtet. Auch für die preußische Kirche fordert Schleiermacher beständig und nachdrücklich die Einführung einer Kirchenverfassung, die die Unabhängigkeit der evangelischen Kirche vom Staat gewährleisten soll und der Kirche die Möglichkeit gibt, sich selbst zu steuern und zu gestalten. Die Restauration macht aber auch diese Hoffnung zunichte.

Die Demokratisierung der Kirche in Preußen bleibt in den Anfängen stecken. Es kommt zwar in manchen Gebieten zur Einführung von Presbyterien und Kreissynoden, die zugesagten Provinz- oder Landessynoden kommen jedoch nicht zustande. Die Kreissynoden bleiben reine Pfarrersynoden ohne Laienbeteiligung und nahezu ohne Kompetenzen. Immerhin wird Schleiermacher 1817 zu seiner großen Überraschung von der Berliner Geistlichkeit zum Präsidenten der Berliner Synode gewählt, die den königlichen Entwurf für eine Synodalordnung beraten sollte. Die Wahl Schleiermachers stellt einen Affront gegenüber dem König dar. Mit Schleiermacher wird der schärfste Kritiker der vorläufigen Synodalordnung mit dem Vorsitz über ihre Beratung betraut. Zudem widerspricht die Wahl Schleiermachers ausdrücklich den Bestimmungen dieser vorläufig gültigen Synodalordnung, nach der der Superintendent den

---

23 Vorschlag zu einer neuen Verfassung der protestantischen Kirche im preußischen Staate. 1808 [abgekürzt: Neue Verfassung], Schriften zur Kirchen- und Bekenntnisfrage, bearb. v. H. Gerdes, Schriften und Predigten Bd. 2, Berlin 1969, 117-136. Auf diesen Verfassungsentwurf gehe ich in Kapitel V näher ein.

Vorsitz führen soll.[24] Der Synodenvorsitz ist die wichtigste Position,
die Schleiermacher im Kirchenregiment je bekleidet hat. In seiner
Eigenschaft als Synodalpräses verfaßt er 1817 die „Amtliche
Erklärung der Berlinischen Synode über die am 30. October von ihr
zu haltende Abendmahlsfeier"[25], die eines der Grunddokumente der
preußischen Kirchenunion darstellt. Er entwirft auch eine detaillierte
Geschäftsordnung für die Synodensitzungen.[26]

Schleiermacher tritt im Zuge der Unionsbildung in Preußen und
der Einführung der Kreissynoden mehrfach mit kirchenpolitischen
Schriften in die Öffentlichkeit.[27] Die Union von Reformierten und
Lutheranern wird vom König eng mit der Einführung einer neuen,
unierten Liturgie verknüpft. Aus den Bestrebungen des Königs, diese
Einheitsliturgie mit massivem Druck auf die Geistlichen in ganz
Preußen durchzusetzen, entwickelte sich in den zwanziger Jahren der
Agendenstreit, in dessen Verlauf Schleiermacher anonym bzw. pseu-

---

24 Vgl. zu Schleiermachers Wahl zum Synodalpräses und zur Geschäftsordnung
     der Synode: Hans-Friedrich Traulsen: Eine gedruckte Synodalgeschäftsord-
     nung von Schleiermacher, in: ZKG 104 (1993), 377-382. Bei Traulsen finden
     sich auch weitere Literaturhinweise zur Tätigkeit der Berliner Synode.
25 Berlin 1817; SW I, 5, 295-307.
26 Vgl. H.-F. Traulsen, Eine gedruckte Synodalgeschäftsordnung von Schleier-
     macher.
27 Im Vorfeld der Berliner Synode veröffentlichte Schleiermacher: Ueber die für
     die protestantische Kirche des preußischen Staats einzurichtende Synodalver-
     fassung. Einige Bemerkungen vorzüglich der protestantischen Geistlichkeit
     des Landes gewidmet, Berlin 1817 (SW I, 5, 217-294, zitiert nach Original).
     Die Union von Lutheranern und Reformierten wird sehr schnell und sehr
     massiv angegriffen. Besonders tat sich der Dresdener Oberhofprediger Chri-
     stoph Friedrich (von) Ammon hervor, obwohl er noch wenige Jahre zuvor ein
     begeisterter Anhänger der Union gewesen war. Schleiermacher antwortet auf
     Ammons heftige Angriffe mit zwei Schriften: An Herrn Oberhofprediger D.
     Ammon über seine Prüfung der Harmsischen Sätze, Berlin 1818; KGA I, 10,
     17-92 und: Zugabe zu meinem Schreiben an Herrn Ammon, Berlin 1818;
     KGA I, 10, 93-116. Vgl. zum Streit zwischen Ammon und Schleiermacher die
     historische Einführung von Hans-Friedrich Traulsen im Band I, 10 der KGA
     (XV-XXXVI) sowie ders., Schleiermacher und Claus Harms. Von den Reden
     „Über die Religion" zur Nachfolge an der Dreifaltigkeitskirche, SchlAr 7,
     Berlin/New York 1989, 90-138. Im Zuge der Union und des Reformations-
     jubiläums 1817 wurde auch die Frage nach der Verbindlichkeit der Sym-
     bolischen Bücher neu gestellt. Dazu veröffentlichte Schleiermacher die Schrift:
     Ueber den eigenthümlichen Werth und das bindende Ansehen symbolische
     Bücher, in: Reformationsalmanach auf das Jahr 1819, 2. Jg., Erfurt; KGA, I,
     10, 117-144. Zur Einführung der Union in Schleiermachers eigener Gemeinde
     vgl. die kleine, von Schleiermacher mitverantwortete Schrift „An die Mit-
     glieder beider zur Dreifaltigkeitskirche gehörigen Gemeinen" (Berlin 1820; SW
     I, 5, 455-462) sowie: A. Reich, Schleiermacher als Pfarrer, 145-170.

donym seine wichtigsten kirchenpolitischen Schriften in den Druck gibt.[28] Einen eigentlichen Sieger gibt es im Agendenstreit nicht, er findet nach Schleiermachers eigener Einschätzung ein „klebriges Ende"[29]. Zwar wird die maßgeblich vom König selbst entworfene Liturgie allgemein durchgesetzt, Schleiermacher und seine Freunde erreichen jedoch immerhin die Zulassung von alternativen Gottesdienstordnungen.

Schon 1815 und dann wieder im Zuge des Agendenstreits steht Schleiermacher aufgrund seiner Opposition zur Politik bzw. Kirchenpolitik des Königs kurz vor dem Landesverweis und der Amtsenthebung als Professor. Er steht unter polizeilicher Überwachung und wird der Illoyalität bezichtigt. 1830 wird Schleiermacher im Zuge der Julirevolution in einer Pariser Zeitung sogar als Führer einer politisch liberalen preußischen Revolutionspartei vorgestellt. Schleiermacher empört sich darüber sehr und veröffentlicht eine Gegenerklärung, in der er die preußische Monarchie ausdrücklich anerkennt, ohne jedoch auf den Wunsch nach einer Verfassung zu verzichten. Für diese Loyalitätsbezeugung und als Zeichen der Versöhnung nach dem Agendenstreit erhält er daraufhin von Friedrich Wilhelm III. einen Orden verliehen. Der König bat Schleiermacher sogar um Vermittlungsbemühungen zu einer separatistischen, kon-

---

28 Noch vor dem eigentlichen Agendenstreit, aber schon mit deutlichen Vorahnungen über die zu erwartende Auseinandersetzung, erschien 1816 Schleiermachers Schrift „Ueber die neue Liturgie für die Hof- und Garnison-Gemeinde zu Potsdam und für die Garnisonkirche in Berlin", Berlin 1816. Während des Agendenstreits veröffentlicht Schleiermacher pseudonym die kirchenrechtliche Schrift: Ueber das liturgische Recht evangelischer Landesfürsten. Ein theologisches Bedenken von Pacificus Sincerus [pseud.], Göttingen 1824 (SW I, 5, 477-535, zitiert nach Original) sowie anonym das „Gespräch zweier selbst überlegender evangelischer Christen über die Schrift: Luther in Bezug auf die neue preußische Agende. Ein leztes Wort oder ein erstes" [anon.], Berlin 1827; SW I, 5, 537-625. Wichtige Dokumente zum Agendenstreit sind gesammelt in: Briefe IV, 443-487. Zum Agendenstreit liegt bislang keine detaillierte Untersuchung vor. Maßgeblich ist immer noch die Darstellung von Erich Foerster: Die Entstehung der Preußischen Landeskirche unter der Regierung Friedrich Wilhelms des Dritten, nach den Quellen erzählt. Ein Beitrag zur Geschichte der Kirchenbildung im deutschen Protestantismus, 2. Bde., Tübingen 1905/1907, Bd. 2, 55-210. Einschlägig sind auch die Ausführungen Martin Honeckers, in: Schleiermacher und das Kirchenrecht, 26-36, von Christoph Albrecht, Schleiermachers Liturgik. Theorie und Praxis des Gottesdienstes bei Schleiermacher und ihre geistesgeschichtlichen Zusammenhänge, Berlin 1962, 136-161 sowie von Alfred Niebergall der Abschnitt 18.1 „Der Kampf um die Preußische Agende", in: [Art.] Agende (TRE 1, 755-784 und TRE 2, 1-91), TRE 2, 55-60.

29 Briefe IV, 388.

fessionell lutherische Gruppe in Breslau.[30] Das große kirchenpolitische Ziel Schleiermachers, die Verwirklichung der kirchlichen
Selbständigkeit auf der Basis einer Synodalverfassung und die
Etablierung eines synodalen Kirchenregiments anstelle des landesherrlichen blieb jedoch bis zu Schleiermachers Tod 1834 unerreicht.

Schleiermacher verband seine kirchenpolitische Tätigkeit immer
mit seiner wissenschaftlichen Arbeit. Er versuchte, die theologische
Theorie in die kirchliche Praxis umzusetzen und reflektierte die
Praxis wiederum in seiner wissenschaftlichen Theorie. Die angeführten kirchenpolitischen Schriften sind beredtes Zeugnis für dieses
Zusammenspiel von Engagement und Reflexion. Sie sind außerdem
wichtige Quellen zur Illustration von Schleiermachers Theorie des
Kirchenregiments.[31] Doch noch vor den kirchenpolitischen Schriften
sind insbesondere zwei Quellen von ausschlaggebender Bedeutung
für die Theorie des Kirchenregiments, die „Kurze Darstellung des
theologischen Studiums" sowie die posthum veröffentlichten
Vorlesungen Schleiermachers zur Praktischen Theologie. Auf andere
heranzuziehenden Quellen werde ich am jeweiligen Ort eingehen, im
folgenden sollen nur diese beiden Hauptquellen vorgestellt werden.

3. Die Hauptquellen

Die „Kurze Darstellung des theologischen Studiums zum Behuf einleitender Vorlesungen" war als Begleitbuch zu Schleiermachers Vorlesung über theologische Enzyklopädie gedacht und enthielt im Kolleg näher zu erläuternde Thesen. Die erste Auflage von 1811 fand
kaum Beachtung, sie war für das Lesepublikum zu knapp gehalten.
Erst die zweite Auflage von 1830 fand über den Zuhörerkreis hinaus
Verbreitung, obwohl auch sie vornehmlich als Begleitbuch zur Vorlesung konzipiert war. Die zweite Auflage ist gegenüber der ersten
erheblich erweitert. Den einzelnen Paragraphen sind erläuternde

---

30 Vgl. Redeker, Friedrich Schleiermacher, 134-136, 269-287. Die Vermittlungs-
    bemühungen sind dokumentiert in: Briefe IV, 488-500.
31 Schleiermachers Schriften zur Kirchenfrage sind in Band I, 5 der Sämmtlichen
    Werke gesammelt. Einige davon sind in Band I, 10 der KGA aufgenommen,
    die meisten werden jedoch in Band I, 9 der KGA kritisch ediert werden.

Zusätze beigefügt, die das Werk auch ohne die mündlichen Ausführungen Schleiermachers verständlich machen.[32]

Die theologische Enzyklopädie war eine von Schleiermachers Hauptvorlesungen. Er las sie in seinen dreißig Jahren als Hochschullehrer insgesamt elfmal, zum ersten mal in seinem ersten Semester als Professor 1804/05 in Halle zweistündig, zum letzten Mal 1831/32 in Berlin fünfstündig.[33] Schleiermacher versteht seine Vorlesung und die sie begleitende Kurze Darstellung als „formale Enzyklopädie", d.h. es geht ihm vor allem um die Organisation der Theologie. Den Anfängern im theologischen Studium versucht er, die „richtige Anschauung von dem Zusammenhang der verschiedenen Teile unter sich, und dem eigentümlichen Wert eines jeden für den gemeinsamen Zweck"[34] zu vermitteln. Auch die einzelnen Disziplinen der Theo-

---

32 Das Werk wird im folgenden nur als „Kurze Darstellung" (abgekürzt: KD) bezeichnet. Soweit es nicht anders vermerkt ist, beziehe ich mich immer auf die zweite Auflage von 1830 in der kritischen Ausgabe von Heinrich Scholz: Kurze Darstellung des theologischen Studiums zum Behuf einleitender Vorlesungen, kritische Ausgabe, hg. v. H. Scholz, Nachdruck der 3. kritischen Ausgabe, Leipzig 1910, 5. Aufl. Darmstadt o.J. Diese Ausgabe ist in mehreren fotomechanischen Nachdrucken in der Wissenschaftlichen Buchgesellschaft aber auch im Georg Olms Verlag, Hildesheim/Zürich/New York (1992) erschienen. Wegen der Kürze der Paragraphen wird bei Stellennachweisen auf eine Differenzierung zwischen Paragraphenhauptsatz und -zusatz verzichtet. An einigen wenigen Stellen beziehe ich mich auf die erste Auflage von 1811. Ich zitiere diese Auflage nach dem Original, sie ist jedoch auch in der Scholzschen Ausgabe in den Fußnoten abgedruckt. Das Original ist nicht durchgehend numeriert und hat keine Paragraphenzählung. Die Scholzsche Ausgabe ist in diesem Punkt ungenau. Zur Enzyklopädie als literarischer Gattung und zur Rezeptionsgeschichte der Kurzen Darstellung verweise ich auf: Martin Rössler, Schleiermachers Programm der Philosophischen Theologie, SchlAr 14, Berlin/New York 1994, 7-17. Zur Geschichte der theologischen Enzyklopädie überhaupt und zu den konkurrierenden enzyklopädischen Entwürfen der Zeit Schleiermachers ist einschlägig: Gert Hummel, [Art.] Enzyklopädie, theologische, in: TRE 9, 716-742.

33 Vgl. die Liste von Schleiermachers Vorlesungen in: Schleiermachers Briefwechsel (Verzeichnis) nebst einer Liste seiner Vorlesungen, bearb. v. A. Arndt u. W. Virmond, SchlAr 11, Berlin/New York 1992, 300-330.

34 KD, § 18. Der Begriff „formale Enzyklopädie" findet sich KD, § 20. Den hohen Stellenwert der Enzyklopädie begründet Schleiermacher schon in: Gelegentliche Gedanken über Universitäten in deutschem Sinn. Nebst einem Anhang über eine neu zu errichtende, Berlin 1808; abgedruckt in und zitiert nach: Die Idee der deutschen Universität, Die fünf Grundschriften aus der Zeit ihrer Neubegründung durch klassischen Idealismus und romantischen Realismus, hg. v. E. Anrich, Darmstadt 1964, 239: An der Universität muß man darauf bedacht sein, „daß man in jedem Gebiet das Enzyklopädische, die allgemeine Übersicht des Umfanges und des Zusammenhanges als das

logie werden vor allem in bezug auf ihre innere Struktur und ihre
Methodik dargestellt. Es wird erläutert, wie, zu welchem Zweck und
in welchen Disziplinen theologische Wissenschaft arbeitet. Es wird
auch geklärt, welche Lernziele im Studium zu erreichen sind und
welchen Anforderungen Spezialisten zu genügen haben. Die Kurze
Darstellung bietet keine Kurzfassung der verschiedenen theologischen Disziplinen, sondern gibt lediglich an, wie der Stoff am besten
einzuteilen ist.[35] Schleiermachers Enzyklopädie geht über ihr pri-
märes Ziel, Studienanfänger zum richtigen Studium der Theologie
anzuleiten, weit hinaus. Sie ist ein theologisches Reformprogramm
erster Güte, das, wie die Untersuchung zeigen wird, seiner Zeit um
viele Jahrzehnte vorausgreift. Die Theorie des Kirchenregiments, die
Schleiermacher in der Kurzen Darstellung konzipiert, ist einer
seiner wegweisenden Neuerungsvorschläge für die evangelische
Theologie.[36]
Schleiermacher hat seine Enzyklopädievorlesung nur einmal,
1831/32, auf der Basis der zweiten Ausgabe der Kurzen Darstellung
gelesen. Seit wenigen Jahren liegt eine Nachschrift dieser Vorlesung
von David Friedrich Strauß vor, die wesentlich zur Erhellung manch
dunkler und zu knapper Stellen in der Kurzen Darstellung beiträgt.[37]
Leider konnte Schleiermacher, obwohl er fünfstündig las, seine Vorlesung in diesem Semester nicht vollständig zu Ende bringen. Die
Ausführungen zur Praktischen Theologie brechen in den Anfängen
ab, zur Theorie des Kirchenregiments ist Schleiermacher überhaupt
nicht mehr vorgedrungen. Trotz dieses bedauerlichen Sachverhaltes
können die Erläuterungen Schleiermachers zur Einleitung und zu
den anderen theologischen Disziplinen der Kurzen Darstellung

Notwendigste voranschickt, und zur Grundlage des gesamten Unterrichts
macht.“
35 Vgl. KD, § 18, 20.
36 Vgl. Hans-Joachim Birkner, Schleiermachers „Kurze Darstellung“ als theolo-
    gisches Reformprogramm, in: Schleiermacher im besonderen Hinblick auf
    seine Wirkungsgeschichte in Dänemark, Vorträge des Kolloquiums am 19.
    und 20. November 1984, hg. v. H. Hultberg, K. F. Johansen, T. Joergensen,
    F. Schmöe, Kopenhagener Kolloquien zur Deutschen Literatur/Text und Kon-
    text, Sonderreihe Bd. 22, Kopenhagen/München 1986, 59-81, vgl. auch:
    Emanuel Hirsch, Geschichte der neuern evangelischen Theologie im
    Zusammenhang mit den allgemeinen Bewegungen des europäischen Denkens,
    5 Bde. Gütersloh (1949), 2. Aufl. 1960, Bd. 5, 1, 356.
37 Theologische Enzyklopädie (1831/1832). Nachschrift David Friedrich Strauß,
    hg. v. W. Sachs, SchlAr 4, Berlin/New York 1987 [abgekürzt: Enzyklo-
    pädie]. Über die hohe Qualität dieser Nachschrift gibt das Vorwort von Hans-
    Joachim Birkner Auskunft (a.a.O., X).

einiges zum Verständnis der Praktischen Theologie und der Theorie des Kirchenregiments ergänzend beitragen.

Die Kurze Darstellung und die theologische Enzyklopädie dienen Schleiermacher zur prinzipiellen Konzeption der theologischen Disziplinen, die detaillierte Ausführung bleibt den Spezialvorlesungen vorbehalten. Die Theorie des Kirchenregiments ist für Schleiermacher eine Unterdisziplin der Praktischen Theologie. Über die Praktische Theologie hat Schleiermacher insgesamt neunmal gelesen, auch sie zählt zu seinen Hauptvorlesungen. Zum ersten Mal las Schleiermacher die Praktische Theologie 1812 vierstündig, zum letzten Mal 1833 fünfstündig. Sein letztes Kolleg erstreckte sich dabei über 65 Vorlesungsstunden.[38]

Schleiermachers praktisch-theologische Vorlesungen wurden posthum von Jacob Frerichs herausgegeben.[39] Frerichs gibt in der Vorrede zu dem Band knapp über seine Editionsmethode Auskunft. Demnach lagen ihm einige Bögen und Zettel mit Vorlesungsnotizen Schleiermachers vor, die er im Anhang des Bandes vollständig veröffentlicht. Leider beziehen sich diese Quellen nicht auf die Theorie des Kirchenregiments und tragen für das Thema dieser Arbeit nichts aus. Zusätzlich zu diesem Material von Schleiermachers eigener Hand lagen Frerichs elf Vorlesungsmitschriften von Studenten aus den Jahren 1821/22, 1824, 1826, 1828 und 1833 vor. Frerichs erläutert, daß Schleiermachers Vorlesungen zur Praktischen Theologie in den verschiedenen Jahren höchst unterschiedlich ausfielen. 1824 sei die „Seelenstimmung" des Vortrags dialektisch kunstfertig, 1826 begeisternd, 1830 behaglich und 1833 besonders einfach gewesen. Frerichs stellt sich das an sich sehr lobenswerte Ziel, durch seine Edition diese Vielfalt von Schleiermachers Denken möglichst zu erhalten. Wegen diverser Mängel der Nachschriften legt Frerichs jedoch nicht eine Nachschrift zugrunde, sondern entschließt sich, die Nachschriften aus den verschiedenen Jahre zu „verschmelzen".

---

38 Vgl. zu diesen Angaben die Liste von Schleiermachers Vorlesungen in: Schleiermachers Briefwechsel, 300-330.

39 Praktische Theologie. Die praktische Theologie nach den Grundsäzen der evangelischen Kirche im Zusammenhange dargestellt von Dr. Friedrich Schleiermacher. Aus Schleiermachers handschriftlichem Nachlasse und nachgeschriebenen Vorlesungen hg. v. J. Frerichs, SW I, 13, Berlin 1850, Nachdruck Berlin/New York 1983. Der Band wird im folgenden „Praktische Theologie" oder „PT" abgekürzt. Ich verwende dabei Praktische Theologie als Eigennamen und schreibe ihn groß, Schleiermacher selbst spricht immer von „praktischer Theologie".

Dieser erste editorische Mißgriff wird durch eine zweite methodische Fehlentscheidung Frerichs noch überboten: Frerichs macht nicht kenntlich, aus welcher Nachschrift die jeweiligen Textabschnitte, die er zusammenstellt, stammen. Er fügt nahtlos einen völlig neuen Text zusammen, ohne daß rekonstruiert werden könnte, welche der verschiedenen Abschnitte zueinander gehören oder aus welchem Jahr sie stammen. So ergibt sich zwar ein sehr buntes und vielfältiges Bild, jedoch ohne historische Auflösungskraft. Die Gliederungen gehen durcheinander, es kommt zu zahlreichen Wiederholungen und offenen Widersprüchen, die sich aufgrund der fehlenden Angaben zum Vorlesungsjahr nicht mehr historisch einordnen und verständlich machen lassen. Zu diesen editorischen Mängeln kommt hinzu, daß der mündliche Vorlesungsvortrag nie die Präzision eines ausgearbeiteten Werkes hat und die Qualität der Mitschriften diese Schwäche noch potenziert. In der Konsequenz geben nicht wenige Stellen in der Praktischen Theologie dem Interpreten Rätsel auf. Doch bleibt die Praktische Theologie trotz all dieser Mängel eine unverzichtbare Quelle für die Rekonstruktion von Schleiermachers Theorie des Kirchenregiments - ohne sie bliebe die Rekonstruktion ein dürres Gerippe. Für die grundsätzliche Konzeption der Theorie ist der Kurzen Darstellung jedoch eindeutig der Vorzug zu geben.[40]

---

40 Der Quellenwert von Schleiermachers Praktischer Theologie wird von heutigen Autoren zumeist nicht berücksichtigt. Man zitiert die Praktische Theologie, einschließlich der vom Herausgeber gewählten Überschriften, für gewöhnlich als „ipsissima vox". Dies betrifft z.B. auch die ansonsten sehr umsichtige Studie von Martin Doerne, Theologie und Kirchenregiment. Eine Studie zu Schleiermachers praktischer Theologie, NZSTh 10 (1968), 360-386, bes.: 371f. Ich werde an einigen Stellen auf die Mängel der Quelle im einzelnen hinweisen. Die zahlreichen Hervorhebungen in der Praktischen Theologie gebe ich nicht wieder, da sie aller Wahrscheinlichkeit nach nicht von Schleiermacher selbst, sondern vom Editor stammen. Das Erschließen neuer Quellen und die Rekonstruktion eines zuverlässigeren Textes der Praktischen Theologie ist nicht Aufgabe der vorliegenden Arbeit und würde den Rahmen einer praktisch-theologischen Dissertation sprengen. Der Ertrag hielte sich voraussichtlich auch in Grenzen, da mit den kirchenpolitischen Schriften und der Kurzen Darstellung viel hochwertiges Quellenmaterial vorliegt, das eine Bewertung auch des weniger hochwertigen Materials der Praktischen Theologie erlaubt. Die Neuedition der Praktischen Theologie bleibt jedoch ein Desiderat der Schleiermacherforschung und jeder mit historischem Bewußtsein arbeitenden Praktischen Theologie.

4. Der Forschungsstand

Schleiermachers Theorie des Kirchenregiments ist, wie schon erwähnt, bislang noch nicht Gegenstand einer eingehenden Untersuchung geworden. Selbst der weitere Rahmen der Theorie, Schleiermachers Praktische Theologie, ist in der Forschung nahezu unbear-
beitet. Angesichts der allseits betonten Wichtigkeit Schleiermachers
für die Praktische Theologie als deren Gründer erstaunt dieser
Befund und wirft kein günstiges Licht auf die Qualität der praktisch-
theologischen Schleiermacher-Rezeption. Völlig zurecht urteilt
Volker Drehsen, daß sich die Rezeptions- und Wirkungsgeschichte
Schleiermachers „zumindest im Hinblick auf die Praktische Theologie weitgehend als Geschichte des Mißverständnisses schreiben
ließe"[41]. Eine „Rekonstruktion der Schleiermacherschen Praktischen

---

41 Volker Drehsen, Neuzeitliche Konstitutionsbedingungen der Praktischen
Theologie, Anm. 1 zur Einleitung, Bd. 2, 3. Die Mißinterpretationen der Praktischen Theologie Schleiermachers schließen an die auch sonst in der Theologie verbreiteten Fehlinterpretationen Schleiermachers im Gefolge insbesondere der Dialektischen Theologie an. Zu diesen vgl. H.-J. Birkner, Theologie
und Philosophie, 9-18. Spezielle Mißverständnisse löste Schleiermachers
Beschreibung der Praktischen Theologie als technische Disziplin aus. Exemplarisch dafür: Karl Barth, Die Theologie Schleiermachers. Vorlesung Göttingen Wintersemester 1923/24, hg. v. Dietrich Ritschl, Karl Barth-Gesamtausgabe, II. Akademische Werke 1923/24, Zürich 1978, 304, 316 sowie:
Rudolf Bohren, Daß Gott schön werde. Praktische Theologie als theologische
Ästhetik, München 1975, 164-190. Der Aufsatz von Martin Fischer, Die
notwendige Beziehung aller Theologie auf die Kirche in ihrer Bedeutung für
die praktische Theologie bei Schleiermacher, in: ThLZ 75 (1950), 287-300
kann als Beispiel dafür gelten, wie die Schleiermacherforschung vor Birkners
verdienstvoller Rekonstruktion des Schleiermacherschen Wissenschafts- und
Theologiesystems und im Banne des Barthschen Offenbarungspositivismus
aussah. Für die heutige Forschung tragen solche älteren Arbeiten nur selten
etwas aus. Von bemerkenswertem Unverständnis für Schleiermachers
Denkweise zeugen auch die Ausführungen Godwin Lämmermanns in: Praktische Theologie als kritische oder als empirisch-funktionale Handlungstheorie?
Zur theologiegeschichtlichen Ortung und Weiterführung einer aktuellen Kontroverse, TEH 211, München 1981. Lämmermann kontrastiert Schleiermachers Theorie mit der Praktischen Theologie Philipp Marheinekes. Marheineke
(1780-1846) war Schleiermachers Kollege an der Dreifaltigkeitskirche und
zugleich an der theologischen Fakultät. Ihr Verhältnis zueinander war ge-
spannt, nicht zuletzt weil Marheineke als konservativer Rechtshegelianer und
Anhänger der preußischen Staatsideologie das politische und theologische
Gegenprogramm zu Schleiermacher vertrat. Daß Lämmermann gerade Marheineke als Ahnherrn einer *kritischen* Praktischen Theologie empfiehlt, ist

Theologie im Gesamtzusammenhang seines theologischen und philosophischen Denkens und seiner Denksituation" mit „detaillierte[r]
Darstellung und Interpretation der wissenschaftsdialektischen, ethischen, theologischen, historischen, soziologischen und hermeneutischen Voraussetzungen, auf denen der Schleiermachersche praktisch-theologische Entwurf aufbaut" steht noch aus.[42] Ein einziger,
allerdings unzureichender Versuch in diese Richtung wurde 1966
von Heinrich Fink unternommen.[43] Die Forschungslücke, auf die
Drehsen aufmerksam macht, wird meine Arbeit nicht zur Gänze
füllen können. Die Theorie des Kirchenregiments, einen der beiden
Teile der Praktischen Theologie Schleiermachers, möchte die vorliegende Studie allerdings rekonstruieren und interpretieren. Der andere Teil der Praktischen Theologie, die Theorie des Kirchendienstes,
kann nur punktuell beleuchtet werden.[44] Allerdings ist schon für die
Darstellung und Interpretation der Theorie des Kirchenregiments die
Rekonstruktion der *ganzen* Praktischen Theologie Schleiermachers
in ihren Grundzügen und unter den von Drehsen genannten Aspekten
unabdingbar und eine wesentliche Aufgabe dieser Studie.
Die einzige Monographie, die im Zusammenhang der Theorie des
Kirchenregiments von Bedeutung ist, stammt von dem Kirchenrecht-
ler Martin Daur: „Die eine Kirche und das zweifache Recht. Eine
Untersuchung zum Kirchenbegriff und der Grundlegung kirchlicher
Ordnung in der Theologie Schleiermachers"[45]. Daur erarbeitet sehr

---

erstaunlich. Lämmermanns Parteinahme für Marheineke verstellt ihm den Blick
auf die Leistungsfähigkeit von Schleiermachers Praktischer Theologie. Er
unterstellt Schleiermacher, daß seine Ausführungen „letztlich auf eine Affir-
mation des Faktischen hinauslaufen" (a.a.O., 67). Die innovativen Schätze in
Schleiermachers Praktischer Theologie zu heben, ist Aufgabe der vorliegenden
Studie.

42   V. Drehsen, Neuzeitliche Konstitutionsbedingungen der Praktischen Theolo-
     gie, Anmerkung 1 zur Einleitung, Bd. 2, 4.
43   Begründung der Funktion der Praktischen Theologie bei Friedrich Schleier-
     macher. Eine Untersuchung seiner praktisch-theologischen Vorlesungen, Dis-
     sertation Theol. Fakultät der Humboldt-Universität, Berlin 1966. Die Arbeit ist
     über nicht unbeträchtliche Strecken eine lose Verknüpfung und Zusammen-
     stellung von Schleiermacherzitaten und wurde nicht veröffentlicht. Knappe
     Darstellungen von Schleiermachers Praktischer Theologie liefern: Werner
     Jetter, Die Praktische Theologie, in: ZThK 64 (1967), 451-473, 458-463,
     Gerd Otto, Grundlegung der Praktischen Theologie, München 1986, 39-44
     sowie Dietrich Rössler, Grundriß der Praktischen Theologie, 30-36.
44   M. Doerne, Theologie und Kirchenregiment, 372, behauptet, „daß Schleier-
     machers hauptsächliche praktisch-theologische Leistung im 2. Teile seiner pr.
     Th., der Lehre vom *Kirchenregiment* gesucht werden muß."
45   JusEcc 9, München 1970.

gründlich und umsichtig den Neuansatz Schleiermachers, der die
Aporien der kirchenrechtlichen Tradition des landesherrlichen Kirchenregiments zu überwinden und die kirchliche Ordnung ekklesiologisch neu zu fundieren sucht. Daur geht auch manchen Detailfragen des Kirchenregiments nach, ohne die Theorie jedoch in ihrer
Gänze und als Teil der Praktischen Theologie zu rekonstruieren.
Auch an Aufsätzen liegen zu Schleiermachers Theorie des Kirchenregiments nur wenige Veröffentlichungen vor. Speziell zum Thema
Kirchenregiment ist lediglich der Aufsatz von Martin Doerne zu
nennen: „Theologie und Kirchenregiment. Eine Studie zu Schleiermachers praktischer Theologie"[46]. Doerne bringt wichtige Aspekte
von Schleiermachers Kirchenregimentstheorie zur Sprache, auf die
ich an gegebener Stelle hinweisen werde. In einer kleineren Veröffentlichung untersucht Martin Honecker Schleiermachers konkrete
kirchenpolitische und kirchenrechtliche Entscheidungen.[47]
Mehr an Anregungen Schleiermachers für die Gegenwart denn an
einer Rekonstruktion der Schleiermacherschen Praktischen Theologie ist ein Aufsatz von Henning Schröer interessiert: „Es begann mit
Schleiermacher. Impulse des Begründers der Praktischen Theologie
für ein gegenwärtiges Konzept"[48]. Ebenfalls der gesamten Praktischen Theologie Schleiermachers widmet sich der Aufsatz von Wilhelm Gräb, „Kirche als Gestaltungsaufgabe. Friedrich Schleiermachers Verständnis der Praktischen Theologie"[49]. Schon der Titel
meiner Arbeit weist darauf hin, daß ich Gräbs grundsätzlicher Charakterisierung der Schleiermacherschen Praktischen Theologie zu-
stimme, wobei ich zeigen möchte, daß der Gestaltungsaspekt in der
Theorie des Kirchenregiments besonders prägnant hervortritt. Gräbs
Aufsatz steht in gewisser Nähe zu den von mir im dritten Kapitel
behandelten Fragen. Wegen seines begrenzten Umfangs kann er

---

46 Vgl. Anm. 40.
47 Schleiermacher und das Kirchenrecht, vgl. Anm. 19.
48 In: Schleiermacher und die Praktische Theologie, PthI 1 (1985), 84-105.
49 In: Schleiermacher und die wissenschaftliche Kultur des Christentums, hg. v.
    G. Meckenstock, i. Verb. m. J. Ringleben, TBT 51, Berlin/New York 1991,
    147-172. Zu nennen ist noch der schon Anm. 5 angeführte Aufsatz von Hen-
    ning Luther, Praktische Theologie als Kunst für alle. Luther tritt zurecht eini-
    gen verbreiteten Fehlinterpretationen Schleiermachers entgegen und arbeitet
    spezielle Aspekte der Theorie des Kirchenregiments heraus. Weitere Literatur,
    die sich nur knapp oder nur mit Einzelaspekten der Praktischen Theologie
    Schleiermachers beschäftigt, findet sich im Literaturverzeichnis. Es wird an
    entsprechenden Stellen auf sie verwiesen.

jedoch keine umfassende Rekonstruktion von Schleiermachers Praktischer Theologie bieten.

5. Der Aufriß der Studie

Ziel meiner Arbeit ist die Rekonstruktion und Interpretation von Schleiermachers Theorie des Kirchenregiments, wie er sie in der Kurzen Darstellung konzipiert und in der Praktischen Theologie ausgeführt hat. Darüber hinaus werde ich im Zuge meiner Darstellung gelegentlich und im Schlußkapitel ausführlich auf Impulse Schleiermachers für aktuelle Problem- und Diskussionslagen eingehen. Die Untersuchung wird zeigen, daß Schleiermachers Theorie des Kirchenregiments weit über das ihr gebührende historische Interesse hinaus Beachtung verdient.

Es ist nicht Aufgabe der Untersuchung, die Genese von Schleiermachers Theorie des Kirchenregiments präzise nachzuzeichnen. Die Rekonstruktion geht vielmehr von der in der zweiten Auflage der Kurzen Darstellung vorliegenden Gestalt von Schleiermachers Theorie aus. In die Kurze Darstellung sind sowohl seine langjährigen kirchenpolitischen Erfahrungen als auch seine in zahlreichen praktisch-theologischen Vorlesungen gewonnen Einsichten eingegangen.[50] Darüber hinaus ist die Kurze Darstellung die zuverlässigste und elaborierteste der zur Verfügung stehenden Quellen. Das Ausgehen von der ausgereiften Gestalt des Programms in der zweiten Auflage der Kurzen Darstellung bedeutet notwendig eine Reduktion der bei Schleiermacher anzutreffenden Vielfalt. Schleiermacher reagierte ständig auf veränderte Problemlagen und arbeitete seine Theorien laufend um. Seine hohe Flexibilität führte zu einer Vielfalt der Gedankenführung, die nicht vollständig wiedergegeben werden kann. Die Quellen sind insofern bunter und widersprüchlicher, als es die Rekonstruktion erkennen läßt. An ausgewählten Stellen werde ich auf solche Widersprüche oder signifikante Änderungen in Schleiermachers Denken ausdrücklich hinweisen.[51]

---

50 Vgl. M. Doerne, Theologie und Kirchenregiment, 373. Keinesfalls muß die späteste Form einer Theorie immer die bessere sein. An Zugänglichkeit und Prägnanz ist z.B. Schleiermachers erste Auflage der Glaubenslehre der zweiten Auflage deutlich überlegen.

51 Manche und durchaus auch wohlmeinende Interpreten zwängen Schleiermacher in das Prokrustesbett eigener Systematik und werden der Fülle seiner

Schleiermachers Sprache ist für heutige Leserinnen und Leser oft
schwer zugänglich. Dieser Sachverhalt legt es nahe, wann immer
möglich, Schleiermachers Idiom in unsere heutige Sprache zu übersetzen. Zugleich geht mit jeder Übersetzung und Modernisierung
von Schleiermachers Sprache viel von der Originalität der ursprünglichen Aussage verloren, so daß die historische Treue wiederum eine
möglichst enge Anlehnung an Schleiermachers Sprache nahelegt.[52]
Ich versuche, beiden Ansprüchen gerecht zu werden. Die völlig
unregelmäßige Rechtschreibung und die teilweise äußerst spärliche
Interpunktion Schleiermachers wird in den Zitaten selbstverständlich
beibehalten.

An einigen Stellen erscheint es mir aufschlußreich, Schleiermachers soziologische Beobachtungen mit Hilfe der Systemtheorie von
Niklas Luhmann zu reformulieren. Die Ähnlichkeit mancher Überlegungen Schleiermachers und Luhmanns ist frappierend und rechtfertigt, wie ich hoffe, den methodisch selektiv verfahrenden Vergleich.[53] Das komplexe Beziehungsgeflecht, in dem Schleiermachers
Theorie des Kirchenregiments steht, macht Interdisziplinarität für
diese Arbeit ohnehin unvermeidlich. Auch wenn praktisch-theologische Fragen im Vordergrund stehen, wird kirchengeschichtlichen
und systematisch-theologischen Fragestellungen ausführlich Beachtung geschenkt.

Die vorliegende Studie ist zweigeteilt. Im ersten Teil geht es
darum, die Grundlagen der Theorie des Kirchenregiments in Schleiermachers vielfältiger wissenschaftlicher Arbeit zu erarbeiten. Der
Rahmen, in den es das Programm des Kirchenregiments einzuordnen
gilt, ist dabei so weit als möglich zu fassen. Wichtige Grundentscheidungen in Schleiermachers Wissenschaftssystem, in der philo-

---

Gedankenwelt nicht gerecht. Beispiele führt H.-J. Birkner an: Theologie und
Philosophie, 13-18. Auf Beispiele ähnlicher Art wird verwiesen werden.

52 Wie H.-J. Birkner herausgearbeitet hat (Theologie und Philosophie, 19-22),
ist ein wesentliches Problem der Schleiermacherinterpretation die methodisch
mangelhafte Unterscheidung von *Deutebegriffen* des Interpreten und Schleiermachers eigenen *Systembegriffen*. Birkner weist auf diese Mängel im
Hinblick auf den Philosophie- und Theologiebegriff Schleiermachers hin, der
mit den äquivoken Deutebegriffen der Interpreten nur wenig gemein hat. Im
Zusammenhang der Theorie des Kirchenregiments können u.a. die Begriffe
„Kirchenleitung" und „Kirchenregiment" vergleichbare Probleme bereiten.

53 Auf die Nähe Schleiermachers zu manchen Beobachtungen der Systemtheorie
Luhmannscher Provenienz wies Michael Welker in der Vorlesung „Theologie
und Philosophie im 19. Jahrhundert" im Wintersemester 1986/87 in Tübingen
hin. Welker bezeichnete Schleiermacher zurecht als „Vor-Systemtheoretiker".

sophischen Ethik, in der theologischen Enzyklopädie und in der
Dogmatik prägen das Programm des Kirchenregiments in seinen
wesentlichen Zügen. Ich beschreibe im ersten Kapitel, von außen
nach innen gehend, zunächst die von Schleiermacher unterschiedenen
Wissenschaftstypen, um das besondere Profil der Theologie als positiver Wissenschaft zu explizieren. Sodann wird Schleiermachers enzyklopädisches Programm der Theologie dargestellt und der Ort der
Praktischen Theologie bestimmt.

Die Gestaltung der Kirche hängt wesentlich davon ab, welche ekklesiologischen Theorien das Handeln der Verantwortlichen bestimmen.[54] Schleiermacher beschäftigt sich an verschiedenen Stellen mit
dem Begriff und der Gestalt der Kirche. Im zweiten Kapitel erar-
beite ich daher zunächst den philosophisch-ethischen Kirchenbegriff
und wende mich dann dem Kirchenbegriff in der Glaubenslehre und
der christlichen Sittenlehre zu. Dabei ergibt sich ein vielperspektivi-
sches Bild von Schleiermachers Theorie der Kirche.

Das dritte Kapitel handelt schließlich von der Praktischen Theologie, die Schleiermacher als Theorie oder Technik evangelischer Kirchenleitung begreift. Schleiermacher versteht unter Kirchenleitung
jedes Handeln mit theologischen Kenntnissen und im Interesse der
Kirche.[55] Der Bezug der ganzen Theologie auf die Kirchenleitung in
Schleiermachers theologischer Enzyklopädie erhält in der Praktischen Theologie seine konkrete Zuspitzung. Grundlegend ist dabei
Schleiermachers Unterscheidung von Kirchendienst und Kirchenregiment. Der *Kirchendienst* ist die lokale Tätigkeit in einer abgegrenzten Gemeinde, das *Kirchenregiment* die funktional übergeordnete, auf einen Komplex von Gemeinden gerichtete Tätigkeit. Mit
der Einführung dieser Unterscheidung ist der Ort der Theorie des
Kirchenregiments präzise erfaßt.

Der zweite Teil der Arbeit wendet sich der Durchführung der
Theorie des Kirchenregiments und den konkreten Formen und Handlungsfeldern des Kirchenregiments zu. Basis jeder Kirchengemein-

---

54 Vgl. KD, § 28.
55 Der Gedanke an Frauen in kirchenleitenden Funktionen lag außerhalb von
    Schleiermachers Horizont. Bekanntlich wurde die Frauenordination in der
    evangelischen Kirche in Deutschland erst in den 60er und 70er und in
    Schaumburg-Lippe erst in den 90er Jahren dieses Jahrhunderts eingeführt. Die
    ausschließlich männlichen Bezeichnungen für die Kirchenleitungsfunktionen
    bei der Darstellung von Schleiermachers Theorie sind also präzise zu
    verstehen. Auf die potentielle Rolle von Frauen in Schleiermachers Konzept
    werde ich eingehen (Kap. VI. 1.; vgl. auch: Kap. II. 3. c).

schaft ist für Schleiermacher eine *Kirchenverfassung* (Kapitel IV).
Ihr kommt theologisch höchste Bedeutung zu, da für Schleiermacher
nur bestimmte Formen der Kirchenverfassung auf Dauer mit dem
Wesen des Protestantismus vereinbar sind. Schleiermacher differenziert zwei Formen des Kirchenregiments, die *Kirchliche Autorität*
als Legislative und Exekutive der Kirche (Kapitel V) und die *Freie
Geistesmacht*, das ungebundene und innovative Element des Kirchenregiments, an dem potentiell alle Kirchenglieder partizipieren können (Kapitel VI).

Die Kapitel sieben und acht der Studie beziehen sich auf die
konkreten Handlungsfelder des Kirchenregiments, wobei die Arbeit
der Kirchlichen Autorität im Vordergrund steht. Das Kirchenregiment hat eine doppelte Steuerungsfunktion für die Kirche wahrzunehmen. Es gestaltet zum einen die *inneren* Verhältnisse der Kirche
und repräsentiert zum anderen die Kirche nach *außen* gegenüber der
Gesellschaft. Die nach innen gerichtete Tätigkeit des Kirchenregiments (Kapitel VII) richtet sich vornehmlich auf die Gestaltung des
Kirchendienstes in den Gemeinden. Es werden Fragen der Bestellung
und Qualifikation von Geistlichen, der rechten Form des Gottesdienstes, des christlichen Lebens und der christlichen Lehre erörtert.
Die nach außen gerichtete Tätigkeit des Kirchenregiments (Kapitel
VIII) regelt die Kontakte der Kirche zu den übrigen Teilsystemen
der Gesellschaft, dem Staat, den Bildungsinstitutionen, der freien
Geselligkeit und den anderen Konfessionen und Religionen. Dabei
weitet sich der Blick auf die weltumspannende christliche Kirche, die
sich Schleiermacher als bunte Einheit verschiedener Konfessionen
und Kirchenformen vorstellt.

Das Schlußkapitel der Arbeit faßt die wichtigsten Ergebnisse der
Untersuchung zusammen und versucht, die Impulse Schleiermachers
für gegenwärtige Fragen der Kirchengestaltung fruchtbar zu machen.

Erster Teil: Grundlegung der Theorie des Kirchenregiments

I. Schleiermachers Wissenschafts- und Theologiesystem als Voraussetzung der Theorie des Kirchenregiments

1. Das System der Wissenschaften

a) Grundlegende Unterscheidungen

Schleiermacher ist ein Künstler der Gliederung und Einteilung. Seine Fähigkeit zur Systematisierung läßt sich an jedem seiner Werke studieren. Auch sein Wissenschaftssystem ist weit ausdifferenziert und kunstvoll strukturiert.[1] Schleiermacher teilt die Wissen-

---

[1] Die folgende Darstellung des Wissenschafts- und Theologiesystems geht zurück auf Schleiermachers „Ethik 1812/13" (mit späteren Fassungen der Einleitung, Güterlehre und Pflichtenlehre, auf Grundlage der Ausg. v. O. Braun hg. u. eingel. v. H.-J. Birkner, 2. verb. Ausgabe, Hamburg 1990, abgekürzt: „Ethik"), auf Schleiermachers Akademieabhandlungen: Ueber die wissenschaftliche Behandlung des Tugendbegriffes. Vorgelesen den 4.3. 1819, SW III, 2, 350-378; Versuch über die wissenschaftliche Behandlung des Pflichtbegriffs. Gelesen am 12.8.1824, SW III, 2, 379-396; Ueber den Begriff des höchsten Gutes. Erste Abhandlung. Gelesen am 17.5.1827, SW III, 2, 446-468; Ueber den Begriff des höchsten Gutes. Zweite Abhandlung. Gelesen am 24.6.1830, SW III, 2, 469-495, auf die „Dialektik" (Aus Schleiermachers handschriftlichem Nachlasse hg. v. L. Jonas, SW III, 4. 2, hg. v. L. Jonas, Berlin 1839) sowie auf die „Kurze Darstellung des theologischen Studiums" und die „Theologische Enzyklopädie". Meine Darstellung stützt sich wesentlich auf die Rekonstruktion von Schleiermachers Wissenschaftssystem in Hans-Joachim Birkners Habilitationsschrift über „Schleiermachers christliche Sittenlehre". Diese Arbeit markiert den Ausgangspunkt der neueren Schleiermacherforschung. Sie gab den Anstoß und schuf zugleich die Grundlage, die zahllosen Mißverständnisse und Mißinterpretationen in bezug auf Schleiermacher aufzuarbeiten, die besonders in der Ära der Dialektischen Theologie den Zugang zu Schleiermacher verstellten. Außerdem ist von Birkner noch einschlägig: „Theologie und Philosophie" sowie: „Schleiermachers ‚Kurze Darstellung' als theologisches Reformprogramm". Eilert Herms hat im

schaften zunächst ein in „reine oder notwendige" und in „positive"
Wissenschaften. Die *reinen* oder notwendigen Wissenschaften sind
unmittelbar aus der Idee des Wissens abzuleiten. Sie ergeben sich
durch die Beziehung des Wissens auf das Sein. Die *positiven*
Wissenschaften hingegen sind nicht unmittelbar aus der Idee alles
Wißbaren abzuleiten und insofern nicht notwendig. Eine positive
Wissenschaft ist auf etwas kontingent Gegebenes, etwas Positives
bezogen und auf die Gestaltung und Verbesserung dieses Gegenstandes ausgerichtet. Im Gegensatz zu den reinen Wissenschaften, in
denen es um Wißbares an und für sich geht, stehen die positiven
Wissenschaften in einem unmittelbaren Verwertungs- und Interessenzusammenhang. Sie verdanken sich nicht der menschlichen
Neugier, sondern gesellschaftlichen Bedürfnissen. Ihnen ist gemeinsam, daß sie nicht wie die reinen Wissenschaften „ein Seyn *darstellen*, sondern eines *hervorbringen* wollen."[2] Zu den positiven
Wissenschaften zählt Schleiermacher die drei ehemals „oberen
Fakultäten" der alten Universität, Medizin, Jura und Theologie sowie
als relativ neue Wissenschaft die Staatswissenschaften. Bevor ich
näher auf die positiven Wissenschaften und insbesondere auf die
Theologie eingehe, soll der Blick zunächst auf die reinen Wissenschaften *Ethik* und *Physik* und auf Schleiermachers Wissenschaftstheorie, die *Dialektik*, gerichtet werden.

Mit der Einteilung der Wissenschaften (unter Absehung von den
positiven Wissenschaften) in Dialektik, Ethik und Physik knüpft
Schleiermacher an die antike Dreiteilung der Philosophie an. In
Auseinandersetzung mit Kant, Fichte und Schelling gewinnt dieses
Schema bei ihm eine neue Qualität. Die *Dialektik* hat bei Schleiermacher die Funktion einer Wissenschaftstheorie. Er zählt sie jedoch
nicht zu den reinen, notwendigen Wissenschaften, die Dialektik ist
diesen vielmehr nachgeordnet und unterscheidet sich in der Form

---

Anschluß an Birkner das Bild von Schleiermachers Wissenschaftssystem mit
mehreren Beiträgen abgerundet: Herkunft, Entfaltung und erste Gestalt des
Systems der Wissenschaften bei Schleiermacher, Gütersloh 1974; Die Ethik
des Wissens beim späten Schleiermacher; Reich Gottes und menschliches
Handeln, in: Friedrich Schleiermacher 1768-1834. Theologe - Philosoph -
Pädagoge, hg. v. D. Lange, Göttingen 1985, 163-192; Die Bedeutung der
„Psychologie" für die Konzeption des Wissenschaftssystems beim späten
Schleiermacher, in: Schleiermacher und die wissenschaftliche Kultur des
Christentums, TBT 51, hg. v. G. Meckenstock i. Verb. m. J. Ringleben,
Berlin/New York 1991, 369-401. Von den älteren Arbeiten ist zu nennen: E.
Hirsch, Geschichte der neuern evangelischen Theologie, Bd. 5, 1, 281-357.
2   Enzyklopädie, 1.

von ihnen. Schleiermacher zählt die Dialektik zu den „Kunstlehren",
einer eigenen, später noch näher zu bestimmenden Wissenschafts-
form. Die Dialektik ist keine oberste Wissenschaft und kein Inbegriff
von Sätzen aus dem sich alles andere Wissen entwickeln ließe.
Vielmehr setzt die Dialektik anderweitig entstandenes Wissen voraus,
beobachtet, wie solches Wissen zustande kommt und erörtert seine
transzendentalen „Voraussetzungen, Grenzen, Strukturen und Ver-
knüpfungsweisen".[3] Ihre Denkbewegung geht also nicht von oben
nach unten, sondern von unten nach oben. Als „Technik" ist die
Dialektik für Schleiermacher im Gegensatz zu den entsprechenden
Wissenschaften bei Fichte, Hegel und Schelling nicht „Wissen um das
Wissen". Vielmehr ist sie für ihn als „Anweisung, das Wissen
hervorzubringen" die Kunstlehre des wissenschaftlichen Streitens.[4]
Schleiermacher teilt die reinen Wissenschaften in Physik und
Ethik. Beide Wissenschaften stehen jeweils für eine ganze Gruppe
von Einzelwissenschaften. Die *Physik* repräsentiert als „Darstellung
des endlichen Seins unter der Potenz der Natur"[5] die Natur-
wissenschaften. Die *Ethik* steht als „Darstellung des endlichen Seins
unter der Potenz der Vernunft"[6] für die Geistes- oder Vernunftwissenschaften. Unter diesen zwei „Hauptwissenschaften" von der
Vernunft und der Natur können „alle andern bestimmten und
abgeschlossenen Wissenschaften als untergeordnete Disciplinen"[7]
zusammengefaßt werden. Neben diesen beiden *Gebieten* des Wissens
unterscheidet Schleiermacher auch zweierlei *Formen* des Wissens,
das begrifflich-allgemeine, *spekulative* und das auf den Einzelfall
zielende, konkret-*empirische* Wissen. Diese beiden Wissensarten
finden sich sowohl in der Ethik, als auch in der Physik. Physik und
Ethik lassen sich deshalb jeweils in einen spekulativen und einen

---

3   Birkner, SCS, 33. Zu Schleiermachers Dialektik vgl. auch: Falk Wagner,
    Schleiermachers Dialektik. Eine kritische Interpretation, Gütersloh 1974.
4   Birkner, SCS, 32. Eilert Herms bestreitet im Blick auf den späten Schlei-
    ermacher diese Rekonstruktion Birkners. Nach Herms hat beim späten
    Schleiermacher die Psychologie die Funktion einer Grundwissenschaft, aus
    der sich alle reinen Wissenschaften ableiten lassen, vgl. ders., Die Bedeutung
    der „Psychologie" für die Konzeption des Wissenschaftssystems beim späten
    Schleiermacher. Ob sich Herms' Rekonstruktionsversuch bewährt, bleibt
    abzuwarten. Der methodische Status der Dialektik als Technik und die Rekon-
    struktion der Theorie des Kirchenregiments bleiben von seinen Überlegungen
    jedenfalls unberührt.
5   Ethik, 8.
6   Ebd.
7   Ethik, 202.

empirischen Zweig teilen. Die Kreuzung des Paares *Physik* und *Ethik* mit den beiden Wissensformen *spekulativ* und *empirisch* ergibt Schleiermachers Viererschema der Wissenschaften.[8] Die Physik gliedert sich nach diesem Schema in *spekulative Physik* und *empirische Naturkunde*, die Ethik in *spekulative Ethik* und *empirische Geschichtskunde*.[9] Es ist zu beachten, daß in diesem Schema die Begriffe Ethik und Physik sowohl als Oberbegriffe, als auch als Unterbegriffe ihrer selbst fungieren. Vergleichbare Phänomene sind bei Schleiermacher öfter zu beobachten. Auch die Begriffe Dogmatik und Kirchenregiment sind ähnlichen Schwankungen der Begriffsextension unterworfen. Überhaupt liegt Schleiermacher nicht an einer strengen Terminologie, er liebt die „Abwechselung des Ausdrukks, wodurch doch jedesmal eine andere Seite der Sache ins Licht gesezt wird" und will so die „bedenklichen Wirkungen einer zu starren Terminologie"[10] vermeiden. Es ist klar, daß diese terminologische Beweglichkeit den Zugang zu Schleiermachers Texten erheblich erschwert.

Die Entgegensetzung der vier Disziplinen - empirische und spekulative Ethik sowie empirische und spekulative Physik - ist relativ, sie soll keine Trennung bedeuten. Vernunft- und Naturwissenschaft, Spekulatives und Empirisches sind nur unterschiedliche Aspekte der Beobachtung der *einen* Wirklichkeit, des „höchsten Seins".[11] Als transzendentale Voraussetzung aller Wissenschaft ist ein dem höchsten Sein korrespondierendes und es abbildendes „höchstes Wissen" zu postulieren. Es ist „der innere Grund und Quell alles andern Wissens".[12] Das höchste Wissen, in dem alle Gegensätze aufgehoben sind, ist dem Bewußtsein nicht unmittelbar zugänglich. Alles *reale*

---

8 Zu dieser für Schleiermacher charakteristischen Methode des sich kreuzenden, doppelt positiven Gegensatzes vgl.: Dialektik, 243-249. Vgl. auch: F. Wagner, Schleiermachers Dialektik, 246.

9 Vgl. Ethik, 202ff, Birkner, SCS, 33, F. Wagner, Schleiermachers Dialektik, 259f.

10 Ueber die Religion. Reden an die gebildeten unter ihren Verächtern, 4. Aufl., Berlin 1831; SW I, 1, 133-460 [abgekürzt: Reden 4. Aufl.], Erläuterung 2 zur 2. Rede, 266. Schleiermachers Vorliebe für Begriffsvariationen verdankt sich wohl dem frühromantischen Protest gegen die starre Terminologie der deutschen Schulphilosophie. Schleiermacher verwendet z.B. für „spekulativ" auch „beschaulich" und für „empirisch" synonym die Begriffe „beachtlich" und „erfahrungsmäßig". Statt Ethik gebraucht er häufig den deutschen Begriff „Sittenlehre", vgl. Ethik, 203-208.

11 Vgl. Ethik, 192ff.

12 Ethik, 196.

Wissen unterscheidet sich vom höchsten Wissen dadurch, daß es in
Gegensätzen besteht, daß es endlich und unabgeschlossen ist.[13] Diese
Gegensätze des realen Wissens werden in Schleiermachers Viererschema deutlich. Gleichzeitig geht es ihm jedoch mit diesem Viererschema darum zu zeigen, wie „sich Denken und Erfahrung einerseits, Naturwissenschaft und Geisteswissenschaft andererseits gegenseitig durchdringen."[14] Auch Vernunft und Natur sind für Schleiermacher keine absoluten Gegensätze: „[W]iewol Natur für sich gesetzt
und Vernunft für sich gesetzt eine Fülle von Gegensäzen gebunden
enthalten, so verlassen wir doch schon die lebendige Anschauung,
wenn wir sie von einander trennen, und müssen wenigstens immer
festhalten, daß sie als Bild des Höchsten [scil.: Seins] nicht außer
einander und ohne einander sind."[15]

Für unseren Zusammenhang kann die Wissenschaft von der Natur,
die Physik mit ihren Unterdisziplinen, außer Betracht bleiben.
Insofern die Natur Basis allen Lebens und Agierens ist, mit dem sich
die Theologie beschäftigt, kann es zwar zu Berührungen der Theologie mit naturwissenschaftlichen Disziplinen kommen[16], vornehmlich steht die Theologie jedoch mit den von Schleiermacher zur
Ethik gerechneten Wissenschaften in Verbindung. Dies gilt für die
spekulative wie für die empirische Ethik gleichermaßen.

b) Die philosophische Ethik

Schleiermachers Vorstellungen vom historisch-konkreten Teil der
Ethik, der empirischen Geschichtskunde, decken sich weitgehend mit
dem heutigen Verständnis von empirischen Geschichts- und Sozial-
wissenschaften. Für die spekulative Ethik, die von Schleiermacher
auch als *philosophische* Ethik oder Ethik im engeren Sinne bezeichnet wird, gibt es keine äquivalente Universitätsdisziplin. Sie könnte
heute wohl am ehesten als Mischung aus Ethik, Kultur-, Geschichts-
und Religionsphilosophie und theoretischer Soziologie begriffen
werden. Von Schleiermacher wird sie als „die Wissenschaft der

---

13   Vgl. ebd.
14   Birkner, SCS, 33. Vgl. Ethik, 200, 204f.
15   Ethik, 200.
16   So zu Schleiermachers Zeit bei der Frage der Glaubwürdigkeit der biblischen
     Wundergeschichten. Vgl. dazu: Über die Glaubenslehre. Zwei Sendschreiben
     an Lücke, Theologische Studien und Kritiken, 2. Bd., 2. u. 3. Heft, Hamburg
     1829; KGA I, 10, 307-394, 345ff. Zu den Abhängigkeitsverhältnissen
     zwischen Ethik und Physik vgl. Ethik, 206f.

Prinzipien der Geschichte"[17] beschrieben, als „spekulative Darstellung der Vernunft in ihrer Gesamtwirksamkeit."[18]

Die *philosophische Ethik* wird von Schleiermacher nach klassischem Vorbild in Pflichten-, Tugend- und Güterlehre unterteilt. Das
Sittliche ist in jedem der drei Teile vollständig abgebildet. Jeder Teil
stellt das Sittliche jedoch in einer anderen Beziehung dar. Die
gängige Beschränkung der Ethik auf Pflichten- oder Tugendlehre
hält Schleiermacher neben der verbreiteten Konzentration der Ethik
auf einzelne Subjekte für das Grundübel zeitgenössischer Ethikentwürfe. Schleiermacher macht es sich für seinen eigenen Entwurf
zur Aufgabe, die in der ethischen Theorie herrschende „unnatürliche
Trennung" der Handlungsweise von dem aus der Handlung hervorgehenden Werk oder Gut aufzuheben. Nur durch eine Zusammenschau von Tat und Werk werde ein lebendiger Zusammenhang des
vernünftigen Handelns sichtbar und nur wenn dieser Zusammenhang
sichtbar sei, könne Ethik für menschliches Handeln und Entscheiden
leitend sein. Das Gelingen und „Wohlgeraten" einer Handlung dürfe
nicht dem Zufall oder der göttlichen Vorsehung anheim gestellt
werden, es müsse vielmehr in der Ethik mitreflektiert werden.[19]
Schleiermacher wendet sich dezidiert gegen die in seinen Augen
reduktionistische Gesinnungsethik und macht in scharfer Abgrenzung von Kant und Fichte die Orientierung am Ergebnis und Erfolg
einer Handlung für die Ethik zur Pflicht. Prägnant formuliert
Schleiermacher: „[...] in solcher Gestalt [scil.: in Gestalt der Tugend-
oder Pflichtethik], sage ich, leistet sie denen gar nichts, die das Meer
eines wahrhaft selbstthätigen Lebens zu durchschiffen haben;
sondern nur, wenn es solche giebt, die in eine so feste und starre
Ordnung gestellt sind, in welcher sich schon das meiste für jeden von
selbst versteht, und nur selten in einzelnen Augenblikken einer zu
einer wahrhaft freien Thätigkeit aufgefordert wird, wobei es aber
nicht darauf ankommt etwas zu bewirken, sondern nur sich so oder
so selbst darzustellen, denen kann sie die Regel ihrer Bewegungen
angeben. Darum habe ich mich auch in alle diese herrlichen
Lobpreisungen niemals finden können, wie wohl und voll sie auch

---

17 KD, § 29.
18 Der christliche Glaube. Nach den Grundsätzen der evangelischen Kirche im
     Zusam–menhange dargestellt, 7. Aufl., auf Grund der 2. Aufl. und kritischer
     Prüfung des Textes hg. v. M. Redeker, 2 Bde., Berlin 1960, [abgekürzt: CG],
     § 2, I, 14.
19 Vgl. Ueber den Begriff des höchsten Gutes. Erste Abhandlung, 451-455.

klingen, von einer Pflichtmäßigkeit des Handelns, welche gar nicht
daran denke, was dabei herauskommt oder nicht, und von einer
Tugend, welcher gar nichts darauf ankommt, ob das auch gelingt
und wohl geräth woran sie sich sezt, oder nicht, sondern dieses, wie
es nun eben jeder meint, dem Zufall oder der göttlichen Vorsehung
anheimstellt."[20]

Für Schleiermacher bedarf die Ethik der Ausrichtung an Handlungszielen, an „*Gütern*". Diese Güter stehen unter sich in Zusammenhang und konvergieren alle im „Höchsten Gut" als dem „Inbegriff aller wahren Güter"[21]. In ethischen Zweifelsfällen, bei denen
die Frage nach pflichtgemäßem oder tugendhaftem Verhalten nicht
weiterhilft, kann zur Entscheidungsfindung die Frage gestellt
werden, „ob diese und jene Gestaltung der Dinge ein Element des
Höchsten Gutes sein könne"[22] oder nicht. Eine realistische und
lebensrelevante Ethik muß für Schleiermacher personen- *und*
handlungs- *und* ergebnisorientiert sein. Die Orientierung der Ethik
am Höchsten Gut richtet den Blick über das einzelne ethische Subjekt
hinaus auf die menschliche Sozialität. Die Sozialität gehört für
Schleiermacher wesentlich zum Menschsein, sie ist ein unhinter-
gehbares und in der ethischen Theoriebildung notwendig zu beach-
tendes Faktum. Denn die Wirksamkeit des einzelnen ist mit der
Wirksamkeit anderer nicht nur „ganz unzertrennlich verflochten,
[...] sondern wahrhaft verwachsen"[23].

Die ständige Mitberücksichtigung der menschlichen Sozialität prägt
alle drei Teile der Schleiermacherschen Ethik. Besonders anschaulich wird dies in Schleiermachers Güterlehre. Sie ist ohne Zweifel
der originellste Teil seiner philosophischen Ethik. Mit der Ausbildung einer Güterlehre setzt sich Schleiermacher programmatisch
von seinen Zeitgenossen ab, in deren Ethikentwürfen ein ent-
sprechendes Element fehlt. In der Güterlehre wird auch am ehesten
deutlich, was Schleiermacher mit dem Begriff „spekulative Ethik"
meint. Die Güterlehre ist darüber hinaus auch im Hinblick auf die
noch darzustellende Ekklesiologie Schleiermachers von hoher Bedeutung. Ihr wird deshalb der folgende Exkurs gewidmet.

---

20 Ueber den Begriff des höchsten Gutes. Erste Abhandlung, 451f.
21 Ueber den Begriff des höchsten Gutes. Erste Abhandlung, 458.
22 Ueber den Begriff des höchsten Gutes. Erste Abhandlung, 468.
23 Ueber den Begriff des höchsten Gutes. Erste Abhandlung, 459.

Exkurs zur Güterlehre

In der Güterlehre[24] differenziert Schleiermacher zwei Grundformen
menschlich-vernünftigen Handelns, das „Organisieren" oder die „an-
bildende Tätigkeit" und das „Symbolisieren" oder die „bezeichnende
Tätigkeit".[25] Unter *Organisieren* versteht Schleiermacher die inten-
tionale, vernunftgesteuerte Weltgestaltung. Die Vernunft als das
„eigenthümliche Princip"[26] des menschlich-geistigen Lebens, bildet
beim Organisieren dem Sein das Wesen des Geistes ein und macht
somit die Natur zu ihrem Organ: „Inwiefern die Vernunft auf die
Natur handelt, ist ihr Werk in der Natur *Gestaltung*"[27]. Unter *Symbolisieren* versteht Schleiermacher die Darstellung des Seins. Das aus
Geist *und* Natur bestehende Sein wird ins Bewußtsein aufgenommen
und dort abgebildet, „symbolisiert". Sowohl das Symbolisieren wie
das Organisieren gibt es in zweierlei Ausformungen, nämlich auf
„gleichartig-identische" und auf „eigentümlich-individuelle" Weise;
anders formuliert: Beide Handlungsarten können den Charakter des
Allgemeinen oder des Besonderen tragen. Die Kreuzung des Paars
„Symbolisieren" und „Organisieren" mit dem Paar „eigentümlich"

---

24 Zu Schleiermachers Güterlehre vgl. auch: Michael Moxter, Güterbegriff und
    Handlungstheorie. Eine Studie zur Ethik Friedrich Schleiermachers, Morality
    and the Meaning of Life 1, Kampen 1991. Zur neueren Debatte um eine Güter-
    oder Werteethik vgl. auch: Hartmut Kreß, Ethische Werte und der Gottes-
    gedanke. Probleme und Perspektiven des neuzeitlichen Wertbegriffs, Stuttgart/
    Berlin/Köln 1990. Dezidiert gegen eine Orientierung der Ethik an Werten
    votiert im Anschluß an Carl Schmitt Eberhard Jüngel, Wertlose Wahrheit,
    Christliche Wahrheitserfahrung im Streit gegen die „Tyrannei der Werte", in:
    Carl Schmitt, Eberhard Jüngel, Sepp Schelz, Die Tyrannei der Werte, hg. v.
    S. Schelz, Hamburg 1979, 45-75. Dazu ist folgendes zu bemerken: In kom-
    plexen Gesellschaften ist es, anders als vielleicht noch zu Luthers Zeiten,
    selbst für den Glaubenden, der aus freien Stücken das Gute tun will, nicht
    mehr selbstverständlich, welches Handeln gut und Gott wohlgefällig zu nen-
    nen ist. Der Wertbegriff ermöglicht es, in solch unübersichtlichen Situationen
    die Konflikte und Probleme konkret zu beschreiben und Handlungsalternativen
    unter Angabe von Gründen gegeneinander abzuwägen. Diese wertvolle Orien-
    tierungsleistung wird von Jüngel in keiner Weise gewürdigt. Vielmehr unter-
    stellt er Werten im Anschluß an Schmitt grundsätzlich Tyrannei und Gesetz-
    lichkeit. Der zweifellos mögliche Mißbrauch der Rede von den Werten muß
    jedoch vom rechten Gebrauch dieser Rede wohl unterschieden werden. Auch
    hier gilt der Grundsatz: abusus non tollit usum!
25 Vgl. Ueber den Begriff des höchsten Gutes. Zweite Abhandlung, 475ff und
    Ethik, 231ff. Statt „anbildend" verwendet Schleiermacher auch nur „bildend".
26 Vgl. Ueber den Begriff des höchsten Gutes. Erste Abhandlung, 462.
27 Ethik, 214 [Hervorhebung C.D.].

und „identisch" ergibt wieder eines von Schleiermachers Viererschemata. Das menschliche Handeln gliedert sich demnach in *eigentümliches und identisches Organisieren* sowie in *eigentümliches und identisches Symbolisieren*. Diese vier Formen reichen nach Schleiermacher zur erschöpfenden Beschreibung aller menschlichen Vernunfttätigkeit aus.[28] Selbstverständlich besteht alles *reale* Handeln aus Mischungen dieser vier Grundformen, die Grundformen kommen nie rein vor. Jede der vier Handlungsarten generiert jedoch dort, wo sie die anderen Handlungsarten dominiert, eine eigene Sphäre menschlichen Lebens. Den vier Handlungsformen entsprechen somit vier Lebenssphären: Dem *identischen Organisieren* ordnet Schleiermacher das Gebiet des „Verkehrs" zu. Es umfaßt das Recht, den Staat und die Wirtschaftstätigkeit. Aus dem *identischen Symbolisieren* erwächst die Sphäre der Wissenschaft. *Eigentümliches Organisieren* konstituiert das unübertragbare Eigentum, auch Geselligkeit und Gastfreiheit haben hier ihren Ort. Die Sphäre des *eigentümlichen Symbolisierens* teilen sich *Kunst* und *Kirche* oder Frömmigkeit. Die Kunst, die Schleiermacher in einem sehr weiten Sinne versteht, wird dabei als Ausdrucksform der Frömmigkeit begriffen.[29] Jede dieser vier Sphären ist Teil des höchsten Gutes und auf diese Weise sittlich qualifiziert. Die sozialen Systeme Geselligkeit, Staat, Kirche und Wissenschaft bekommen so einen Ort innerhalb der Ethik und bleiben nicht wie in den Pflicht- oder Tugendethiken, von denen sich Schleiermacher abgrenzt, ethisch unterbestimmt.[30]

Schleiermacher bildet mit seiner Güterlehre in der Ethik eine Art *Systemtheorie* aus. Er unterscheidet vier notwendige Grundsysteme menschlicher Sozialität, die bei entsprechender gesellschaftlicher Entwicklung aus den vier von ihm unterschiedenen Handlungsweisen der Vernunft emergieren. Alle vier Systeme sind in einem Evolutionsprozeß begriffen, den Schleiermacher als das „Werden des höchsten Gutes" oder als „sittlichen Prozeß" beschreibt. Sie streben auf ihre prinzipiell nicht erreichbare Vollendung zu. Diese Vollendung ist Ziel jeder sittlichen Handlung und hat handlungsleitende Funktion für die menschlichen Entscheidungsprozesse. Auch in der projizierten Vollendung bleiben die vier Sphären voneinander unterschieden. Schleiermacher denkt keinesfalls daran, daß am Ende

---

28 Vgl. Ueber den Begriff des höchsten Gutes. Zweite Abhandlung, 475ff
29 Vgl. Ueber den Begriff des höchsten Gutes. Zweite Abhandlung, 480-491.
   Vgl. auch Birkner, SCS, 40f.
30 Vgl. Ueber den Begriff des höchsten Gutes. Erste Abhandlung, 453.

nur noch die Kirche als einziges System übrig bleibt. In der nicht zu erreichenden, wohl aber denkbaren Vollendung der Welt bleibt die Pluralität der Systeme erhalten.[31] Auch das höchste Gut wird deshalb von Schleiermacher vierfältig gedacht. Das identische Symbolisieren vollendet sich in der *Gemeinschaft der Sprachen*, gedacht als vollständige Ausbildung aller Wissenschaften in allen Sprachen, wobei die Pluralität der Sprachen erhalten bleibt. Auch die Pluralität der Staaten, die aus dem identischen Organisieren entspringt, wird aufgrund der landschafts- und klimabedingt unterschiedlichen „Volkstümlichkeit" nicht verschwinden. Anzustreben ist allerdings die Durchsetzung eines allgemeinen Völkerrechts, das im *ewigen Frieden* seine Vollendung findet.[32] Dem Gebiet des eigentümlichen Organisierens ist als Endzustand das *goldene Zeitalter* zugeordnet. Es ist das Ende „des Kampfes mit der Natur um die Herrschaft"[33]. Die gestaltende Tätigkeit der Menschen gilt dann überwiegend dem „gemeinsamen Genuß des sich eigenthümlich differentiirenden[!] geistigen Seins in Kunst und Spiel".[34] Die übrigen Bedürfnisse werden auf Wink des Menschen von den abhängig gewordenen Naturkräften befriedigt.[35] Dem Gebiet des eigentümlichen Symbolisierens schließlich, der Frömmigkeit oder Kirche, ist als Vollendungsform das *Himmelreich* zugeordnet. Es ist die Vollendung des religiösen Lebens auf der Erde, die „freie[] Gemeinschaft des frommen Glaubens"[36]. Das Himmelreich ist für Schleiermacher nur in dem Sinne jenseitig, als es als Idee prinzipiell nicht erreichbar ist. Sonst wird es ganz und gar diesseitig verstanden. Es hat, wie die Idee des Höchsten Gutes überhaupt, vor allem die Funktion einer regulativen Idee. Schleiermacher nimmt an, daß die Pluralität der Religionen verschwinden wird. Der Einheit des höchsten Seins muß *eine* Religion entsprechen, die allerdings die verschiedenen

---

31 Anders verhält es sich z.B. in Richard Rothes Entwurf der Ethik. Obwohl Rothe an Schleiermacher anknüpft, ist bei ihm die Kirche letztlich dazu bestimmt, in der sittlichen Form des Staates aufzugehen. Vgl. Hans-Joachim Birkner, Spekulation und Heilsgeschichte. Die Geschichtsauffassung Richard Rothes, FGLP 10, 17, München 1959, 103.

32 Vgl. Ueber den Begriff des höchsten Gutes. Erste Abhandlung, 489-494.

33 Ueber den Begriff des höchsten Gutes. Zweite Abhandlung, 494.

34 Ebd.

35 Vgl. ebd.

36 Ueber den Begriff des höchsten Gutes. Erste Abhandlung, 466, vgl. Ueber den Begriff des höchsten Gutes. Zweite Abhandlung, 494.

geschichtlichen Religionen in sich aufheben und deshalb in ihren „Darstellungsmitteln" vielfältig sein muß.[37]

Beim Kirchenbegriff der philosophischen Ethik ist keinesfalls nur an die christliche Kirche gedacht. Frömmigkeit ist als individuelles Symbolisieren ein menschliches Grundphänomen, das seinen Ort im „höheren Selbstbewußtsein" des Menschen hat. Das „Wesen der Frömmigkeit" bestimmt Schleiermacher in der berühmten Definition des vierten Paragraphen der Glaubenslehre: „Das Gemeinsame aller noch so verschiedenen Äußerungen der Frömmigkeit, wodurch diese sich zugleich von allen andern Gefühlen unterscheiden, also das sich selbst gleiche Wesen der Frömmigkeit, ist dieses, daß wir uns unsrer selbst als schlechthin abhängig, oder, was dasselbe sagen will, als in Beziehung mit Gott bewußt sind."[38] So verstanden ist Frömmigkeit für Schleiermacher ein wesentliches und notwendiges Element der menschlichen Natur. Wie jedes solches Element ist Frömmigkeit auf Mitteilung und deshalb auf Gemeinschaftsbildung aus. Religiöse Kommunikation oder, wie Schleiermacher sagt, die gegenseitige „Offenbarung der Zustände des höheren Selbstbewußtseins"[39] generiert immer eine Gemeinschaft, eine Kirche, die als bestimmte Form der religiösen, frommen Gemeinschaftlichkeit für die menschliche Sozialität unverzichtbar ist.[40]

Es ist zu beachten, daß die vier Grundsphären menschlichen Lebens erst ab einer gewissen Entwicklungsstufe menschlicher Kultur deutlich unterscheidbar zutage treten. Auf der Ebene der Sozialform Familie sind sie nicht voneinander abzuheben. Bilden sich jedoch größere Strukturen, z.B. Volksgemeinschaften, aus, so differenzieren sich die Sphären menschlichen Lebens aus. Es entwickeln sich entsprechend spezialisierte Systeme mit spezialisierten Funktionsträgern. Auf die frommen Gemeinschaften bezogen bedeutet diese Ausdifferenzierung, daß sich verschiedene fromme Gemeinschaften

---

37 Ueber den Begriff des höchsten Gutes. Zweite Abhandlung, 494.
38 CG, § 4, I, 23.
39 Ueber den Begriff des höchsten Gutes. Zweite Abhandlung, 493.
40 Vgl. CG, § 6, I, 41-47 sowie: Ueber den Begriff des höchsten Gutes. Zweite Abhandlung, 488-493 und: KD, § 22. Schleiermacher macht in einem Zusatz zu § 6 der Glaubenslehre (I, 45-47) Vorbehalte gegen den Religionsbegriff geltend. Der Begriff sei zu unbestimmt für den wissenschaftlichen Gebrauch. Er selbst möchte sich des Religionsbegriffes bis auf einen „nur der Abwechslung dienenden Gebrauch möglichst enthalten." (I, 45) Faktisch fallen für ihn der Begriff „Frömmigkeit" und der Begriff „Religion", wenn er nicht zusätzlich bestimmt ist, zusammen.

etablieren können, bei denen „irgendwie zu bestimmter Anerkennung gebracht werden kann, welcher Einzelne dazugehört und welcher nicht"[41]. Es muß also so etwas wie eine „Mitgliedschaftsregel"[42] geben, anhand derer über die Zugehörigkeit oder Nichtzugehörigkeit entschieden werden kann. „Jede solche relativ abgeschlossene fromme Gemeinschaft" nennt Schleiermacher „*Kirche*"[43]. [Ende des Exkurses]

Der Exkurs zu Schleiermachers Güterlehre mag verdeutlicht haben, was Schleiermacher unter spekulativer Ethik versteht. Es geht ihm um die notwendigen Formen und Strukturen menschlichen Lebens. Die spekulative Ethik oder Sittenlehre entwickelt Begriffe und stellt das Allgemeine, den Rahmen des in der Geschichte Möglichen dar. Die empirische Geschichtskunde hingegen, der andere Teil der Ethik, zielt auf das Einzelne, Individuelle, auf das in der Geschichte wirklich Gewordene. Die Geschichtskunde ist für Schleiermacher „das Bilderbuch der Sittenlehre, und die Sittenlehre das Formelbuch der Geschichtskunde."[44]

Es ist noch auf eine Besonderheit von Schleiermachers Ethik hinzuweisen, die sie markant von anderen philosophischen oder theologischen Ethikentwürfen unterscheidet. Schleiermachers Ethik - und das gilt für seine philosophische Ethik wie für seine christliche Sittenlehre - ist *deskriptiv*, sie *beschreibt* das Sittliche und versucht es nicht erst zu begründen.[45] Kategorische oder konsultative Ethiken setzen nach Schleiermacher immer die Unwirksamkeit und Kraftlosigkeit der Vernunft und des Geistes voraus. Sie beschreiben, was

---

41   CG, § 6, I, 45.

42   Die Ausbildung von Systemgrenzen und von Grenzen überhaupt sind nach
      Niklas Luhmann „evolutionäre Errungenschaft par excellence" (Soziale Systeme. Grundriß einer allgemeinen Theorie, Frankfurt a.M. 1984, 53). Erst
      Grenzen ermöglichen Systemen überhaupt die Selbststeuerung. Zum Problem
      der Mitgliedschaft vgl. auch: Niklas Luhmann, Funktion der Religion (1977),
      Frankfurt 1982, 272ff und Eilert Herms, Religion und Organisation. Die
      gesamtgesellschaftliche Funktion von Kirche aus der Sicht der evangelischen
      Theologie (1989), in: ders., Erfahrbare Kirche. Beiträge zur Ekklesiologie,
      Tübingen 1990, 49-79, bes. 64-67.

43   CG, § 6, I, 45.

44   Ethik, 217.

45   Vgl. Birkner, SCS, 97. Schleiermachers deskriptive Ethik kann insofern als
      „Reflexionstheorie der Moral" verstanden werden, vgl. zu diesem Begriff:
      Niklas Luhmann, [Kap.] Ethik als Reflexionstheorie der Moral, in: ders.,
      Gesellschaftsstruktur und Semantik. Studien zur Wissenssoziologie der
      modernen Gesellschaft Bd. 3, Frankfurt a.M. 1989, 358-447.

werden soll oder was wünschens- oder empfehlenswert ist und gehen davon aus, daß bislang noch nicht sittlich gehandelt wird. Sie beschreiben also kein wirkliches Sein, sondern nur Nichtsein. Schleiermacher hingegen geht davon aus, daß Geist und Vernunft - und in der Kirche der Heilige Geist - tatsächlich wirksam sind und sich deshalb ethisches Handeln als real Existierendes und nicht nur als Gefordertes, noch Ausstehendes beschreiben läßt. Für Schleiermacher gilt deshalb: „Die Säze der Sittenlehre dürfen also nicht Gebote sein, weder bedingte noch unbedingte, sondern sofern sie Geseze sind müssen sie das wirkliche Handeln der Vernunft auf die Natur ausdrücken."[46]

Mit den hier skizzierten Grundsätzen seiner Ethik und seiner Güterlehre erweist sich Schleiermacher als eminent *gestaltungsorientierter* Theoretiker. Die soziale Verfaßtheit des Menschseins, das Eingebundensein der menschlichen Individuen in politische, religiöse und andere Systeme, die Erfolgsorientiertheit sittlichen Handelns und ethischer Theorie sind für ihn Selbstverständlichkeiten und verleihen seinen Theorien Plausibilität und Realismus. Es ist von daher folgerichtig, daß Schleiermacher die Kirche als sich selbst steuerndes, soziales System begreift und mit seiner Theorie des Kirchenregiments eine kirchenpolitisch relevante Theorie der Kirchengestaltung entwickelt.

c) Kritische, technische und positive Wissenschaften

Auf Seiten der *Vernunftwissenschaften* führt Schleiermacher neben der spekulativen Ethik und der empirischen Geschichtskunde noch zwei weitere Gruppen wissenschaftlicher Disziplinen ein. Es sind die *kritischen* und die *technischen* Wissenschaften. Sie gehen beide aus der Ethik hervor und sind verschiedene Weisen der Verknüpfung ihrer spekulativen und empirischen Zweige. Beide beziehen das geschichtlich Gegebene auf die spekulativ entfalteten Formen menschlichen Handelns und Lebens. Sie haben ihren Ort *zwischen* Spekulation und Erfahrung.[47] Zu den *kritischen Disziplinen* zählt Schleiermacher die Religionsphilosophie, die Ästhetik, die Staatslehre, die Rechtsphilosophie und die Grammatik. Sie haben alle die Aufgabe, „das Wesen der individuell-konkreten historischen Erscheinungen, das weder spekulativ konstruiert, noch einfach empirisch

---

46 Ethik, 213.
47 Vgl. Birkner, SCS, 34 sowie: Ethik, 217f.

aufgefaßt werden kann, im kritischen Vergleich zu bestimmen."[48]
Was Schleiermacher unter einer kritischen Disziplin versteht, läßt
sich anhand der Lehnsätze aus der Religionsphilosophie in Schleiermachers Einleitung zur Glaubenslehre veranschaulichen: Schleiermacher bestimmt hier das Wesen des Christentums im kritischen
Vergleich mit anderen Religionen. Er geht dabei zugleich aus vom
empirisch erhobenen Bestand an geschichtlichen Religionen und vom
spekulativ erhobenen, allgemeinen Religionsbegriff (Religion als
Gefühl schlechthinniger Abhängigkeit).[49]

Die *technischen Disziplinen* oder *Kunstlehren* sind durch das Interesse am Gegenstand, auf den sie sich beziehen, konstituiert. Sie geben
kategorische oder hypothetische „Anweisungen", wie ein gewünsch-
tes Ergebnis menschlich-vernünftigen Agierens am leichtesten erreicht werden kann. Eine technische Disziplin gibt an, wie unter
Berücksichtigung des gegebenen Zustands einer Sache oder
Institution und bei Orientierung an ihrer „wesensgerechten Gestalt"
am zweckmäßigsten zu handeln ist. Die Bestimmung des Wesens der
zu gestaltenden Sache und die Kenntnis ihres gegenwärtigen Zustands
gehört nicht zu den Aufgaben der technischen Disziplin selbst.
Beides muß die Technik vielmehr als Ergebnis der Arbeit der kritischen und der historischer Wissenschaftsdisziplinen voraussetzen.
Zu den Kunstlehren rechnet Schleiermacher neben der Pädagogik,
der Politik und der Hermeneutik auch die Praktische Theologie und
darin inbegriffen die Theorie des Kirchenregiments.[50] Kritische und
technische Disziplinen haben für Schleiermacher einen anderen wissenschaftstheoretischen Status als die zu Ethik und Physik zu
zählenden Wissenschaften. Es fehlt ihnen an Gemeingültigkeit und
fester Gestaltung, sie haben einen abgeleiteten, nachgeordneten Status. Die technischen Disziplinen werden von ihm nicht eigentlich zu
den Wissenschaften, sondern zur „Kunst" gerechnet, sie produzieren
kein Wissen im *engeren* Sinne, sondern geben Anweisungen.[51]

Die Praktische Theologie als *technische* Disziplin fungiert als Teil
der *positiven* Wissenschaft Theologie. Eine positive Wissenschaft wie

---

48 Birkner, SCS, 35.
49 Vgl. CG, § 11, I, 74.
50 Vgl. Ethik, 218 sowie: Birkner, SCS, 35.
51 Vgl. Ethik, 217f. In einem weiteren Sinne kann Schleiermacher technische
    Regeln durchaus als „Wissen" bezeichnen, vgl. z.B. KD, § 25. Der abgeleitete
    Status der kritischen und technischen Disziplinen bedeutet keinesfalls, daß sie
    methodisch unpräziser verfahren dürften oder weniger bedeutsam wären als
    die „notwendigen" Wissenschaften.

die Theologie kann demzufolge andere, durchaus verschiedenartige Wissenschaften integrieren. Präziser formuliert: Eine positive Wissenschaft besteht nur aus Ausschnitten anderer Wissenschaftsdisziplinen, die jedoch in der positiven Wissenschaft selbständig bearbeitet werden und in einen bestimmten Verwertungs- und Interessenzusammenhang gestellt sind. Positive Wissenschaften können nicht aus der Idee des Wissens abgeleitet werden und bilden deshalb keinen „notwendigen Bestandteil der wissenschaftlichen Organisation"[52]. Eine positive Wissenschaft ist vielmehr ein „Inbegriff wissenschaftlicher Elemente", die „zur Lösung einer praktischen Aufgabe erforderlich sind."[53] Wie bereits erwähnt zählt Schleiermacher Medizin, Jura und Theologie sowie die Staatswissenschaften zu den positiven Wissenschaften. Ziel dieser Wissenschaften ist es, eine bestimmte „Praxis so gut als möglich zu machen."[54] Sie haben vornehmlich eine berufsbildende und praktische Ausrichtung. Der Aufgabenbereich der juristischen Fakultät ist die Rechtsprechung, Aufgabengebiet der Medizinischen Fakultät die Heilung kranker Menschen. In der Staatswissenschaft und der Theologie geht es jeweils um Leitung, die Leitung des Staates beziehungsweise der Kirche.[55] Zur angemessenen Durchführung der jeweiligen praktischen Aufgabe sind in einer positiven Wissenschaft verschiedenste Elemente aus anderen (wenigstens potentiell) an der Universität vertretenen Wissenschaften zusammengefügt. Sie umfassen sowohl Kunstregeln und damit technische Aspekte, wie auch die Kenntnisse vom Wesen und jeweiligen Zustand der zu gestaltenden Sache.

2. Das System der Theologie

Schleiermacher entwickelt das System der Theologie in seinen Vorlesungen über die theologische Enzyklopädie, denen die Kurze Darstellung als Handbuch zugrunde liegt. Die Enzyklopädie hat die Funktion der Metatheorie der Theologie, die *als Teil* der Theologie

---

52 KD, § 1.
53 Ebd.
54 PT, 9.
55 Vgl. Enzyklopädie, 1f.

über die Theologie reflektiert.[56] Die christliche Theologie ist für
Schleiermacher „der Inbegriff derjenigen wissenschaftlichen Kenntnisse und Kunstregeln, ohne deren Besitz und Gebrauch eine zusammenstimmende Leitung der christlichen Kirche, d.h. ein christliches
Kirchenregiment, nicht möglich ist."[57] Mit dieser berühmten
Formulierung der „Kurzen Darstellung des theologischen Studiums"
bestimmt Schleiermacher die Theologie als *positive* Wissenschaft. Er
konstruiert das ganze System der Theologie aus dem einen Begriff
der Kirchenleitung bzw. hier gleichbedeutend aus dem Begriff des
Kirchenregiments. Die Theologie erhält auf diese Weise eine einheitliche, *funktionale* Bestimmung, die zugleich die Mannigfaltigkeit
und die Einheit und Zusammengehörigkeit der theologischen Disziplinen begründet.

Die Theologie ist für Schleiermacher als Ganze eine positive oder
„practische Wissenschaft".[58] Ihre verschiedenen Teile werden nur
durch die gemeinsame Beziehung auf die praktische Aufgabe der
Kirchenleitung zusammengehalten. Für alle diejenigen, die in der
Kirche Leitungsfunktionen ausüben, hat die Theologie das notwendige *Wissen* und die erforderlichen *Kunstregeln* zur Verfügung zu
stellen. Diese Kenntnisse und Kunstregeln würden ohne den Bezug
auf die Kirchenleitung zur Sprach- und Geschichtskunde, zur Seelen-
und Sittenlehre sowie zur allgemeinen Kunstlehre und zur Religionsphilosophie gehören. Fehlte der funktionale Bezug auf das Kirchenregiment, so würden diese Kenntnisse aufhören, theologische zu sein
und fielen der Wissenschaft zu, der sie ihrem Inhalt nach angehören.[59] Die Theologie stellt somit einen auf die praktische Aufgabe
Kirchenleitung bezogenen Ausschnitt der Universitas des Wissens

---

56 Vgl. die Erläuterungen in der Einleitung unter 3. Es ist erstaunlich, daß in
   Schleiermachers Aufriß der Theologie, die wesentlich zum theologischen
   Studium gehörende theologische Enzyklopädie keinen Ort zugewiesen bekommt und ihr wissenschaftstheoretischer Status weitgehend ungeklärt bleibt,
   vgl. M. Rössler, Schleiermachers Programm der Philosophischen Theologie,
   69-71. Ich schlage vor, Schleiermachers theologische Enzyklopädie analog zur
   Dialektik als *technische* Disziplin zu bestimmen, deren Aufgabe es ist, die
   Gewinnung theologischen Wissens zu beschreiben. Es gibt darüber hinaus
   gute Gründe, Schleiermachers theologische Enzyklopädie innerhalb der Theorie des Kirchenregiments zu verorten. Ich werde diesen Vorschlag in Kapitel
   VI. 2. näher erläutern und begründen.
57 KD, § 5.
58 Enzyklopädie, 2.
59 Vgl. KD, § 6.

dar.[60] Der Begriff der „Leitung" wird von Schleiermacher dabei so weit gefaßt, daß er jedes theoriegeleitete Handeln innerhalb der Kirche einschließt, unabhängig davon, ob die leitende Person ein Amt bekleidet oder nicht.[61]

Entsprechend ihres Charakters als positiver Wissenschaft stellt die Theologie ein ganzes Ensemble von Wissenschaften dar. Ihre Einheit und ihre Unterschiedenheit von anderen Wissenschaften gewinnt die Theologie dabei weder durch ein einheitliches Erkenntnisprinzip (z.B. Offenbarung, Schrift), noch durch einen einheitlichen Gegenstand (z.B. Gott, Christentum oder Kirche), sondern allein durch ihre *einheitliche Funktion*, mithin durch die Gewinnung und Bereitstellung des Fachwissens für kirchenleitendes Handeln.[62] Etwas als *theologisch* zu qualifizieren heißt demnach bei Schleiermacher nicht, daß es sich irgendwie auf Gott bezieht, sondern daß es mit den für die Leitung der Kirche nötigen Kenntnissen und Kunstregeln zu tun hat.[63] Die Theologie kennt auch keine spezifisch theologischen Methoden, sie ist denselben Kriterien von Wissenschaftlichkeit verpflichtet wie alle anderen Wissenschaften.[64] Alle ihre Elemente gehören potentiell zu einer nichttheologischen Wissenschaft. Im übrigen ist die Ablehnung aller Spezialmethoden oder besonderer Erkenntnisweisen für die evangelische Theologie ein direktes

---

60 Vgl. Birkner, SCS, 53.
61 Vgl. KD, §§ 3, 9.
62 Vgl. H.-J. Birkner, Schleiermachers „Kurze Darstellung" als theologisches Reformprogramm, 65. Schleiermacher erwägt sogar, ob nicht der Name „kirchliche Wissenschaften" an Stelle von „Theologie" angemessener wäre, vgl. Enzyklopädie 1f.
63 Schleiermacher unterscheidet streng zwischen Dogmatik und Theologie. Die Dogmatik ist für ihn keinesfalls der Kern der Theologie oder die eigentliche Theologie. Er stimmt ausdrücklich jenen Theologen nicht zu, „welche die Dogmatik für die ganze christliche Theologie erklären, so daß sie alle andern theoretischen theologischen Disziplinen, die Schriftauslegung und die Kirchengeschichte [...] nur als Hilfswissenschaften von jener ansehen. Denn wenngleich beide für die dogmatische Theologie notwendig sind: so besteht doch nicht ihr ganzer Wert in dem Dienst, den sie dieser leisten, sondern jede von ihnen hat auch ihren eigentümlichen Wert unmittelbar für die Förderung und Leitung der Kirche, welche der letzte Zweck aller christlichen Theologie, mithin auch der dogmatischen ist." (CG § 19, Zusatz, I, 124f, ähnlich argumentiert Schleiermacher in: PT, 6.). Die Differenz von Dogmatik und Theologie wird in der Schleiermacherrezeption regelmäßig übersehen (vgl. H.-J. Birkner, Theologie und Philosophie, 38). Exemplarisch dafür aus neuerer Zeit: Oswald Bayer, Theologie, HST 1, Gütersloh 1994, 413, 465ff, 497.
64 Vgl. KD, §§ 70, 119, 137.

Implikat der Schleiermacherschen Grundannahme von der Einheit des Seins und der Einheit allen Wissens.[65]

Schleiermacher gliedert die Theologie in drei Teile, in die Philosophische Theologie, die Historische Theologie und die Praktische Theologie.[66] Auch diese Dreiteilung erfolgt nicht primär nach bestimmten Gegenständen, sondern nach Funktionen und diesen Funktionen zugeordneten Methoden. Erst auf der Basis dieser funktionalen Dreiteilung erfolgt die weitere Aufgliederung der Theologie nach ihren verschiedenen Gegenständen. Ziel der theologischen Wissenschaft ist die Kompetenzgewinnung zur Leitung der christlichen Kirche. Dieser Aufgabe steht die *Praktische Theologie* am nächsten. Sie hat als *technische* Disziplin Anweisungen zur konkreten, zweckmäßigen Gestaltung der kirchlichen Wirklichkeit zu geben.[67] Für ihre eigene Arbeit hat die Praktische Theologie zweierlei vorauszusetzen: die Kenntnis des zu leitenden Ganzen und das Wissen um das Wesen des Ganzen. Mit der Bestimmung des Wesens des Christentums ist die *Philosophische Theologie* betraut. Sie stützt sich als *kritische* Disziplin auf die philosophisch-spekulative Ethik und die kritische Religionsphilosophie. Die Kenntnis des zu leitenden Ganzen hat die *Historische Theologie* als *empirische* Wissenschaft zu vermitteln.

Schleiermacher beschreibt den Aufbau der Theologie in der ersten Ausgabe seiner Kurzen Darstellung mit der Metapher des *Baumes*. Die Philosophische Theologie ist die Wurzel, die Historische Theologie der Körper, die Praktische Theologie die Krone des Baumes.[68] Das Bild von der Praktischen Theologie als der Krone des Baumes illustriert die Abhängigkeit der Praktischen Theologie von den anderen theologischen Disziplinen und vermittelt einen Eindruck von ihrer Vielfältigkeit. Die Vorstellung der Philosophischen Theologie als der Wurzel des Baumes kann als Ausweis ihrer Tiefgründigkeit

---

65 Vgl. Ethik, 192ff. Vgl. auch: CG, § 13, I, 86-94. Die Reformation hatte nach Schleiermachers fester Überzeugung das Ziel, „einen ewigen Vertrag zu stiften zwischen dem lebendigen christlichen Glauben und der nach allen Seiten freigelassenen, unabhängig für sich arbeitenden wissenschaftlichen Forschung, so daß jener nicht diese hindert, und diese nicht jenen ausschließt" (Über die Glaubenslehre. Zwei Sendschreiben an Lücke, 350f).

66 Vgl. KD, § 31. Zum historischen Hintergrund dieser Dreiteilung vgl. M. Rössler, Schleiermachers Programm der Philosophischen Theologie, 68, Anm. 323.

67 Auf die Funktion der Praktischen Theologie im System der Theologie gehe ich in Kapitel III detailliert ein.

68 Vgl. KD 1. Aufl., Einleitung, §§ 26, 31, 36.

verstanden werden. Es ist bemerkenswert, daß Schleiermacher das
Bild von der Theologie als Baum, das sich bis heute in der
Praktischen Theologie großer Beliebtheit erfreut, in der zweiten
Ausgabe der Kurzen Darstellung nicht wieder aufgreift. Nur noch
die Historische Theologie wird weiterhin als Körper der Theologie
beschrieben, bei den beiden anderen Disziplinen fällt die metapho-
rische Erläuterung weg.[69]
Kirche und Theologie sind für Schleiermacher aufs engste verknüpft. Ohne den Bezug auf die Kirche gibt es für Schleiermacher
keine christliche Theologie. „Die theologischen Wissenschaften sind
nur solche in Beziehung auf die Kirche und können nur aus dieser
verstanden werden."[70] Auch für Karl Barth ist die Theologie eine
Funktion der Kirche. Sie ist bei Barth jedoch nicht auf die *Leitung*
der Kirche bezogen, sondern dient allein der wissenschaftlichen
Selbstprüfung des kirchlichen Redens von Gott. Diese Bestimmung
des Theologiebegriffs führt zu Engführungen des Barthschen Kon-
zepts, die die Wirklichkeit der ausdifferenzierten wissenschaftlichen
Theologie nicht erfaßt. Die Kirchengeschichte fungiert bei Barth
entsprechend nur noch als „Hilfswissenschaft" am Rande der Theologie.[71] Schleiermachers enzyklopädischer Entwurf ist hingegen

---

69 Es stellt sich die Frage, ob nicht schon in der ersten Ausgabe der Kurzen
    Darstellung das Bild unvollständig ist und vielleicht aus diesem Grund von
    Schleiermacher fallen gelassen wurde. Der Begriff „Körper" will nicht so recht
    zum Bild des Baumes passen, man würde viel eher den Begriff „Stamm"
    erwarten. Auch ist für Schleiermachers Zeit die Bezeichnung des Baumstamms
    mit dem Begriff Körper nicht nachzuweisen (vgl. die Artikel „Baum" und
    „Körper" in: Johann Christoph Adelung, Versuch eines vollständigen gram-
    matisch-kritischen Wörterbuches der hochdeutschen Mundart, Teil 1, 1774,
    676f und Teil 2, 1775, 1730f). Das Bild des Baumes wäre also auch in der
    ersten Ausgabe der Kurzen Darstellung nicht vollständig durchgeführt und nur
    auf die Philosophische und Praktische Theologie bezogen. Dies vermutet
    schon M. Doerne, Theologie und Kirchenregiment, 366. Denkbar ist natürlich
    auch, daß Schleiermacher mit der Bezeichnung „Körper" für den Stamm des
    Baumes, wie so oft, eine „eigentümliche" Begrifflichkeit prägte. Immerhin
    vermag die Metapher des Baumes auch die enge Verknüpfung der theolo-
    gischen Disziplinen in Schleiermachers Konzept zu veranschaulichen, nach
    dem die historische Theologie „sowohl die philosophische als die praktische
    auf geschichtliche Weise in sich" schließt und die „praktische Theologie die 2
    andern enthält auf technische Weise, und [...] die philosophische Theologie
    beyde andern in sich schließt [...] weil sie die Principien enthält"
    (Enzyklopädie, 27f, vgl. KD, § 28).
70 PT, 7. Vgl. auch: Birkner, SCS, 52 sowie: ders., Schleiermachers „Kurze
    Darstellung" als theologisches Reformprogramm, 65-67.
71 Vgl. Karl Barth, Die Kirchliche Dogmatik I, 1, München 1932, § 1, 3: „Die
    sogenannte *Kirchengeschichte* antwortet auf keine selbständig zu stellende

erheblich leistungsfähiger. Er kann die real vollzogene Ausdifferenzierung der theologischen Fächer erfassen, ohne zu dem schwachen
Konstrukt der „Hilfswissenschaft" greifen zu müssen. Schleiermachers primär funktionale Bestimmung und Strukturierung der Theologie begründet die bleibende Relevanz seines enzyklopädischen Entwurfs. Obwohl die Fächerabgrenzung in der Theologie anders
erfolgte, müssen die von Schleiermacher unterschiedenen Funktionen
von der Theologie auch heute noch erfüllt werden, wenn die Theologie für die Leitung der christlichen Kirche relevant sein soll.

Zur sachgemäßen Leitung der Kirche ist die „Kenntnis des zu
leitenden Ganzen in seinem jedesmaligen Zustande" vonnöten. Diese
Kenntnis hat die *Historische Theologie* zu vermitteln. Sie ist nach
Paragraphen- und Seitenzahl sowie nach der Anzahl der von Schleiermacher aufgeführten Unterdisziplinen der umfänglichste und dif-
ferenzierteste Teil der Theologie. Abgesehen von der Praktischen
Theologie umfaßt sie nahezu alles, was heute an theologischen
Fakultäten gelehrt wird. Da die Kirche ein *geschichtliches* Ganzes
ist, kann ihr jedesmaliger Zustand nur als Ergebnis der Vergangenheit begriffen werden: „Die christliche Kirche als das zu Regierende ist ein Werdendes, in welchem die jedesmalige Gegenwart
begriffen werden muß als Produkt der Vergangenheit und als Keim
der Zukunft."[72] Zur Historischen Theologie gehört deshalb die
Kenntnis von den Anfängen des Christentums, die in den exegetischen Disziplinen vermittelt wird sowie die Kenntnis von der
Geschichte des Christentums in kirchen- und dogmengeschichtlicher
Sicht.[73] Ihr kommt die Aufgabe zu, auf der Basis der philoso-

---

Frage hinsichtlich der christlichen Rede von Gott und ist darum nicht als
selbständige theologische Disziplin aufzufassen. Sie ist *die* unentbehrliche
Hilfswissenschaft der exegetischen, der dogmatischen und der praktischen
Theologie." Vgl. auch: Eberhard Jüngel: Das Verhältnis der theologischen Disziplinen untereinander, in: E. Jüngel, K. Rahner, M. Seitz, Die Praktische
Theologie zwischen Wissenschaft und Praxis, SPTh 5, München 1968, 11-
45. Jüngel rekonstruiert in diesem Aufsatz Schleiermachers Theologiebegriff
zwar zutreffend (a.a.O., 23-32), seine eigenen Thesen lassen jedoch vor allem
die Nähe zu Barth und nicht die zu Schleiermacher erkennen.

72 KD 1. Aufl., Einleitung, § 33.
73 Zumeist wird übersehen, daß Schleiermachers eigentlicher Arbeitsschwerpunkt
das Neue Testament war. Mit seinem Nachweis der Unechtheit der Timotheus-
briefe leistete er einen wichtigen Beitrag zur kritischen Erforschung des Neuen
Testaments. In seinen Überlegungen zur neutestamentlichen Exegese und
Hermeneutik nimmt er wesentliche Entwicklungen der Folgezeit, wie z.B. die
formgeschichtliche Methode, vorweg: „Keine Schrift kann vollkommen verstanden werden, als nur im Zusammenhang mit dem gesamten Umfang von

phischen Theologie und zum Nutzen der Praktischen Theologie „jeden Zeitpunkt [der Geschichte der Kirche] in seinem wahren Verhältnis zu der Idee des Christentums" darzustellen.[74] Das bedeutet, daß die historische Theologie in all ihren Teilen letztlich nicht „unparteiisch" ist, sondern von der jeweiligen Bestimmung des Wesens des Christentums in der philosophischen Theologie abhängt.[75]

Die geschichtliche Kenntnis des *gegenwärtigen* Zustandes der Kirche steht in unmittelbarem Zusammenhang mit der Kirchenleitung, da aus dem „gegenwärtigen Moment" der künftige entwickelt werden soll.[76] Diese Kenntnis wird von Schleiermacher auf zwei Disziplinen verteilt, auf die „kirchliche Statistik" und auf die „Dogmatik". Die *kirchliche Statistik* ist mit der Darstellung des gesellschaftlichen Zustands der Kirche betraut,[77] die *Dogmatik* mit der zusammenhängenden Darstellung „der in einer christlichen Kirchengesellschaft *zu einer gegebenen Zeit* geltenden Lehre."[78] Die Lehre der Kirche hat sowohl die Glaubensvorstellungen im engeren Sinn, als auch die auf die christliche Lebensgestaltung bezogenen Glaubensvorstellungen zum Gegenstand. Entsprechend wird die dogmatische Theologie in *Glaubens- und Sittenlehre* geteilt. Die Glau-

---

Vorstellungen, aus welchem sie hervorgegangen ist, und vermittelst der Kenntnis aller Lebensbeziehungen, sowohl der Schriftsteller, als derjenigen, für welche sie schrieben." (KD, § 140) - Während seiner Berliner Lehrtätigkeit hielt Schleiermacher in nahezu jedem Semester eine zumeist fünfstündige, neutestamentliche Vorlesung. Nicht selten las er zusätzlich das „Leben Jesu" oder die „Hermeneutik" unter besonderer Berücksichtigung des Neuen Testaments, vgl. die Angaben in: Schleiermachers Briefwechsel, 300-330. Den hohen Rang, den Schleiermacher selbst seiner exegetischen Arbeit zumaß, erkennt man auch daran, daß er noch am Tag vor seinem Tode Ludwig Jonas unter anderem mit der Herausgabe seiner Forschungen zur Apostelgeschichte des Lukas beauftragte, vgl. Hans-Friedrich Traulsen, Aus Schleiermachers letzten Tagen (25. Januar bis 12. Februar 1834), in: ZKG 102 (1991), 372-385. Zu Schleiermachers kirchengeschichtlicher Arbeit liegt seit kurzem eine Monographie vor: Joachim Boekels, Schleiermacher als Kirchengeschichtler. Mit Edition der Nachschrift Karl Rudolf Hagenbachs von 1821/22, SchlAr 13, Berlin/New York 1994. Zu Schleiermachers Stellung gegenüber dem Alten Testament vgl. Kap. II. 3. c).

74 KD, § 27.
75 Vgl. Enzyklopädie, 27.
76 Vgl. KD, § 81.
77 Vgl. KD, § 95.
78 CG, § 19, I, 119 [Hervorhebung C. D.], ganz ähnlich: KD, § 97. Schleiermacher ist sich der Zeitgebundenheit der dogmatischen Arbeit in unüberbietbarer Weise bewußt gewesen.

benslehre oder „Dogmatik im engeren Sinn"[79] behandelt die theoretische Seite des Lehrbegriffs, die christliche Sittenlehre seine praktische Seite. Beide Teile der Dogmatik gehören aufs engste zusammen und lassen sich nur unvollkommen scheiden.[80] Der Dogmatiker bedarf bei der Darstellung der christlichen Lehre notwendig der eigenen, christlichen Überzeugung, um seiner Aufgabe, die christlichen Lehrsätze im Zusammenhang bewähren zu können, gerecht zu werden.[81] Für die Kirchenleitung ist die Dogmatik deshalb von besonderer Wichtigkeit, weil sie die „Keime verbesserter Gestaltungen"[82] der Kirche aufzeigt und als Norm für die kirchliche Verkündigung unverzichtbar ist.

Die *Philosophische Theologie* ist ein besonders origineller Beitrag Schleiermachers zum enzyklopädischen Aufbau der Theologie.[83] Ihre Aufgabe ist die kritische Bestimmung des Wesens des Christentums. Schleiermacher ist sich bewußt, daß eine Disziplin wie die Philosophische Theologie „als Einheit noch nicht aufgestellt oder anerkannt"[84] ist, obwohl der in ihr zu behandelnde Stoff schon nahezu vollständig bearbeitet wurde. Den Namen „Philosophische Theologie" begründet Schleiermacher mit dem engen Zusammenhang dieser Disziplin mit der philosophischen Ethik und mit der Beschaffenheit ihres Inhalts: Sie hat es vor allem mit Begriffsbestimmungen, einer für die Philosophie typischen Arbeit, zu tun.[85] Zunächst hat die Philosophische Theologie das „Wesen der Frömmigkeit und der frommen Gemeinschaften im Zusammenhang mit den übrigen Tätigkeiten des menschlichen Geistes zu verstehen"[86]. Dabei hat sie das Bestehen frommer Gemeinschaften, als für die Entwicklung des menschlichen Geistes *notwendiges* Element nachzuweisen. Für diese Aufgabe greift die Philosophische Theologie auf die philosophische Ethik zurück.[87] Sodann hat sie im Rückgriff auf Ergebnisse der allgemeinen Religionsphilosophie das Wesen des Christentums bzw. des Protestantismus in Abgrenzung von anderen

---

79 KD, § 223.
80 Vgl. KD, §§ 223-231.
81 Vgl. KD, § 196.
82 KD, § 198.
83 Vgl. zu Schleiermachers Philosophischer Theologie die einschlägige Arbeit von M. Rössler, Schleiermachers Programm der Philosophischen Theologie.
84 KD, § 24.
85 Vgl. ebd.
86 KD, § 21.
87 Vgl. oben den Exkurs zur Güterlehre.

religiösen Gemeinschaften und die spezifische Form der christlichen
Gemeinschaft oder Kirche zu bestimmen. Diese beiden genannten
Aufgaben der philosophischen Theologie faßt Schleiermacher zur
Teildisziplin *Apologetik* zusammen.[88] Die andere Teildisziplin der
Philosophischen Theologie trägt den Namen *Polemik*. Ihre Aufgabe
ist zu prüfen, „was in der Entwicklung des Christentums reiner
Ausdruck seiner Idee ist, und was hingegen als Abweichung hievon,
mithin als Krankheitszustand, angesehen werden muß."[89] Die Pole-
mik hat somit das Häretische vom Orthodoxen zu unterscheiden.
Dient die Apologetik der Bestimmung des Wesens des Christentums
bzw. des Protestantismus durch Abgrenzung nach *außen*, so obliegt
der Polemik die *interne* Grenzziehung.[90]

Schleiermachers Vorschlag, die Disziplin Philosophische Theologie
in den theologischen Fächerkanon aufzunehmen, konte sich nicht
durchsetzen. Schleiermacher selbst hat jedoch in der Einleitung zur
Glaubenslehre Grundzüge einer Philosophischen Theologie vorgestellt. Er gab damit den Anstoß zur erheblichen Aufwertung und
Ausdehnung der Prolegomena der Dogmatik, in deren Rahmen viele
der von Schleiermacher zur Philosophischen Theologie gezählten
Themen heute verhandelt werden. Besonderes Merkmal von Schleiermachers Philosophischer Theologie ist die prominente Stellung des
Kirchenbegriffs. Auf diesen gilt es im folgenden Kapitel näher einzugehen.

---

88 Vgl. KD, §§ 21, 39.
89 KD, § 35, vgl. KD, § 40. Die Vorstellung eines „Krankheitszustandes" des
    Christentums bzw. der Kirche rührt daher, daß Schleiermacher das Christen-
    tum als „geschichtliches Individuum" analog zu einem „organischen Indivi-
    duum" versteht, vgl. KD, § 35.
90 Vgl. KD, § 41.

II. Die Ekklesiologie als Basis der Kirchengestaltung

1. Die Kirche in verschiedenen Perspektiven

Die Lehre von der Kirche ist ein dominierendes Thema in Schleiermachers Arbeit. Wenn Menschen religiös sind, so führte Schleiermacher schon 1799 in der vierten Rede „Über die Religion" aus, bilden sie notwendig religiöse Gemeinschaften oder Kirchen. Dies liegt nicht nur an der geselligen Natur des Menschen, sondern ist auch im Wesen der Religion selbst begründet, die auf die Mitteilung des Inneren an andere drängt.[1] Schleiermachers Urteil über die evangelische Kirche der Jahrhundertwende ist allerdings vernichtend. Die institutionelle Kirche ist geprägt von „geistlosem Mechanismus" und „wilder Bekehrungssucht", von „leeren Gebräuchen" und „toten Begriffen". Sie besteht nur aus solchen, die die Religion noch suchen.[2] Hat ein Mensch die Religion gefunden, so muß ihm diese Kirche immer gleichgültiger werden: „man ist in dieser Verbindung nur deswegen weil man keine Religion hat, man verharrt darin nur so lange als man keine hat."[3] Der realen und falschen Kirche stellt Schleiermacher die wahre und „triumphierende" Kirche gegenüber. Diese wahre Kirche besteht aus den Virtuosen der Religion. Die Virtuosen bilden zusammen eine „Stadt Gottes" voll „reichem und schwelgerischem Leben". Sie sind ein „priesterliches Volk", eine „vollkommene Republik", in der jeder abwechselnd Redner und Hörer, Priester und Laie ist.[4]

Die von Schleiermacher gezeichnete wahre und triumphierende Kirche ist eine Kirche der gebildeten Elite, die nur abseits der großen Kirchengemeinschaften verwirklicht werden kann.[5] Ihr ist die „große Verbindung", die verfaßte Kirche, „fast in allen Stüken

---

1 Vgl. Reden 1. Aufl., 177.
2 Vgl. Reden 1. Aufl., 176, 187, 199.
3 Reden 1. Aufl., 197.
4 Vgl. Reden 1. Aufl., 182-184.
5 Vgl. Reden 1. Aufl., 192.

entgegengesezt".[6] Dennoch gibt Schleiermacher die reale aber
falsche Kirche nicht einfach auf. Sie ist für ihn das „Bindungsmittel"
zwischen denen, die im Besitz der Religion sind und den Religions-
suchenden. Sie hat ihr Existenzrecht als eine „Veranstaltung" „zum
Behuf der Schüler und Lehrlinge" der Religion.[7] Aus ihr wachsen
die Anführer und Priester der wahren Kirche. Damit die verfaßte
Kirche diese Funktion der Lehrlingsanstalt für die wahre Kirche
tatsächlich erfüllen kann, muß sie jedoch umfassend reformiert werden: „der ganze Zuschnitt dieser Anstalt müßte ein anderer sein"[8].
Schleiermacher entwickelt daher schon in der vierten Rede von 1799
ein umfassendes Kirchenreformprogramm. Sein Hauptanliegen ist
die Trennung von Staat und Kirche. Die Indienstnahme der Kirche
durch den Staat ist für Schleiermacher „die Quelle alles Verder-
bens"[9] der Kirche. Emphatisch fordert er deshalb: „Hinweg also mit
jeder solchen Verbindung zwischen Kirche und Staat! - das bleibt
mein Catonischer Rathsspruch bis ans Ende, oder bis ich es erlebe sie
wirklich zertrümmert zu sehen"[10]. Konkret verlangt Schleiermacher
die Abschaffung des Parochialzwanges zugunsten von Personalgemeinden, damit jede und jeder sich seinen bzw. ihren individuellen
religiösen Redner selbst wählen kann. Er fordert die Abmilderung
des Gegensatzes zwischen Priestern und Laien und die Abschaffung
jeden Bekenntniszwanges.[11]

Schleiermachers Vorstellung von der wahren Kirche in den Reden
von 1799 ist utopisch und visionär. Die verfaßte Kirche will er zwar
verbessern, ihr gilt aber nicht sein eigentliches Engagement. Sein
Ziel ist vielmehr eine elitäre Gemeinschaft der religiösen Virtuosen.
Schleiermachers Bild von der Kirche wandelt sich in den Jahren
nach der Veröffentlichung der Reden erheblich. Aus dem Utopisten
und Visionär wird ein realistischer Kirchenpolitiker, der sich mit
Sachverstand und eifrigem Bemühen der Verbesserung der kirchlichen Verhältnisse widmet. Besonders eindrücklich gibt Schleiermacher selbst in den Erläuterungen, die er der dritten Auflage seiner
Reden 1821 beifügt, von diesem Wandel Rechenschaft.[12] Er betrach-

---

6   Reden 1. Aufl., 192f.
7   Reden 1. Aufl., 200.
8   Reden 1. Aufl., 200.
9   Reden 1. Aufl., 210.
10 Reden 1. Aufl., 224.
11 Vgl. Reden 1. Aufl., 218-226.
12 Die Reden erschienen 1806 in einer zweiten Auflage. Schleiermacher überar-
     beitete dabei massiv die zweite Rede über das Wesen der Religion. Den Text

tet in diesen Erläuterungen seine früheren Vorstellungen mit den
Augen des Historikers und versucht sie mit seiner Herrenhuter Herkunft, mit dem damaligen geistigen Umfeld, aber auch mit seiner
unzureichenden Kenntnis der realen Kirche zu erklären. Häufig
deutet er überspitzte Formulierungen so um, daß sie mit seinen Ausführungen in der nahezu gleichzeitig erscheinenden ersten Auflage
der Glaubenslehre kompatibel sind.[13] An einigen markanten Stellen
nimmt Schleiermacher auch offen Selbstkorrekturen vor. Diese
betreffen insbesondere das Elitebewußtsein des religiösen Virtuosen
als der er sich in der ersten Auflage verstand. Auch der Virtuose ist
ein „Werdender" und nicht vollkommen. Und selbst wenn der Virtuose der Vollkommenere sein sollte, sucht er doch die Gemeinschaft
mit den weniger Vollkommenen in der Religion, da nur mit ihnen
gemeinsam die religiöse Mitteilung gelingen kann.[14]

Auch das harte Urteil über die großen kirchlichen Organisationen
nimmt Schleiermacher zurück: Die reale und unvollkommene, ver-

---

der übrigen Reden änderte er nur stellenweise. In der dritten Auflage griff er in
den Text der Reden nicht mehr stark ein. Dafür gab er Erläuterungen zu den
einzelnen Reden, in denen er seine damalige Position den jetzigen Lesern verständlich zu machen suchte. Die mit Abstand umfangreichsten Erläuterungen
gab Schleiermacher zur 4. Rede über Kirche und Priestertum. Sie haben
annähernd denselben Umfang wie der Text der Rede selbst (die Rede selbst
umfaßt 39 Seiten, die Erläuterungen 34 Seiten in Petitschrift!). In den Text der
vierten Rede griff Schleiermacher in der dritten Auflage nur an wenigen Stellen
ein. Anders als bei der Überarbeitung der zweiten Rede glättete er überspitzte
Formulierungen zumeist nicht, sondern kommentierte und relativierte sie
stattdessen in den Erläuterungen. 1831 gab Schleiermacher die Reden erneut in
Druck. Diese vierte Auflage unterscheidet sich nur unwesentlich von der
dritten Auflage und wurde im Band I, 1 der Sämmtlichen Werke 1843 (133-
460) abgedruckt. Da die dritte und vierte Auflage nahezu identisch sind und die
dritte Auflage nur schwer zugänglich ist, zitiere ich, wenn ich mich auf die
Erläuterungen zu den Reden beziehe, immer die vierte Auflage nach dem Text
der Sämmtlichen Werke. Die vierte Auflage der Reden wird 1995 im Band I,
12 der KGA einschließlich der Varianten der zweiten und dritten Auflage
kritisch ediert werden. Auf den Wandel des Kirchenverständnisses von der
ersten zur dritten Auflage geht auch Martin Honecker, Schleiermacher und das
Kirchenrecht, 9, näher ein. Vornehmlich in Bezug auf die zweite Rede untersucht Friedrich Wilhelm Graf die Entwicklung in Schleiermachers Reden:
ders., Ursprüngliches Gefühl unmittelbarer Koinzidenz des Differenten. Zur
Modifikation des Religionsbegriffs in den verschiedenen Auflagen von
Schleiermachers „Reden über die Religion", in: ZThK 75 (1978), 147-186.

13 Eine massive und uneingestandene Umdeutung der Intention der ersten Auflage liegt in Erläuterung 1 zur vierten Rede 4. Aufl, 213-216, vor: Die extrem
kritische Haltung zur Heiligen Schrift wird durch die Erläuterung schlicht weg-
interpretiert.

14 Vgl. Reden 4. Aufl, 223f, 227.

faßte Kirche stammt immer von der wahren und vollkommenen Kirche ab - nur *in* der realen Kirche ist die wahre Kirche präsent.[15] Diesen Sinneswandel begründet Schleiermacher mit „erfreulichen" Erfahrungen und Beobachtungen, die er in der preußischen Kirche gemacht hat. Er ist jetzt der Ansicht, „daß wahrhaft gläubige und fromme in hinreichender Anzahl in unsern Gemeinden vorhanden sind, und daß es lohnt ihren Einfluß auf die übrigen möglichst zu verstärken."[16] Zu diesem Zweck empfiehlt er genau das, was er 1799 noch vehement ablehnte, nämlich die Konstituierung eines größeren kirchlichen Zusammenhangs durch eine Synodalverfassung. Sein Ziel ist nicht mehr die Sammlung einer kleinen elitären Gruppe von religiösen Virtuosen, die die verfaßte Kirche gerade noch als Bildungsstätte für Lehrlinge der Religion beansprucht. Vielmehr gilt Schleiermachers ganzes Bemühen jetzt der *„bessere[n] Gestaltung der bestehenden Kirche"*[17]. Schleiermacher nutzt dabei die Gelegenheit der dritten Auflage der Reden, sein inzwischen detailliertes Kirchenreformprogramm einem breiteren Publikum vorzustellen, das er mit seinen wissenschaftlichen Schriften und seinen Vorlesungen nicht erreichen kann.[18]

Maßgeblich für Schleiermachers reifes Verständnis der evangelischen Kirche sind vor allem seine Ausführungen in der Glaubensund in der Sittenlehre. Die Prinzipien protestantischer Kirchenlehre bilden für Schleiermacher die Basis und den Maßstab allen kirchengestaltenden Handelns und der das Handeln anleitenden praktischtheologischen Theorie. In der *Glaubenslehre* stellt die Ekklesiologie den ausführlichsten Teil des ganzen Werkes dar. Mit einem Umfang von 51 Paragraphen[19] erstreckt sie sich über mehr als ein Drittel der materialen Dogmatik, ein deutliches Indiz für den hohen Rang des Themas „Kirche". Unter die Ekklesiologie subsumiert Schleiermacher so prominente Lehrstücke wie das von der Erwählung, vom Heiligen Geist, von der Heiligen Schrift sowie die Eschatologie. Auch in der christlichen *Sittenlehre* nimmt die Kirche einen

---

15 Vgl. Reden 4. Aufl., 226f.
16 Reden 4. Aufl., 242f.
17 Reden 4. Aufl., 225 [Hervorhebung C.D.].
18 Schleiermachers Reden sind, obwohl sie häufig so rezipiert werden, *kein* wissenschaftliches sondern eher ein populäres Buch stark frühromantischer Prägung. Vgl. zur Einteilung des Schleiermacherschen Schrifttums auch E. Herms, Herkunft, Entfaltung und erste Gestalt des Systems der Wissenschaften bei Schleiermacher, Gütersloh 1974, 170ff.
19 Die Angabe bezieht sich auf die zweite Ausgabe von 1831/32.

überragenden Rang ein. Auf der Kirche als organischer Verbindung der Gläubigen ruht die Verbreitung des christlichen Geistes im „sittlichen Prozeß". Die Kirche ist es, die handelt, wenn Christen handeln. Die einzelnen menschlichen Subjekte werden von Schleiermacher im Grunde als Organe des die Kirche beseelenden Heiligen Geistes verstanden.[20]

Aber die dogmatische Ekklesiologie ist nicht der einzige Ort, an dem das Thema „Kirche" bei Schleiermacher behandelt wird. Schon die ersten Paragraphen der Einleitung der Glaubenslehre sind der „Kirche" oder, für Schleiermacher gleichbedeutend, den „Frommen Gemeinschaften" gewidmet. In diesen „Lehnsätzen" aus der Ethik und der Religionsphilosophie klärt Schleiermacher den Kirchenbegriff grundsätzlich und bestimmt die Verschiedenheit der frommen Gemeinschaften. Die Einleitung der Glaubenslehre wird von Schleiermacher nicht eigentlich zur Glaubenslehre gezählt.[21] Sie steht als Erklärung der Dogmatik vielmehr *vor* der materialen Dogmatik und bezieht sich auch nicht auf die Glaubenslehre allein, sondern ebenso auf die christliche Sittenlehre als dem anderen Teil der Dogmatik.[22] Der *ethische Kirchenbegriff* der Einleitung der Glaubenslehre steht somit der gesamten material-dogmatischen Arbeit Schleiermachers voran. Die Ekklesiologie ist insofern nicht nur der ausführlichste Teil in Schleiermachers Glaubenslehre, sie ist zugleich Fundament, Zentrum und Ausgangspunkt von Schleiermachers Dogmatik, die sich damit in unüberbietbarer Weise als „kirchliche Dogmatik" ausweist.

Der Kirchen- und Religionsbegriff ist für Schleiermacher jedoch keinesfalls auf die christliche Kirche und Religion beschränkt. Das Christentum ist nur *eine* bestimmte Gestalt des menschlichen Grunddatums Kirche. Deshalb wird der Kirchenbegriff bei Schleiermacher auch nicht in der Theologie, sondern in der philosophischen Ethik grundgelegt. Die Kirche ist eine der vier von Schleiermacher unter-

---

20 Vgl. CS, 195, 365, 368.
21 Vgl. CG, § 1, I, 9.
22 Auch die Sätze der Sittenlehre sind Glaubenssätze und könnten prinzipiell in der Glaubenslehre vorkommen. Vor allem aus pragmatischen Gründen werden Glaubens- und Sittenlehre von Schleiermacher getrennt behandelt und die Sätze der Sittenlehre aus der Glaubenslehre ausgeschieden (vgl. CG, § 26, I, 146-148). Auch in der Kurzen Darstellung werden Glaubens- und Sittenlehre über weite Strecken gemeinsam behandelt. Die Differenzierung der beiden Teile der Dogmatik wird überhaupt erst am Ende der Ausführungen thematisiert, vgl. KD, §§ 196-231, bes. 223-231.

schiedenen Gemeinschaftsformen menschlich-sittlichen Lebens. Kirche ist bei Schleiermacher mithin „zunächst gar kein spezifisch christlicher, kein theologischer, sondern ein ethisch-kulturphilosophisch-soziologischer Begriff.“[23] Die ethische Sicht der Kirche ist jedoch für die Theologie keine „fremde“ Perspektive, sie ist keine Kirchenmitgliedern unzugängliche Sicht „von außen“. Der ethische Kirchenbegriff ist vielmehr legitimer und notwendiger Bestandteil der Theologie selbst. Er hat seinen Ort in der philosophischen Theologie, von der die Einleitung der Glaubenslehre einen kurzen Abriß bietet. Die ethische Reflexion der Funktion der Kirche dient dazu, fromme Gemeinschaften als ein für die Entwicklung des menschlichen Geistes *notwendiges* Element darzustellen. Mit Hilfe des ethischen Kirchenbegriffs kann Schleiermacher die christliche Kirche als eine spezifische, von anderen signifikant unterschiedene, religiöse Gemeinschaft ausweisen und das Wesen des Christentums bestimmen. Diese Bestimmung des Wesens des Christentums ist eine der Grundlagen für seine Theorie des christlichen Kirchenregiments.

Schon jetzt wird deutlich, daß Schleiermachers wissenschaftliche Arbeit zum Thema Kirche außerordentlich *vielschichtig* ist. Anders als bei seinem Schüler Carl Immanuel Nitzsch ist die Theorie der Kirche bei Schleiermacher nicht Bestandteil der Praktischen Theologie.[24] Sie wird vielmehr in anderen theologischen Disziplinen abgehandelt. Die Kirche ist Gegenstand wissenschaftlicher Reflexion in der philosophischen Ethik und in der Religionsphilosophie. Die dort gewonnenen Erkenntnisse werden in der Philosophischen Theologie aufgegriffen, in die Theologie integriert und bilden so die Grundlage praktisch-theologischer Theoriebildung. Es ist dabei durchaus denkbar, daß die Theologie dieses Wissen selbst hervorbringt: Schleiermachers Einleitung zur Glaubenslehre ist ein Beispiel für eine solch eigenständige theologische Produktion ethischer Begrifflichkeit. In der dogmatischen Glaubens- und Sittenlehre wird die Kirche auf ihr Selbstverständnis in theoretischer und praktischer Hinsicht befragt und untersucht. All diese weitausgreifenden, wissenschaftlichen Bemühungen hält Schleiermacher im Blick auf ein angemessenes Verständnis von dem Wesen, der Gestalt, dem Ursprung und dem Ziel der christlichen Kirche für notwendig. All diese Erkenntnisse

---

23 Birkner, SCS, 115.
24 Nitzsch handelt die Theorie der Kirche unter dem Titel „Das kirchliche Leben“ als „Erstes Buch“ seiner Praktischen Theologie ab. Vgl. C. I. Nitzsch, Praktische Theologie, Bd. 1, 132-506.

müssen für ein sachgerechtes Kirchenregiment und für eine angemessene Theorie des Kirchenregiments vorausgesetzt werden. Im
folgenden sollen deshalb Schleiermachers facettenreiche kirchen-
theoretische Ausführungen in der Philosophischen Theologie (2), in
der Glaubens- (3) und Sittenlehre (4) in Grundzügen dargestellt und
in einem Schlußabschnitt (5) zusammengefaßt werden.[25]

2. Der philosophisch-ethische Kirchenbegriff

Schleiermacher bestimmt die Frömmigkeit als Gefühl schlechthinniger Abhängigkeit. Der berühmte Leitsatz zum Paragraphen vier
der Glaubenslehre lautet: „Das Gemeinsame aller noch so verschiedenen Äußerungen der Frömmigkeit, wodurch diese sich zugleich
von allen anderen Gefühlen unterscheidet, also das sich selbst gleiche
Wesen der Frömmigkeit, ist dieses, daß wir uns unsrer selbst als
schlechthin abhängig, oder, was dasselbe besagen will, als in Beziehung mit Gott bewußt sind."[26] Der Glaube an Gott und das schlechthinige Abhängigkeitsgefühl fallen für Schleiermacher zusammen:
Das das ganze „Dasein begleitende, schlechthinnige Freiheit vernei-
nende Selbstbewußtsein ist schon an und für sich ein Bewußtsein
schlechthinniger Abhängigkeit"[27], und das „Woher" des Daseins und
des schlechthinigen Abhängigkeitsgefühls wird durch den Ausdruck
„Gott" bezeichnet. Der Gottesbegriff ist für Schleiermacher die
„unmittelbarste Reflexion" über das schlechthinige Abhängigkeitsgefühl.[28]
    Diese philosophisch-ethische Bestimmung der Frömmigkeit trifft
nach Schleiermacher keineswegs nur auf die christliche Frömmigkeit
zu. So verschieden sich Frömmigkeit äußern mag, das schlechthinige

---

25 Die zur Philosophischen Theologie zu zählenden Ausführungen Schleierma-
    chers liegen nur verstreut vor. Ich greife auf die Akademieabhandlungen zur
    Ethik, auf die Einleitung der Glaubenslehre, auf die Ethik (1812/13) sowie auf
    die Kurze Darstellung zurück. Bei der Erarbeitung der dogmatischen Ausfüh-
    rungen Schleiermachers zum Thema „Kirche" stütze ich mich ebenfalls auf die
    Kurze Darstellung sowie auf die zweite Auflage der Glaubenslehre und auf die
    Christliche Sitte.
26 CG, § 4, I, 23.
27 CG, § 4, I, 28. Diese Passage ist übrigens eine Erweiterung der Argumen-
    tation Schleiermachers gegenüber der ersten Auflage der Glaubenslehre und
    verdankt sich wohl der Auseinandersetzung mit Schleiermachers Universitäts-
    kollegen Hegel.
28 Vgl. CG, § 4, I, 30.

Abhängigkeitsgefühl ist allen Religionen gemein. Frömmigkeit ist für Schleiermacher kein spezifisch christliches, sondern ein *allgemein menschliches* Phänomen. Die für die philosophische Theologie charakteristische ethische Perspektive auf die Kirche hat ihren Standpunkt im logischen Sinn über dem Christentum und ordnet das Christentum dem allgemeinen Begriff der Glaubensgemeinschaft oder Kirche ein.[29] Obwohl Schleiermacher das Christentum für vollkommener hält als andere Religionen, verhält es sich zu diesen nicht wie das Wahre zum Falschen. Für ihn gilt, „daß der Irrtum nirgend an und für sich ist, sondern immer nur an dem Wahren, und daß er nicht eher vollkommen verstanden worden ist, bis man seinen Zusammenhang mit der Wahrheit, und das Wahre, woran er haftet, gefunden hat."[30] Mit dieser hermeneutischen Maxime kann Schleiermacher anderen Religionen Wahrheit und Legitimität zugestehen, ohne den christlichen Wahrheitsanspruch aufzugeben. Andere Religionen sind für Schleiermacher nicht völlige Verfehlungen und absolute Irrtümer. Sie haben ihr relatives Recht neben dem Christentum als Durchgangsstation der Menschheit zur vollen Wahrheit, die das Christentum repräsentiert.

Frömmigkeit ist als „Offenbarung der Zustände des höheren Selbstbewußtseins"[31] immer auf Mitteilung, auf Kommunikation aus und generiert deshalb immer fromme Gemeinschaften oder Kirchen, in denen das fromme Bewußtsein „zirkulieren" oder „umlaufen" kann. „Das fromme Selbstbewußtsein wird wie jedes wesentliche Element der menschlichen Natur in seiner Entwicklung notwendig auch Gemeinschaft"[32]. Als „individuelles Symbolisieren" ist religiöse Kommunikation diejenige der vier Formen menschlicher Vernunfttätigkeit, aus der die Kirche als eine der vier Grundsphären menschlichen Lebens emergiert. Der Gemeinschaftsaspekt ist für die Frömmigkeit bei Schleiermacher so bestimmend, daß der allgemeine

---

29 Vgl. KD, § 32. Schleiermachers Kirchenbegriff unterscheidet sich damit vom zeitgenössischen Sprachgebrauch, nach dem der Begriff Kirche nur „von solchen Religions-Partheyen gebraucht [wird,] deren Lehrbegriff und Gottesdienst in der heil. Schrift gegründet ist", so daß es keine „mahomedanische" oder „heidnische" Kirche gibt. So in dem von Schleiermacher selbst gebrauchten Adelungschen Wörterbuch (Schleiermachers Bibliothek, RA 73, 600-603), Art. Kirche, Versuch eines vollständigen grammatisch-kritischen Wörterbuches der Hochdeutschen Mundart, Teil 2, Leipzig 1775, 1584.
30 CG, § 7, I, 50f.
31 Ueber den Begriff des höchsten Gutes. Zweite Abhandlung, 493.
32 CG, § 6, Leitsatz, I, 41.

Frömmigkeitsbegriff in der Einleitung der Glaubenslehre im Rahmen des allgemeinen Kirchenbegriffs abgehandelt wird und nicht umgekehrt die Kirche als *eine* ihrer möglichen Formen der Frömmigkeit untergeordnet wird.

Nach dem Grad der Verwandtschaft der „frommen Erregungen" bilden sich verschieden stabile Gemeinschaften, „einerseits ungleichmäßig fließende andrerseits bestimmt begrenzte", d.h. Kirchen.[33] In ethischer Perspektive ist für Schleiermacher eine Kirche nichts anderes „als eine Gemeinschaft in Beziehung auf die Frömmigkeit"[34], „welche nur durch freie menschliche Handlungen entsteht und nur durch solche fortbestehen kann."[35] Das wesentliche Geschäft einer Kirche ist dabei „das Erhalten, Ordnen und Fördern der Frömmigkeit"[36].

In den Lehnsätzen aus der Religionsphilosophie unterscheidet Schleiermacher verschiedene *Entwicklungsstufen* der frommen Gemeinschaften. Er nimmt an, daß die Frömmigkeit vom Götzendienst oder Fetischismus über die Vielgötterei hin zum Monotheismus sich entwickelte und daß letzterer die höchste Form der Frömmigkeit ist. Nur im Monotheismus läßt sich das schlechthinige Abhängigkeitsgefühl oder gleichbedeutend das „allgemeine Endlichkeitsbewußtsein" angemessen darstellen.[37] Neben den verschiedenen Entwicklungsstufen unterscheidet Schleiermacher zwei *Arten* von Frömmigkeit, die „ästhetische" und die „teleologische" oder „ethische" Frömmigkeit.[38] Diese Einteilung liegt quer zur Einteilung in Entwicklungsstufen. In der ästhetischen Frömmigkeit ist der Gedanke der göttlichen Schickung prägend: Selbst das „selbsttätige Handeln" des Menschen wird als göttliche Schickung gedeutet. Als Beispiele für ästhetische Frömmigkeit führt Schleiermacher die hellenistische Vielgötterei und den Islam an. Zur teleologischen Frömmigkeit werden von ihm das Judentum und das Christentum gerechnet. Für sie ist charakteristisch, daß selbst die „leidentlichen Zustände" des Menschen, wenn sie religiös gedeutet werden, nur Veranlassung zu tätigem, weltgestaltendem Handeln werden. Das Gottesbewußtsein der

---

33 CG, § 6, Leitsatz, I, 41.
34 CG, § 3, I, 15.
35 CG, § 2, I, 12.
36 CG, § 3, I, 16.
37 Vgl. CG, § 8, I, 53.
38 Vgl. CG, § 6, 60ff. Der Begriff „ethisch" fällt an dieser Stelle in der Glaubenslehre nicht, wohl aber und gleichbedeutend mit „teleologisch" in den Reden 4. Aufl., 314.

teleologischen Frömmigkeit mündet in einen Impuls zum Handeln, in einen „werktätige[n] Beitrag zur Förderung des Reiches Gottes"[39]. Im Christentum ist daher „aller Schmerz und alle Freude nur insofern fromm, [...] als sie auf die Tätigkeit im Reiche Gottes bezogen werden".[40]

Im Zuge der gesellschaftlichen Evolution bilden sich Religionssysteme mit spezialisierten Funktionsträgern heraus. „Der Hordenzustand der Religion, gewöhnlich der patriarchalische genannt, geht in den organisierten Zustand, den der Kirche, auch nur über durch Erwachung eines Gegensazes, nemlich des zwischen Klerus und Laien, die sich verhalten theils wie Gelehrte und Publicum, Theils wie Obrigkeit und Unterthanen."[41] Neben diese Ausdifferenzierung von Rollen tritt eine Ausdifferenzierung verschieden qualifizierter Zeiten: Der Kult wird vom übrigen Leben abgesondert. Es „muß ein Zusammentreten, um das gemeinsame Leben auszusprechen und zu nähren da sein; weshalb sich an jede Kirche ein Cultus anbildet."[42]

Im Rahmen des allgemeinen ethischen Kirchenbegriffs und der in der Religionsphilosophie aufgezeigten möglichen Modifikationen von Frömmigkeit kann Schleiermacher dem Christentum seinen spezifischen Ort in der Welt der Frömmigkeit zuweisen: „Das Christentum ist eine der teleologischen Richtung der Frömmigkeit angehörige monotheistische Glaubensweise, und unterschiedet sich von andern solchen wesentlich dadurch, daß alles in derselben bezogen wird auf die durch Jesum von Nazareth vollbrachte Erlösung."[43] Mit dieser Definition bestimmt Schleiermacher die *Mitte* und das Wesen des Christentums. Ausgehend von dieser Definition konstruiert Schleiermacher die *Grenzen* des Christentums. Er unterscheidet dabei vier

---

39 CG, § 9, I, 61.
40 CG, § 9, I, 63.
41 Ethik, 119.
42 Ethik, 122. Diese Beobachtungen Schleiermachers decken sich übrigens erstaunlich weit mit den Erkenntnissen moderner Religionssoziologie über die „Ausdifferenzierung der Religion". Vgl. Niklas Luhmann, [Kap.] Die Ausdifferenzierung der Religion, in: Gesellschaftsstruktur und Semantik. Studien zur Wissenssoziologie der modernen Gesellschaft 3, Frankfurt a.M. 1989, 259-357, 270: „Zweifellos gibt es also schon früh [scil. in segmentären Gesellschaften] besondere Anlässe, Orte oder Zeitpunkte für spezifisch religiöse Kommunikation [...]. Hochkulturen schaffen sich überdies für die Verwaltung dieses Sakralkomplexes Priesterrollen und entsprechende Organisationen, so daß eine religionssystem-interne Differenzierung von Priestern und Laien entsteht, die nur für Religionszwecke relevant ist."
43 CG, § 11, Leitsatz, I, 74.

mögliche Grundhäresien des Christentums, die doketische, die nazoräische, die manichäische und die pelagianische Häresie.[44] Ihnen ist
gemeinsam, daß sie an der Grunddefinition des Christentums festhalten und sich selbst als christlich verstehen - täten sie das nicht, wären
sie nicht als häretisch, sondern unchristlich zu qualifizieren. Ihr
gemeinsames Problem ist ein unangemessenes Verständnis des Erlö-
sungsgeschehens: Die *pelagianische* Häresie bestimmt die menschliche Natur so, daß sie der Erlösung gar nicht wirklich bedürftig ist,
sondern im Grunde die Erlösung aus eigener Kraft vollziehen kann.
Wird die menschliche Natur für so verderbt gehalten, daß sie gar
nicht mehr erlösungsfähig ist, so handelt es sich um die *manichäische*
Häresie. Den beiden Häresien, die die menschliche Natur betreffen,
korrespondieren zwei Häresien, die sich auf die Natur des Erlösers
beziehen. Ist der Erlöser von den Menschen, die er erlösen soll,
wesensmäßig derart verschieden, daß er sie nicht mehr wirklich
erlösen kann, so liegt die *doketische* Häresie vor. Ist er hingegen den
Menschen zu ähnlich und von ihnen nicht mehr angemessen zu
unterscheiden, so ist der Gedanke der Erlösung ebenfalls unmöglich.
Schleiermacher nennt dies die *nazoräische* oder *ebionitische* Häresie.
Bei all diesen Häresien handelt es sich um vereinfachende Typi-
sierungen. Schleiermacher legt Wert auf die Feststellung, daß der
historische Pelagius nicht unbedingt Pelagianer im angegebenen Sinne gewesen sein muß.[45]
    Mit der Bestimmung der vier möglichen Typen christlicher Häre-
sie bestimmt Schleiermacher zugleich die Grenzen des Christlichen.
Alle Anschauungen, die sich im Rahmen der gezogenen Abgren-
zungen bewegen, verstehen sich selbst zurecht als christlich und
sollten von anderen auch als christlich akzeptiert werden. Die christlichen Hauptkonfessionen - für Schleiermacher sind dies die römisch-katholische, die „morgenländische" und die protestantische
Konfession - bewegen sich alle innerhalb dieses Rahmens. Die
katholische und die orthodoxe Konfession werden von Schleiermacher deshalb auch nicht als Verirrungen betrachtet. Vielmehr hält
er sie, sieht man von „eingeschlichenen Mißbräuchen" ab, für legitime, „eigentümliche Gestaltung[en] der christlichen Gemeinschaft"[46].
Den Gegensatz zwischen Protestantismus und Katholizismus be-

---

44   CG, § 22, I, 129.
45   Vgl. CG, § 22, I, 129-133.
46   CG, § 24, Leitsatz, I, 137.

stimmt Schleiermacher in seiner bekannten Definition „vorläufig" - und wohl immer noch zutreffend - so, „daß ersterer das Verhältnis des Einzelnen zur Kirche abhängig macht von seinem Verhältnis zu Christo, der letztere aber umgekehrt das Verhältnis des Einzelnen zu Christo abhängig von seinem Verhältnis zur Kirche."[47]

Schleiermacher erwartet, daß sich die Gegensätze zwischen den Konfessionen noch weiter zuspitzen werden bis zu einem Kulminationspunkt, nach dem sich die Gegensätze wieder ausgleichen können. Schleiermacher verbindet damit die Hoffnung, daß trotz weiter bestehender konfessioneller Unterschiede dann die Einheit der christlichen Kirche wieder deutlicher sichtbar werden wird. Schleiermacher geht davon aus, daß sich das Christentum zu einer alle anderen religiösen Gemeinschaften in sich aufnehmenden Universalkirche entwickeln wird, da der Einheit des höchsten Seins auch *eine* Religion - mit allerdings vielfältigen Darstellungsmitteln - entsprechen muß.[48] Diese vielfältige Einheit herzustellen, ist eine der Aufgaben christlichen Kirchenregiments und die philosophische Theologie hat den Funktionsträgern angemessene Kriterien zur Verfügung zu stellen, damit diese zum einen nicht vorschnelle Vereinigungsbemühungen unternehmen, aber andererseits auch nicht überfälligen Zusammenschlüssen, wie dem von Reformierten und Lutheranern, im Wege stehen. Den Gegensatz zwischen Katholizismus und Protestantismus hält Schleiermacher allerdings für noch nicht ausgereift. Unionsbemühungen in Richtung auf die römisch-katholische Kirche hält er deshalb zu seiner Zeit auch für unangebracht. Schleiermacher fordert im Gegenteil sogar, daß sowohl in der protestantischen Dogmatik, als auch in der protestantischen Praktischen Theologie auf die deutliche Unterscheidbarkeit vom Katholizismus größter Wert gelegt wird. Gerade die Gestalt des evangelischen Kirchenregiments und seine praktisch-theologische Theorie sind wesentlich durch den Gegensatz zum römisch-katholischen Kirchenregiment geprägt.[49]

Schleiermachers Geschichtsspekulation kann als vom tatsächlichen Geschichtsverlauf bestätigt betrachtet werden. Der Gegensatz zwischen Katholizismus und Protestantismus spitzte sich bis in dieses Jahrhundert noch zu. Die Entscheidung des ersten Vatikanums über

---

47 CG, § 24, Leitsatz, I, 137.
48 Vgl. Ueber den Begriff des höchsten Gutes. Zweite Abhandlung, 494.
49 Schleiermacher formuliert dies an markanter Stelle, nämlich im Schlußparagraphen der Kurzen Darstellung, § 338.

die Unfehlbarkeit der ex-cathedra-Entscheidungen des Papstes
(1870) und die Erklärung der leiblichen Aufnahme Mariens in den
Himmel (1950) stellen wohl die Höhepunkte römisch-katholischer
Verirrungen dar. Das zweite Vatikanum und die ökumenische
Bewegung können hingegen als Zeichen der von Schleiermacher
erwarteten Wende der Konfessionsgeschichte begriffen werden.
Wohlgemerkt, Schleiermacher hält im Grunde auch den Katholizismus für eine legitime, nicht-häretische Gestalt der christlichen
Gemeinschaft. Den konkreten Katholizismus sieht er jedoch wegen
der schon von den Reformatoren bemängelten Mißbräuche, insbesondere bezüglich des Papstprimats, von seiner legitimen Gestalt
noch weit entfernt.[50]

3. Kirche und Kirchenregiment in der Glaubenslehre

a) Die Stellung der Ekklesiologie in der Glaubenslehre

Schleiermachers Glaubenslehre ist äußerst kunstvoll gegliedert. Auf
die schon erwähnte Einleitung folgt die Schöpfungslehre als erster
Teil. Dort betrachtet Schleiermacher das fromme Selbstbewußtsein,
unter Absehung des Gegensatzes von Sünde und Gnade, „wie es in
jeder christlich frommen Gemütserregung immer schon vorausgesetzt wird, aber auch immer mit enthalten ist" (§§ 32-61). Der
zweite Teil der Glaubenslehre ist durch den Gegensatz von Sünde
und Gnade, mithin durch die die Rechtfertigungslehre bestimmenden
Begriffe geprägt. Er handelt von den „Tatsachen des frommen
Selbstbewußtseins, wie sie durch den Gegensatz [scil. von Sünde und
Gnade] bestimmt sind" (§§ 62-169) und ist in zwei Abschnitte unter-
gliedert, in die Sündenlehre (§§ 65-85) und in die Gnadenlehre (§§
86-169). Auf die Gnadenlehre folgt als kurzer Schluß die Trinitätslehre (§§ 170-172). Abgesehen von Einleitung und Schluß ergeben
sich damit drei große Abschnitte der Glaubenslehre, wobei die

---

50 Zum Verständnis des Katholizismus bei Schleiermacher vgl. Hans-Joachim
    Birkner, Deutung und Kritik des Katholizismus bei Schleiermacher und Hegel,
    in : Das konfessionelle Problem in der evangelischen Theologie des 19. Jahr-
    hunderts. Heinrich Bornkamm zum 65. Geburtstag am 26. Juni 1966. Drei
    Beiträge v. H.-J. Birkner, H. Liebing, K. Scholder, Sammlung gemeinver-
    ständlicher Vorträge und Schriften aus dem Gebiet der Theologie und Reli-
    gionsgeschichte 245/246, Tübingen 1966, 7-20. Vgl. auch CS, 566-584.

Gnadenlehre, die auch die Ekklesiologie enthält, mit 84 Paragraphen der mit Abstand umfangreichste ist.[51]

Die drei großen Abschnitte der Glaubenslehre sind jeweils in sich wieder in drei Teile gegliedert. Den Grund für diese weitere Dreiteilung nennt Schleiermacher in der Einleitung der Glaubenslehre: „Alle Sätze, welche die christliche Glaubenslehre aufzustellen hat, können gefaßt werden entweder als Beschreibung menschlicher Zustände, oder als Begriffe von göttlichen Eigenschaften und Handlungsweisen, oder als Aussagen von Beschaffenheiten der Welt; und alle diese drei Formen haben immer nebeneinander bestanden."[52] Die Gliederung der drei großen Abschnitte der Glaubenslehre „wird also nach allen diesen drei Formen der Reflexion über die frommen Gemütserregungen vollständig durchzuführen sein, und zwar so, daß überall die unmittelbare Beschreibung der Gemützzustände selbst zum Grunde gelegt wird."[53] Schleiermacher geht immer streng vom empirischen Befund aus und fragt im jeweils ersten Teil eines Abschnitts nach den frommen Gemütserregungen des Menschen.[54] Erst im Anschluß daran wird in den folgenden beiden Teilen untersucht, was diese Gemütserregungen für das Welt- und Gottesverständnis implizieren. Die Gotteslehre ist also der Beschreibung des frommen Bewußtsein immer *nachgeordnet*. Durch die Art der Gliederung der Glaubenslehre wird sie sogar auf alle drei Abschnitte der Glaubenslehre verteilt. Im Gefolge Kants sind für Schleiermacher metaphysische Setzungen obsolet geworden. Christliche Dogmatik muß, will sie der Neuzeit gerecht werden, von der Empirie und das heißt für Schleiermacher von der *Erfahrung christlicher Frömmigkeit* und der Welterfahrung der Christen ausgehen. Sie muß die christlichen Grundsymbole, zuförderst das Gottessymbol, auf diesem Hintergrund zu plausibilisieren versuchen. Die Trinitätslehre hat nach

---

51 Zu Schleiermachers Ekklesiologie vgl.: Trutz Rendtorff, Kirche und Theologie. Die systematische Funktion des Kirchenbegriffs in der neueren Theologie, Gütersloh 1966, 115-167, ders., Kirchlicher und freier Protestantismus in der Sicht Schleiermachers, NZSTh 10 (1968), 18-30 sowie: Adele Weirich, Die Kirche in der Glaubenslehre Friedrich Schleiermachers, EHS.T 398, Frankfurt a.M./Bern/New York/Paris 1990

52 CG, § 30, Leitsatz, I, 163.

53 CG, § 31, Leitsatz, I, 165.

54 Vgl. Über die Glaubenslehre. Zwei Sendschreiben an Lücke, Theologische Studien und Kritiken, 2. Bd., 2. u. 3. Heft, Hamburg 1829; KGA I, 10, 307-394, 324: Schleiermacher wehrt sich dort gegen das Mißverständnis, „als ob die in meiner Glaubenslehre aufgestellte Analyse des Selbstbewußtseyns etwas Anderes seyn wollte, als ganz einfach und ehrlich nur empirisch!"

Schleiermacher keinen unmittelbaren Anhalt an den frommen
Gemütszuständen und kommt deshalb erst im Schlußteil der Glaubenslehre vor - ein Kuriosum in der dogmatischen Literatur und
gleichzeitig Ausdruck der Modernität Schleiermachers: Die Trinitätslehre entsteht erst im Zuge der dogmatischen Reflexion und soll
nachträglich die Einheit der Erscheinungsweisen Gottes aufweisen.[55]
Christliche Dogmatik im Sinne Schleiermachers muß ihre Leistungsfähigkeit für die Deutung der Wirklichkeit im Leben der Christinnen
und Christen unter Beweis stellen. Markanten Ausdruck findet diese
Grundeinstellung Schleiermachers in den zahlreichen von ihm
überlieferten Predigten, in denen seine dogmatischen Erkenntnisse
mit der Lebenswelt seines Predigtpublikums verwoben werden.

Auch die Gnadenlehre ist nach dem Schema Mensch, Welt, Gott
gegliedert.[56] Der zweite Teil der Gnadenlehre über die „Beschaffenheit der Welt bezüglich auf die Erlösung" ist der mit Abstand
umfänglichste der ganzen Glaubenslehre (§§ 113-163) und enthält
die Ekklesiologie der Glaubenslehre: „Alles was durch die Erlösung
in der Welt gesetzt wird, ist zusammengefaßt in der Gemeinschaft
der Gläubigen, in welcher sich alle Wiedergeborne immer schon

---

55 Vgl. CG, § 170, II, 460f, § 172, II, 471-473. Schleiermacher hält die Trini-
    tätslehre für einen bislang nur ungenügend bearbeiteten Teil der Dogmatik.
    Gleichzeitig hält er die Trinitätslehre nicht für so wichtig, daß sich wegen
    verschiedener Vorstellungen in diesem Punkt Verketzerungen rechtfertigen
    ließen. Schleiermacher plädiert vorsichtig für die kirchlich verworfene, sabel-
    lianische Fassung der Trinitätslehre, nach der die Werke der Trinität nach
    außen *nicht* ungeteilt sind. Vgl. Schleiermachers dogmengeschichtliche Unter-
    suchung: Über den Gegensatz zwischen der Sabellianischen und der Athana-
    sianischen Vorstellung von der Trinität, Theologische Zeitschrift, 3. Heft,
    Berlin 1822; KGA I, 10, 223-306.- Abgesehen von der Stellung der Gottes-
    und Trinitätslehre und der Lehre von der Heiligen Schrift, bleibt übrigens die
    klassische Reihenfolge der dogmatischen Lehrstücke in der Glaubenslehre
    weitgehend erhalten, vgl. Hans-Joachim Birkner, Beobachtungen zu Schleier-
    machers Programm der Dogmatik, NZSTh 5 (1963), 119-131, 129. Birkner
    weist auch darauf hin (a.a.O., 136), daß Schleiermacher selbst davon ausging,
    daß die Dogmatik es mit der Zeit lernen werde, alle christlichen Glaubenssätze
    als Ausdruck des frommen Selbstbewußtseins zu formulieren. Die Sätze über
    die Eigenschaften Gottes und der Welt würden dann ganz in diese für Schlei-
    ermacher ursprüngliche Form überführt werden. So Schleiermacher in seinem
    zweiten Sendschreiben an Lücke: Über die Glaubenslehre. Zwei Sendschrei-
    ben an Lücke, 361f.
56 Zunächst wird der Zustand „des Christen, sofern er sich der göttlichen Gnade
    bewußt ist" (CG, II, 29) abgehandelt. Der zweite Teil dreht sich um die
    „Beschaffenheit der Welt bezüglich auf die Erlösung" (CG, II, 207), der dritte
    Teil handelt „Von den göttlichen Eigenschaften, welche sich auf die Erlösung
    beziehen" (CG, II, 441).

finden; und dieser Abschnitt enthält also die Lehre von der *christlichen Kirche*."[57] Die Ekklesiologie ist in sich wieder in drei Hauptstücke unterteilt: Das erste Hauptstück handelt „Von dem Entstehen der Kirche"[58] (§§ 115-125) mit den beiden Lehrstücken: „Von der Erwählung" und „Von der Mitteilung des heiligen Geistes". Das zweite Hauptstück ist „dem Bestehen der Kirche in ihrem Zusammensein mit der Welt"[59] (§§ 126-156) gewidmet. Das dritte Hauptstück über die „Vollendung der Kirche"[60] (§§ 157-163) ist die Eschatologie der Glaubenslehre. Sie enthält vier „prophetische Lehrstücke": „Von der Wiederkunft Christi", „Von der Auferstehung des Fleisches", „Vom jüngsten Gericht" und „Von der ewigen Seligkeit" sowie einen Anhang „Von der ewigen Verdammnis".

Von den drei Hauptstücken der Ekklesiologie ist das zweite über das Bestehen der Kirche in ihrem Zusammensein mit der Welt das umfangreichste. Es ist nach Schleiermachers eigener Aussage „der eigentliche Kern dieses Abschnittes"[61] und das „Gebiet unserer täglichen Erfahrung"[62]. Das Hauptstück ist in zwei Hälften aufgeteilt. In der ersten geht es um „Die wesentlichen und unveränderlichen Grundzüge der Kirche"[63] (§§ 127-147), in der zweiten um „Das Wandelbare, was der Kirche zukommt vermöge ihres Zusammenseins mit der Welt"[64] (§§ 148-156). Den wesentlichen und unveränderlichen Grundzügen der Kirche sind sechs Lehrstücke gewidmet, so viele wie sonst keinem Teil der Glaubenslehre überhaupt. Es sind die Lehrstücke „Von der heiligen Schrift" (§§ 128-132), „Vom Dienst am göttlichen Wort" (§§ 133-135), „Von der Taufe" (§§ 136-138), „Vom Abendmahl" (§§139-142), „Vom Amt der Schlüssel" (§§ 144-145) und „Vom Gebet im Namen Jesu" (§§ 146-147). Die zweite Hälfte des Hauptstückes über das Bestehen der Kirche enthält zwei Lehrstücke: „Von der Mehrheit der sichtbaren Kirche in bezug auf die Einheit der unsichtbaren" (§§ 150-152) und „Von der Irrtumsfähigkeit der sichtbaren Kirche in bezug auf die Untrüglichkeit der unsichtbaren" (§§ 153-155).

---

57 CG, § 113, Leitsatz, II, 207.
58 CG, II, 215.
59 CG, II, 274.
60 CG, II, 408.
61 CG, II, 215.
62 CG, II, 211.
63 CG, II, 278.
64 CG, II, 384.

Die Gliederung der Glaubenslehre und die aufgeführten Überschriften bestätigen noch einmal die dominante Stellung der Kirche in Schleiermachers Glaubenslehre. Wesentliche Loci der Dogmatik wie die Lehre von der Heiligen Schrift werden unter der Überschrift „Kirche" abgehandelt. Mit der Verlagerung der Lehre von der Heiligen Schrift vom Anfang der Dogmatik in die Ekklesiologie wird unterstrichen, daß die Heilige Schrift in ihrer Funktion als Erkenntnisquelle der Dogmatik durch das fromme Selbstbewußtsein abgelöst wird. Dies ist einer der dramatischsten Umbrüche überhaupt, die Schleiermacher in seiner Glaubenslehre vollzieht. Er markiert den Aufbruch zum neuzeitlichen Christentum und zur modernen Theologie besonders deutlich. Auch Teile des ordo salutis und die gesamte Eschatologie werden zu Aspekten der Lehre von der Kirche. Darüber hinaus ist die Lehre vom Heiligen Geist der Ekklesiologie eingefügt und nicht wie üblich umgekehrt.

Ein dogmatisches Lehrstück über die Kirche gibt es überhaupt erst seit der Reformation, hier zunächst in den Artikeln VII und VIII der Confessio Augustana und dann in der zweiten Auflage von Melanchthons Loci (1535).[65] Erst als die Kirche ihre Selbstverständlichkeit verliert und zum Streitobjekt der Konfessionen wird, entsteht eine ausgearbeitete Ekklesiologie. Schleiermachers gegenüber der Tradition erheblich ausgebaute und aufgewertete Lehre von der Kirche markiert einen ähnlich einschneidenden Wendepunkt: In der Neuzeit wird die Mitgliedschaft zu einer Kirche kontingent, sie ist nicht mehr selbstverständlich, sondern wählbar geworden. Mit seiner detaillierten Kirchentheorie versucht Schleiermacher, die unverzichtbare Leistung der Kirche für die Christenheit, die Welt und die einzelnen Gläubigen aufzuweisen und plausibel zu machen.

Die Kirche hat eine unverlierbare Rolle beim Zustandekommen des Glaubens. Von ihr als dem Ort der Gottespräsenz gehen die vorbereitenden Gnadenhandlungen auf den einzelnen aus. Ihre Rolle ist dabei so wichtig, daß Schleiermacher gelegentlich katholisierende Tendenzen vorgeworfen wurden. Die in diesem Jahrhundert im Gefolge der Ich-Du-Philosophie zu beobachtende Reduktion theologischer Theoriebildung auf das Verhältnis einzelner Menschen zueinander und zu Gott ist Schleiermacher fremd. Er sieht die Menschen immer in einem konkreten Beziehungsgefüge mit anderen Menschen und dieses Beziehungsgefüge ist auch für ihre Religiosität bestim-

---

65 Vgl. W. Pannenberg, Systematische Theologie III, 34f.

mend. Bemerkenswert ist darüber hinaus, mit welcher Ausführlichkeit und Differenziertheit sich Schleiermacher der wirklichen Kirche und der sie prägenden Elemente zuwendet. Die phänomenale Vielfalt der Kirche wird in ihrer Konkretheit erfaßt. Im Vergleich mit der abstrakten Ekklesiologie vieler moderner Dogmatiken fällt die Konkretheit des Schleiermacherschen Entwurfs besonders ins Auge.[66] Es überrascht auf diesem Hintergrund nicht, daß auch dem Kirchenregiment in der Ekklesiologie der Glaubenslehre nicht unerhebliche Aufmerksamkeit zuteil wird. Einschlägig sind für dieses Thema das zweite Lehrstück „Vom Dienst am göttlichen Wort" und das als Ganzes dem Kirchenregiment gewidmete fünfte Lehrstück „Vom Amt der Schlüssel". Im folgenden sollen die Grundgedanken der Ekklesiologie der Glaubenslehre kurz dargestellt werden, wobei auf die erwähnten Lehrstücke ausführlich eingegangen wird. Zu beachten ist, daß Schleiermacher in der materialen Dogmatik nicht wie in der Ethik und in der Einleitung der Glaubenslehre einen Standpunkt *über* dem Christentum einnimmt, sondern explizit aus der Sicht eines Gliedes der Kirche über die Kirche reflektiert. Die Ekklesiologie der Glaubenslehre stellt die Binnenperspektive der Kirche dar, was ihrer Richtigkeit jedoch keinen Abbruch tut. Schleiermacher ist davon überzeugt, daß nur aus Sicht eines Gläubigen die Sache der Kirche angemessen beschrieben werden kann, Außenstehenden hingegen müsse vieles unverständlich bleiben.[67]

---

66 Schleiermachers Ekklesiologie übertrifft z.B. die Ausführungen Paul Tillichs zur Geistgemeinschaft (Systematische Theologie III, 2. Aufl., Stuttgart 1978, 179-279) sowohl an Konkretheit wie an neutestamentlicher Rückbindung. Bei Tillich fehlen Ausführungen zu Taufe und Abendmahl fast ganz. Auch die Ekklesiologie Jürgen Moltmanns (Kirche in der Kraft des Geistes. Ein Beitrag zur messianischen Ekklesiologie, München 1975) hat für die konkrete Verfaßtheit der Kirche wenig Gespür. Selbst bei der erfreulich ausführlichen und mit großen exegetischen und theologiegeschichtlichen Überblicken angereicherten Ekklesiologie Wolfhart Pannenbergs im dritten Band seiner Systematischen Theologie verhält es sich nicht viel anders. Das kirchliche Amt, inklusive des Papstamtes, und die Sakramente werden zwar ausführlich abgehandelt, die soziale Verfaßtheit der Kirche, ihre konkrete Gestalt und ihre Diesseitigkeit bleiben jedoch stark unterbelichtet. Die Kirche wird von Pannenberg ohne Rücksicht auf Empirie steil dogmatisch von oben konstruiert. Die in der Einleitung und durch die Gliederung programmatisch betonte Hochschätzung der Kirche, wird in den materialen Ausführungen nicht eingeholt. Vgl. besonders den Exkurs zur „Stellung der Ekklesiologie im Aufbau der Dogmatik", in: Systematische Theologie Bd. 3, 33-40.
67 Vgl. CG, § 114, II, 211f.

b) Grundzüge der Ekklesiologie

Ganz im Gefolge der Reformation bestimmt Schleiermacher die Kirche als Gemeinschaft der Gläubigen. Sie umfaßt alles, „was durch die Erlösung in der Welt gesetzt wird" und ist in diesem Sinne das „Reich Christi" oder das „Reich Gottes"[68]. Sie ist das „neue Gesamtleben", das dem alten Gesamtleben der Sünde entgegengesetzt ist. Das neue Gesamtleben nimmt seinen Ausgang exklusiv beim Erlöser und besteht aus „allen Momenten, welche dem Stand der Heiligung aller Begnadigten angehören."[69] Der Begriff „Gesamtleben" macht deutlich, daß Schleiermacher die Kirche als einen Lebenszusammenhang begreift, in dem keine Person für sich allein existieren kann, sondern notwendig auf andere angewiesen ist. Das neue Leben jedes einzelnen geht aus dem neuen, von Christus ausgegangenen Gesamtleben hervor und ist auf die von der Kirche ausgehenden Gnadenwirkungen angewiesen. Den „inneren Kreis" der Kirche bilden die Wiedergeborenen, die wahrhaft Gläubigen. Die Gesamtheit derjenigen, auf die von der inneren Gemeinschaft die vorbereitenden Gnadenwirkungen ausgehen, vor allem also Kinder, Jugendliche und Menschen die der christlichen Mission begegnen, bilden die „äußere Gemeinschaft".[70]

Keine Gemeinschaftsform ist für alle Christen verbindlich. Schleiermacher setzt nur voraus, „daß, wo Wiedergeborene einander erreichen können, auch irgendeine Gemeinschaft unter ihnen entstehen muß"[71] und daß sich die „einzelnen Wiedergeborenen zu einem geordneten Aufeinanderwirken und Miteinanderwirken"[72] zusammenfinden. Der häufig geäußerte Vorwurf, die Kirche werde bei Schleiermacher durch das Zusammentreten der Gläubigen und nicht durch das göttliche Wirken konstituiert, geht an der Sache vorbei und gründet vermutlich darin, daß Schleiermachers durchaus eigenwilliger Geistbegriff außer Acht gelassen wird.[73] Das Gemeinschaftsstreben der Gläubigen ist bei Schleiermacher immer durch den die Gläubigen beseelenden Heiligen Geist motiviert. Denn jeder

---

68   CG, § 113, II, 207, 210.
69   CG, § 113, II, 209, vgl. CG, § 117, Leitsatz, II, 220.
70   Vgl. CG, § 113, 207.
71   CG, § 113, II, 208, vgl. auch CG, § 115, II, 215f.
72   CG, § 115, Leitsatz, II, 215.
73   Dieser Vorwurf findet sich z.B. bei W. Pannenberg, Systematische Theologie III, 118, bes. Anm. 9.

Gläubige gelangt „nur in der Gemeinschaft und durch sie zu dem neuen Leben" und jeder hat „seinen Anteil an dem H. Geist nicht in seinem persönlichen Selbstbewußtsein für sich betrachtet, sondern nur, sofern er sich seines Seins in diesem Ganzen bewußt ist, d.h. als Gemeinbewußtsein."[74] Als Gemeingeist der Kirche ist der Heilige Geist die Art und Weise der Präsenz Gottes unter den Menschen.[75] Es gilt dabei zu beachten, daß die Kirche für Schleiermacher nicht nur Zeichen und Abglanz künftiger Herrlichkeit ist.[76] Als Gemeinschaft der Gläubigen ist die Kirche vielmehr Ort der Gegenwart Gottes und seines Reiches.[77] In ihr vereint sich das göttliche Wesen mit der menschlichen Natur und bildet das Reich Gottes auf Erden. Das Gesamtleben der Gläubigen ist vom Heiligen Geist als Gemeingeist beseelt.[78] Da sich die Kirche aus der Welt, dem sündigen, alten Gesamtleben bildet und da die Wiedergeburt als Übertritt vom äußeren in den inneren Kreis keine plötzliche Verwandlung, sondern ein unabschließbarer Prozeß ist, sind in der Kirche immer auch Elemente der Welt präsent, so daß trotz des Dualismus von Kirche und Welt jeder sichtbare Teil der Kirche „ein Gemisch von Kirche und Welt" ist.[79] Kirche und Welt sind „nicht räumlich und äußerlich getrennt, sondern auf jedem Punkt des erscheinenden menschlichen Lebens, wo auch schon Kirche ist, weil Glaube und Gemeinschaft des Glaubens da ist, eben da ist auch noch Welt, weil noch Sünde und Gemeinschaft mit der allgemeinen Sündhaftigkeit da ist."[80] In diesem Sachverhalt gründet der Gegensatz zwischen der „sichtbaren" und der „unsichtbaren Kirche"[81]. Die unsichtbare Kirche bestimmt Schleiermacher als „die Gesamtheit aller Wirkungen des Geistes in ihrem Zusammenhang; dieselben aber in ihrem Zusammenhang mit dem in keinem einzelnen von dem göttlichen Geist ergriffenen Leben fehlenden Nachwirkungen aus dem Gesamtleben der allgemeinen Sündhaftigkeit konstituieren die sichtbare Kirche."[82] Letztere ist

---

74 CG, § 123, II, 263.
75 Vgl. CG, § 123, II, 259ff.
76 So z.B. Pannenberg, Systematische Theologie III, 9.
77 Vgl. CG, § 113, II, 210, § 117, Leitsatz, II, 220.
78 Auf die Herrenhuter Herkunft der Identifikation von Heiligem Geist und Geist der Gemeine macht M. Doerne, Theologie und Kirchenregiment, 383, aufmerksam.
79 CG, § 148, II, 385.
80 CG, § 148, II, 385.
81 CG, § 148, Leitsatz, II, 384.
82 CG, § 148, II, 385.

„geteilt" und „dem Irrtum unterworfen", die unsichtbare Kirche ist
dagegen „ungeteilt eine" und „untrüglich"[83]. Es ist zu beachten, daß
hier „unsichtbar" nicht so zu verstehen ist, als sei diese Kirche im
Himmel und jenseitig zu verstehen. „Unsichtbar" meint nur, daß
nicht mit Bestimmtheit gesagt werden kann, welche Handlung der
Kirche bzw. ihrer Glieder vom Geist geleitet ist und welche noch
zum sündigen Gesamtleben gehört. Ihren Ort hat die unsichtbare
Kirche jedoch auf dieser Erde und *innerhalb* der sichtbaren Kirche.
Bemerkenswert an Schleiermachers Unterscheidung von sichtbarer
und unsichtbarer Kirche ist darüber hinaus, daß sie sich nicht auf
einzelne Menschen oder Menschengruppen bezieht, sondern auf
Handlungen.[84] Die sichtbare Kirche ist zwar ein corpus permixtum,
eine einfache Zuordnung einzelner Personen zu den sancti et vere
credentes oder zu den multi hypocritae et mali admixti ist jedoch
ausgeschlossen.[85] Daß Schleiermacher den schroffen Dualismus von
wahrhaft Gläubigen auf der einen und Heuchlern und Bösen auf der
anderen Seite, der dem Reformationszeitalter noch so selbstverständlich war, bewußt abmildert und das evolutionäre Modell der
allmählichen Verwandlung der Welt wählt, ist einer der modernen
Züge seiner Ekklesiologie.[86]

Wegen ihres Zusammenseins mit der Welt ist die sichtbare Kirche
stetigem Wandel unterworfen. Unter Absehung von dieser Wandel-
barkeit markiert Schleiermacher sechs wesentliche und unveränder-
liche Grundzüge der Kirche (Heilige Schrift, Dienst am göttlichen
Wort, Taufe, Abendmahl, Amt der Schlüssel und Gebet im Namen
Jesu).[87] Diese Kennzeichen der Kirche stimmen nicht mit den klassischen notae ecclesiae des Nicaeno-Konstantinopolitanums (una,
sancta, catholica et apostolica ecclesia) überein.[88] Unübersehbar ist

---

83 CG, § 149, Leitsatz, II, 387.
84 Vgl. CG, § 148, II, 385.
85 Vgl. CA VIII, in: Die Bekenntnisschriften der evangelisch-lutherischen Kirche
    [BSLK], hg. im Gedenkjahr der Augsburgischen Konfession 1930, 9. Aufl.,
    Göttingen 1982, 62, vgl. auch CG, § 113, II, 209.
86 Markantes Beispiel für den vormodernen Dualismus ist Luthers Schrift: „De
    servo arbitrio". Die ganze Menschheit zerfällt in solche, die vom Teufel und
    solche, die von Gott getrieben werden, ein Drittes gibt es nicht. Vgl. Martin
    Luther, De servo arbitrio (1525), WA 18, 600-787, 635; Studienausgabe hg.
    v. H.-U. Delius, Bd. 3, Berlin 1983, 170-356, 208.
87 Vgl. CG, § 127, II, 278.
88 Vgl. zu den klassischen notae der Kirche: Peter Steinacker, Die Kennzeichen
    der Kirche. Eine Studie zu ihrer Einheit, Heiligkeit, Katholizität und Aposto-
    lizität, TBT 38, Berlin/New York 1982.

jedoch die enge Verwandtschaft der Schleiermacherschen Kennzeichen der Kirche mit den von der Reformation in CA VII, XIV und XXVIII aufgestellten notae, selbst das „Gebet im Namen Jesu" findet in CA XXI Anhalt.[89] Bemerkenswert ist, daß Schleiermacher diese sechs Grundzüge der Kirche als Abbilder und Fortsetzung der Tätigkeiten Christi versteht, durch die die „fortschreitende Verwirklichung der Erlösung in der Welt" bewirkt wird.[90] Schrift und Dienst am Wort sind dem prophetischen Amt Christi zugeordnet, Taufe und Abendmahl dem hohenpriesterlichen. Schlüsselamt und Gebet im Namen Jesu werden als „Ausflüsse" des königlichen Amtes Christi gedeutet.[91]

c) Schrift und Predigtamt

Fundamental für alles kirchliche Handeln ist die Orientierung an der Heiligen Schrift. Die Schrift ist zwar nur das erste Glied in der Reihe der Darstellungen des christlichen Glaubens in der Geschichte der Kirche. Um der Wahrung der Identität der christlichen Kirche willen ist sie jedoch die Norm für alle auf sie folgenden Darstellungen des christlichen Glaubens und verbindliche Richtschnur für Lehre, Verkündigung und Leben der Kirche. Dabei ist zu beachten, daß für Schleiermacher nur das Neue Testament heilige Schrift im engeren Sinne ist. Das Alte Testament ist als Urkunde der *Vorgeschichte* des Christentums für die christliche Lehre *nicht* verbindlich.[92]

Wie in jeder religiösen Gemeinschaft gibt es auch in der christlichen Kirche immer eine „ungleiche[] Verteilung des Gemeingeistes"[93]. Diese Ungleichheit kann sowohl auf unterschiedlicher Stärke, als auch auf unterschiedlicher Reinheit der Aufnahme des Gemeingeistes beruhen und betrifft nicht nur den äußeren Kreis der Kirche, also die noch nicht wiedergeborenen aber schon den Gnadenwir-

---

89 Vgl. BSLK, 61, 69, 83c, 120ff. Zu den notae ecclesiae der reformierten Tradition vgl. Jan Rohls, Theologie reformierter Bekenntnisschriften. Von Zürich bis Barmen, Göttingen 1987, 198-210.
90 CG, § 127, II, 283.
91 Vgl. CG, § 127, II, 283.
92 Vgl. CG, §§ 129f, II, 288-299, vgl. auch CG, § 154, II, 400. Zur Funktion des Alten Testaments vgl. CG, § 132, II, 304-308. Die konstitutive Rolle der Schrift für Schleiermacher übersieht M. Honecker, Schleiermacher und das Kirchenrecht, 41-43, völlig. Sein Vorwurf, Schleiermacher mangele es an einem Kriterium, die Geister zu scheiden, geht ins Leere.
93 CG, § 133, II, 309.

kungen ausgesetzten Glieder der Kirche, sondern auch den inneren
Kreis der Kirche, die Wiedergeborenen.[94] Die Ungleichheit wird
wegen der allmählichen Vervollkommnung der Kirche zwar abnehmen, sie wird aber niemals völlig verschwinden. In der beschriebenen Ungleichheit gründet die Aufteilung der Kirchenglieder in
überwiegend Selbsttätige und *überwiegend Empfängliche*: „Diejenigen Mitglieder der christlichen Gemeinschaft, welche sich überwiegend selbsttätig verhalten, verrichten durch Selbstmitteilung den
Dienst am göttlichen Wort bei denen, die sich überwiegend empfänglich verhalten; welcher Dienst teils ein unbestimmter und zufälliger
ist, teils ein förmlicher und geordneter."[95] Schon das Stichwort
„überwiegend" macht deutlich, daß der Gegensatz zwischen den
selbsttätigen und den empfänglichen Kirchengliedern ein relativer
und kein absoluter ist. Dabei gilt für jede fromme Selbstmitteilung,
daß sie „auf die Auffassung Christi aus der Schrift zurückgeführt
werden [muß,] so daß jeder nur als erinnerndes und entwickelndes
Organ der Schrift wirken darf."[96] Der unbestimmte und zufällige
Dienst kann aufgrund der Spontaneität des Heiligen Geistes von
jedem Kirchenglied jederzeit an einem anderen ausgeübt werden und
ist in allem Wesentlichen mit dem förmlichen und geordneten Dienst
gleichartig. Da die Kirche eine wohlgeordnete „geistige Gesellschaft"
sein soll, ist allerdings eine „Verteilung der Arbeit", eine „von der
Gesamtheit angewiesene Geschäftsführung"[97] erforderlich. Auf diese
Weise erreichen die „verschiedenen Gaben das Maximum ihrer
Wirksamkeit"[98]. Die Arbeitsteilung erfolgt also aus dem pragmatischen Grund erhöhter Effektivität. In den Lehrsätzen zum Dienst
am göttlichen Wort formuliert Schleiermacher: „Es gibt in der
Kirche einen öffentlichen Dienst am Wort als eine unter bestimmten
Formen übertragenen Geschäftsführung; und von diesem geht auch
alle Gliederung der Kirche aus."[99] Wiederum aus pragmatischen
Gründen legt sich dabei eine Aufteilung des Dienstes in einen diakonischen und in einen lehrbezogenen Dienst nahe, wobei beide als

---

94 Vgl. CG, § 113, II, 206 und CG, § 133, II, 309.
95 CG, § 133, Leitsatz, II, 308f.
96 CG, § 133, II, 310.
97 CG, § 133, 311f.
98 CG, § 133, 311f.
99 CG, § 134, Leitsatz, II, 312.

Elemente des Dienstes am Wort zu verstehen sind und am diakonischen Dienst auch Frauen mitwirken können.[100]

Schleiermacher führt das Predigtamt und jedes andere daraus abzuleitende kirchliche Amt auf das Priestertum aller Gläubigen zurück. Das Predigtamt ist nur eine Spezialform des allgemeinen Priestertums für die öffentliche und wohlgeordnete Evangeliumsverkündigung. Ganz anders versteht z.B. Wolfhart Pannenberg das Predigtamt als Ausfluß und Fortsetzung der Aufsichtsgewalt der Apostel und Bischöfe über die Gemeinden, das vom allgemeinen Priestertum gänzlich verschieden sei.[101] Diese unterschiedlichen dogmatischen Entscheidungen prägen die kirchenpolitischen Optionen nachhaltig: Schleiermacher plädiert für demokratisch-synodale, Pannenberg für bischöflich-autoritäre Kirchenstrukturen, einschließlich der „unbefangenen" Anerkennung des „Vorrangs der römischen Gemeinde und ihres Bischofs"[102].

Die Übertragung des öffentlichen Dienstes an einzelne Gläubige geht für Schleiermacher immer von der Gesamtheit der Gläubigen aus. Kein einzelner und auch keine Gruppe kann die Stelle Christi vertreten. Der Heilige Geist als Gemeingeist ruht nur auf der *Gesamtheit* der Kirche. Letztlich hat deshalb die Gesamtheit über die Ämterzuteilung zu entscheiden, denn: „Der Gestaltung des Klerus als einer in sich abgeschlossenen und sich selbst ergänzenden Körperschaft fehlt es an aller schriftmäßigen Begründung."[103] Die Schrift gebe nur vor, daß einerseits die für die Erfüllung einer Aufgabe notwendigen Eigenschaften und Kriterien festgelegt und daß andererseits unter den dafür Geeigneten eine Auswahl getroffen werden muß. Damit bleibe ein großer Spielraum „Verschiedenen einen verschiedenen Anteil zuzuweisen"[104].

---

100 Vgl. CG, § 134, II, 313. Schleiermacher geht davon aus, daß Frauen für das Amt der Lehre die nötige Begabung fehle. Er argumentiert somit pragmatisch mit den für das Lehramt erforderlichen Fähigkeiten und nicht mit dem Verweis auf die Männlichkeit Christi oder auf die Schöpfungsordnung, wie dies bis weit in das 20. Jahrhundert hinein geschehen ist und noch geschieht. Schleiermachers Argumentation enthält schon das Kriterium ihrer Falsifizierbarkeit: Der schiere Nachweis, daß Frauen entgegen der Annahme lehren können, genügt, um die Zulassung zum Lehramt zu begründen. Zur Rolle von Frauen in Schleiermachers Konzept vgl. auch unten Kap. VI. 1.
101 Vgl. Pannenberg, Systematische Theologie III, 418, 438.
102 Systematische Theologie III, 458.
103 CG, § 134, II, 313.
104 CG, § 134, II, 313.

Die Übertragung der Geschäftsführung erfordert „eine bestimmte
Sonderung der Gegenstände und eine genaue Bestimmung des
Umfanges, in welchem jeder sein Geschäft führen soll."[105] Durch die
Übertragung entstehen Beziehungen zwischen Bedürftigen und
Mitteilenden, durch die Gemeinden sich konstituieren. Unter *Gemeinde* wird dabei ein solches soziales System verstanden, „in
welchem alle zur Förderung des christlichen Lebens notwendige
Gaben vorhanden, und alle übertragbaren Geschäfte zweckmäßig
verteilt sind."[106] Sowohl die Verzweigung der kirchlichen Ämter, als
auch die Form der Übertragung kann sehr verschieden sein. Zu
beachten ist jedoch, daß die Verteilung der Ämter mittelbar oder
unmittelbar als Tat der Gesamtheit erfolgt und daß die geordnete
Darreichung des göttlichen Wortes der Mittelpunkt ist, von dem alles
ausgeht und auf den sich alles bezieht.[107] Die Gestaltungsfreiheit geht
so weit, daß auch eine Kirchengemeinschaft wie die Quäker, in der
auf die Übertragung von Ämtern ganz verzichtet wird und in der
jeder Christ die Befugnis zur leitenden Tätigkeit hat, für Schleiermacher eine Kirchengemeinschaft im evangelischen Sinne ist. Inakzeptabel ist für Schleiermacher jedoch die Vorstellung, die christliche Gemeinschaft ließe sich „auf das häusliche Leben und stille
Privatverhältnisse" begrenzen.[108] Zur Lebensgemeinschaft mit Christus gehört konstitutiv, daß man sich als Glied seines Leibes versteht,
der in öffentlicher Versammlung, gemeinsamem Bekenntnis und
gemeinsamer Erbauung erfahren wird.[109]

Die Bestimmungen über die kirchlichen Ämter machen deutlich,
wie sehr Schleiermacher sich der protestantischen Tradition verpflichtet weiß. Die Unterschiede zur römisch-katholischen Lehrauf-
fassung werden deutlich betont. Leitende Maxime seiner Ämtertheo-
rie ist das Priestertum aller Gläubigen, dies gilt für Dogmatik und
Praktische Theologie gleichermaßen. Die Unterschiede zwischen den
Gläubigen sind immer nur solche der *Funktion*. Auch die anderen
protestantischen Maximen, das „solus Christus" und das Schriftprinzip finden ihren Niederschlag in Schleiermachers Ekklesiolo-

---

105 CG, § 134, II, 314.
106 CG, § 134, II, 314.
107 Vgl. CG, § 134, 314.
108 CG, § 134, II, 315.
109 Vgl. CG, § 134, II, 315.

gie[110]. Alle Kennzeichen der Kirche werden auf die Tätigkeit Christi zurückgeführt. Was sich dort nicht verankern oder daraus ableiten läßt, hat keinen legitimen Ort in der Kirche.[111] Der ständige Bezug auf Christus findet seinen praktischen Ausdruck in der unvertretbaren Rolle der Heiligen Schrift im kirchlichen Leben. Dies gilt trotz des Bewußtseins von ihrer geschichtlichen Entstehung: „Der öffentliche Dienst in der Kirche ist in allen Stücken an das göttliche Wort gebunden."[112] Jeder, der sich in der Kirche mitteilt, soll als „Organ der Schrift" wirken.[113]

d) Die dogmatische Grundlegung des Kirchenregiments

Den angeführten protestantischen Maximen wird auch bei Schleiermachers dogmatischen Äußerungen zum Kirchenregiment Rechnung getragen. Ihren systematischen Ort hat die Lehre vom Kirchenregiment im Lehrstück vom Amt der Schlüssel. Auch das Schlüsselamt gehört zu den „wesentlichen und unveränderlichen" Lebensvollzügen der Kirche. Als Fortführung der Tätigkeit Christi wirkt es mit bei der „fortschreitenden Verwirklichung der Erlösung in der Welt."[114] Die neutestamentliche Grundlage des Schlüsselamtes bilden Mat. 16, 19, Mat. 18, 18 und Joh. 20, 23.[115] Zum Schlüsselamt gehört zunächst die Autorität zur Sündenvergebung, was die Verwaltung der Sakramente mit einschließt, und die Entscheidung über die Aufnahme in oder den Ausschluß aus der Kirche. Zum Amt der Schlüssel gehört aber auch die Autorität, in gültiger Weise zu „binden" und

---

110 Das „sola gratia" hat - abgesehen von der Erlösungslehre - seinen Ort schon in der passiven Konstituiertheit jedes Selbstbewußtseins, wie sie in der Bestimmung der Religion als Gefühl schlechthiniger Abhängigkeit im vierten Paragraphen der Glaubenslehre zum Ausdruck kommt.

111 Vgl. CG, § 127, II, 283. Schleiermachers Glaubenslehre ist nicht nur eine durch und durch kirchliche Dogmatik, sie ist auch in puncto Christozentrismus kaum zu übertreffen. Das Ausgehen vom frommen Selbstbewußtsein in Schleiermachers Glaubenslehre hat, wie oben schon ausgeführt, erkenntnistheoretische Gründe. Es stellt die Funktion des Erlösers oder der Heiligen Schrift für die Kirche keinesfalls in Frage. Insofern trifft der Vorwurf der dialektischen Theologie, Schleiermacher gehe vom Menschen statt von Gottes Offenbarung in Christus aus, nicht zu (exemplarisch: Martin Fischer, Die notwendige Beziehung aller Theologie auf die Kirche in ihrer Bedeutung für die praktische Theologie bei Schleiermacher, 288ff).

112 CG, § 135, Leitsatz, II, 315.

113 Vgl. CG, § 133, II, 310.

114 CG, § 127, II, 278, 283.

115 Auf diese Passagen stützt die römisch-katholische Kirche auch die Sonderstellung des Papstes als Petrusnachfolger.

zu „lösen". Traditionell wurde dies als Beauftragung zum Erlaß von Kirchengesetzen und zu innerkirchlicher Machtausübung, also zur Führung des Kirchenregiments interpretiert. Auch in den protestantischen Bekenntnisschriften fallen Schlüsselamt, Kirchenregiment und Bischofsgewalt zusammen.[116] Schleiermacher entwickelt seine eigene Anschauung vom Kirchenregiment in Auseinandersetzung mit den angeführten Schriftstellen, den entsprechenden Artikeln lutherischer und reformierter Bekenntnisschriften und der römisch-katholischen Lehrtradition. Seine Ausführungen faßt er zusammen in den Leitsätzen der beiden Paragraphen zum Amt der Schlüssel, Paragraph 144 und 145: „Wegen ihres Zusammenseins mit der Welt besteht in der Kirche eine gesetzgebende und eine verwaltende Macht, welche ein wesentlicher Ausfluß ist aus dem königlichen Amt Christi."[117] „Das Amt der Schlüssel ist die Macht, vermöge deren die Kirche bestimmt, was zum christlichen Leben gehört, und über jeden Einzelnen nach Maßgabe seiner Angemessenheit zu diesen Bestimmungen verfügt."[118]

Die sachliche Notwendigkeit für ein Kirchenregiment sieht Schleiermacher im Zusammensein der Kirche mit der Welt. Wäre jede und jeder Gläubige ein vollkommenes Organ des Heiligen Geistes, so würde sich ein Kirchenregiment erübrigen. Durch das ständige Nachwachsen neuer Generationen ist dieser Zustand jedoch prinzipiell unerreichbar, die Kirche steht immer im Konflikt mit der „Welt" und ist niemals vollendet. Deshalb stellt das Kirchenregiment ein bleibendes Merkmal der Kirche dar.[119] Ein weiterer Grund für

---

116 Vgl. CA XIV und XXVIII, BSLK 69, 120-133.
117 CG, § 144, Leitsatz, II, 367.
118 CG, § 145, Leitsatz, II, 369.
119 Vgl. CG, § 144, II, 367 und § 157, II, 409. M. Doerne, Theologie und Kirchenregiment, 374, interpretiert Schleiermachers „unbefangene" Rede vom Kirchenregiment zurecht als „wohlbewahrtes Erbe seiner reformierten kirchlichen Herkunft". Auch die dominante Stellung der Gemeinde verdankt sich vornehmlich der reformierten Tradition. Beides, Gemeindeprinzip und Kirchenregiment, findet sich jedoch auch bei Luther (Daß eine christliche Versammlung oder Gemeine Recht und Macht habe, alle Lehre zu urteilen, Lehrer zu berufen, ein- und abzusetzen. Grund und Ursach aus der Schrift (1523), WA 11, 408-416; Studienausgabe hg. v. H.-U. Delius, Bd. 3, Berlin 1983, 72-84), bzw. in der Confessio Augustana, auf die Schleiermacher besonders gerne zurückgreift, man denke nur an seine berühmten Augustana-Predigten. Der Begriff „Kirchenregiment" findet sich in der CA im Artikeln XIV (im deutschen Text für „ordine ecclesiastico", BSLK, 69). Der Artikel XXVIII, in dem das Kirchenregiment der Sache nach abgehandelt wird, ist mit „De potestate ecclesiastica", bzw. „Von der Bischofen Gewalt" überschrieben

die Notwendigkeit eines Kirchenregiments liegt in der Ausdehnung und inneren Differenziertheit des Christentums. Dieser ethisch-soziologische Aspekt kommt in den hier angeführten Paragraphen zum Schlüsselamt nicht ausdrücklich zur Geltung. Er findet seine Berücksichtigung jedoch in den nachfolgenden Paragraphen der Glaubenslehre zur Einheit und Pluralität der Kirche und in der Sittenlehre.

Auffallend ist die christologische Rückbindung des Kirchenregiments. Schleiermacher versteht es als Ausfluß der königlichen Tätigkeit Christi, das nur „die von Christo entworfenen Grundzüge des gemeinsamen Lebens weiter" zu entwickeln hat.[120] Schleiermacher nimmt an, daß sich die Gemeinschaft um Christus herum durch die „beharrliche freiwillige Unterwerfung" seiner Anhänger bildete. Sie erkannten die von Christus ausgehenden Impulse als Gesetz an, seine Urteile über Menschen galten ihnen „als vollgültige Zeugnisse davon, was in dem Menschen war"[121]. Die Menschen um Christus akzeptierten ihn als göttliche Autorität. Indem sie ihm nachfolgten, entstand das Reich Christi. Mit der Einhauchung des Geistes hat Christus der Kirche seinen „leitenden Gemeingeist" mitgeteilt.[122] Analog zur Konstituierung der Kirche durch Christi Tätigkeit, breitet sich die Kirche dadurch aus, daß Menschen in der Lehre und in den Regeln der Kirche die Wahrheit über sich erfahren und diese als für sich gültig anerkennen. Es ist deutlich, daß die kirchliche Macht nicht im äußerlichen Sinne „nach Art der bürgerlichen Gewalt"[123] zu verstehen ist. Eine solche Machtausübung widerspräche dem Wesen des Glaubens, bei dem es auf innere Überzeugung und nicht auf äußeren Gehorsam ankommt. Kirchliche Macht kann sich nicht mit Gewalt gegen die Glieder der Kirche durchsetzen wollen, sie ist vielmehr auf die *freiwillige* Zustimmung der Gläubigen angewiesen.

Schleiermacher unterscheidet beim Schlüsselamt eine *gesetzgebende* und eine *verwaltende* kirchliche Macht. Beide sind funktional voneinander unterschieden: Die gesetzgebende Macht ist für die

---

(BSLK, 120). Im Text findet sich jedoch auch der Ausdruck „geistliche Gewalt" oder „Gewalt der Schlussel[!]" (BSLK, 121 u.ö.). Die verschiedenen Bezeichnungen für das Kirchenregiment werden offensichtlich promiscue gebraucht.
120 CG, § 144, II, 369.
121 CG, § 144, II, 368.
122 CG, § 144, II, 368.
123 CG, § 144, II, 367.

Maximen christlichen und kirchlichen Lebens zuständig. Ihre Äußerungen bringen zum Ausdruck, wie christliche Lebensführung
gestaltet sein soll. Als Spezialfall dieser allgemeinen Bestimmung hat
sie die Abläufe in der Kirche durch den Erlaß von Kirchengesetzen
zu regeln. Sie hat also die Funktion der Legislative. Die verwaltende
Macht oder die Exekutive des Kirchenregiments ist für die
Anwendung der Kirchengesetze und der christlichen Lebensregeln
im Einzelfall zuständig und soll ihnen Geltung verschaffen. Zu ihren
Aufgaben gehört zunächst die Verwaltung der Taufe und „Firme-
lung"[124], also die Aufnahme in die sündenvergebende Gemeinschaft
der Kirche, und die Verwaltung des Abendmahls einschließlich des
Rechts, Gemeindeglieder vom Abendmahl auszuschließen, also den
(kleinen) Kirchenbann zu verhängen. Beide Funktionen gehen unmittelbar auf die von Schleiermacher herangezogenen Schriftstellen
zurück, in denen der Kirche die Autorität zur Sündenvergebung zuerkannt wird. Einen vollkommenen Kirchenbann, der alle Gemeinschaft mit einem Kirchenglied abbricht (großer Kirchenbann), darf
es nach Schleiermacher nicht geben. Ein Ausschluß darf immer nur
als vorübergehend angesehen werden: „Kein Urteil darf die Einwirkungen der Kirche auf den Einzelnen, der einmal in dieselbe aufgenommen worden ist, aufheben wollen."[125]
    Gemäß der Maxime vom Priestertum aller Gläubigen, ist bei all
diesen Funktionen des Kirchenregiments die *Beteiligung der Gemeinde* konstitutiv. Den Anspruch der römischen Lehrtradition, daß
die Beauftragung des Petrus mit dem Schlüsselamt eine exklusive
Sonderstellung des Petrus und seiner Nachfolger begründen könne,
bestreitet Schleiermacher vehement. Wäre die kirchliche Macht
allein Petrus übertragen worden, so wäre der Tod des Petrus auch
das Ende der gesetzgebenden Tätigkeit in der Kirche gewesen. Auch
Petrus selbst habe seinen Auftrag nicht als exklusiven verstanden,
sondern anstehende Fragen vor die Gemeinde gebracht.[126] Jede
kirchliche Gesetzgebung ist zu verstehen als Ausfluß des Willens
Christi, daß eine Gemeinde bestehen soll, die als geschichtliche
Gemeinschaft von Menschen beständig auf Gesetzgebung angewiesen

---

124 Schleiermacher hält die Praxis der Kindertaufe nur dann für akzeptabel, wenn
    die Taufe durch kirchlichen Unterricht und das eigenständige Glaubensbe-
    kenntnis bei der Firmelung (Konfirmation) ergänzt und abgeschlossen wird.
    Vgl CG, § 138, II, 335ff.
125 CG, § 145, II, 376.
126 Vgl. CG, § 145, II, 371.

ist. Aus der Schrift ist zu schließen, daß das „Binden und Lösen" der Gemeinde aufgetragen ist, wobei einzelne im Namen und als Organe der Gemeinde wirken können. Der Impuls für den Erlaß von Bestimmungen, also das „Binden", muß vom „Gemeingefühl" ausgehen, das am Verhalten einzelner Anstoß nimmt. Was hingegen „gelöst" wird, darf nicht Gegenstand kirchlicher Bestimmungen sein und bleibt dem selbstverantwortlichen Handeln der einzelnen überlassen. Die gesetzgebende Tätigkeit hat allerdings dafür zu sorgen, daß tatsächlich gelöst bleibt, was „Anmaßung und geistlicher Hochmut könnte binden wollen" und daß nicht „Einzelne ihre persönliche Handlungsweise oder Denkweise als den Ausdruck des Gemeingeistes wollen geltend machen."[127] Die Übertragung des Schlüsselamtes an die Kirche ist mit der Verheißung Christi verbunden, daß die Kirche dieses Amt sachgerecht ausüben wird. Dazu gehört auch „das richtige Urteil der Kirche darüber, wieviel oder wenig und was dem Einzelnen anvertraut werden kann in der Kirche, und in welchem Grade einer von Einwirkungen auf die Kirche und von Mitwirkungen in derselben zurückgehalten werden muß, damit sein Zustand möglichst wenig Störungen hervorbringe."[128] Damit gehört zum Schlüsselamt auch die Entscheidung darüber, wer zum Predigtamt zuzulassen ist, eines der wichtigsten Elemente des Schlüsselamtes überhaupt.[129]

Viele der Bekenntnisschriften erwecken den Anschein, das ganze Amt der Schlüssel liege bei der Gesamtheit der Diener des Wortes. Träfe dies zu, so hätten die Diener des Wortes über ihren Nachwuchs selbst zu entscheiden und würden sich beständig selbst reproduzieren. Der Gegensatz zwischen Klerus und Laien würde damit so betont wie in der römischen Kirche. Dies kann nach Schleiermacher nicht gemeint sein und ist von Christus und der Urgemeinde auch anders gehandhabt worden. Die Gemeinde ist es, die zu entscheiden und zu urteilen hat, und die Geistlichen haben

---

127 CG, § 145, II, 370f.
128 CG, § 145, II, 372.
129 Vgl. CG, § 145, II, 373. Für die Theorie des Kirchenregiments, wie sie Schleiermacher in der Praktischen Theologie entwickelt, sind die Funktionen des Schlüsselamts bei Taufe, Abendmahl und Kirchenzucht unerheblich. Sie werden dort nicht zu den Aufgaben des Kirchenregiments, sondern zu denen des Kirchendienstes gezählt. Von hoher Bedeutung sind jedoch die anderen Funktionen des Schlüsselamtes, das Erlassen von kirchlichen Gesetzen und Regeln, die Einrichtung von verschiedenen Ämtern und die Besetzung derselben mit geeigneten Personen.

lediglich die Entscheidungen der Gemeinde zu vollziehen. Aber nicht
nur bei Urteilen und Entscheidungen ist die Gemeinde maßgeblich.
Auch das Aufstellen von Gesetzen, also von Verhaltensregeln für das
kirchliche Leben, bedarf *konstitutiv* der Mitwirkung der Gemeinde.
Folgt man der Schrift und dem Geist der Bekenntnisschriften, so
gehen sowohl die gesetzgebende als auch die verwaltende Macht
letztlich von der Gemeinde aus. Schleiermacher nennt noch einen
pragmatischen Grund für die Beteiligung der Gemeinde bei der
kirchlichen Gesetzgebung: Für die „Dolmetschung des göttlichen
Wortes" in der Predigt bedarf es anderer Kompetenzen als zur
Erfassung und Beurteilung von Lebensverhältnissen und der Aufstellung von Regeln für ein christliches Leben. Laien können, was
die christliche Lebenspraxis angeht, oftmals sachgerechter entscheiden als Geistliche. In der öffentlichen Lehre ist daher selbst der
„Schein davon zu vermeiden, als ob kirchliche Gesetzgebung und
Verwaltung den Geistlichen vorzüglich zustehen solle."[130]
Die Gemeinde wirkt nicht nur in mittelbarer Weise durch Ordnen
und Verteilen von Ämtern am Amt der Schlüssel mit. Jede und jeder
einzelne übt vielmehr auf „ursprüngliche und formlose Weise"[131] das
Strafamt aus, indem sie oder er lobt oder tadelt, was in der Gemeinde geschieht. An der gesetzgebenden Tätigkeit ist ebenfalls jedes Gemeindeglied beteiligt, indem es zur Bildung der öffentlichen Meinung in der Kirche beiträgt, die immer die Quelle der Gesetzgebungsakte sein muß. Gesetzgebungsakte sind für Schleiermacher
nämlich nichts anderes, „als die bestimmte Weise, die öffentliche
Meinung in kirchlichen Dingen zum Anerkenntnis zu bringen."[132]
Wird auf dem Gebiet der kirchlichen Gesetzgebung etwas versucht,
was der geist- und situationsgemäßen Gestaltung der Kirche widerspricht, so wird auf die Dauer der Versuch fehlschlagen und das
erlassene Gesetz keine Anerkennung finden. Nur durch den Streit
kann in einem solchen Fall die Übereinstimmung zurückkehren, eine
Übereinstimmung und Klarheit, die dann aber auch bewußter ist.[133]
Obwohl nicht unmittelbar aus den Bekenntnisschriften abzuleiten,
gehört es doch wesentlich zum Kirchenregiment, „daß alle Akte der
Gesetzgebung in der Gemeine auch immer der Erneuerung unter-

---

130 CG, § 145, II, 374.
131 CG, § 145, II, 374.
132 CG, § 145, II, 375.
133 Vgl. CG, § 145, II, 375.

worfen bleiben"[134] und nichts für unwandelbar erklärt werden darf. Dabei kann man darauf vertrauen, daß das Wesentliche sich immer wieder neu zur Geltung bringen wird und damit faktisch bleibt. Ewig gültige Regeln kann es für Schleiermacher aber aufgrund der prinzipiellen Geschichtlichkeit menschlichen Lebens nicht geben. Dies gilt trotz des hohen Rangs des Neuen Testaments, weil nicht schon in der ersten Generation „alles für alle Zeiten" festgesetzt werden konnte. Dies hätte nur auf supranaturale, den geschichtlichen Charakter des Christentums zerstörende Weise geschehen können, die jede lebendige und freie Entwicklung unmöglich gemacht hätte.[135]

Wie schon erwähnt, stimmen die von Schleiermacher aufgestellten Kennzeichen der Kirche nicht mit den notae ecclesiae des Nicaenums überein, es lassen sich aber durchaus Beziehungen zu den altkirchlichen notae aufzeigen: So gründet in der überragenden Rolle der Heiligen Schrift die Apostolizität der Kirche, in der strengen Orientierung an Jesu Vorbild und in der Ableitung aller Kennzeichen aus der Tätigkeit des Erlösers ihre Heiligkeit. Die Stichworte „einig" und „katholisch" lassen sich besonders der zweiten Hälfte der Schleiermacherschen Ekklesiologie zuordnen, die sich mit den Fragen von Einheit und Pluralität der Kirche auseinandersetzt. Für das Kirchenregiment relevant sind hier vor allem die Ausführungen Schleiermachers zur Irrtumsfähigkeit der sichtbaren Kirche, zu Kirchenspaltungen und zu den Stichworten Landes- und Volkskirche, auf die ich im folgenden Abschnitt eingehe.

e) Einheit und Pluralität der Kirche

Wegen der niemals ruhenden gemeinschaftsbildenden Kraft des Heiligen Geistes gehört das Streben nach Einheit der Kirche wesentlich zum Leben der Kirche. Das Bestreben, das Getrennte zu vereinigen, kann in ihr niemals fehlen. „Die gänzliche Aufhebung der Gemeinschaft zwischen verschiedenen Teilen der sichtbaren Kirche" hält Schleiermacher für „unchristlich"[136]. Wie in jeder religiösen Gemeinschaft, die sich über mehrere Völker und Sprachgebiete erstreckt, ist auch im Christentum ein gleichmäßiger Zusammenhang unter den Kirchengliedern unmöglich. Verantwortlich dafür sind

---

134 CG, § 145, II, 375.
135 Vgl. CG, § 145, II, 371, 375.
136 CG, § 151, Leitsatz, II, 393, vgl. CG, § 150, II, 392.

Faktoren wie verschiedene Frömmigkeitstypen, unterschiedliche Intensität der Frömmigkeit, verschiedene Sprachen oder divergierende gesellschaftliche Verhältnisse. Es ist für Schleiermacher ganz natürlich und der göttlichen Ordnung entsprechend, daß sich Christen, die dieselbe Sprache sprechen und zu einem Volk gehören, zu „besonderen Kirchengemeinschaften", also zu „Volks- und Landeskirchen" zusammenschließen.[137] Unter „Volkskirche" versteht Schleiermacher in romantischer Tradition die Kirche eines Volkes, das durch Sprach- und Kulturtraditionen von anderen unterschieden ist. Er versteht den Begriff nicht im Sinne von „Kirche für das Volk".[138] Aber auch solche „festeren Trennungen" in Landes- oder Volkskirchen, die auf physischen Gründen beruhen, haben nur eine begrenzte Stabilität. Zum einen liegt dies daran, daß die „Naturformen" selbst vergänglich sind, zum anderen hat das Christentum „mehr als sonst etwas auf Gemeinschaft der Völker und Sprachen förderlich gewirkt."[139] Die Ausdifferenzierung der Christenheit in Volks- oder Landeskirchen bedeutet keinesfalls die Aufhebung der Gemeinschaft mit anderen Christen. Sobald vielmehr die „natürlichen Bedingungen" gegeben sind, wird es zu Kontakten zwischen bislang getrennten Teilen der Kirche kommen. Auch Personalgemeinden bedeuten keine Gefährdung der christlichen Gemeinschaft, solange solche Gemeinden nicht in ein unzulässig polemisches Verhältnis zur übrigen Kirche treten.[140]

Jedoch selbst im Falle polemischer Auseinandersetzungen zwischen verschiedenen Teilen der Kirche oder zwischen verschiedenen Konfessionen ist für Schleiermacher die Gemeinschaft nicht aufgehoben. Im Streit über „unverträgliche Eigentümlichkeiten" bekundet sich vielmehr nur das Interesse, das jede Konfession an der anderen nimmt. Der Streit ist für Schleiermacher „nur die Art und Weise, wie unter den gegebenen Verhältnissen eine Gemeinschaft zwischen ihnen bestehen kann."[141] Schleiermacher geht hier in seiner Libe-

---

137 CG, § 151, II, 393.
138 Schleiermacher gilt als Erfinder des Begriffs „Volkskirche" (der Begriff findet sich z.B. auch: CS, 569). Vgl. dazu und zu den verschiedenen Deutungen des Begriffs Volkskirche: Wilfried Härle, [Art.] Kirche VII. Dogmatisch, in: TRE 18, 277-317, 306-308. Die Begriffe Volks- oder Landeskirche tauchen übrigens in der 1. Aufl. der Glaubenslehre von 1821/22 an den der zweiten Auflage entsprechenden Stellen (1. Aufl. §§ 166-169) noch nicht auf.
139 CG, § 152, II, 396f.
140 Vgl. CG, § 151, II, 393f.
141 CG, § 151, II, 394.

ralität sehr weit: Solange eine Religionsgesellschaft an die christliche
Überlieferung anknüpft, d.h. sich nicht auf einen anderen Offenba-
rungsursprung als Christus zurückführt und ihrerseits gewillt ist, zur
christlichen Kirche zu gehören, darf mit ihr nicht gänzlich gebro-
chen werden, für wie ketzerisch man sie auch halten mag, „denn
solange in einer Gemeinschaft noch Anerkenntnis Christi ist, muß
auch, wäre sie auch noch so sehr zurückgedrängt, doch noch eine
Wirksamkeit Christi in ihr sein"[142].

Die kirchliche Einheit ist für Schleiermacher nicht nur visionäres
Postulat, sie wird für ihn auch in mehreren Punkten anschaulich:
Zunächst geschieht dies in der gegenseitigen Anerkennung der
Taufe, dann im gemeinsamen urchristlichen Erbe einschließlich der
Schrift sowie schließlich darin, daß jede Kirche „der andern gönnt,
sich auf Kosten der außerchristlichen Welt zu erweitern."[143] Trotz
allem Streben nach kirchlicher Einheit ist es für Schleiermacher
selbstverständlich, daß nicht jedes Streben nach Einheit als Wirkung
des Heiligen Geistes zu verstehen ist. Es ist eine der Aufgaben des
Kirchenregiments, falsche Vereinigungsversuche zu verhindern.[144]
Schleiermacher schärft immer wieder ein, daß die Gegensätze zwischen den verschiedenen Konfessionen oder Gruppierungen in der
Kirche immer nur relativ und niemals absolut sind. Der Eifer eines
Kirchengliedes für die eigene Konfession findet deshalb an der Liebe
zur Einheit der unsichtbaren Kirche seine Grenze: „Das Wesentliche
ist, daß jeder die besondere Form des Christentums, der er angehört,
nur als eine *vergängliche* aber sein eigenes zeitliches Dasein mit in
sich schließende *Gestaltung der einen unvergänglichen Kirche* liebe"[145].

Die sichtbare Kirche bleibt immer dem Irrtum unterworfen und
auch keine der von ihr ausgehenden Darstellungen „christlicher
Frömmigkeit trägt lautere und vollkommene Wahrheit in sich."[146]
Die Irrtumsmöglichkeit betrifft unter anderem die handlungsleitenden „Zweckbegriffe" und in geringem Maße auch die Schrift, die
ja selbst von Irrtümern der Apostel berichtet. Auch eine in voll-
ständiger Gemeinsamkeit abgefaßte Lehrbestimmung kann nicht als
unverbesserlich und für alle Zeiten gültig angesehen werden. Um so

---

142 CG, § 151, II, 394f.
143 CG, § 151, I, 395.
144 Vgl. CG, § 150, II, 392 und KD, § 327.
145 CG, § 152, II, 397 [Hervorhebungen C.D.].
146 CG, § 154, Leitsatz, II, 400, vgl. zum folgenden CG, §§ 153, 154, II, 398ff.

mehr gilt dies für umstrittene Lehrbestimmungen. Es kann deshalb niemand genötigt werden, kirchliche Lehrdarstellungen als christliche Wahrheit anzuerkennen, wenn diese nicht dem eigenen frommen Bewußtsein entsprechen oder sich durch ihre Schriftgemäßheit empfehlen. Gleichzeitig ist jeder einzelne nach Maßgabe seiner Fähigkeiten berechtigt und verpflichtet, an der Verbesserung der öffentlichen Lehre mitzuwirken.

Im historischen Rückblick hält Schleiermacher die Weigerung der evangelischen Kirche der Reformationszeit, sich einem Konzil zu unterwerfen, für völlig sachgemäß. Unverständlich und nicht zu billigen ist seines Erachtens jedoch die Aufnahme der altkirchlichen, ökumenischen Bekenntnisse in die protestantischen Bekenntnisschriften und deren Verbindlicherklärung für den Protestantismus, weil die altkirchlichen Symbole nur Erzeugnisse von Kirchenversammlungen höchst zweifelhafter Dignität sind. Positiv wertet Schleiermacher die Abfassung der protestantischen Bekenntnisschriften, da die evangelischen Überzeugungen durch dieses Medium einen verbessernden Einfluß auf das Ganze ausüben konnten. Keinesfalls zu billigen ist jedoch, mit Hilfe der Bekenntnisschriften die Auseinandersetzung um die christliche Wahrheit reglementieren zu wollen, als seien die Bekenntnisschriften unverbesserlich und zeitlos gültig.[147] Bei aller Betonung der Irrtumsfähigkeit der sichtbaren Kirche stellt Schleiermacher jedoch fest, daß es in der Kirche niemals an der „berichtigenden Kraft der Wahrheit"[148] fehlt. Noch weitergehend formuliert er im Leitsatz zu § 155: „Alle Irrtümer, welche sich in der sichtbaren Kirche erzeugen, werden durch die in derselben immer fortwirkende Wahrheit aufgehoben."[149] Dieser optimistische Satz gilt für Schleiermacher unbeschadet dessen, daß man in der Geschichte der Christenheit bedeutende Zeiträume finden kann, „in welchen der Irrtum sich entwickelt und überhand nimmt, die Wahrheit hingegen zurückgedrängt wird."[150]

Die Kirche kann „in dem Verlauf des menschlichen Erdenlebens nicht zur Vollendung gelangen"[151]. Ihre Gespaltenheit und ihre Irrtumsfähigkeit sind Zeichen ihrer Unvollendetheit. Schon aus diesem Grund wird immer eine gesetzgebende und verwaltende Macht, also

---

147 Vgl. CG, § 153, II, 400.
148 CG, § 153, II, 398.
149 CG, § 155, Leitsatz, II, 402.
150 CG, § 155, II, 403.
151 CG, § 157, Leitsatz, II, 408.

ein Kirchenregiment, in der Kirche nötig sein.[152] Die Darstellung des vollendeten Zustandes der Kirche in der Eschatologie hat für die Kirche und für die Kirchenleitenden „unmittelbar nur den Nutzen eines Vorbildes, welchem wir uns nähern sollen.“[153] Ziel christlichen Handelns ist es, die „Welt“ immer mehr aus sich auszuscheiden, damit „die Herrlichkeit des Erlösers sich in der Kirche immer deutlicher abspiegelt.“[154] Wie schon in der Güterlehre der philosophischen Ethik ist das Handeln der Menschen vom anzustrebenden Telos und Gut, dem Reich Gottes auf Erden, geleitet. Die Vorstellung vom vollendeten Gottesreich in der Lehre von der Vollendung der Kirche hat mithin vornehmlich eine orientierende Funktion für christliches und speziell für kirchenleitendes Handeln. Als ethische oder teleologische Form der Frömmigkeit ist das Christentum immer auf *Weltgestaltung* aus. Die Ausarbeitung einer christlichen Ethik, einer Theorie weltgestaltenden und verantwortlichen Handelns von Christinnen und Christen, und letztlich auch der Entwurf einer Theorie kirchenleitenden Handelns ist für Schleiermacher ein notwendiges Implikat dieses teleologischen Charakters des Christentums.

---

152 Vgl. CG, § 144, II, 367.
153 CG, § 157, Leitsatz, II, 408. Es kann nach Schleiermacher streng genommen gar keine Lehre von der Vollendung der Kirche geben, da das christliche Selbstbewußtsein „gradezu nichts über diesen uns ganz unbekannten Zustand aussagen kann.“ (CG, § 157, II, 409) Eine eingehende Darstellung der Eschatologie Schleiermachers findet sich bei Eilert Herms, Schleiermachers Eschatologie nach der zweiten Auflage der „Glaubenslehre“, in: ThZ 46 (1990), 97-123. Die Darstellung von Herms ist jedoch offensichtlich von dem Interesse geleitet, Schleiermachers Orthodoxie unter Beweis zu stellen (vgl. a.a.O., 122). Herms übergeht die kritischen und geradezu ironischen Züge der Schleiermacherschen Eschatologie und deutet Schleiermachers Infragestellung der Notwendigkeit oder Möglichkeit einer Eschatologie als Inkonsequenz. Das „heterodoxe“ und moderne Potential der Eschatologie Schleiermachers, das seine „orthodoxen“ Gegner immer zurecht empfunden haben, geht in der Interpretation von Herms verloren (zum Begriffspaar heterodox/orthodox vgl. Kap. III. 3.).- Zu Schleiermachers Eschatologie ist besonders eindrücklich und bewegend die Ansprache, die er am Grab seines neunjährig verstorbenen Sohnes gehalten hat: Rede an Nathanaels Grabe, den 1. November 1829, in: Dogmatische Predigten der Reifezeit, ausgew. u. erl. v. E. Hirsch, Schriften und Predigten Bd. 3, Berlin 1969, 337-341.
154 CG, § 157, II, 409, vgl. CG, § 162.

4. Kirchengestaltung als Thema der Sittenlehre

a) Grundzüge der Sittenlehre

Schleiermachers Theorie des Kirchenregiments steht nicht nur in enger Verbindung zur Glaubenslehre und zur philosophischen Ethik, sondern auch zu seiner theologischen Ethik, der Christlichen Sitte. Dieses Werk wurde nicht von Schleiermacher selbst veröffentlicht, sondern erst 1843, neun Jahre nach Schleiermachers Tod, von Ludwig Jonas nach den Manuskripten Schleiermachers und Vorlesungsmitschrieben von Studenten herausgegeben. Den Auftrag zu dieser Veröffentlichung hatte Schleiermacher Jonas noch auf dem Sterbebett gegeben.[155] Die Christliche Sitte ist als Theorie christlichen Handelns die „erste große Kulturtheologie des Protantismus"[156]. Ihr Gegenstand ist die „Durchdringung und Aneignung des ethischen Prozesses und der sittlichen Welt durch den christlichen Glauben"[157]. Wie schon die philosophische Ethik, so ist auch die christliche Sittenlehre der Methode der Deskription verpflichtet. Sittenlehre ist für Schleiermacher „nur Darstellung dessen, was in der Regel in einem bestimmten Umfange geschieht oder zu geschehen pflegt und zwar deshalb, weil Unterlassung oder entgegengesezte Handlungsweise Mißbilligung erfährt."[158] In diesem Sinn beschreibt die Christliche Sitte diejenige „Handlungsweise, welche aus der Herrschaft des christlich bestimmten religiösen Selbstbewußtseins entsteht."[159] Das kirchenleitende Handeln des Kirchenregiments ist als Spezialfall des in der Christlichen Sitte beschriebenen christlichen Handelns zu verstehen. Es ist theoriegeleitetes christliches Handeln, das auf einen größeren kirchlichen Zusammenhang gerichtet ist. Es ist denselben Prinzipien verpflichtet und entspringt denselben Motiven wie jedes christliche Handeln.

Geht es in der philosophischen Ethik relativ abstrakt um die Grundformen menschlichen Lebens und Handelns, so stellt die Christliche Sittenlehre eine individuell-konkrete Darstellung des in

---

155 Vgl. H.-F. Traulsen, Aus Schleiermachers letzten Tagen, 377.
156 W. Trillhaas, Ethik, 236.
157 Birkner, SCS, 112.
158 CS Beil. C, 160.
159 CS, 33.

der philosophischen Ethik entwickelten Begriffs von Kirche dar.[160]
Im Gegensatz zur philosophischen Ethik ist in der christlichen
Sittenlehre nicht allgemein und formal von der Kirche überhaupt,
sondern konkret und empirisch von der spezifisch *christlichen*
Kirche die Rede. Schleiermacher beschreibt in der Christlichen Sitte,
wie der Heilige Geist als Gemeingeist der christlichen Kirche die
Welt gestaltet. Seine Ausführungen können als eindrucksvoller
Kommentar zu dem Satz der Bergpredigt „Ihr seid das Salz der
Erde" gelesen werden.[161]
Die christliche und näherhin die protestantische Kirche steht damit
im Zentrum von Schleiermachers Sittenlehre. Als Ort der Tätigkeit
des Heiligen Geistes und als notwendige Gestalt des Christentums
bildet die Kirche den Mittelpunkt des ethischen Prozesses.[162] Sie ist
dessen „innere Sphäre". Alle anderen Grundformen menschlichen
Lebens, die sozialen Systeme Staat, Wissenschaft und Geselligkeit,
stellen für die Kirche die „äußere Sphäre" dar und werden insoweit
berücksichtigt, als das System Kirche auf diese seine Umwelt
gestaltend einwirkt oder Wechselwirkungen auftreten. Einzig die
Familie kann je nach Zusammenhang sowohl zur inneren wie zur
äußeren Sphäre gehören.
An der Unterscheidung von innerer und äußerer Sphäre wird
erneut die unterschiedliche Extension des Kirchenbegriffs bei Schleiermacher deutlich. Im engeren Sinne ist die Kirche die Gemeinschaft
christlicher Frömmigkeit und damit die innere Sphäre im ethischen
Prozeß. Im weiteren Sinne ist die Kirche das Reich Gottes als Gesamtheit der von Christus ausgehenden Wirkungen, die das Leben
allseitig erneuern und alle menschlichen Lebenssphären, die innere
wie die äußere Sphäre, so durchdringen, daß am gedachten Ende des
sittlichen Prozesses alles menschliche Handeln als Fortsetzung des
Handelns Christi verstanden werden kann.[163]
Die Gliederung der Christlichen Sitte ergibt sich aus drei von
Schleiermacher unterschiedenen Formen christlichen Handelns.
Diese Handlungsformen werden von ihm nicht, wie in der philosophischen Ethik, aus der Struktur der *Vernunft*, sondern aus der
Struktur des *frommen Selbstbewußtseins* abgeleitet. Zunächst unter-
scheidet Schleiermacher „darstellendes" und „wirksames Handeln":

---

160 Vgl. Birkner, SCS, 110.
161 So E. Herms, Reich Gottes und menschliches Handeln, 183.
162 Vgl. Birkner, SCS 111.
163 Vgl. CS, 304f, Vorl. 1826/27.

„Der Freude am Herrn an sich, abgesehen von aller Differenz als
Lust oder Unlust, entspricht das rein *darstellende Handeln*, dessen
allgemeiner Typus der Gottesdienst ist."[164] Es entspringt einer
relativen Befriedigung des frommen Gemüts und zielt nicht auf
Veränderung. Es stellt vielmehr das Sein in der Kirche für die
Kirche dar.[165] Ist das fromme Selbstbewußtsein jedoch von *Lust*
oder *Unlust* affiziert, so entsteht ein Impuls zum gestaltenden *wirksamen Handeln*. Je nach Motivation unterscheidet Schleiermacher
hier zwei Handlungsformen, das „reinigende" oder „wiederherstellende" und das „verbreitende" oder „erweiternde Handeln": „Das als
Unlust bestimmte religiöse Gefühl geht aus in ein reinigendes
Handeln."[166] Es zielt auf die Vervollkommnung alles dessen, was
schon zur Kirche gehört. „Das als Lust bestimmte religiöse Gefühl
geht aus in ein verbreitendes Handeln."[167] Verbreitendes Handeln ist
ein mittelbar oder unmittelbar mit der Kirche „in-Relation-Setzen"
und zielt auf die Ausbreitung der Kirche.[168] Darstellendes, reinigendes und verbreitendes Handeln sind für Schleiermacher die
Grundformen des aus dem frommen Selbstbewußtsein entsprin-
genden Handelns. Wie schon für die philosophischen Ethik, so gilt
auch für die christliche Sittenlehre, daß alles *reale* Handeln eine
Mischung aus den verschiedenen Handlungsformen ist: „Das Trennen
ist nur Abstraction; das Leben ist ein Ineinandersein der Glieder des
Gegensazes [...]. Jedes darstellende Handeln muß zugleich ein wirksames Element haben als Minimum und umgekehrt."[169]
Vergleicht man die Handlungsformen der Christlichen Sitte mit
denen der philosophischen Ethik, so läßt sich feststellen, daß dem
wirksamen Handeln in seiner Doppelheit von Reinigen und Verbreiten der Begriff „Organisieren" in der philosophischen Ethik ungefähr entspricht, während das darstellende Handeln in enger Verbindung mit der dort „Symbolisieren" genannten Handlungsform steht.
Allerdings wird die Sphäre Geselligkeit in der Christlichen Sitte
beim *darstellenden* Handeln aufgeführt, während sie in der philosophischen Ethik als individuelles *Organisieren* charakterisiert wird.
Dieser Unterschied ist die Folge von Schleiermachers striktem

---

164 CS Beil. A, 17, § 53 [Hervorhebung C.D.].
165 Vgl. CS, 50, CS Beil. A, 19, § 56.
166 CS Beil. A, 18, § 54.
167 CS Beil. A, 19, § 55.
168 Vgl. CS Beil. A, 18-20, §§ 54-56.
169 CS Beil. A, 21, § 61.

Ausgehen von der Kirche als innerer Sphäre, die der Darstellung der anderen Lebenssphären ihre eigene Logik aufzwingt. Darüber hinaus hat der Gegensatz von reinigendem und verbreitendem Handeln in der philosophischen Ethik keinerlei Entsprechung, weil er den für die philosophische Ethik irrelevanten Gegensatz von Sünde und Gnade voraussetzt.[170]

Mit Hilfe der konstruktivistischen Systemtheorie von Niklas Luhmann läßt sich die beschriebene Differenz der Handlungsarten in philosophischer Ethik und christlicher Sittenlehre folgendermaßen erklären und als sachlich notwendig begründen:[171] Christlicher Sittenlehre und philosophischer Ethik liegen jeweils andere Leitunterscheidungen zugrunde, nämlich zum einen die Struktur des frommen Selbstbewußtseins, zum anderen die Struktur der Vernunft. Die verschiedenen Unterscheidungen evozieren jeweils eigene Sichtweisen, die jeweils Verschiedenes in den Blick bekommen und anderes ausschließen. Beobachtet man mit Hilfe des christlich-frommen Selbstbewußtseins, so kommt das Handeln nicht unter der Leitdifferenz der Vernunftstruktur, sondern unter der Leitdifferenz von Sünde und Gnade, von Heil und Unheil in den Blick. Das *christliche* Selbstbewußtsein beobachtet und kommuniziert also tatsächlich *andere* Handlungsformen als das ethisch-philosophische. Die beiden Beobachtungsformen müssen deshalb nicht notwendig in Widerspruch geraten, sie sind aber auch nicht miteinander zur Deckung zu bringen.[172] Der Begriff des „reinigenden Handelns" ist besonders

---

170 Vgl. Birkner, SCS, 109.
171 Vgl. Niklas Luhmann, Die Wissenschaft der Gesellschaft, Frankfurt a.M. 1990, 68-121, Georg Kneer/Armin Nassehi, Niklas Luhmanns Theorie sozialer Systeme. Eine Einführung, München 1993, 95-110. Die Differenz der Handlungsarten in philosophischer Ethik und christlicher Sittenlehre wird nicht selten ignoriert oder als Schwäche der Schleiermacherschen Theorie beschrieben. Den Handlungsarten in der philosophischen Ehtik wird dann gerne der Vorzug gegeben. So gliedert auch Birkner die Darstellung der Durchführung der Christlichen Sitte vornehmlich nach den Leitunterscheidungen der philosophischen Ethik, vgl. Birkner, SCS, 102ff.
172 Die bewußte Berücksichtigung der Vielperspektivität menschlichen Beobachtens wirkt sich auch auf Schleiermachers literarischen Stil aus. Schleiermacher schreibt seine an ein größeres Publikum gerichteten Schriften in Form von Gesprächen (Weihnachtsfeier, Gespräch zweier selbst überlegender evangelischer Christen), in Form von Briefen (An Ammon, Sendschreiben an Lücke, Über das Berliner Gesangbuch u.a.) oder als Rede an ein fiktives Publikum, mit dessen Einwänden er sich auseinandersetzt (Reden „Über die Religion"). Ohne Zweifel steht Schleiermachers Vorliebe für derartige literarische Formen in Zusammenhang mit seiner jahrzentelangen Arbeit an der Übersetzung der Platonischen Dialoge. Insbesondere die Form des Gesprächs erlaubt es ihm,

typisch für das Christentum als teleologischer Religion. In einer
ästhetischen Religion könnte der Reinigungsbegriff keine solch
prominente Stellung einnehmen. Auch das „verbreitende Handeln" ist
nur für bestimmte Religionen spezifisch, nämlich für solche, die
einen Absolutheitsanspruch erheben. In Bezug auf Naturreligionen,
die nur für jeweils einen bestimmten Stamm Bedeutung haben und
denen missionarische Impulse fremd sind, ist der Begriff des „verbreitenden Handelns" dysfunktional.

Maßstab für christliche Sittlichkeit in der evangelischen Kirche
sind die in den Bekenntnisschriften und in der Heiligen Schrift
niedergelegten Regeln. Sie sind Ausdruck und Interpretationen des
neuen Gesamtlebens, das von Christus ausgeht. Die völlig verän-
derten Lebensverhältnisse seit der Zeit des Urchristentums erschwe-
ren die Übertragbarkeit dieser Darstellungen jedoch erheblich.
Daraus entsteht für die Sittenlehre die zweifache Aufgabe, „einerseits
den Schriftgebrauch zu vervollständigen und die allgemeinen Vorschriften der heiligen Bücher genauer durchzuführen, andererseits
das, was für die jezigen Zeiten in der Schrift fehlt, auf irgend eine
Art zu ersezen."[173] Dies kann durch Interpretation der allgemein
christlichen Grundsätze oder, ausgehend von biblischen Beispielen,
durch Analogieschluß geschehen. Eine weitere Quelle für die Sittenlehre bildet die „lebendige Praxis" der Sitte in der Kirche, die
allerdings der Kontrolle an den neutestamentlichen Schriften bedarf.
Die Schriften des Alten Testament scheiden für die Begründung
christlicher Sittlichkeit aus. Das „Princip aller christlichen Sittlichkeit und Sittenlehre"[174] ist der Heilige Geist, der erst *nach* der
Sendung des Sohnes in die Welt kam.

Der Schwerpunkt des christlichen Lebens liegt für Schleiermacher
im *darstellenden* Handeln, in der Selbstdarstellung der Frömmigkeit
im christlichen Gottesdienst und in der frommen Lebensführung, die

---

verschiedene, nicht aufeinander reduzierbare und für sich jeweils berechtigte
Standpunkte vorzustellen, ohne sie zu einer Einheit synthetisieren zu müssen.
Vgl. auch E. Herms, Herkunft, Entfaltung und erste Gestalt des Systems der
Wissenschaften bei Schleiermacher, Gütersloh 1974, 170ff.

173 CS, 91, Vorl. 1826/27.
174 CS, 92f, Vorl. 1826/27. Für Schleiermacher ist der Heilige Geist strikt der
      Gemeingeist der christlichen Kirche (CG, §§ 121f, II, 248-259) und nicht
      Schöpfungsmittler wie z.B. in Pannenbergs Pneumatologie (Systematische
      Theologie III, 19ff).

Schleiermacher auch den Gottesdienst im *weiteren* Sinne nennt.[175] Die Darstellung Christi im Leben der einzelnen und der Kirche oder die „herrliche Gemeinschaft guter Werke" ist für Schleiermacher der Endzweck des christlichen Lebens.[176] In dieser Gemeinschaft sind alle menschlichen Tugenden und Vollkommenheiten zusammengefaßt und stellen gemeinsam das Reich Gottes, die christliche Gottseligkeit dar.[177] Im Rahmen der Ausführungen zum darstellenden Handeln entwickelt Schleiermacher eine ethische Begründung des christlichen Gottesdienstes, beschreibt die christlichen Tugenden und die Auswirkungen der christlichen Frömmigkeit auf das gesellige Leben und die Kunst. Die Ausführungen der Christlichen Sitte zum Gottesdienst stehen in enger Verbindung zu den entsprechenden Ausführungen in der Praktischen Theologie, wobei die Sittenlehre den Gottesdienst ethisch begründet, während die Praktische Theologie, diese Begründung voraussetzend, technische Anweisungen zur sachgerechten Durchführung zu geben hat.

Beim *verbreitenden* oder *erweiternden* Handeln der Kirche unterscheidet Schleiermacher zwei Richtungen des ethischen Prozesses, die *extensive* und die *intensive*. Die extensive Richtung zielt auf die räumliche und zahlenmäßige Ausbreitung des Christentums, die intensive hingegen auf die Vervollkommnung der christlichen Gesinnung der Kirchenglieder durch geeignete Bildungsmaßnahmen. Die Kirche wird als Schule für christliche Gesinnung und christliche Lebensführung verstanden, die sich der Predigt und des kirchlichen Unterrichts als Medien bedient. Für diese Bildungsarbeit ist die Kirche auf die *wissenschaftliche Theologie* als Ort der christlichen „Talentbildung" und christlicher Sprachpflege angewiesen. Die

---

175 Vgl. CS, 371, CS Beil. A, § 68, 23f. Zur Rolle des darstellenden oder symbolisierenden Handelns bei Schleiermacher vgl. Martin Pöttner, Theologie als semiotische Theorie bei Schleiermacher, NZSTh 34 (1992), 182-199. Pöttner verweist auf bemerkenswerte Parallelen zwischen moderner Zeichentheorie und Schleiermachers Wissenschafts- und Theologieverständnis.

176 Äußerst eindrücklich redet Schleiermacher vom Ziel der evangelischen Kirche in der zehnten seiner Augustana-Predigten: Das Ziel der Wirksamkeit unserer evangelischen Kirche, in: Dogmatische Predigten der Reifezeit, ausgew. u. erl. v. E. Hirsch, Schriften und Predigten Bd. 3, Berlin 1969, 136-154, Zitat 142. Vgl. auch die Eschatologie der Glaubenslehre, besonders § 163. Hier äußert Schleiermacher übrigens deutliche Zweifel, ob rein darstellendes Handeln ohne Wirksamkeit wirklich ein vollkommener und befriedigender Zustand ist (II, 434), ein Sachverhalt, der von Eilert Herms, Schleiermachers Eschatologie nach der zweiten Auflage der „Glaubenslehre", 121, nicht berücksichtigt wird.

177 Vgl. Das Ziel der Wirksamkeit unserer evangelischen Kirche, 147.

Theologie hat bei Schleiermacher damit eine bedeutende Funktion für die christliche Sittlichkeit.[178]

Das *reinigende* oder *wiederherstellende* Handeln nahm seinen Anfang schon bei Christi eigenem Wirken auf seine Umgebung. In Christus war die vollendete Kirche in der Idee auf ewige Weise gesetzt. Diese in der Idee schon präsente Vollkommenheit hat das reinigende Handeln in der konkreten Erscheinung zu verwirklichen.[179] Das reinigende Handeln zielt auf die ständige Vervollkommnung der Kirche *durch sich selbst.* Die einzelnen Gläubigen wirken beim reinigenden Handeln nur als *Organ* des Gemeingeistes der Kirche. Sie stehen der Kirche nicht gegenüber, sondern sind Elemente des Prozesses der *Selbststeuerung* des sozialen Systems Kirche durch den Heiligen Geist als dessen Gemeingeist. Als emergentes Phänomen verknüpft der Heilige Geist die Glieder der Kirche derart miteinander, daß sich einzelne Handlungen kaum mehr einzelnen Subjekten zuschreiben lassen: „[D]as ganze Handeln erschein[t] rein als ein Handeln des ganzen auf sich selbst und für sich selbst. Denn auch der Gegensaz wird verschwinden, daß der einzelne in einem solchen Handeln gefaßt wird als überwiegend selbstthätig und das ganze überwiegend als leidend, weil ja der einzelne keine überwiegende Kraft des Geistes anders haben kann, als durch den Einfluß des ganzen auf ihn, also nur sofern er ein integrierender Bestandtheil des ganzen ist, nicht sofern er demselben gegenübersteht. Die Reaction, die in unserem Handeln liegt, entsteht, von diesem Standpunkte aus betrachtet, innerhalb des ganzen selbst. Sie muß freilich an einzelnen Punkten anfangen, aber das erscheint in Beziehung auf das ganze nur als zufällig"[180].

Schleiermachers Ausführungen zum reinigenden Handeln im bezug auf die Kirche können im wesentlichen als Theorie der Kirchenverbesserung oder der ständigen Reformation charakterisiert werden. In bezug auf einzelne Kirchenglieder gestaltet sich das reinigende Handeln als Kirchenzucht. Zu ihr gehört die „christliche Gymnastik": das Einüben in gute Werke, die Ermahnung durch das Presbyterium, die Wachsamkeit über die Reinheit der Amtsträger und die

---

178 Vgl. CS, 398-401.
179 Es zielt insofern nicht auf etwas noch völlig Unbekanntes: Kirchenverbesserung ist nicht „melioratio", sondern „correctio". Da reinigendes und erweiterndes Handeln jedoch eng zusammengehören, bringt das Reinigen auch Neues hervor, vgl. CS, 121-123, 139f.
180 CS, 195.

Ohrenbeichte.[181] Auch nach außen kann die Kirche reinigend handeln, insbesondere in bezug auf den Staat. In den entsprechenden Abschnitten legt Schleiermacher, ausgehend von christlichen Prinzipien, Vorschläge zur Verchristlichung des Rechtswesens und der staatlichen Gewalt vor. Bemerkenswert ist hierbei seine strikte Ablehnung der Todesstrafe, die er für eine Barbarei hält, und seine an Schärfe kaum zu überbietende Kritik an der Kolonisations- und Christianisierungspraxis der angeblich christlichen Völker.[182] Für den Zusammenhang des Kirchenregiments verdienen jedoch Schleiermachers Ausführungen zur „Kirchenverbesserung" besondere Aufmerksamkeit.

b) Kirchenreform als Ausdruck christlicher Sittlichkeit

„Die Reformation geht noch fort" hatte Schleiermacher in seiner anonym veröffentlichten, kirchenpolitischen Schrift „Gespräch zweier selbst überlegender evangelischer Christen" einen der beiden „Selbstüberleger" sagen lassen[183] und seine Theorie der Kirchenverbesserung läßt sich als Illustration dieses Wahlspruchs verstehen. Schleiermachers allgemeine Formel für reformatorisches Handeln lautet: „Ich bin zu demselben aufgefordert und verpflichtet überall, wo ich als einzelner in der christlichen Kirche oder in meiner Region derselben etwas ihrem Geiste widersprechendes erkenne und mit dieser meiner Erkenntnis mich in Opposition finde gegen die allgemeine Meinung und Handlungsweise, wo mir also mein Gewissen sagt, daß ich im Rechte bin und die öffentliche Meinung im Unrecht."[184] Die Reformation war für Schleiermacher ständiges Leitbild und dauernder Ansporn. Er wollte sie auf den Gebieten weiterführen, wo sie im 16. Jh. aus vielfältigen Gründen nicht vollendet werden konnte. Die Union der beiden protestantischen Kirchen, die Einführung einer Kirchenverfassung und insbesondere die synodale Struktur derselben waren für ihn maßgebliche Felder zur Fortführung der unvollendeten Reformation. Alle diese Aufgaben fallen zusammen mit dem Aufbau eines dem Wesen der evangelischen Kirche gemäßen Kirchenregiments. Die erste Aufgabe der Kirchenverbesserung ist deshalb für Schleiermacher das Bemühen

---

181 Vgl. CS Beil. B, N.-W., 104-111.
182 Vgl. CS, 248-250, 289f.
183 Gespräch zweier selbst überlegender evangelischer Christen, 625.
184 CS, 209, Vorl. 1824/25.

einzelner, eine angemessene Repräsentation der Kirche in einem „leitenden Ausschuß", mithin ein Kirchenregiment überhaupt erst ins Leben zu rufen.[185] „Die Reformation geht noch fort" heißt für Schleiermacher zuallererst, für ein evangelisches, d.h. für ein synodal-demokratisches Kirchenregiment einzutreten. Seine Bemühungen in der Christlichen Sitte zielen darauf, solche kirchenverbessernden Maßnahmen dogmatisch zu begründen und seine Anstrengungen, eine Theorie des Kirchenregiments zu entwerfen, sollen dem kirchenleitenden Handeln zu einer angemessenen Methodik und Selbstreflexion verhelfen.

Solange kein leitender Ausschuß besteht, oder falls dieser seinen Aufgaben nicht nachkommt, geht kirchenverbesserndes Handeln von einzelnen aus. Die einzelnen haben zunächst dafür zu sorgen, „andere einzelne" von ihren Vorstellungen zu überzeugen, um so gemeinsam auf das Ganze einwirken zu können. Die „Methode" ihres Wirkens ist dabei die „Öffentlichkeit", ganz nach dem Vorbild der Reformation, die sich der Druckerpresse bediente, um eine größtmögliche Öffentlichkeit herzustellen. Kirchenverbesserung ist auf Presse- und Publikationsfreiheit angewiesen: Wer ihr entgegensteht, handelt unevangelisch, wer sich mit seiner wohlüberlegten Meinung nicht an die Öffentlichkeit wagt, ebenfalls. Ziel des kirchenverbessernden Wirkens von einzelnen muß es sein, die eigene Arbeit überflüssig zu machen, indem sie auf eine rechtmäßige, „wahre Repräsentation" der Kirche in einem leitenden Ausschuß drängen, der dann das legitime Organ der Kirchenverbesserung wird. Ist der Ausschuß richtig organisiert, gehen die Impulse zur Kirchenverbesserung in der Regel von ihm aus.[186] Schleiermacher formuliert: „Das eigentliche reformatorische Handeln geht darauf aus, einen Act der Kirche zu aboliren und einen anderen zu substituiren. Ist die Kirche richtig organisirt: so kommt es lediglich darauf an, die Repräsentation von der sittlichen Nothwendigkeit einer Reform zu überzeugen, und geht der einzelne weiter: so kann er nur das unsittliche Motiv haben, sich selbst an die Stelle der Repräsentation zu sezen. Ist aber die Repräsentation unfähig zu reformirendem Handeln: so tritt [...] die Aufgabe als eine zwiefache hervor, indem sie mit der Wegschaffung des dem Wesen des christlichen widersprechenden Kirchenactes auch die

---

185 Vgl. CS, 127.
186 Vgl. CS, 183-197.

Reformation der Organisation selbst im Auge haben muß."[187] Kirchenverbesserndes Handeln wird immer notwendig sein, zum einen, weil die Kirche immer unvollendet bleiben wird, zum anderen, weil sie sich immer weiter ausbreiten wird, sei es durch Christianisierung neuer Völker, sei es durch das Nachwachsen neuer Generationen. Die Schaffung einer angemessenen und für eine größere Gemeinschaft von Gläubigen notwendigen Organisation ist zum einen Ergebnis der Kirchenverbesserung und damit des reinigenden Handelns. Zugleich ist sie auch Ergebnis des erweiternden Handelns, da die Kirche durch die neue Struktur eine neue Qualität gewinnt.[188]

Das protestantische Prinzip beschreibt Schleiermacher in der Christlichen Sitte „auf der einen Seite [als] die Lehre von der Rechtfertigung durch den Glauben, nicht durch die Werke, und auf der anderen Seite [als] die Gleichheit Aller gläubigen [sic!] unter Christo und dem göttlichen Worte, so daß die Differenz zwischen gebietenden und gehorchenden in der Kirche aufgehoben wird. Beides steht in genauem Zusammenhange unter sich, und nur beides zusammengenommen, bildet das eigenthümlich protestantische Princip."[189] Aus ihm folgt die „demokratische Tendenz"[190] der evangelischen Kirche. Alle Ungleichheiten innerhalb der Kirche und ihrer Struktur können „nur secundär wieder aus der Gleichheit entstehen".[191] Es liegt in der Konsequenz dieses Prinzips, daß jedes Mitglied der Kirche am reinigenden Handeln teilnehmen kann.[192]

So wichtig Schleiermacher das Priestertum aller Gläubigen ist, so sieht er doch gewisse Nachteile, die der evangelischen Kirche dadurch entstehen: Der freie Zugang der Laien zur Schrift und die Meinung, man könne sie ohne gelehrte Bildung völlig verstehen, führt in den protestantischen Kirchen leicht zu fehlgeleiteten Versuchen einzelner, die Kirche zu reformieren. Verstärkend wirkt dabei das nicht unberechtigte Gefühl mancher Laien, den Kirchenrepräsentanten an Sittlichkeit und religiöser Kraft überlegen zu sein.

---

187 CS, 206, Vorl. 1824/25.
188 Vgl. CS, 131f.
189 CS, 90, Vorl. 1826/27.
190 CS Beil. A, § 77, 25.
191 CS Beil. A, § 77, Randbemerkung Schleiermachers, 25f. Die demokratische Tendenz ist der ganzen christlichen Kirche eigen und unterscheidet diese von allen Priesterkirchen. Die katholische Kirche ist für Schleiermacher „nur scheinbar und untergeordnet eine Priesterkirche", ebd.
192 Vgl. CS, 179.

Dieser „geistliche Hochmuth würde [...] in den einzelnen nicht entstehen, wenn er nicht immer Vorschub fände einerseits in der Unvollkommenheit der Organisation, und andererseits darin, daß nicht
Anstalten genug getroffen sind zur Verbreitung des richtigen
Schriftverständnisses, und die Menge jener verkehrten Versuche in
unserer Kirche ist ein sicheres Thermometer für den Zustand des
ganzen in dieser Hinsicht."[193] In der Anfangszeit der evangelischen
Kirche entstanden solche fehlgerichteten Reformationsversuche eher
aus Mangel an Schriftverständnis und aus Mangel an Möglichkeiten,
zu einem solchen zu gelangen, „in den neueren Zeiten ist die Ursache
mehr in der fehlerhaften Organisation des ganzen und besonders des
geistlichen Standes zu suchen."[194] Der Gefahr der Instabilität, die das
Prinzip des allgemeinen Priestertums für die protestantischen Kirchen mit sich bringt, kann also auf zweierlei Weise entgegengewirkt
werden. Zum einen ist die kirchliche Organisation zu verbessern,
damit es geeignetere Verfahren der Artikulation und Durchsetzung
von berechtigten Reformanliegen gibt, zum anderen ist die Bildung
der Pfarrerschaft und der Gläubigen zu fördern. Denn um in
qualifizierter und verantwortlicher Weise in der Kirche reformierend wirken zu können, ist im „Weltreligion" gewordenen Christentum alle „höhere" menschliche und geschichtliche Bildung erforderlich.[195] Schleiermachers kirchenpolitische Bemühungen zur
Durchsetzung einer Synodalverfassung in Preußen waren Versuche,
das theoretisch für notwendig Befundene in die Realität umzusetzen.
Die Synoden sollten zum einen geregelte Wege für kirchenver-
bessernde Maßnahmen bereitstellen, zum anderen sollte der Pfarrerschaft bei den Tagungen Gelegenheit zum wissenschaftlichen
Austausch gegeben werden, um ihren Bildungsstand zu erhöhen und
ihre Isolation auf den einzelnen Pfarreien zu überwinden.

Schleiermacher beschäftigte immer wieder die Frage, inwiefern
eine Kirchenspaltung, wie sie die Reformation mit sich brachte, sittlich zu rechtfertigen ist. Eine Spaltung ist für ihn nur dann akzeptabel, wenn ihr eine „Individualisierung" der menschlichen Natur,
z.B. Unterschiede in der Sprache, zugrunde liegt. Darüber hinaus ist
darauf zu achten, daß die Kircheneinheit der Spaltung übergeordnet
bleibt, d.h. für Schleiermacher vor allem, daß die Taufe gegenseitig

---

193 CS, 204f.
194 CS, 205.
195 Vgl. CS, 199.

anerkannt wird. Die Reformation in Deutschland zielte zunächst nur auf Kirchenverbesserung und keinesfalls auf Kirchenspaltung. Diese wurde ihr von Rom aufgedrängt. Nach der Spaltung zeigte sich dann, daß ihr tatsächlich eine „Individualisierung" der menschlichen Natur zugrunde lag, nämlich der Unterschied zwischen romanischen und germanischen Völkern und Sprachen.[196]
Schleiermachers im romantischen Volksbegriff verwurzelten Vorstellungen von einem germanisch-protestantischen und einem romanisch-katholischen Christentums haben heute ihre Plausibilität verloren. Doch eröffnete Schleiermacher mit seinen Gedanken zum Verhältnis von Katholizismus und Protestantismus auch wegweisende Perspektiven. Die evangelische Kirche muß zwar auf die katholische Kirche einzuwirken versuchen, um deren dem Wesen der christlichen Kirche zuwiderlaufende Hierarchie zu beseitigen. Scharfe Polemik, wie zu Zeiten der Reformation, ist für Schleiermacher allerdings kein angemessenes Mittel mehr für einen interkonfessionellen Dialog. Die öffentliche Darlegung der evangelischen Lehre muß genügen. Wäre die katholische Kirche von ihren Irrtümern gereinigt, so träte ihre legitime Individualität und ihr eigenes Lebensrecht deutlicher zutage. Beim Kultus herrschte in der katholischen Kirche weiterhin die symbolische Handlung, in der evangelischen das Wort vor.[197]
Auch bei innerkirchlichen Auseinandersetzungen empfiehlt Schleiermacher die Respektierung anderer Überzeugungen und Anschauungen. Er nennt dies das „mimische Verfahren". In einer Auseinandersetzung muß sich nach Möglichkeit jeder der Gegner an die Stelle des anderen zu versetzen suchen, um ihm sein volles Recht widerfahren zu lassen. Keiner ist befugt, die eigene Überzeugung absolut zu setzen. Er muß immer bereit sein, die Gründe des anderen willig anzuhören, zu prüfen und mit den eigenen zu vergleichen. Insbesondere, wenn auch der Gegner seine Überzeugung aus der Schrift ableiten kann, sollte man die eigene Überzeugung mäßigen, alles andere wäre geistlicher Hochmut, Mangel an Liebe und letztlich ein Sich-Christus-Gleichstellen. Zum reformatorischen Handeln gehört für Schleiermacher damit sowohl die Festigkeit der eigenen Überzeugung, als auch die Bereitwilligkeit, sich auf Diskussionen über die

---

196 Vgl. CS, 133-139 und CS Beil. B, L., 104.
197 Vgl. CS, 212. Vorl. 1826/27, vgl. auch KD, § 41.

für kirchliche und dogmatische Entscheidungen maßgebliche Interpretation der Schrift einzulassen.[198]

5. Zusammenfassung

Aus verschiedenen Schriften und Vorlesungen läßt sich Schleiermachers weitverzweigte und umfassende Theorie der Kirche rekonstruieren. Den weitesten Rahmen bildet seine philosophisch-ethische Theorie menschlichen Handelns und Lebens. Das Vernunfthandeln in der Form des individuellen Symbolisierens generiert die allgemeinmenschliche Lebenssphäre der Kirche. Jede fromme Gemeinschaft fällt in ethischer Perspektive unter diesen Kirchenbegriff, auch nichtchristliche Religionen. Die christliche Kirche zählt zur Gruppe der monotheistischen, teleologischen Religionen. Als ihr Spezifikum gilt, daß in ihr alles auf das Bewußtsein der Erlösung durch Jesus Christus bezogen ist.

In dogmatischer Sicht wird die christliche Kirche als neues Gesamtleben durch den Heiligen Geist als Gemeingeist der Kirche konstituiert. In der *Idee* ist die Kirche vollkommen, in der *Erscheinung* ist sie jedoch aufgrund vielfacher Einflüsse der „Welt", des alten Gesamtlebens der Sünde, geteilt, dem Irrtum unterworfen und bedarf eines Kirchenregiments zur Steuerung. Das *Kirchenregiment* ist aber nicht nur Ausdruck der Gefallenheit der Welt, es ist gleichzeitig und unabhängig von der Unvollkommenheit der Kirche aufgrund der *Verschiedenheit der Menschen* und aufgrund der ungeheuren *Ausdehnung, Komplexität und Ausdifferenziertheit* der christlichen Kirche erforderlich. Das Kirchenregiment ist ein wesentlicher und unveränderlicher Grundzug der christlichen Kirche. Die Vollkommenheit der Kirche ist in der Geschichte prinzipiell nicht erreichbar, aber eine Annäherung an die Vollkommenheit ist möglich und der Christenheit und besonders dem christlichen Kirchenregiment aufgegeben. Die Vorstellung des vollendeten Gottesreiches hat dabei die Funktion des handlungsleitenden Vorbildes und Korrektivs. Aus der Spannung zwischen der in Christus ansichtig gewordenen Idee des Gottesreiches und den realen Verhältnissen entspringt der Impuls zu gestaltendem Handeln. Als teleologische Form der Frömmigkeit ist die christliche Kirche immer

---

198　Vgl. CS, 213f, Vorl. 1826/27.

auf Weltgestaltung aus und überläßt nichts der göttlichen Vorsehung, was im Bereich menschlicher Verantwortung liegt. Darin gründet die Tendenz christlicher Frömmigkeit, eine christliche Ethik auszubilden und auf die Kirche gestaltend einzuwirken. Darin gründet schließlich auch der Impuls, eine Theorie der Kirchenleitung oder des Kirchenregiments auszubilden.

Der Begriff „Kirche" hat bei Schleiermacher je nach Kontext unterschiedliche Bedeutungen. In der *philosophischen Ethik* bezeichnet Kirche *jedwede* religiöse Gemeinschaft, in der *Dogmatik* dagegen nur die *christliche* Kirche. In Glaubens- und Sittenlehre wird in Bezug auf die Erscheinungsformen der Kirche zwischen der Kirche im *engeren* und im *weiteren Sinn* unterschieden. Im weiteren Sinn ist die Kirche das Reich Gottes auf Erden, der ganze Bereich der Welt, auf den die Gnadenwirkungen Christi Einfluß gewinnen. Im engeren Sinn ist „Kirche" eine durch Landes-, Volks- oder Lehrdifferenzen abgegrenzte religiöse Gemeinschaft. Christliches Kirchenregiment im Sinne der Praktischen Theologie Schleiermachers bezieht sich immer auf solch konkrete Gemeinschaften. Es hat jedoch gleichzeitig die größeren Horizonte zu berücksichtigen, da das Christentum die Neigung hat, Grenzen zu transzendieren und aufzuheben. Zwischen dem weiteren und dem engeren Kirchenbegriff der Dogmatik vermittelt der Heilige Geist. Als gemeinschaftsbildende Macht sorgt er dafür, daß Christen, sobald sie miteinander kommunizieren können, nach Gemeinschaft streben. Die Unterscheidung eines *inneren* und eines *äußeren* Kreises der Kirche ist mit der Differenz von engerem und weiterem Kirchenbegriff nicht identisch. Die Unterscheidung von innerem und äußerem Kreis bezieht sich nicht auf die Gestalt der Kirche, sondern auf den fließenden Unterschied zwischen Wiedergeborenen und Noch-nicht-Wiedergeborenen. Die verschiedenen Kirchenbegriffe verdanken sich damit unterschiedlichen Kontexten und Fragehinsichten. Sie widersprechen sich zwar nicht, sind aber aufgrund der Kontingenz der Fragerichtungen auch nicht in einem einheitlichen Schema zusammenzustellen. Schleiermacher entwirft fortwährend neue Einteilungen und Unterscheidungen, ohne sie in einen systematischen Zusammenhang zu stellen. Ihre erschließende Kraft ist nicht selten auf den jeweiligen Kontext oder das jeweils verhandelte Problem beschränkt.

Das Kirchenregiment oder der „leitende Ausschuß" soll die christliche Gemeinschaft eines Volkes oder Landes repräsentieren und durch sein gesetzgebendes und verwaltendes Wirken für die immer

reinere Darstellung Christi in der Kirche sorgen. Seine Aufgabe ist
die ständige Reformation der Kirche. Besteht kein leitender Aus-
schuß, so sind die Kirchenglieder dazu aufgefordert, für seine Konstituierung zu sorgen. Repräsentiert der Ausschuß nicht den Ge-
meingeist der Kirche, müssen die einzelnen auf dem Weg über die
Öffentlichkeit reformierend auf die Kirche einzuwirken versuchen.
Für die erforderliche Bildung der kirchenleitend - und das heißt für
Schleiermacher immer kirchenreformierend - Handelnden hat die
Theologie Sorge zu tragen. Christlicher Glaube ist um seiner
Identität willen auf den ständigen Rückbezug auf seine Ursprünge
angewiesen. Dies findet seinen Ausdruck darin, daß christliches
Denken und Handeln sich beständig seiner Übereinstimmung mit den
in den Bekenntnisschriften und im Neuen Testament niedergelegten
Grundsätzen vergewissern muß. Wegen der historischen Distanz bedürfen die Quellen des Glaubens der sachgerechten Auslegung durch
theologisch Gebildete. Der unterschiedliche Bildungsstand hebt dabei
die prinzipielle Gleichheit aller Gläubigen nicht auf. Insbesondere
bei der Ordnung des Lebens der Kirche ist die Mitwirkung der
Gemeinde konstitutiv. Sie muß in geeigneter Weise, durch Repräsentation in einem leitenden Ausschuß, an den gesetzgebenden und
verwaltenden Entscheidungen beteiligt sein. Kirchengesetze müssen
mithin den Willen der Mitglieder zum Ausdruck bringen.

Im biographischen Rückblick beeindruckt die enorme Entwicklung
von Schleiermachers Kirchenvorstellungen von der vierten Rede
über die Religion von 1799 bis zur Ekklesiologie der zweiten
Auflage der Glaubenslehre. Hatte Schleiermacher sich 1799 an die
Gebildeten gewendet und die Kirche in schroffer Abgrenzung von
der real existierenden Kirche als eine freie, elitäre Gemeinschaft der
Gebildeten konzipiert, so schreibt er seine Glaubenslehre „nach den
Grundsätzen der evangelischen Kirche" für eben diese 1799 noch so
verspottete Kirche.

Bemerkenswert und modern ist das streng geschichtliche Denken
Schleiermachers, das jeden Supranaturalismus und jeden naiven
Biblizismus, auch in Fragen der kirchlichen Ordnung, ausschließt.
Jede Ordnung muß sich prinzipiell vor der Gemeinde und unter
Beachtung des im Neuen Testament überlieferten Verhaltens Jesu
legitimieren. Jede kirchliche Ordnung muß auf die jeweilige
geschichtliche Situation bezogen sein und ist prinzipiell veränderbar.
Für das kirchliche Leben oder für das sittliche Verhalten der Gläu-
bigen darf keine Regel als ewig gültig deklariert werden. Hier setzt

die Aufgabe der Theologie an, die die Grundsätze der christlichen Kirche auf die jeweilige Situation appliziert und in der Praktischen Theologie geeignete Methoden zur Verwirklichung der angestrebten Ziele entwickelt.

III. Die Praktische Theologie als Theorie evangelischer Kirchenleitung

1. Kirchenleitung und Theologie

Dreh- und Angelpunkt des Schleiermacherschen Systems der Theologie ist der Begriff „Kirchenleitung". Schleiermacher verwendet den Begriff in einem sehr weiten Sinn. Jedes theoriegeleitete kirchliche Handeln, jedes besonnene Einwirken auf die Kirche oder eines ihrer Glieder fällt unter diesen Begriff, unabhängig von Funktion und Stellung der handelnden Person bzw. Institution. Es umfaßt gleichermaßen die Tätigkeiten eines Pfarrers, eines Bischofs, einer Synode, eines Kirchenamtes, eines gebildeten Laien oder eines Theologieprofessors.

„Leitung" ist für Schleiermacher ein Grundphänomen menschlicher Sozialität. Sie ist die notwendige Folge gesellschaftlicher Ausdifferenzierung und Komplexität, die in einer irgendwie gearteten Regelung des Zusammenlebens und in der Unterscheidung verschiedener sozialer Positionen ihren Ausdruck finden. Leitung basiert auf der Verschiedenheit der Menschen, sie gründet in ihren unterschiedlichen Begabungen und Kenntnissen, in differierenden Reife- und Bildungsgraden. Leitung bedeutet für Schleiermacher die gezielte Einwirkung der in irgendeiner Hinsicht „Hervorragenden" auf die „Masse" der übrigen. Innerhalb der menschlichen Sozialität bilden sich bestimmte Lebenssphären oder Funktionssysteme aus, in denen die auf einem bestimmten Gebiet Hervorragenden auf die anderen einwirken. So wirkt ein Arzt auf das körperliche Befinden anderer ein oder ein Staatsmann auf die Politik. Alle diese Arten gezielter und reflektierter Einwirkung faßt Schleiermacher unter den Begriff der „Leitung".

Auch innerhalb des Sozialsystems Kirche entstehen im Zuge der gesellschaftlichen Evolution Leitungsfunktionen: Die Kirchenleitung beruht „auf einer bestimmten Gestaltung des ursprünglichen Gegen-

satzes zwischen den Hervorragenden und der Masse."[1] Natürliche
Basis dieses Gegensatzes ist die Differenz von Mündigen und Un-
mündigen, von Erwachsenen und Heranwachsenden. Weitere Unter-
schiede zwischen den Gläubigen, die Leitungspositionen in der
Kirche hervorrufen, sind verschiedene Grade der Bildung und der
Sprachfähigkeit sowie unterschiedliche Grade und Arten der
Frömmigkeit, wie sie sich im Christentum schon immer im Hinblick
auf den unendlichen Abstand von Erlöser und Erlösten bzw. im
Hinblick auf den relativen Abstand der Apostel von den übrigen
Gläubigen finden lassen.[2] Schleiermacher führt noch eine weitere
Differenz unter den Gläubigen ein, die die Ungleichheit in Bezug auf
den Gemeingeist der Kirche betrifft: In einigen ist der Gemeingeist
produktiv, sie haben „mehr zu geben" und können nach außen
wirksam sein, „in den anderen besteht er mehr in einer *lebendigen
Empfänglichkeit*"[3]. Empfänglichkeit ist dabei nicht als Passivität
oder Untätigkeit zu verstehen, sondern als „Manifestation der
Bedürfnisse", die die Produktiven zur Wirksamkeit bewegt.[4] Die
„Produktiven" sind keineswegs frömmer als die „Rezeptiven", sie
sind nur durch Begabung und Bildung in der Lage, ihre Frömmigkeit besser darzustellen und auf andere in Bezug auf die Frömmigkeit fördernd zu wirken. Festzuhalten ist, daß der Gegensatz
zwischen „Hervorragenden und der Masse" nicht bipolar und auch
nicht unveränderlich gedacht ist, er bezeichnet vielmehr unterschiedliche Aspekte und ist mannigfach abgestuft und gestaltbar.
Differenzen im Grad der Frömmigkeit werden von Schleiermacher
als durch die fortschreitende Erlösung prinzipiell aufhebbar gedacht.
Die Unterschiede in der Sprachfähigkeit und der Bildung sind zwar
ebenfalls variabel, aufgrund des Heranwachsens immer neuer Generationen wird sich das Bildungsgefälle jedoch ständig reproduzieren.
Auch die Unterschiede in der Form der Produktivität des Gemeingeistes werden immer bestehen bleiben. Alle diese Unterschiede
zwischen den Gläubigen sowie die Notwendigkeit, das Zusammen-
leben zu regeln bedingen die Ausbildung und das andauernde Fortbestehen leitender Funktionen in der Kirche.[5]

---

1   KD, § 267, vgl. Enzyklopädie, 1-4 sowie: PT, 11f.
2   Vgl. PT, 13-17.
3   PT, 16 [Hervorhebung C.D].
4   Vgl. PT, 49f.
5   Vgl. KD, § 278. Offensichtlich hat Schleiermacher die Unterschiede zwischen
       den Gläubigen, die Leitungsfunktionen evozieren, zu unterschiedlichen Zeiten

Die „bestimmte Gestaltung" des Gegensatzes zwischen den „Hervorragenden und der Masse", also die Etablierung einer strukturierten Kirchenleitung, ermöglicht, daß die religiöse Gemeinschaft ein soziales System bildet, daß sie als Ganzes wirken und geschichtliche Bedeutung gewinnen kann. Ohne eine strukturierte Kirchenleitung bestünde eine Kirche nur aus losen Elementen und Leitung gäbe es nur im Verhältnis von einzelnen Gläubigen untereinander. Durch das Entstehen kirchenleitender Funktionen gewinnt eine religiöse Gemeinschaft neue Qualität. Sie ist zur Selbstgestaltung in der Lage und damit zugleich zu *gezielten* Fortschritten zum Besseren.[6] Der Abstand zwischen „den Hervorragenden und der Masse" ist Basis der Kirchenleitung. Ziel der Kirchenleitung ist es jedoch, diesen Abstand möglichst zu verkleinern. Die Masse der Gläubigen soll durch die Hervorragenden gefördert und zu eigenständigen religiösen Persönlichkeiten herangebildet werden. Denn: „Die evangelische Kirche ist eine Gemeinschaft des christlichen Lebens zur selbständigen Ausübung des Christentums."[7] Die Hervorragenden setzen durch die Mitteilung ihres frommen Selbstbewußtseins eine „lebendige Circulation" in Gang. Ihre „religiöse Kraft" regt die Masse an, umgekehrt fordert die Masse die Produktiven zu ihrer Mitteilung auf und rezipiert deren Impulse. Diese Circulation nennt Schleiermacher auch die „Methode des Umlaufs"[8]. Sie dient dem religiösem Fort-

---

verschieden beschrieben (Vgl. PT, 13-17). Wegen der editorischen Mängel der Praktischen Theologie sind Aussagen über eventuelle Entwicklungen in der Einschätzung der Unterschiede durch Schleiermacher jedoch nicht möglich.

6   Vgl. KD, § 267.

7   PT, 62.

8   KD, § 268. Der Begriff „Circulation" meint dasselbe wie Umlauf, er findet sich z.B. PT, 49f. Die Methode des Umlaufs ist an sich allen höheren Religionen gemein (vgl. CG, § 6, I, 45). Die Selbständigkeit der Mitglieder der Masse als Ziel des Umlaufs ist hingegen ein Signum der evangelischen Kirche. Diesen Aspekt arbeitet Henning Luther, Praktische Theologie als Kunst für alle, besonders heraus. Seine Interpretation, daß die „Ungleichheit [zwischen Klerus und Laien] „*nicht* mit dem Wesen des christlichen Glaubens" zusammenhängt, sondern „nur" mit seiner sozialen Gestalt und dem Erfordernis der Mitteilung (a.a.O. 379f), trifft jedoch nicht zu. Die Ungleichheit soll zwar prinzipiell reduziert werden, eine Einebnung der Unterschiede ist aber in der Geschichte nicht zu erreichen, da die Ungleichheit ein Kontinuum menschlicher Sozialität ist. Luthers idealistisch anmutende Trennung von Wesen und sozialer Gestalt wird Schleiermacher nicht gerecht. Schleiermacher betrachtet die soziale Gestalt des Christentums immer als zum Wesen desselben gehörig. Luther kann sich für seine Deutung darauf berufen, daß Schleiermacher die Ausbildung einer Theologie für die *Frömmigkeit* an sich nicht für notwendig hält. Entscheidend sei vielmehr die Lebendigkeit und Wirksamkeit des Got-

schritt in der Christenheit, der sich auf die in Christus wohnende göttliche Kraft gründet.[9]

Die Ausbildung von kirchenleitenden Funktionen ist die Voraussetzung für das Entstehen der wissenschaftlichen Theologie. Die Verbindung zwischen Kirchenleitung und Theologie denkt Schleiermacher sehr eng: Jedes Handeln mit theologischen Kenntnissen ist Kirchenleitung und jedes Nachdenken über Kirchenleitung ist Theologie.[10] Die Theologie hat die Aufgabe, den Theoriebedarf der Kirchenleitenden zu decken und die Kirchenleitung ist „die Tätigkeit der Wenigen, welche im Besiz des geschichtlichen Bewußtseyns sind, um die Identität und die Mittheilung des Glaubens zu erhalten."[11]

Eine wissenschaftliche Theologie gibt es keinesfalls in allen Religionen. Mehrere Voraussetzungen müssen dafür erfüllt sein: Soll sich innerhalb einer Religion ein Theologiesystem bilden, so müssen in dieser Religion die „geistigen Vorstellungen" ein Übergewicht über die „symbolischen Handlungen" haben. Für die bloße Reproduktion und Tradierung kultischer Handlungen und Rituale ist ein wissenschaftlicher Apparat nicht erforderlich. Die Auslegung von heiligen Texten hingegen erfordert einen relativ hohen Reflexionsaufwand.[12] Weitere Bedingungen für das Entstehen einer wissenschaftlichen Theologie sind die Größe, die geschichtliche Bedeutung und die Selbständigkeit einer Religion. Sie muß als abgegrenzte Gemeinschaft, als soziales System, von ihrer Umwelt unterscheidbar sein und einen relevanten Faktor innerhalb der Gesellschaft darstellen.[13] Zuletzt muß auch eine gewisse Binnendifferenzierung innerhalb der religiösen Gemeinschaft stattgefunden haben, eben das

---

tesbewußtseins, die „in gleicher Vollkommenheit vor sich gehen kann ohne eine Theologie. Nur dieß besorgt die Theologie, daß die Momente des christlichen SelbstBewußtseyns[!] sich richtig in Gedanken ausdrücken, was aber für den christlichen Glauben nicht wesentlich ist." (Enzyklopädie, 10) Derartige Formulierungen Schleiermachers haben jedoch ausschließlich das Ziel, einer Intellektualisierung des Christentums entgegenzutreten. Für das Christentum als sozial relevantes und komplex ausdifferenziertes Religionssystem ist ein Theologiesystem unerläßlich. Signifikant für Luthers Schleiermacherinterpretation ist im übrigen, daß er sich für Schleiermachers Kirchenbild nur auf die erste „schwärmerische" Ausgabe der Reden Schleiermachers bezieht, die realistischere Sicht der vierten Auflage jedoch nicht berücksichtigt (vgl. H. Luther, a.a.O., 386-388).

9   Vgl. CS, 374, KD, § 268.
10 Vgl. KD, § 11.
11 Enzyklopädie, 3.
12 Vgl. KD, § 12, Enzyklopädie, 5f.
13 Vgl. KD, §§ 2f.

Hervortreten des „Gegensatzes" zwischen den „Hervorragenden" und der „Masse". Die Differenzierung von „Masse" und „Hervorragenden" und das Entstehen einer wissenschaftlichen Theologie bedingen sich gegenseitig. Je mehr eine Religion sich über Sprach- und Kulturgrenzen hinweg ausdehnt, je komplexer sie wird, desto komplexer und ausdifferenzierter wird auch die auf diese Glaubensgemeinschaft bezogene Theologie sein. Schleiermacher formuliert: „Je mehr sich die Kirche fortschreitend entwickelt, und über je mehr Sprach- und Bildungsgebiete sie sich verbreitet, um desto vielteiliger organisiert sich auch die Theologie; weshalb denn die christliche die ausgebildetste ist. Denn je mehr beides der Fall ist, um desto mehr Differenzen, sowohl der Vorstellung, als der Lebensweise, hat die Theologie zusammenzufassen, und auf desto mannigfaltigeres Geschichtliche zurückzugehen."[14] Die Theologie ist innerhalb einer Religion oder Kirche allerdings nicht für die Masse der Gläubigen gedacht, sondern für die Verantwortungsträger: „Die Theologie eignet nicht allen, welche und sofern sie zu einer bestimmten Kirche gehören, sondern nur dann und sofern sie an der Kirchenleitung teilhaben"[15].

Die Theologie ist für Schleiermacher damit eng auf ihre Funktion für die Kirchenleitung bezogen. Durch die Aneignung der theologischen Kenntnisse kann sich die Tätigkeit der am Wohl der Kirche Interessierten in zweckmäßigen Handlungen äußern. Jeder Kirchenleitende sollte sich daher durch seine theologische Gesinnung auszeichnen, die sich aus den Elementen *kirchliches Interesse* und *wissenschaftlicher Geist* zusammensetzt.[16] Innerhalb des Kreises der Kirchenleitenden erfolgt nach Schleiermacher eine Differenzierung nach den beiden Elementen der „theologischen Gesinnung". Die „Hervorragenden" können sich entweder mehr der Ausübung der Kirchenleitung selbst oder mehr ihrer Theorie, also der Theologie, zuwenden. Ist das kirchliche Interesse dominierend, handelt es sich um „Kleriker", herrscht der wissenschaftliche Geist vor, so spricht Schleiermacher von „Theologen im engeren Sinn".[17] Bei beiden ist

---

14   KD, § 4.
15   KD, § 3.
16   Vgl. KD, § 12, § 9, § 270 (zum Stichwort „theologische Gesinnung"). Statt vom „kirchlichen Interesse" (KD § 12) kann Schleiermacher ohne Bedeutungsunterschied auch vom „religiösen Interesse" (Enzyklopädie, 12, Erläuterung zu KD § 9) oder vom „Interesse am Christentum" (KD § 8) sprechen.
17   Vgl. KD, § 10.

die Berufung vorauszusetzen, denn „ohne einen solchen inneren
Beruf ist niemand in Wahrheit weder Theologe noch Kleriker"[18].
Die Unterscheidung der beiden Funktionen bedeutet allerdings wiederum keine klare Trennung: „Auch die wissenschaftliche Wirksamkeit des Theologen muß auf die Förderung des Wohles der Kirche
abzwecken, und ist also klerikalisch; und alle technischen Vorschriften auch über die eigentlich klerikalischen Tätigkeiten gehören
in den Kreis der theologischen Wissenschaften."[19] Keine der beiden
Wirkungsarten bedarf eines besonderen bürgerlichen Berufsstandes.
Wären Staat und Kirche getrennt und würden Theologieprofessoren
und Geistliche nicht mehr vom Staat bezahlt, so wäre es denkbar,
daß beide Gruppen neben ihrer religiösen Funktion noch einen
bürgerlichen Beruf ausübten. Die Differenzierung der Funktionen
bliebe davon unberührt.[20]

Die gleichgewichtige Vereinigung und die vollkommene Ausbildung beider Aspekte der theologischen Gesinnung in einer Person
stellt für Schleiermacher ein theologisches Ideal dar. Für dieses Ideal
prägte er den Namen *Kirchenfürst*. Ein Kirchenfürst (princeps
ecclesiae) ist nach Schleiermacher eine Person, die ihr Zeitalter
geistig dominiert, ohne notwendig ein kirchliches Amt innezu-
haben.[21] Die Idee und die inhaltliche Bestimmung des Begriffes
„Kirchenfürst" sind schon als solche polemisch gegen das landesherrliche Kirchenregiment und die Rolle des Landesfürsten in der
evangelischen Kirche gerichtet: Nicht der weltliche Fürst ist qua
Geburt oder Amt der Fürst der Kirche, sondern derjenige mit dem
größten Interesse an der Kirche und mit der zugleich höchsten
theologischen Qualifikation. Schleiermacher klagt beim wahren
Kirchenfürsten wissenschaftliche Kompetenz ein, die er beim

---

18 KD, § 13. Zum theologiegeschichtlichen Hintergrund der Schleiermacherschen
    Vorstellung von der Berufung vgl. Dietrich Rössler, Vocatio interna. Zur Vor-
    geschichte des Schleiermacherschen Bildes vom Kirchenfürsten, in: Verifi-
    kationen. FS G. Ebeling, hg. v. E. Jüngel, J. Wallmann, W. Werbeck, Tübin-
    gen 1982, 207-217.
19 KD, § 11.
20 Vgl. KD, § 13, Enzyklopädie, 15. Schleiermacher denkt auch hier streng
    funktional. Er fragt zuerst, welche Funktionen erforderlich sind. Diese Funk-
    tionsbestimmung ist von geschichtlichen Umbrüchen nicht in gleicher Weise
    abhängig wie die *Form* der Funktionsausübung, die stärker von geschicht-
    lichen Gegebenheiten abhängt.
21 KD, § 9, Enzyklopädie, 12.

regierenden Kirchenfürsten Friedrich Wilhelm III. schmerzlich ver-
mißte.[22]

2. Die Praktische Theologie als Technik

Die Steigerung der Komplexität des Kirchensystems durch Ausdehnung und innere Differenzierung macht zugleich die Ausdifferenzierung des funktional auf die Kirche bezogenen Theologiesystems
erforderlich. Es verwundert daher nicht, daß als Reaktion auf die
Umwälzungen der Neuzeit eine neue Disziplin im theologischen
Fächerkanon entsteht, die Praktische Theologie. Schleiermacher gilt
als Gründer und Ahnherr der Praktischen Theologie und konzipierte
sie als Teil der wissenschaftlichen Theologie in der ersten Auflage
seiner „Kurzen Darstellung des theologischen Studiums" 1811.[23]
Schleiermachers grundlegende Bestimmung der Praktischen Theologie hat bis heute Gültigkeit behalten: Sie hat den in der Kirche
amtlich Tätigen technische Anweisungen oder „Kunstregeln" bereitzustellen, die diesen dazu verhelfen, ihre kirchenleitende Aufgabe
kunstgerecht und besonnen zu erfüllen. Die Praktische Theologie ist
die „Theorie der Praxis"[24] verantwortlichen kirchlichen Handelns.

---

22 Vgl. auch Schleiermachers Kritik an der Verleihung kirchlicher Ämter an in-
    kompetente Adlige in der englischen Kirche, Enzyklopädie, 11. Zu Schleier-
    machers Verhältnis zu Friedrich Wilhelm III. vgl. M. Honecker, Schleierma-
    cher und das Kirchenrecht, 32 sowie unten die Ausführungen zum Agenden-
    streit in Kap. VII. 2. Ohne Zweifel gehört Schleiermacher selbst zu den
    wenigen in der evangelischen Kirchengeschichte, denen der Titel „Kirchen-
    fürst" gebührt. Vgl. dazu Eberhard Jüngel, Ein protestantischer Kirchenfürst
    [Rez. zu KGA I, 10], Neue Zürcher Zeitung, Nr. 256, 3./4. Nov. 1990, 66,
    vgl. auch: E. Hirsch, Geschichte der neuern evangelischen Theologie, Bd. 5,
    1, 355f.
23 Vgl. KD, §§ 27, 337. Schleiermacher selbst beobachtete diese gesellschaft-
    lichen Umbrüche und zugleich die von ihm in Gang gesetzte Ausdifferen-
    zierungsreaktion des Theologiesystems. Er betätigte sich damit als Beobachter
    zweiter Ordnung im Luhmannschen Sinn (vgl. N. Luhmann, Die Wissenschaft
    der Gesellschaft, 68-121, G. Kneer/A. Nassehi, Niklas Luhmanns Theorie
    sozialer Systeme, 95-110). Den neuzeitlichen Konstitutionsbedingungen der
    Praktischen Theologie geht Volker Drehsen in seinem gleichnamigen umfang-
    reichen Werk nach, bemerkenswerterweise ohne Schleiermachers Praktische
    Theologie zu einem der Hauptgegenstände der Untersuchung zu machen, vgl.
    V. Drehsen, Neuzeitliche Konstitutionsbedingungen der Praktischen Theo-
    logie.
24 PT, 12.

Von 1812-1833 hat Schleiermacher insgesamt neunmal über Praktische Theologie gelesen, zunächst 1812 vierstündig, danach immer
fünfstündig.[25] Die Praktische Theologie war eine seiner meistgehaltenen Vorlesungen. Die posthum herausgegebenen Vorlesungen
und Nachlaßstücke zur Praktischen Theologie beeindrucken schon
allein durch ihren Umfang von über 800 Seiten. Auch von den insgesamt 338 Paragraphen der „Kurzen Darstellung" entfallen alleine
84 auf die Praktische Theologie.[26] Sie nimmt somit eine höchst
prominente Stellung in Schleiermachers Arbeit und Werk ein.

In der zweiten Ausgabe seiner „Kurzen Darstellung" stellt Schleiermacher 1830 fest, daß die Praktische Theologie „sehr ungleich
bearbeitet" ist.[27] Der Schwerpunkt praktisch-theologischer Arbeit
liege bislang bei Themen pfarramtlicher Tätigkeit. So seien der
Predigt als an sich zufälliger Form der Evangeliumsverkündigung
zahlreiche Lehrbücher gewidmet, „die Technik in Beziehung auf die
Kirchenleitung im Großen"[28] fehle jedoch noch völlig. Auch seien
die Beziehungen der Formen kirchlichen Handelns zum Wesen des
Christentums bislang weitgehend ungeklärt geblieben. Schleiermacher versucht, mit seinem enzyklopädischen Entwurf diesem Mißstand pastoraltheologischer Engführung der Praktischen Theologie
abzuhelfen. Aus den wesentlichen Funktionen der christlichen, evangelischen Kirche und unter Berücksichtigung der Struktur menschlicher Sozialität entwirft er ein System kirchenleitender Handlungen
und etabliert zugleich eine einheitliche Theorie derselben - die
Praktische Theologie. Erst auf der Basis eines solchen Systems ist es
möglich, eine Theorie für die „*zusammenstimmende* Leitung der
christlichen Kirche"[29] zu entwerfen. Die bis dahin nur zufällig und
zumeist außerhalb der theologischen Fakultäten reflektierten Felder
kirchlicher Arbeit werden in einen sinnvollen Zusammenhang gebracht, ihre Bedeutung für das Leben der christlichen Gemeinschaft
geklärt und aufeinander abgestimmte, handlungsleitende Regeln
aufgestellt. Schleiermachers Vorgehensweise erweist sich als äußerst

---

25 Vgl. A. Arndt, W. Virmond, Schleiermachers Briefwechsel (Verzeichnis)
    nebst einer Liste seiner Vorlesungen, 300-330.

26 Auf die Einleitung der Kurzen Darstellung entfallen 31, auf die Philosophische
    Theologie 37 Paragraphen. Die historische Theologie umfaßt 188 Paragra
    phen. Sie enthält allerdings auch die Teildisziplinen Altes und Neues Testa
    ment, Kirchengeschichte, Dogmatik, Ethik und Kirchliche Statistik.

27 KD, § 25.

28 Enzyklopädie, 30.

29 KD, § 5 [Hervorhebung C.D.].

produktiv: Mit der Begründung des Faches Praktische Theologie
etabliert er zugleich eine neue Teildisziplin - die Theorie des
Kirchenregiments.

Das Ziel jeden kirchenleitenden Handelns ist „die besonnene Einwirkung auf die Kirche, um das Christentum in derselben reiner
darzustellen"[30]. Subjekt der Praktischen Theologie sind diejenigen,
in denen „kirchliches Interesse und wissenschaftlicher Geist vereinigt
sind"[31]. Kann in den anderen theologischen Fächern das kirchliche
Interesse hinter den wissenschaftlichen Geist zurücktreten, so ist dies
in der Praktischen Theologie nicht möglich, da der Gegenstand der
wissenschaftlichen Arbeit die kirchliche Praxis selbst ist. Die
Kirchenleitung versteht Schleiermacher analog zur Staatsführung als
Kunst. Er kann sowohl einen Staatsmann, wie einen Kirchenleitenden
als „Künstler" bezeichnen.[32]

Aufgabe der Praktischen Theologie ist es, die „besonnene Tätigkeit" der theologisch Gebildeten und kirchlich Interessierten „mit
klarem Bewußtsein zu ordnen und zum Ziel zu führen."[33] Als technische Disziplin entwickelt die Praktische Theologie Methoden, wie
angestrebte Ziele kirchenleitenden Handelns am besten zu erreichen
sind. Praktische Theologie ist nach Schleiermacher geradezu „Methodologie der Kirchenleitung"[34]. Die Vorschriften oder Regeln, die
die Praktische Theologie aufstellt, können allerdings „nur allgemeine
Ausdrücke sein, in denen die Art und Weise ihrer Anwendung auf
einzelne Fälle nicht schon mit bestimmt ist". Die praktisch-theologische Theorie kann nicht jeden Einzelfall im vorhinein erfassen,
sie kann nur Regeln zur Entscheidungsfindung angeben. Diese
Regeln nennt Schleiermacher „Kunstregeln im engeren Sinne". Sie
unterscheiden sich von den Regeln der „mechanischen" Künste

---

30 KD, 263.
31 KD, § 258, vgl. auch: Enzyklopädie, 251.
32 Vgl. PT, 36f. Schleiermacher bezieht sich an dieser Stelle insbesondere auf die
    Kunst des Kirchenregiments.
33 KD, § 257. „Besonnenheit" ist eine der vier von Schleiermacher in der
    Tugendlehre unterschiedenen Grundtugenden. Sie produziert die sittliche
    Aufgabe im einzelnen Subjekt (vgl. Ethik. Entwurf eines Systems der Sitten-
    lehre. Aus Schleiermachers handschriftlichem Nachlasse hg. v. A. Schweizer,
    SW III, 5, Berlin 1835, 389). Die anderen von Schleiermacher aufgeführten
    Grundtugenden sind Liebe und Weisheit als Gesinnungstugenden sowie die
    Beharrlichkeit, die er mit der Besonnenheit zusammen zu den Tugenden der
    „Fertigkeit" zählt (vgl. a.a.O, 328-418). Dabei gilt, daß Liebe und Weisheit
    „nur wirklich werden nach dem Maß der Besonnenheit" (a.a.O., 394).
34 Enzyklopädie, 252.

dadurch, daß „das richtige Handeln in Gemäßheit der Regeln immer noch ein besonderes Talent erfordert, wodurch das Rechte gefunden werden muß."[35]

Aufgrund ihrer Aufgabe, Kunstregeln aufzustellen, rechnet Schleiermacher die Praktische Theologie zu den Kunstlehren oder technischen Wissenschaftsdisziplinen. Er kann sie aber auch als „Technik zur Erhaltung und Vervollkommnung der Kirche"[36] oder als „Wissen" um die Kirchenleitung[37] bezeichnen. Sie teilt den technischen Charakter mit anderen Kunstlehren wie der Staatslehre, der Hermeneutik und der Pädagogik. All diese Kunstlehren müssen die *spekulativ* erhobene Idee einer Sache auf ihren *empirischen* Befund beziehen und angeben, wie die Wirklichkeit am besten zu gestalten ist. Dabei gilt, daß ihre „Vorschriften ein auf unmittelbar aus der Natur des Denkens und der Sprache klaren Grundsätzen beruhendes System bilden."[38] Ein Aggregat von Beobachtungen ist noch keine Kunstlehre, die empirischen Beobachtungen müssen klassifiziert und zu Prinzipien in Bezug gesetzt werden.

Mittel und Zweck stehen für Schleiermacher dabei in einem engen Zusammenhang: Beide müssen mit der theologischen Gesinnung in Übereinstimmung stehen. Sie dürfen weder das kirchliche Interesse gefährden, noch „dem wissenschaftlichen Geist zuwiderlaufen"[39]. Keine von der Praktischen Theologie aufgestellte Regel darf die Gesamtaufgabe der Kirchenleitung zugunsten eines untergeordneten Zieles aufgeben. Mittel und Zweck dürfen sich nicht widersprechen, weil jeder „Handelnde die Mittel nur anwenden kann mit derselben

---

35 KD, § 265, vgl. KD, § 132. Vgl. zum Begriff der „Kunstregel" und zu seiner bleibenden Bedeutung für die Praktische Theologie: Reinhard Schmidt-Rost, Die Bedeutung der „Kunstregeln" für die Praktische Theologie, in: PthI 12 (1992), 195-210.
36 PT, 25.
37 Vgl. KD, § 25. Die geläufige Behauptung (vgl. z.B. M. Doerne, Theologie und Kirchenleitung, 366f), die Praktische Theologie habe es bei Schleiermacher nicht mit Wissen oder Kenntnissen, sondern stattdessen mit Kunstregeln zu tun, stimmt so nicht. Kunstregeln gehören für Schleiermacher nur im *engeren* Sinn nicht zum Wissen. Die Differenzierung der Wissensarten geht auf Schleiermachers Wissenschaftstheorie zurück, nach der die technischen und kritischen Disziplinen nicht zu den eigentlichen und reinen, sondern zu den abgeleiteten Wissenschaften zählen, vgl. Kap. I. 1. c). Schleiermacher kann, abgesehen von diesem differenzierten Gebrauch und wie das Beispiel zeigt, die Praktische Theologie durchaus als Wissen charakterisieren. Schon ihrem Begriff nach stellt sei eine *Wissen*schaft dar.
38 KD, § 133.
39 KD, § 262.

Gesinnung, vermöge deren er den Zweck will"[40]. Schleiermacher spitzt den Sachverhalt noch mehr zu: Mittel und Zweck fallen im Grunde zusammen. Jede Einwirkung von Kirchenleitenden auf einzelne rezeptive Glieder der Kirche ist „Seelenleitung", und jede Einwirkung auf die Kirche als Ganze ist ebenfalls „Seelenleitung", weil letztere nicht anders als durch die Einwirkung auf die Gemüter von Kirchengliedern geschehen kann. *Seelenleitung* - eine Verdeutschung von ψυχαγωγία – findet nicht nur in der Kirche, sondern auch in der Erziehung und in der Politik statt. Ihr gemeinsames Kennzeichen ist, daß durch den Einfluß auf die Seele freie Handlungen hervorgerufen werden sollen. Seelenleitung meint also keine Manipulation, sondern Erziehung zu selbständiger Urteils- und Handlungsfähigkeit.[41] Der Einheit von Mittel und Zweck versucht Schleiermacher dadurch Ausdruck zu verleihen, daß er die von der Praktischen Theologie aufzustellenden Regeln als *Methoden*, statt als *Mittel* charakterisiert: Die praktisch-theologischen Regeln sind für ihn nicht Mittel zum Zweck, sondern selbst Teil des angestrebten Zweckes.[42] Alle Methoden, die die Praktische Theologie zur Kirchenleitung empfehlen kann, müssen unter den Begriff der Seelenleitung subsumiert werden können. Sie müssen mit den Prinzipien der Wissenschaft *und* des Christentums in Einklang stehen, um sich nicht auf Dauer selbst aufzuheben und das „Zusammenstimmen" der Kirchenleitung zu gefährden.[43]

Schleiermacher rückt in seiner Kirchenleitungstheorie das menschliche Handeln stark in den Vordergrund und begnügt sich nicht mit der Beschreibung des göttlichen Heilshandelns. Dies provozierte, nicht nur zu Schleiermachers Zeit, immer wieder die Frage nach dem Verhältnis von menschlichem und göttlichem Handeln in Schleiermachers Praktischer Theologie. Kann es die Aufgabe der Kirchenleitung sein, die Kirche zu erhalten und für den Fortschritt der

---

40   KD, §§ 261f.
41   Vgl. PT, 40, 569.
42   Vgl. KD, § 263.
43   So ist es zum Beispiel unzulässig, eine kritische theologische Meinungsäußerung zu unterdrücken, nur weil man durch sie den Frieden in der Kirche gefährdet sieht. Dies liefe dem wissenschaftlichen Geist zuwider und keine praktisch-theologische Regel darf derartiges empfehlen, vgl. PT 38. Ebenfalls unzulässig wäre es, die Freiheit der Kirchenglieder in Bezug auf ihr ethisches Verhalten durch rigide Maßnahmen der Kirchenleitung aufzuheben. Ein solches Vorgehen widerspräche dem christlichen Geist, der die Mündigkeit der Kirchenglieder anstrebt, vgl. z.B. KD, § 303.

Frömmigkeit zu sorgen? Und kann es für diese Arbeit legitimer-
weise „technische" Regeln geben? Läßt Schleiermachers Theorie dem
Handeln Gottes überhaupt Raum?[44] Wie geht Schleiermacher mit
solchen Fragen um? Schon in meinen Ausführungen zu Schleiermachers Ethik wies ich darauf hin, daß Schleiermacher es für unzulässig hält, die göttliche Vorsehung dort entschuldigend in Anspruch
zu nehmen, wo eigenes Handeln Abhilfe schaffen könnte. Schleiermachers ganze philosophische, theologische und kirchenpolitische
Arbeit ist geprägt von der Voraussetzung der Gestaltbarkeit der
Welt durch menschliches Handeln. Auch in Bezug auf die Kunst der
Kirchenleitung kommt Schleiermachers positive Einstellung zur
menschlichen Aktivität zum Tragen. Göttliches und menschliches
Handeln treten nicht in Konkurrenz zueinander, sondern sind eng
aufeinander bezogen. Sie sind kategorial voneinander unterschieden,
insofern das göttliche Handeln als Bedingung der Möglichkeit des
menschlichen Handelns diesem vorausgeht. Konkret bedeutet dies in
Bezug auf die Kirchenleitung, daß der heilige Geist als „Gemeingeist
der Kirche" auf das Gemüt einzelner wirkt und in ihnen einen
Handlungsimpuls hervorruft. Das sachgerechte und besonnene Umsetzen dieses Impulses ist dann eine Frage der richtigen Technik.
Schleiermacher ist der Überzeugung, daß sich „das Anerkennen der
Wirksamkeit des göttlichen Geistes in allem was sich auf die Kirche
bezieht mit der Kunst gar nicht streitet, denn den Impuls zu einem
richtigen Handeln und die ursprüngliche Bestimmung können wir
nur vom göttlichen Geist erwarten; das äußere Hervortreten aber
wird um so vollkommener sein als es menschlich ist und den Regeln
der menschlichen Kunst gemäß."[45] Denn wenn der göttliche Geist im
Menschen wohnt, dann wirkt er auch „menschlich, auf eine der
menschlichen Natur gemäße Weise" und seine Wirkungen müssen

---

44 So konstatiert z.B. E. Jüngel, Was ist die theologische Aufgabe evangelischer
    Kirchenleitung?, 193, „daß es nicht die Aufgabe der von Menschen zu voll-
    ziehenden Kirchenleitung sein kann, die Kirche zu erhalten." Dies sei vielmehr
    die Sache Gottes und jeder menschliche Versuch, die Kirche zu erhalten sei ein
    „Mißtrauensvotum gegen Gott." Sachlicher Grund für Schleiermachers Zuord-
    nung der Kirchenerhaltung zum Verantwortungsbereich der Kirchenleitung ist
    sein Verständnis von der Präsenz Gottes im Heiligen Geist als Gemeingeist der
    Kirche. Für Schleiermacher ist Gott nicht *Geheimnis*, sondern allererst *Gestal-
    ter* der Welt durch die Arbeit der Gläubigen an der Kirche und am Reich
    Gottes. Diese Sicht entspricht Schleiermachers Bestimmung des Christentums
    als teleologischer oder ethischer Religion.
45 PT, 31.

auch „als das menschlich richtige dargestellt werden".[46] Und Schleiermacher fügt hinzu: „Es ist nirgends in der Schrift gesagt, und alle Erfahrung, wenn man auf die Resultate sieht, selbst die Praxis der Kirche läugnet es, daß die Wirksamkeit des göttlichen Geistes der wissenschaftlichen Bestrebung und der Kunst entbehren könne."[47] Für Schleiermacher ist es eine „Gewissenssache", eine Theorie der Kirchenleitung aufzustellen und das menschliche Handeln an bestimmten Regeln zu kontrollieren. Denn: „Der Glaube an die Eingebung des Momentes ist eine Aufgeblasenheit."[48] Würde das Handeln in der Kirche von allen Regeln losgemacht, führte dies nur zu solchen Resultaten, „daß theils bisweilen das Gegentheil von dem hervorgeht was bewirkt werden soll, theils die ganze Handlungsweise in das bewußtlos verworrene übergeht."[49]

Nach Paragraph 260 der Kurzen Darstellung hat es die Praktische Theologie als technische Disziplin „nur zu tun mit der richtigen Verfahrungsweise bei der Erledigung aller unter den Begriff der Kirchenleitung zu bringenden Aufgaben." Die Bestimmung der einzelnen Aufgaben der Kirchenleitung ist nach Schleiermacher ausdrücklich nicht das Geschäft der Praktischen Theologie, sie wird vielmehr vorausgesetzt. Diese Abgrenzung Schleiermachers hat schon bei seinem Schüler Carl Immanuel Nitzsch Widerspruch ausgelöst und wird bis heute allgemein als Grundfehler der Schleiermacherschen Konzeption der Praktischen Theologie betrachtet.[50] Der Grund für diese Grenzziehung liegt in Schleiermachers enzyklopädischem Gesamtkonzept der Theologie. Denn: „Für die richtige Fassung der Aufgaben ist durch die Theorie nichts weiter zu leisten, wenn philosophische und historische Theologie klar und im richtigen Maß angeeignet sind. Denn alsdann kann auch der gegebene Zustand in

---

46 PT, 30.
47 PT, 31.
48 PT, 5.
49 PT, 30.
50 Vgl. C. I. Nitzsch, Praktische Theologie, Bd. 1, 32, E. Hirsch, Geschichte der neuern evangelischen Theologie, Bd. 5, 1, 354f, ebenso Karl Barth, Die Theologie Schleiermachers. Vorlesung Göttingen Wintersemester 1923/24, hg. v. Dietrich Ritschl, Karl Barth-Gesamtausgabe, II. Akademische Werke 1923/24, Zürich 1978. Barth behauptet, Schleiermacher verabschiede die Frage, *was* in der Kirche geschehen solle zugunsten der Frage, *wie* es geschehen solle. Seine Praktische Theologie sei damit substanz- und gegenstandslos (vgl. a.a.O., 304 u. 316f). Barths Vorwurf fällt, wie ich zeigen werde, vor dem Hintergrund des enzyklopädischen Gesamtkonzepts Schleiermachers in sich zusammen.

seinem Verhalten zum Ziel der Kirchenleitung richtig geschätzt, mithin auch die Aufgabe demgemäß gestellt werden."[51] Schleiermacher meint, daß, wer Interesse an der Kirche habe und sich in der philosophischen Theologie einen angemessenen Begriff vom Wesen der Kirche gebildet habe, bei der Betrachtung des tatsächlichen Zustands der Kirche „Gefühle der Lust und Unlust an dem jedesmaligen Zustand der Kirche"[52] empfinde und einen entsprechenden „Handlungsimpuls" erfahre, der nicht von der Theorie zu konstruieren, sondern vielmehr eine Sache des Gemüts der einzelnen Person und der unableitbaren historischen Situation sei. Lust oder Unlust in Kombination mit kirchlichem Interesse und wissenschaftlichem Geist bringen zum Bewußtsein, „was geschehen soll"; die Praktische Theologie hat dann nur noch zu bestimmen, „wie dies geschehen soll"[53], indem sie die Aufgaben klassifiziert und die Techniken zu ihrer Lösung bestimmt. Die Regeln, die die Praktische Theologie aufstellt, sind also „durchaus nicht productiv"[54], sie machen einen nicht zum Handelnden und rufen die Aktivität auch nicht hervor, vielmehr dirigieren sie nur das sachgerechte Handeln der Kirchenleitenden.

Schleiermachers Konzept setzt voraus, daß alle theologischen Disziplinen an den Fragen der Kirchenleitung orientiert arbeiten. Nur wenn die *ganze* Theologie Funktion der Kirchenleitung ist, kann die Erhebung der Aufgaben der Kirchenleitung in gewisser Hinsicht von der Praktischen Theologie vorausgesetzt werden. Schleiermachers Ausführungen zur Frage der Aufgabenstellung für die Kirchenleitung lassen sich nur auf dem Hintergrund seines enzyklopädischen Systems verstehen. Viele Aufgaben, die heute innerhalb der Praktischen Theologie bearbeitet werden, sind bei Schleiermacher noch außerhalb dieser Disziplin angesiedelt. Den Bezügen der Praktischen Theologie zu den anderen theologischen Disziplinen in Schleiermachers Entwurf gilt es zunächst nachzugehen, um die Frage nach dem Verhältnis der Praktischen Theologie zu den Aufgaben der Kirchenleitung angemessen beurteilen zu können.

---

51 KD, § 260.
52 KD, § 257.
53 PT, 31.
54 PT, 31.

3. Die Praktische Theologie im Kontext der theologischen Disziplinen

Für die Praktische Theologie von besonderer Relevanz und als theologisches Fach außerordentlich bemerkenswert ist das von Schleiermacher als Teil der historischen Theologie konzipierte Fach „kirchliche Statistik". Aufgabe der kirchlichen Statistik ist die Erforschung und Beschreibung der gesellschaftlichen Realität der Kirche, ihrer Sozial- und Frömmigkeitsstruktur einschließlich ihres Verhältnisses zu den anderen Systemen der Gesellschaft. Sie ist die „Darstellung des gesellschaftlichen Zustandes der Kirche in einem gegebenen Moment"[55], also nichts anderes als *Kirchensoziologie*. Schleiermacher selbst hielt 1827 und 1833/34 jeweils fünfstündige Vorlesung zur kirchlichen Statistik.[56] In der Kurzen Darstellung sind ihr immerhin 19 Paragraphen gewidmet und Schleiermacher konstatiert, daß in diesem Fach noch vieles zu leisten und die beste Form noch nicht gefunden sei.[57]

Gegenstände der kirchlichen Statistik sind die „innere Beschaffenheit und die äußeren Verhältnisse" der kirchlichen „Gesellschaften"[58]. Zu den *äußeren* Verhältnissen einer Kirchengemeinschaft zählt das Verhältnis zu anderen christlichen Gemeinschaften, zu anderen Religionen, zum Staat und zur Wissenschaft. Mit all diesen Sozialsystemen steht die Kirche in Wechselwirkung.[59] Die Darstellung der *inneren* Verhältnisse umfaßt die Stärke und Gleichmäßigkeit des Gemeingeistes in der Masse der Kirchenglieder, die

---

55 KD § 95.

56 Vgl. die Angaben in A. Arndt, W. Virmond: Schleiermachers Briefwechsel (Verzeichnis) nebst einer Liste seiner Vorlesungen, 300-330, vgl. auch die Anmerkung von Heinrich Scholz, KD, 40 zu § 95. Die von Scholz verzeichnete Statistikvorlesung im Winter 1826/27 fiel nach Arndt/Virmond aus. Man kann spekulieren, ob Schleiermachers erst spät aufgenommene Lehrtätigkeit in kirchlicher Statistik nicht ein Reflex auf die kirchliche Situation ist. Die Theologiestudierenden sollten verstärkt mit Wissen über die kirchlichen Verhältnisse versorgt werden, um eine Basis für ihr späteres kirchengestaltendes Handeln mitzubekommen.

57 Vgl. KD, § 245. Zum Vergleich: Auf die Dogmatik mit ihren beiden Teilen Glaubens- und Sittenlehre entfallen 36 Paragraphen.

58 KD, § 232. Die Begriffe „Kirchengesellschaft" und „Kirchengemeinschaft" werden von Schleiermacher promiscue gebraucht, vgl. KD, §§ 232f.

59 Vgl. KD, §§ 238-241.

Kirchenverfassung und die Art der Organisation der Kirchenleitung und das Verhältnis des Klerus zur Gesamtheit der Gläubigen. Die Darstellung schließt für Schleiermacher dabei immer eine *Bewertung* der vorgefundenen Zustände mit ein. Diese Beurteilung macht das Fach für die Kirchenleitung erst ertragreich. Besonders wichtig ist es nach Schleiermacher, den Einfluß der Kirchenverfassung „auf den inneren Zustand, und umgekehrt, richtig zu schätzen."[60]

Die kirchliche Statistik erstreckt sich jedoch nicht nur auf die Verhältnisse der eigenen Konfession oder Landeskirche, sie hat vielmehr die Gesamtchristenheit zum Gegenstand. Es sei höchst nachteilig für die kirchliche Praxis, daß man sich in der evangelischen Kirche häufig auf die Kenntnis des Zustands der evangelischen Kirche, bzw. der eigenen Teilkirche beschränke: „Nichts begünstigt so sehr das Verharren bei dem Gewohnten, als die Unkenntnis fremder, aber doch verwandter Zustände. Und nichts bewirkt eine schroffere Einseitigkeit, als die Furcht, daß man anderwärts werde Gutes anerkennen müssen, was dem eigenen Kreise fehlt."[61] Jeder evangelische Theologe muß deshalb, zugeschnitten auf den eigenen Wirkungskreis, eine allgemeine Kenntnis vom Zustand der gesamten Christenheit in Grundzügen haben. Denn „eine richtige Wirksamkeit auf die eigne Kirchengemeinschaft ist nur möglich, wenn man auf sie als auf einen organischen Teil des Ganzen wirkt, welcher sich in seinem relativen Gegensatz zu den andern zu erhalten und zu entwickeln hat."[62] Die kirchliche Statistik dient damit wesentlich der Horizonterweiterung der künftig kirchenleitend Handelnden. Bemerkenswert ist, wie nahe die kirchliche Statistik als Teil der historischen Theologie an die Aufgabenstellung für die Kirchenleitung heranführt: Die gegebenen Zustände werden jeweils beschrieben und im Vergleich zu anderen Kirchengesellschaften bewertet. Der Einfluß der Kirchenverfassung auf das kirchliche Leben wird dabei besonders berücksichtigt.

Glaubens- und Sittenlehre haben ebenfalls den gegenwärtigen Zustand der Kirche zu ihrem Gegenstand. Auch sie begnügen sich nicht mit der Beschreibung der Verhältnisse, sondern sind zu einer reflektierten Beurteilung aufgefordert. In beiden Fächern werden Kriterien für eine angemessene Frömmigkeit und den christlichen

---

60 KD, § 237, vgl. KD, §§ 234-237, 246, 247.
61 KD, § 243.
62 KD, § 244.

Lebenswandel entwickelt. Ihr grundsätzlich deskriptiver Charakter bedeutet insofern keinesfalls das unkritische Gutheißen bestehender Verhältnisse. Eine dogmatische Darstellung ist vielmehr dann besonders vollkommen, wenn sie neben dem „Assertorischen" auch „divinatorisch" das Neue, das sich gerade Entwickelnde, zur Geltung bringt.[63]

Ein besonderes Merkmal der Schleiermacherschen Dogmatik, das ihre progressive Seite deutlich unterstreicht, ist der Begriff der *Heterodoxie*. Heterodoxes und Orthodoxes werden von Schleiermacher nicht inhaltlich, sondern funktional unterschieden: „Orthodox" ist nach Schleiermacher „jedes Element der Lehre, welches in dem Sinne konstruiert ist, das bereits allgemein Anerkannte"[64] festzuhalten. Heterodox ist hingegen jedes Element der Lehre, das in der Tendenz konstruiert ist, „den Lehrbegriff beweglich zu erhalten und anderen Auffassungsweisen Raum zu machen"[65]. Heterodoxes und Orthodoxes sind für das Christentum *gleich wichtig,* und jeder dogmatische Entwurf muß nach Schleiermacher auch heterodoxe Elemente enthalten, um seiner Aufgabe gerecht zu werden. Es ist explizite Aufgabe der Dogmatik, erstarrte Lehren wieder beweglich zu machen. Zu jeder Dogmatik gehört beides, Orthodoxes und Heterodoxes. Gerade in ihrem spannungsvollen Miteinander sorgen beide Elemente dafür, daß die kirchliche Einheit gewahrt wird und zugleich die Lebendigkeit der Frömmigkeit erhalten bleibt.[66]

Was für kirchliche Statistik und Dogmatik gilt, gilt für die ganze historische Theologie und damit auch für die Fächer Neues Testament und Kirchengeschichte. Sie haben „jeden Zeitpunkt in seinem wahren Verhältnis zu der Idee des Christentums"[67] darzustellen und zu unterscheiden, „was der gesunden Entwicklung des religiösen Prinzips angehört"[68] und was Ausdruck von „Schwäche" oder „Krankheit" ist. Nur auf diese Weise werden sie den Ansprüchen der

---

63 Vgl. KD, § 202.
64 KD, § 203.
65 KD, § 203.
66 Vgl. KD, §§ 204-208. In der zweiten Auflage der Glaubenslehre, die nur ein Jahr nach der zweiten Auflage der Kurzen Darstellung erschien, steht Schleiermacher der Brauchbarkeit des Begriffpaars heterodox/orthodox in der Dogmatik distanziert gegenüber. Die angeführten Gründe leuchten jedoch m.E. nicht ein, vgl. CG, § 25, Zusatz, I, 145f.
67 KD, § 27.
68 KD, § 173. Unmittelbarer Bezugspunkt dieses Paragraphen ist die Kirchengeschichtsschreibung, sachlich trifft die Aussage aber auf die anderen Teile der historischen Theologie zu.

Kirchenleitung gerecht. So betrachtet bestimmt die historische
Theologie die einzelnen Aufgaben der Kirchenleitung und begründet
die Praktische Theologie: Die historische Theologie beschreibt nicht
nur die Bedingungen, unter denen gehandelt werden muß, sondern
bestimmt auch Ort und Richtung des kirchenleitenden Handelns,
indem sie einen gegebenen Zustand im Hinblick auf die in der
philosophischen Theologie entwickelte Idee des Christlichen qualifiziert. Die historische Theologie hat darüber hinaus auch die
Geschichte der Kirchenleitung samt der explizit oder implizit über
sie bestehenden Theorien zu ihrem Gegenstand: „Die historische
Theologie schließt auch den praktischen Teil geschichtlich in sich,
indem die richtige Auffassung eines jeden Zeitraumes auch bekunden
muß, nach was für leitenden Vorstellungen die Kirche während
desselben regiert worden.“[69]
Es klang schon an, daß nicht nur die historische, sondern auch die
philosophische Theologie in den Dienst der Praktischen Theologie
gestellt wird. Auch sie ist ganz und gar auf die Funktion der
Kirchenleitung bezogen.[70] Die Praktische Theologie setzt zunächst
voraus, daß in der philosophischen Theologie das Wesen des Christlichen richtig bestimmt wird und die Formen christlichen Gemein-
schaftslebens und damit die prinzipiellen Möglichkeiten der Kirchengestaltung erarbeitet und reflektiert werden. Darüber hinaus hat die
philosophische Theologie das Verhältnis der Kirche zu anderen
gesellschaftlichen Systemen, vor allem zu Staat und Wissenschaft, zu
reflektieren. Der für Schleiermacher beklagenswerte Zustand der
philosophischen Theologie hat zur Folge, daß die historischen Ergebnisse häufig nicht richtig eingeschätzt werden und für die Erfordernisse der Kirchenleitung deshalb nicht fruchtbar gemacht werden
können. Der Mangel an Prinzipien und kritischer Urteilsfähigkeit
führt zu einem „Mangel an Sicherheit in der KirchenLeitung[!]“, zu
Orientierungslosigkeit und Handlungsunfähigkeit.[71]
In seinen Ausführungen zur philosophischen Theologie nennt
Schleiermacher noch zwei besondere Verbindungen zur Praktischen
Theologie, anknüpfend an die beiden Hauptteile der philosophischen

---

69 KD, § 28. Folgte man Schleiermachers enzyklopädischen Programm, wäre
    somit die vorliegende Studie weitgehend zur historischen Theologie zu rech-
    nen.
70 Vgl. KD, § 38: „Als theologische Disziplin muß der philosophischen Theolo-
    gie ihre Form bestimmt werden durch ihre Beziehung auf die Kirchenleitung.“
71 Enzyklopädie, 30, vgl. KD, § 29, Enzyklopädie, 29f.

Theologie, Polemik und Apologetik. Aufgabe der *Apologetik* ist die Untersuchung des Wesens des Christentums und des Protestantismus in Abgrenzung nach außen. An die Apologetik ließe sich somit ein Zweig der Praktischen Theologie anschließen, der „Anfeindungen" von außen entgegentritt und versucht, andere für die christliche Gemeinschaft zu gewinnen. Der *Polemik* kommt es zu, die internen Grenzen des Christentums, bzw. des Protestantismus zu klären. Sie untersucht, was „krankhaft" und abweichend vom Grundkonsens christlichen Glaubens ist. Entsprechend ließe sich ein auf die Polemik zurückgehender Teil der Praktischen Theologie konstruieren, der auf die Beseitigung der „Krankheitszustände" der Kirche abzielt.[72] In der Praktischen Theologie knüpft Schleiermacher an diese Überlegungen allerdings nicht an, für die Gliederung der Praktischen Theologie werden andere Unterscheidungen leitend.[73]

Schleiermachers enzyklopädisches Konzept ist funktional konzipiert. Die Theologie wird als Funktion der Kirche verstanden, ihr Zuschnitt ist an den für die Kirchenleitung erforderlichen Kompetenzen orientiert. Die Grobeinteilung der Disziplinen nach philosophischer, historischer und Praktischer Theologie verdankt sich ebenfalls nicht bestimmten Gegenständen, sondern *funktionalen* und *methodischen* Gesichtspunkten. Die philosophische Theologie hat die Funktion, *kritisch* das Wesen des Christentums und des Protestantismus zu bestimmen. Die historische Theologie erforscht *empirisch* die durch die Kirchenleitung zu gestaltende Wirklichkeit, und die Praktische Theologie erhebt schließlich auf der Basis der Erkenntnisse von philosophischer und historischer Theologie die *technischen* Regeln hierfür. Berücksichtigt man, welche Leistungen die anderen theologischen Disziplinen für die Theorie der Kirchenleitung idealiter zu erbringen haben, erscheint die Beschränkung der Praktischen Theologie auf eine technische Disziplin keinesfalls mehr reduktionistisch, sondern läßt sich als sinnvolle Aufgabenaufteilung verstehen. Der funktionale Zuschnitt der Disziplinen verhindert Doppelungen, wie sie sich in Nitzschs Konzept mit einer dogmatischen und

---

72 Vgl. KD, §§ 35, 39, 40.
73 Bezüge lassen sich jedoch zur Theorie der Mission und zur Seelsorge herstellen. Auch der im nächsten Abschnitt zu beschreibende konfessionelle Charakter der Praktischen Theologie basiert auf der speziell protestantischen Apologetik und Polemik.

einer praktisch-theologischen Ekklesiologie ergeben.[74] Darüber hinaus ist zu beachten, daß es zu Schleiermachers Zeit noch keine Spezialisierung der Lehrenden auf einzelne theologische Disziplinen gab. Abgesehen vom Alten Testament, hat Schleiermacher über alle theologischen Fächer und zusätzlich als Mitglied der philosophischen Klasse der Akademie der Wissenschaften über ein breites Spektrum an philosophischen Themen gelesen. Wenn Schleiermacher die Aufgaben, die heute der Praktischen Theologie zufallen, auf verschiedene theologische Disziplinen verteilte, bedeutete dies insofern nicht, daß diese von verschiedenen Personen behandelt würden. Eine Integration der gesamten Theologie in einer Lehrperson war noch denkbar, die heutige Ausdifferenzierung theologischer Disziplinen noch kaum vorstellbar. Schleiermacher hatte sich 1810 in einem Gutachten für Wilhelm von Humboldt bekanntlich selbst gegen eine praktisch-theologische Fachprofessur ausgesprochen.[75] Eine solche Professur wäre mit dem Zuschnitt seines enzyklopädischen Programms der Theologie, wie er es zu dieser Zeit zum ersten Mal entwarf, inkompatibel gewesen. Derartige Fachprofessuren machen eine *interne* Aufteilung der Theologie nach Funktionen unmöglich und erzwingen eine primär an Gegenständen orientierte Gliederung der Theologie, wie sie sich schließlich auch durchsetzte. Insofern ist Schleiermachers Dreiteilung der Theologie ein Anachronismus, der mit dem Ende des Universalgelehrtentums zum Aussterben verurteilt war.

Selbst bei Berücksichtigung der historischen Situation läßt sich allerdings in der Frage der Aufgabenstellung für die Kirchenleitung eine gewisse Unterbestimmung und Inkohärenz in Schleiermachers System feststellen: Die Aufgabenstellung für die Kirchenleitung ist für Schleiermacher immer nur die Sache einer einzelnen Person, die mit Hilfe von Prinzipien einen empirischen Zustand bewertet und daraus einen Handlungsimpuls erfährt. Diese Impulse werden von der praktisch-theologischen Theorie vorausgesetzt, geordnet und mit Kunstregeln versehen. Der Befund in der Kurzen Darstellung und in

---

74 Die enzyklopädische Aufgabenverteilung ist in der ansonsten sehr umsichtigen Darstellung Henning Schröers, Es begann mit Schleiermacher, nicht genügend berücksichtigt. Schröer meint, die Auslagerung der Aufgabenstellung aus der Praktischen Theologie verhindere, daß die Praktische Theologie *theologisch* argumentiere, vgl. a.a.O., 88.

75 Vgl. Schleiermacher an Wilhelm von Humboldt, 22.5.1810, Briefe IV, 180 sowie die Ausführungen bei M. Doerne, Theologie und Kirchenregiment, 366.

der Praktischen Theologie zeigt aber, daß die Praktische Theologie
de facto mehr leistet. Sie klassifiziert nicht nur irgendwelche
andernorts entstandenen Handlungsimpulse und Aufgabenstellungen,
vielmehr entwirft sie selbst ein *System kirchenleitender Handlungen*,
in das die je konkreten und einzelnen Handlungsimpulse eingetragen
werden können und das der Praktischen Theologie selbst Gliederung
und Gerüst ist. So wie Schleiermacher die Aufgabenstellung der
Kirchenleitung im umstrittenen Paragraphen 260 der Kurzen Darstellung beschreibt, hat sie keinen präzisen Ort in seinem Theologiesystem, ist sie vornehmlich eine Sache individueller Eindrücke und
nicht praktisch-theologischer Theorie. Faktisch verhält es sich jedoch
anders: Was Schleiermacher unter der Überschrift „Praktische Theologie" in der Kurzen Darstellung und in seinen Vorlesungen ausführt, ist bei näherem Hinsehen nichts anderes als der Entwurf eines
Systems kirchenleitender Aufgaben. Ausgehend vom Begriff der
Kirchenleitung und unter Berücksichtigung der realen Gegeben-
heiten unterscheidet Schleiermacher verschiedene Handlungsfelder
der Kirchenleitung und entwickelt auf dieser Basis die Einteilung der
Praktischen Theologie. Zur Praktischen Theologie gehört damit ganz
wesentlich die Aufgabenstellung für die Kirchenleitung, sie ist keine
bloße Nebensache. In seiner Vorlesung über theologische Enzyklopädie, die die zweite Auflage der Kurzen Darstellung kommentiert,
bemerkt Schleiermacher, daß die Praktische Theologie „ein Verhältniß zur Feststellung der Aufgaben haben" müsse[76]. Sie hat die
„Aufgaben, welche jedem aus seiner philosophischen und historischen Theologie einzeln entstehen, zu subsumiren, und darnach zu
classificiren. Darin liegt schon die ganze Construction der praktischen Theologie."[77] Auch eine Formulierung in der Praktischen
Theologie läßt Ähnliches erkennen: „Denn um jedes Verfahren, das
man einschlägt aus dem Zwekke zu begreifen, dazu ist es an der
Gemüthsruhe nicht genug, dazu gehört noch die klare Anschauung
des Gegenstandes, die Construction der Aufgabe und des Verfahrens
zur Lösung derselben: und das ist was durch Technik ausgedrückt

---

76 Enzyklopädie, 251.
77 Enzyklopädie, 251. Schon der Zusatz zum § 260 der Kurzen Darstellung rela-
    tiviert die überspitzte Formulierung des Leitsatzes: „Wohl aber müssen zum
    Behuf der Vorschriften über die Verfahrungsweise die Aufgaben, indem man
    vom Begriff der Kirchenleitung ausgeht, klassifiziert und in gewisse Gruppen
    zusammengestellt werden."

werden soll."[78] In dieser Äußerung lassen sich sogar drei Schritte einer differenzierten praktisch-theologischen Methode unterscheiden: Anschauung des Gegenstandes, *Konstruktion der Aufgabe* und Konstruktion eines Verfahrens zur Lösung der Aufgabe. Schleiermachers Praktische Theologie ist damit leistungsstärker, als er selbst sie im umstrittenen Leitsatz des Paragraphen 260 der Kurzen Darstellung beschrieben hat.

Obwohl die Ausdifferenzierung der Theologie anders erfolgte als Schleiermacher es sich vorstellte, prägt die Gewinnung und Vermittlung der Kompetenz zur Kirchenleitung (im weiten Schleiermacherschen Sinne) noch heute die evangelische Theologie. Sieht man von der Einteilung der Disziplinen ab, so scheint mir Schleiermachers Konzept insgesamt in erstaunlicher Weise zukunftsfähig zu sein. Den von Schleiermacher der Theologie zugewiesenen Aufgaben muß die Theologie, orientiert sie sich am Interesse der Kirche, heute wie damals nachgehen: Sie muß ermitteln, wie die zu gestaltende kirchliche Wirklichkeit historisch geworden und strukturiert ist, sie muß eine differenzierte Vorstellung davon ausarbeiten, in welche Richtung sich die Kirche entwickeln soll und angeben können, wie eine solche Entwicklung herbeigeführt werden könnte. Das Schleiermachersche System ist dabei aufgrund seines funktionalen Zuschnitts so flexibel, daß neuere gesellschaftliche Entwicklungen reflektiert und neue Methoden in das System integriert werden können, insofern dies die Erfordernisse der Kirchenleitung nahelegen. Eine besondere Stärke von Schleiermachers Theologiesystem ist darüber hinaus, daß Doppelarbeit, z.B. in Form einer dogmatischen und einer praktisch-theologischen Ekklesiologie, vermieden werden kann. Auch wenn die von Schleiermacher und seinen Kollegen noch praktizierte Universalzuständigkeit der theologisch Lehrenden angesichts der erfolgten Ausdifferenzierung theologischen Wissens heute unmöglich geworden ist, kann Schleiermachers Programm der Theologie Impulse liefern, die Arbeit der auseinanderfallenden theologischen Disziplinen besser zu koordinieren und durch ein enzyklopädisches Gesamtkonzept so aufeinander abzustimmen, daß diese nicht in Konkurrenz zueinander treten, sondern sich gegenseitig ergänzen und bereichern.

---

78 PT, 29. Wegen der editorischen Mängel der Praktischen Theologie läßt sich leider nicht feststellen, ob diese Formulierung jünger als die zweite Ausgabe der Kurzen Darstellung ist und damit eine Selbstkorrektur darstellt oder nicht.

4. Der konfessionelle Charakter der Praktischen Theologie - protestantische Prinzipien

Schleiermachers Praktische Theologie trägt deutlich konfessionelle Züge. Er versteht sie als „Theorie über das Fortbestehen der evangelischen Kirche als einer solchen, sofern dieses von absichtlichen freien Handlungen ausgeht"[79]. Der bewußt evangelische Charakter tritt im ganzen enzyklopädische Konzept Schleiermachers immer wieder hervor. Seinen Aufbau der Theologie in philosophische, historische und Praktische Theologie hält Schleiermacher für durchaus übertragbar auf andere Konfessionen.[80] Es läßt sich sogar sagen, daß jede auf eine komplexere Leitungsaufgabe bezogene Wissenschaft, gleichgültig ob sie auf Staats- oder Kirchenführung abzielt, analoge Elemente (Wesens- oder Zielbestimmung, Empirie und Technik) aufweisen müßte. Wird diese allgemeine Ebene jedoch verlassen, kommen die unterschiedlichen weltanschaulichen Vorstellungen deutlich zum Tragen.

Ausgangspunkt der konfessionellen Prägung der ganzen Theologie ist wiederum die philosophische Theologie. Hier werden die Prinzipien aufgestellt, die je nach Konfession variieren. Noch weitergehend fordert Schleiermacher für die philosophische Theologie, daß „jeder Theologe sie ganz für sich selbst produzieren" muß, „da die philosophische Theologie eines jeden wesentlich die Prinzipien seiner gesamten theologischen Denkungsart in sich schließt"[81]. Entsprechend gilt für die historische Theologie einschließlich der Dogmatik, daß jede Kirchenpartei ihre eigene Lehre nur selbst dogmatisch behandeln kann und sich jeder Theologiestudierende selbst eine geschichtliche Anschauung vom Gewordensein der eigenen Kirche

---

79 PT, 62.
80 Die *erste* Ausgabe der „Kurzen Darstellung" wurde bezeichnenderweise am ausgiebigsten von dem zeitgenössischen katholischen Tübinger Theologen Johann Sebastian Drey rezipiert. Das heutige katholische Lehrfach „Fundamentaltheologie" verdankt sich auf diesem Umweg wohl nicht zuletzt der „philosophischen Theologie" Schleiermachers. Vgl. auch die Schleiermacher-Rezeption durch Hans Küng, [Kap.] Theologie im Geist der Moderne: Friedrich Schleiermacher, in: ders., Das Christentum. Wesen und Geschichte, München/Zürich 1994, 791-817, zur Fundamentaltheologie a.a.O., 799.
81 KD, § 67. Man kann sich natürlich einer Darstellung der philosophischen Theologie durch jemand anderes anschließen, muß sich diese aber als eigene Überzeugung aneignen, vgl. ebd.

und ihrer Lehre bilden muß. Die prinzipielle Perspektivität jeder Darstellung macht die eigene Urteilsbildung unverzichtbar.[82]

Nach Schleiermacher wird die gegenwärtig Geschichtsperiode[83] vom Gegensatz zwischen Protestantismus und römischem Katholizismus bestimmt. Dieser Gegensatz prägt die Prinzipien der beiden Konfessionen und gewinnt Gestalt in den unterschiedlichen Kirchenverfassungen, der religiösen Praxis und den Lebensverhältnissen der Gläubigen. Nicht zuletzt in der jeweiligen Theologie drückt er sich deutlich aus. Es ist daher Aufgabe der Dogmatik, „das Verhältnis jeden Lehrstücks zu dem unsere Periode beherrschenden Gegensatz zum klaren Bewußtsein" zu bringen.[84] Die Dogmatik hilft damit der Kirchenleitung bei der richtigen Einschätzung der Beziehungen zwischen den Konfessionen: Falsche Unionsbemühungen können verhindert und überfällige Annäherungen zwischen den Konfessionen in Angriff genommen werden.

Auch die Praktische Theologie gewinnt nach Schleiermacher ihr besonderes Profil durch den konfessionellen Standpunkt. Sowohl der Kirchendienst, als auch das Kirchenregiment sind in der evangelischen Kirche „wesentlich durch ihren Gegensatz gegen die römische [Kirche] bedingt"[85]. Die protestantische Praktische Theologie hat dem Rechnung zu tragen. Da sich die Regeln der Kirchenleitung auf die Gestaltung des Gegensatzes zwischen den „Hervorragenden und der Masse" beziehen und sich die Unterschiede zwischen den Konfessionen wiederum wesentlich auf das unterschiedliche Verhältnis der Laien zum Klerus zurückführen lassen, sind die Gestaltungsprinzipien maßgeblich konfessionell geprägt. Eine praktisch-theologische Theorie sollte somit nicht nur aufgrund der konfessionellen Position des wissenschaftlichen Autors, sondern auch aufgrund ihres Gegenstandsbezugs, nämlich einer bestimmten Kirchengemeinschaft, konfessionell geprägt sein. Nur dann ist sie auf die spezifischen Verhältnisse der jeweiligen Kirchengemeinschaft abgestimmt. Schleiermachers Praktische Theologie ist deshalb programmatisch *evangelische* Praktische Theologie. Weil die Verhältnisse selbst innerhalb der evangelischen Kirche noch sehr verschieden sind, schränkt er die Reichweite seiner Theorie noch weiter ein: Sie ist nur auf die

---

82 Vgl. KD, §§ 98, 100, 212.
83 Zu den Begriffen Periode und Epoche vgl. KD, § 73.
84 Vgl. KD, § 217.
85 KD, § 338.

Verhältnisse der deutschen evangelischen Kirche bezogen.[86] Bewußt verzichtet Schleiermacher auf eine weitere Differenzierung der evangelischen Konfessionen. Die Trennung von Reformierten und Lutheranern hält er für einen bedauerlichen Unfall der Reformationsgeschichte, den es schnellstens zu überwinden gelte. Ohnehin seien die Gegensätze je innerhalb der Gruppe der Lutheraner oder der Reformierten gravierender als die zwischen den beiden Gruppen. Der Unterschied sei nur noch ein Gegensatz der theologischen Schulbildung, im Leben der Kirche sei er ohne Bedeutung. Entsprechend dieser Einschätzung war Schleiermacher einer der maßgeblichen Vorkämpfer der preußischen Union.[87]

Bei der Ermittlung der spezifisch protestantischen Prinzipien greift die Praktische Theologie insbesondere auf Dogmatik und Apologetik zurück.[88] In der Apologetik, wie sie in der „Kurzen Darstellung" als Teil der philosophischen Theologie entworfen ist, gibt es neben der allgemein christlichen Apologetik auch eine speziell protestantische.[89] In der Dogmatik findet man keinen eigenen Abschnitt zu protestantischen Prinzipien, da nach Schleiermacher *jeder* Lehrsatz durch das protestantische Profil ausgezeichnet sein soll. Insgesamt schließt Schleiermacher an die Prinzipien der Reformationszeit an. Er rekurriert auf das Schriftprinzip, auf die zentrale Stellung des Erlösers, dem die Kirche deutlich nach- und untergeordnet ist und zu dem jede und jeder Gläubige unmittelbaren Zugang hat. Die Rechtfertigungslehre gibt seiner Glaubenslehre die Grundstruktur, und die Lehre vom allgemeinen Priestertum prägt, wie oben gezeigt wurde, Schleiermachers ekklesiologische Vorstellung ganz entscheidend. Alle diese Grundanschauungen wirken sich, wie zu zeigen sein wird, elementar auf die praktisch-theologische Theoriebildung aus.[90]

---

86   Vgl. KD, § 273.
87   Vgl. z.B. CG, § 24, I, 142, Vorschlag zu einer neuen Verfassung der protestantischen Kirche im preußischen Staate, 120 und: Ueber die für die protestantische Kirche des preußischen Staats einzurichtende Synodalverfassung, 7f.
88   Vgl. KD, §§ 53, 212.
89   Vgl. KD, §§ 36, 50.
90   Vgl. PT, 55, 61f.

5. Der Aufbau der Praktischen Theologie

Die Klassifizierung der Aufgaben der Praktischen Theologie orientiert sich an den Aufgabenfeldern der Kirchenleitung. Schleiermacher nennt drei voneinander unabhängige Differenzierungsmöglichkeiten, die sich alle am soziologisch erfaßten Phänomenbestand des kirchlichen Lebens und der Kirchenleitung orientieren. Zunächst unterscheidet Schleiermacher leitende Tätigkeiten in Bezug auf den *Kultus* und in Bezug auf die *Anordnung der Sitte*. Sodann legt die Binnendifferenzierung der Gruppe der „Hervorragenden" gemäß den zwei Elementen der theologischen Gesinnung (kirchliches Interesse, wissenschaftlicher Geist) zwei Leitungsformen nahe, eine eher *klerikalische* und eine im engeren Sinne *theologische*. Zuletzt unterscheidet Schleiermacher eine *lokale* Leitungsfunktion, deren Gegenstand die einzelne Gemeinde ist, von einer Leitung in Bezug auf das *Ganze*, also einer „organischen Verbindung" von Gemeinden. Die drei Gegensatzpaare lassen sich nicht aufeinander zurückführen, sie müssen alle in der Theorie aufgenommen werden.[91]

Für den Aufbau der Praktischen Theologie stellt sich die Frage, welches der drei Unterscheidungen oder „Teilungsgründe" die Gliederung dominieren soll. Schleiermacher entscheidet sich für den Unterschied zwischen der lokalen Leitung und der Leitung der ganzen Kirchengemeinschaft, er nennt erstere *Kirchendienst*, die zweite *Kirchenregiment*. Entsprechend gliedert er die Praktische Theologie in der Kurzen Darstellung in die Teile *Grundsätze oder Theorie des Kirchendienstes* und *Grundsätze oder Theorie des Kirchenregimentes*[92]. Die Dominanz dieser Aufteilung erklärt Schleiermacher mit dem „gegenwärtigen Zustand unserer Kirche"[93]. Unter anderen Verhältnissen könnten andere Einteilungen angemessener sein. Der Gliederung der Praktischen Theologie nach Kirchendienst und Kirchenregiment werden die anderen Einteilungen nach

---

91 Vgl. KD, §§ 269-271, 274.
92 Den Begriff „Theorie" ersetzt Schleiermacher in der zweiten Auflage der Kurzen Darstellung im Zuge seiner Tendenz, Fachbegriffe zu verdeutschen, in den Abschnittsüberschriften durch den Begriff „Grundsätze". Im Text selbst spricht er jedoch wieder von „Theorie", vgl. z.B. KD, § 275.
93 KD, § 274.

Kultus und Sitte und nach Kleriker und Theologen untergeordnet, auf die ich später eingehen werde.

In der Einleitung der Kurzen Darstellung differenziert Schleiermacher vier unterschiedliche Richtungen des kirchenleitenden Handelns, die aus der Kreuzung der Begriffspaare zusammenhaltend/anbildend und intensiv/extensiv entstehen und die ebenfalls zur Gliederung der Praktischen Theologie herangezogen werden könnten.[94] Der *zusammenhaltende Aspekt* kirchenleitenden Handelns bringt zum Ausdruck, daß die Kirchenleitung sich immer schon auf einen ihr vorgegebenen Gegenstand bezieht. Die Kirchenleitung hat die Gemeinschaft lediglich zu erhalten, sie stiftet sie nicht. Durch das *Anbilden* sorgt die Kirchenleitung dafür, daß der Nachwuchs in die Kirchengemeinschaft aufgenommen wird und so die Gemeinschaft trotz der Vergänglichkeit ihrer Individuen bewahrt wird. Beide Handlungsweisen können nun wiederum zwei Richtungen aufweisen und entweder einen extensiven oder einen intensiven Charakter haben. Der *intensive* zielt auf die Steigerung der Intensität der Frömmigkeit, der *extensive* richtet sich auf die Größe der Gemeinschaft, auf ihre Ausbreitung in der Welt.[95] Schleiermacher greift auf diese Vierteilung des Aufgabengebiets der Kirchenleitung bei der Gliederung der Praktischen Theologie jedoch nicht zurück. Auch die oben angeführte Idee einer an den beiden Teilen der philosophischen Theologie, Apologetik und Polemik, ausgerichteten Praktischen Theologie realisiert Schleiermacher nicht.

Dieser Sachverhalt wirft ein Licht auf Schleiermachers eigenwillige Kunst der Gliederung. Die Einteilung eines Gebietes kann prinzipiell verschieden erfolgen. Keine Einteilung ist an sich notwendig, jede muß sich an den Erfordernissen der Situation orientieren und in der Praxis bewähren. Unter anderen Umständen bieten sich möglicherweise andere Einteilungen an und, wie gezeigt, spielt Schleiermacher an verschiedenen Stellen mit unterschiedlichen Gliederungsmöglichkeiten der Praktischen Theologie. Schleiermacher wählt die Differenzierungen so, daß das bipolar Unterschiedene jeweils das Ganze abbildet und kein Rest bleibt, der von der Unterscheidung nicht erfaßt wird. Sodann führt er meist verschiedene solcher Differenzierungen an, die nicht aufeinander reduzierbar sind und sich kreuzen lassen. Durch die Kreuzung ergibt sich dann eine

---

94 Vgl. KD, § 25.
95 Vgl. Enzyklopädie, 24f.

entsprechende Kreuztabelle. Für die Gliederung der Praktischen Theologie mit ihren drei Teilungsgründen ergäben sich 2^3 also 8 Felder der Kirchenleitung. Faktisch sind es allerdings nur sechs, da, wie ich unten zeige, zwei Felder in Wirklichkeit nicht besetzt sind.[96]

Es ist wichtig, Schleiermachers Differenzierungen nicht in das Korsett einer einheitlichen Systematik zu zwingen. Schleiermacher entwickelt kein Universalschema menschlichen Handelns und Lebens, das immer nur weiter ausdifferenziert werden müßte. Als Romantiker denkt er streng geschichtlich, auch die Spekulation, das Konstruieren von Begriffen und Unterscheidungen erfolgt auf *empirischer* Basis. Die Systeme und Lebensverhältnisse werden in ihrer Eigenständigkeit, in ihrer historischen Einmaligkeit und Unableitbarkeit respektiert. Jedes Phänomen erzwingt seine eigene Gliederung. Schleiermachers Einteilungen sind kontextbezogen und nicht beliebig übertragbar: In der philosophischen Ethik entwirft er ein Viererschema der Vernunfttätigkeiten, dem vier menschliche Lebenssphären korrespondieren. Der „Christlichen Sitte" liegt ein Dreierschema zugrunde, das die Formen christlichen Handelns erfassen soll. Mit extensiv/intensiv, zusammenhaltend/anbildend liegt wieder ein Viererkreuzschema für die Formen der Kirchenleitung vor, das aber faktisch einem völlig andersartigen, von acht auf sechs Handlungsfelder reduzierten Schema weichen muß. Keines dieser Schemata ist von den anderen abhängig oder läßt sich in ein anderes überführen. Es gibt zwar gewisse Zusammenhänge, wie die oben schon erwähnte relative Nähe von „Symbolisieren" in der philosophischen Ethik und „darstellendem Handeln" in der christlichen Sitte. Die Begriffe und Unterscheidungen mit denen Schleiermacher beobachtet, das sei nochmals betont, lassen sich aber nicht einfach übertragen, sie sind streng genommen immer nur in ihrem jeweiligen Kontext gültig.

Beide Elemente der Kirchenleitung, Kirchendienst und Kirchenregiment, haben die Kirche als Bezugspunkt. Obwohl das Arbeitsfeld des Kirchendienstes die lokale Gemeinde ist und damit der Begriff „Gemeinderegiment" nahe läge, entscheidet sich Schleiermacher mit dem Begriff *Kirchen*dienst für die Hervorhebung des Kirchenbezuges, „weil nämlich der Verband der Gemeinen, wie wir ihn vorzugsweise Kirche nennen, hervorragt, und es daher angemessen ist,

---

96 Vgl. zu dieser Methode des sich kreuzenden, doppelt positiven Gegensatzes: Dialektik, 243-249. Vgl. auch: F. Wagner, Schleiermachers Dialektik, 246.

auch den andern Teil auf diese Gesamtheit zu beziehen"[97]. Der Begriff „Dienst" soll dabei nicht suggerieren, daß die lokale Tätigkeit keine Leitungstätigkeit sei. Er stammt vielmehr vom lateinischen „minister" oder „ministerium" ab, der in der theologischen Tradition, z.B. in der Wendung „minister verbi divini", verbreitet ist.[98]

Ausführliche begriffsgeschichtliche Überlegungen lohnen jedoch nicht. Schleiermacher legte auf feststehende Bezeichnungen wenig Wert. Er operierte ständig mit Synonymen und liebte die Variation des Begriffs. Dies wird an den laufend wechselnden Bezeichnungen für die Personen deutlich, die kirchenleitend tätig sind. Schleiermacher nennt sie in der „Kurzen Darstellung" ohne Bedeutungsunterschied die „Hervorragenden" im Unterschied zur Masse (§ 267f), die „besonnen Einwirkenden" (§ 259), die „Leitenden" (§ 301), die „überwiegend Wirksamen" (vgl. § 278), die „Mitteilenden" (§ 300), die „überwiegend Produktiven" (§ 290), die „überwiegend Selbsttätigen" (§ 294), oder auch einfach den „Klerus" (§ 308).[99] Für eine homogene Begrifflichkeit hatte Schleiermacher nichts übrig, wichtig war ihm allein die genaue Bestimmung des Phänomens oder der Funktion. Auch der Begriff „Kirchenregiment" ist als Begriff wenig originell. Er ist der seit der Reformationszeit gängige deutsche Begriff für die Leitung einer Landeskirche, zumeist durch den Landesherrn. Originell an Schleiermachers Theorie des Kirchenregiments ist hingegen die inhaltliche Bestimmung des Kirchenregimentes, die mit der Tradition des landesherrlichen Kirchenregiments radikal bricht und eine neue Ära evangelischer Kirchenleitungsverständnisses einläutet.

Schleiermacher verwendet den Begriff „Kirchenregiment" selbst in unterschiedlicher Bedeutung und Weite. Im Paragraphen fünf der Kurzen Darstellung wird „Christliches Kirchenregiment" als Synonym für die „zusammenstimmende Leitung der christlichen Kirche" gebraucht. Der Begriff umfaßt hier alle Leitungsaufgaben der Kirche im weitesten Sinne, also jedes Handeln mit theologischen Kenntnissen.[100] Im Paragraphen 275 der „Kurzen Darstellung" taucht dann der Begriff des „Kirchenregimentes im engeren Sinne" auf. Hier ist mit Kirchenregiment nur die leitende Tätigkeit in Bezug

---

97 KD, § 274.
98 Vgl. PT, 526.
99 In der Praktischen Theologie finden sich noch, ohne Anspruch auf Vollständigkeit: Geistlicher, Kirchenlehrer, Kirchendiener und Seelsorger.
100 Vgl. KD, § 11.

auf eine Kirchengemeinschaft oder Landeskirche in ihrer Ganzheit gemeint, von der der „Kirchendienst" als lokale Form der Leitung zu unterscheiden ist. Zusammen bilden Kirchendienst und Kirchenregiment im engeren Sinne dann die Kirchenleitung oder das Kirchenregiment im weiteren Sinne. Im Zusammenhang der Praktischen Theologie ist zumeist diese letzte Unterscheidung maßgeblich, wobei statt vom „Kirchenregiment im engeren Sinne" immer nur abgekürzt vom „Kirchenregiment" gesprochen wird. Allerdings verwendet Schleiermacher den Begriff „Kirchenregiment" in der Praktischen Theologie in einem noch engeren Sinn als hier angegeben. Er bezeichnet dort stellenweise nur das durch die Kirchenverfassung konstituierte *gebundene* Element des Kirchenregiments.[101] In der Ekklesiologie der Glaubenslehre wird der Begriff Kirchenregiment noch in einer anderen Bedeutung gebraucht, die sich mit keiner der beiden bisherigen Bestimmungen deckt. Zum Kirchenregiment wird dort nämlich auch die Kirchenzucht und die Verwaltung von Taufe und Abendmahl gerechnet, die nach der Aufteilung der Praktischen Theologie als lokale Tätigkeit zum Kirchendienst zu zählen sind.

Eigentlicher Gegenstand der hier vorgelegten Studie ist die Theorie des Kirchenregimentes, die Schleiermacher von der Theorie des Kirchendienstes in den Paragraphen 274 und 275 der Kurzen Darstellung abgrenzt. Es geht also um die „leitende Tätigkeit mit der Richtung auf das Ganze"[102], deren Gegenstand „die organische Verbindung der Gemeinen, das heißt die Kirche"[103] ist und um die auf diese Leitungsfunktion bezogene praktisch-theologische Theorie. Da das Kirchenregiment jedoch in hohem Maße auf den Kirchendienst und seine Gestaltung bezogen ist, ist es für das Verständnis der Theorie des Kirchenregiments unerläßlich, wenigstens die Grundgedanken der Theorie des Kirchendienstes in einem Exkurs zu erläutern.

Exkurs zur Theorie des Kirchendienstes

Schleiermachers Theorie des Kirchendienstes umfaßt alle kirchenleitenden Tätigkeiten innerhalb einer Ortsgemeinde. Eine „örtliche

---

101 Auch dafür verwendet Schleiermacher die Bezeichnung „Kirchenregiment im engern Sinn", vgl. PT, 720.
102 KD, § 274.
103 KD, § 271.

Gemeine" ist für Schleiermacher der Inbegriff „der in demselben
Raum lebender und zu gemeinsamer Frömmigkeit verbundener
christlicher Hauswesen gleichen Bekenntnisses" und die „einfachste
vollkommen kirchliche Organisation, innerhalb welcher eine leitende
Tätigkeit stattfinden kann."[104] Es gibt zwar auch kleinere Einheiten
wie z.B. eine „Hausgemeine", in denen die Religion gepflegt werden
kann. Diese Einheiten sind jedoch nicht primär um der Religion willen da. Größere Einheiten, wie z.B. die Kreis- oder Landesgemeine
sind zwar rein kirchliche Organisationen, sie dienen aber nicht unmittelbar der religiösen Kommunikation, sondern eher der Verwaltung.

Die Ausdifferenzierung von Leitungsfunktionen ist die Basis einer
frommen Gemeinschaft. Damit die religiöse Kommunikation geordnet verläuft, muß „wenigstens für bestimmte Momente übereinstim-
mend fixiert sein"[105], wer wirksam sein soll und mitteilt und wer
empfänglich sein soll. Eine temporär begrenzte Leitung ist die Min-
destbedingung für die „Circulation" des frommen Bewußtseins und
sie ist auch die Voraussetzung für eine Theorie des Kirchendienstes.
Konsequent vermeidet Schleiermacher die Festlegung von Ämtern
oder Hierarchien in seiner Theorie. Statt gängige Amtsbezeichnun-
gen zu verwenden, redet er lieber von den „überwiegend Wirksamen", von dem, „der den Kirchendienst verrichtet" oder von den
„überwiegend Empfänglichen". Sehr häufig umgeht er personenbe-
zogene Bezeichnungen völlig und spricht ausschließlich funktionsbe-
zogen von „überwiegender Wirksamkeit und überwiegender Empfänglichkeit", von „erbauender Wirksamkeit" oder der „Seelsorge".[106] Die noch in der ersten Ausgabe der Kurzen Darstellung ge-
bräuchliche Rede von „Klerus" und „Laien" wird in der zweiten
Ausgabe sehr spät und deutlich nachgeordnet eingeführt.[107]

Mit der zum Teil sehr umständlichen und im Vergleich zur ersten
Ausgabe sichtlich gewollten Vermeidung von personenbezogenen
Bezeichnungen verfolgt Schleiermacher vermutlich zwei Ziele: Zum
einen will er die frühzeitige Festlegung auf eine bestimmte Gestal-

---

104 KD, § 277.
105 KD, § 278.
106 Vgl. KD, §§ 278, 280, 299f.
107 Vgl. KD, § 307 mit den im Apparat der kritischen Ausgabe angeführten
    Parallelen aus der ersten Ausgabe. Dort wird ab dem 14. Satz der Einleitung
    zur Praktischen Theologie (kritische Ausgabe ab S. 103) ständig von Klerus
    und Laien oder von Kleriker und Gemeine gesprochen. Überhaupt herrschen
    in der ersten Ausgabe die personenbezogenen Bezeichnungen deutlich vor.

tung des Gegensatzes zwischen „Hervorragenden und der Masse" vermeiden, die erst in der Theorie des Kirchenregiments thematisch wird.[108] Zum anderen versucht er auf diese Weise, der protestantischen Maxime vom allgemeinen Priestertum größtmöglichen Nachdruck zu verleihen. Besonders die betonte und häufige Verwendung des Wortes „überwiegend" unterstreicht die Relativität und Veränderbarkeit des Gegensatzes zwischen „überwiegend Produktiven" und „überwiegend Empfänglichen".[109] Durch Schleiermachers Formulierungen wird deutlich, daß in der evangelischen Kirche zwar bestimmte Funktionen ausgeübt werden müssen, daß aber bei der Gestaltung konkreter Formen der Leitung größtmögliche Freiheit herrscht und daß die Klerikalisierung der Leitungsfunktion, also ihre feste Zuordnung zu einem Berufsstand der Pfarrer oder Pastoren, nur *eine* mögliche Form der Gestaltung ist.[110] Schleiermachers Ausführungen zum Kirchendienst in der „Kurzen Darstellung" sind ein eindrucksvoller Beleg, wie ernst es Schleiermacher mit dem in der Dogmatik hochgeschätzten allgemeinen Priestertum auch in der praktisch-theologischen Theorie ist. Ihn wie Rudolf Bohren oder auch Werner Jetter für die Klerikalisierung der Kirche oder für die Pastorenkirche verantwortlich zu machen erscheint angesichts dieses Befundes geradezu grotesk.[111]

---

108 So Schleiermacher selbst in KD, § 307.

109 Vgl. z.B. KD, §§ 290, 307.

110 Schon CA VII hatte mit der bewußt dürftigen Bestimmung der für die Kirche notwendigen Grundfunktionen weite Gestaltungsräume eröffnet. Vgl. dazu von Dietrich Rössler, Der Kirchenbegriff der Praktischen Theologie. Anmerkungen zu CA VII, in: Kirche, FS G. Bornkamm, hg. v. D. Lührmann u. G. Strecker, Tübingen 1980, 465-470.

111 Vgl. W. Jetter, Die Praktische Theologie, in: ZThK 64 (1967), 451-473, 463, R. Bohren, Daß Gott schön werde, 166-175. Die Ausführungen Jetters und Bohrens lassen die erheblichen Akzentverschiebungen zwischen der ersten und zweiten Auflage der Kurzen Darstellung außer acht. Sie berücksichtigen auch nicht die enorme Flexibilität der funktionalen Denkweise Schleiermachers. Der unbefangene Rückgriff auf die Vorlesungen Schleiermachers über die Praktische Theologie bei Jetter und Bohren ist methodisch problematisch, da aufgrund des schlechten editorischen Zustands der Quelle eine Datierung der Äußerungen Schleiermachers unmöglich ist und die parallel zu den beiden Auflagen der Kurzen Darstellung zu vermutenden Akzentverschiebungen nicht sichtbar werden können. Kritisch mit Bohrens ausgedehnter Schleiermacher*miß*interpretation setzt sich Henning Schröer, Es begann mit Schleiermacher, 86-89, auseinander. Schröer geht auch (a.a.O., 89-91) auf die Rezeption Schleiermachers durch Godwin Lämmermann (Praktische Theologie als kritische oder als empirisch-funktionale Handlungstheorie?) ein und stellt zutreffend fest, daß Lämmermanns Kritik an Schleiermacher im wesentlichen

Die Tätigkeit im Kirchendienst ist stark von den Vorgaben des Kirchenregiments abhängig. Das Kirchenregiment entscheidet, wie der Gegensatz zwischen „überwiegend Wirksamen" und „überwiegend Empfänglichen" gestaltet wird, also darüber, wie Ämter und Funktionen verteilt werden. Auf der Ebene des Kirchenregiments werden Vorgaben für die Liturgie des Gottesdienstes erarbeitet und Grundsätze der christlichen Sitte festgelegt. Die Gestaltungsbreite innerhalb des Kirchendienstes ist somit durch den Rahmen, den Kirchenregiment und Kirchenverfassung abstecken, begrenzt.[112]

Wie schon erwähnt, ordnete Schleiermacher der Differenz von Kirchenregiment und Kirchendienst die Unterscheidung des Einflusses auf den Kultus oder auf die Sitte unter. Die Differenzierung des kirchlichen Lebens nach Kultus und Sitte führt zu einer weiteren Aufgliederung des Kirchendienstes. Schleiermacher unterscheidet zwei Hauptformen des Kirchendienstes, die *erbauende* und die *regierende* Tätigkeit. Die erbauende Tätigkeit erfolgt beim „Zusammentreten der Gemeine zur Erweckung und Belebung des frommen Bewußtseins", also beim Gottesdienst oder *Kultus*. Die regierende Tätigkeit bezieht sich hingegen auf das ganze übrige Leben der Gemeinde und ihrer Glieder, indem sie die *Sitte* ordnet und Einfluß auf das Leben der einzelnen nimmt, allerdings gemäß der Methode der Seelenleitung ohne jede Form äußerer Sanktion.[113]

Die Erbauung im evangelischen Gottesdienst ist überwiegend „Mitteilung des zum Gedanken gewordenen frommen Selbstbewußtseins"[114], einschließlich poetischer Elemente. Diese Mitteilung ist als Kunst anzusehen und somit einer Theorie fähig und bedürftig. Die Theorie hat zu klären, in welchem Maße Kunstfertigkeit erforderlich

---

auf Unkenntnis Schleiermachers basiert. Genau in gegenteiliger Weise wie Jetter und Bohren deutet Henning Luther Schleiermachers Praktische Theologie (Praktische Theologie als Kunst für alle). Luther arbeitet zurecht die bedeutende Rolle der Laien in Schleiermachers Praktischer Theologie heraus. Kunst *für alle* kann die Praktische Theologie bei Schleiermacher aber schon deshalb nicht sein, weil die ganze Theologie *nicht allen* Kirchengliedern eignet, „sondern nur dann und sofern sie an der Kirchenleitung teilhaben" (KD, § 3).

112 Explizit kommt dies in den §§ 282, 283, 286, 287, 303, 307, 308 der Kurzen Darstellung zum Ausdruck.

113 Vgl. KD, § 297 und § 269. Die Differenzierung der Gruppe der Leitenden nach Klerikern und Theologen im engeren Sinn findet in der Theorie des Kirchendienstes keinen Niederschlag. Diese Felder der Kreuztabelle bleiben unbesetzt. Die Differenzierung wird jedoch für die Theorie des Kirchenregiments maßgeblich.

114 KD, § 280.

oder erwünscht ist, sie reflektiert, welche Lehrinhalte sich für den Kultus eignen und stellt Regeln auf, wie die Erbauung am zweckmäßigsten erreicht wird. Dabei hat sie insbesondere zu bestimmen, in welchen „Mischungsverhältnissen" prosaische und poetische Elemente in den Gottesdienst gehören. Zur Theorie der erbaulichen Tätigkeit des Kirchendienstes gehört deshalb auch eine „Theorie der kirchlichen Poesie".[115] Neben sie tritt, sozusagen als Theorie der kirchlichen Prosa, die Homiletik. Neben der Aufstellung von Kunstregeln für die religiöse Rede, die den Kern des evangelischen Gottesdienstes bildet, hat die Homiletik die Form der religiösen Rede zu reflektieren. Die „Predigt" hält Schleiermacher nur für eine der Möglichkeiten religiöser Rede, auch andere Formen müßten das gottesdienstliche Leben bereichern - leider erfährt man nicht, an welche anderen Formen der religiösen Rede Schleiermacher denkt. Um der Einförmigkeit des Gottesdienstes entgegenzutreten, kann es für Schleiermacher jedoch durchaus erforderlich sein, bestehende Traditionen zu opfern.[116]

Zum evangelischen Gottesdienst gehört neben der religiösen Rede die Liturgie. Auch für sie ist eine Kunstlehre auszubilden, die neben mimischen und gestischen Gesichtspunkten die Gestalt des Gottesdienstraumes zu bedenken hätte.[117] Im Gegensatz zur Predigt sind die Vorgaben des Kirchenregiments im Bereich der Liturgie von erheblicher Bedeutung. Zur Theorie des Kirchendienstes kann eigentlich nur der Teil der Liturgie gezählt werden, der vom Kirchenregiment nicht fixiert ist und den der Liturg insofern frei gestalten kann. Hier werden die Grenzen der Leistungsfähigkeit der Schleiermacherschen Einteilung der Praktischen Theologie sichtbar. Die Theorie der Liturgie müßte, führte man die Einteilung konsequent durch, auf die Theorie des Kirchendienstes und des Kirchenregimentes aufgeteilt werden - eine höchst unpraktikable Lösung.[118]

Der andere Teil des Kirchendienstes ist der „regierenden Tätigkeit" auf der Ebene der Ortsgemeinde gewidmet. Der Begriff „Regierung" erinnert unmittelbar an den Begriff Kirchenregiment, obwohl die „Regierung" als Teil des Kirchendienstes nicht mehr mit dem Kirchenregiment gemein hat als die „Erbauung": Beides sind

---

115 Vgl. KD, §§ 280-282.
116 Vgl. KD, §§ 283-285.
117 Vgl. KD, §§ 288, 289.
118 Vgl. KD, §§ 286, 287.

leitende Tätigkeiten. Insofern muß diese Bezeichnung als mißglückt betrachtet werden. Ich habe schon an mehreren Stellen auf die verwirrende Verwendung desselben Begriffes in verschiedenen Kontexten oder auf verschiedenen Ebenen hingewiesen. Hier liegt sicherlich eine der Ursachen für die Rezeptionsschwierigkeiten, mit denen Schleiermachers Theorie belastet ist.

Auch die regierende Tätigkeit im Kirchendienst wird von Schleiermacher in zwei Zweige geteilt, in die „Seelsorge im weiteren Sinn" und in die „anordnende Tätigkeit". Die anordnende Tätigkeit richtet sich auf die Lebensweise der Gemeinde und auf gemeinsame diakonische Dienste. Ihre Grenzen liegen in den Freiheitsansprüchen der Gemeindeglieder, die sowohl von denen, die den Kirchendienst verrichten, als auch vom Kirchenregiment zu respektieren sind: Das Kirchenregiment darf „nicht zentralisierend in das Gebiet der Gemeine"[119] eingreifen. Weitere Einschränkungen der anordnenden Tätigkeit liegen darin begründet, daß die evangelische Sitte und die evangelische Lehre in ständiger Entwicklung begriffen sind. Es gibt deshalb keine absoluten Maßstäbe für den ethischen Fortschritt in der Gemeinde und auch nicht für das, was die Gemeinde in ihrer Umwelt bewirken soll, um „dem Einfluß des christlichen und evangelischen Geistes größere Geltung zu verschaffen"[120]. Unstrittig ist jedoch, daß das „Gesamtleben" der Gemeinde wie ihrer Umwelt „allmählich der Gestalt näher gebracht werden kann, welche der reiferen Einsicht der Vorgeschrittenen gemäß ist"[121] und daß die Theorie der anordnenden Tätigkeit Methoden angeben muß, wie dies gelingen kann. Der Unterschied zwischen dieser praktisch-theologischen Teiltheorie und der christlichen Sittenlehre besteht darin, daß die Sittenlehre beschreibt, welche Zustände und Handlungen dem christlichen Geist entsprechen, während die technische Theorie Mittel und Wege zur Durchsetzung des noch nicht Verwirklichten entwirft, wobei die Mittel dem Zweck immer entsprechen müssen.

Gegenstand der anordnenden Tätigkeit ist die Gemeinde, sofern sie aus mündigen Gliedern besteht und als Ganze agiert. An dieser Einschränkung wird schon implizit deutlich, welche Glieder der Gemeinde zum Gegenstand der Seelsorge werden. Es sind die Glieder der Gemeinde, die in irgendeiner Weise „hinter dem Gan-

---

119 KD, § 303.
120 KD, § 305, vgl. § 304.
121 KD, § 304.

zen" zurückbleiben - in der Formulierung der Glaubenslehre entspricht diese Gruppe ungefähr dem „äußeren Kreis" der noch nicht Wiedergeborenen. Diese Gruppe ist sehr vielschichtig und ihre Grenzen sind fließend. Zu ihr gehören zunächst die unmündigen, noch zu erziehenden Gemeindeglieder, die durch die Seelsorge im weiteren Sinn, den katechetischen Unterricht, zu Mündigen werden sollen. Wenn möglich soll es dabei zu einer Annäherung an die „überwiegend Selbsttätigen" kommen, da die selbständige Frömmigkeit der Gläubigen ein wichtiges Ziel der evangelischen Kirche ist.[122] Die dazugehörige Theorie ist die Katechetik. Der Katechetik sehr ähnlich ist die „Theorie über die Behandlung der Konvertenden". Auch die „religiösen Fremdlinge" können als noch unmündig im evangelischen Glauben angesehen werden und bedürfen des theoriegeleiteten Unterrichts. Eine „Theorie des Missionswesens" wäre in analoger Weise denkbar. Sie ist wohl ein Postulat Schleiermachers, ähnlich wie die Theorie diakonischen Wirkens, die zur Theorie der anordnenden Tätigkeit zu zählen wäre.[123] In der Kurzen Darstellung und stärker noch in den entsprechenden Ausführungen der Praktischen Theologie wird allerdings eine deutliche Reserve Schleiermachers gegenüber der äußeren Mission sichtbar. Nur in seltenen Fällen entspringe der Trieb, andere bekehren zu wollen, lauteren Motiven, „launische Unzufriedenheit" mit dem eigenen Lebenskreis oder „Eitelkeit" sei häufiger der Antrieb.[124]

Nach der Seelsorge im weiteren Sinne bleibt als letzter Teil des Kirchendienstes noch die „Seelsorge im engeren Sinn" und die dazugehörige Theorie. Die Seelsorge im engeren Sinn wendet sich an diejenigen, die der Gleichheit mit anderen Gläubigen „durch innere oder äußere Ursachen verlustig gegangen sind"[125]. Primäre Aufgabe der Theorie ist es, die Bedingungen zu klären, unter denen eine Seelsorgebeziehung geknüpft werden soll und von wem sinnvollerweise die Initiative zu einer solchen ausgeht. Relativ einfach verhält es sich nach Schleiermacher mit denen, bei denen äußere Ursachen wie Krankheit o.ä. die Seelsorge erforderlich machen. Die Seelsorge

---

122 KD, §§ 291-294.
123 Vgl. KD, §§ 296-298, 306. Zur praktischen diakonischen Arbeit in Schleiermachers Gemeinde vgl. A. Reich, Friedrich Schleiermacher als Pfarrer, 264ff
124 Vgl. PT, 422-428, bes. 426. Dem englischen Missionswesen unterstellt Schleiermacher offen, vor allem durch politische und merkantile Interessen motiviert zu sein, vgl. Reden 4. Aufl., Erläuterung 3 zur 1. Rede, 169.
125 KD, § 299.

muß in einem solchen Fall nur ergänzen, was an gemeinsamem
Leben versäumt wurde. Die Theorie habe in diesen Fällen nur zu
klären, wie Pfarrer und Gemeindeglieder bei dieser „geistigen Kran-
kenpflege" zusammenarbeiten können. Eine Theorie des seelsorger-
lichen Gesprächs hält Schleiermacher für unnötig, denn dieses
grenze „zu nahe an das gewöhnliche Gespräch"[126]. Der enorme
Abstand heutiger professionalisierter Krankenseelsorge und heutiger
Seelsorgetheorie zu dem Konzept Schleiermachers ist augenfällig.
Eine Vermittlung scheint kaum möglich, da die vorausgesetzten
Situationen und Erwartungen zu unterschiedlich sind.[127]

Auch die Seelsorge, die durch „innere Ursachen" motiviert ist, läßt
sich kaum mehr in den Horizont des heute Erwartbaren einordnen.
Der Verlust der Gleichheit mit den anderen Gemeindegliedern
aufgrund innerer Ursachen äußert sich nach Schleiermacher in
„Opposition [...] gegen die erbauende oder die ordnende Tätigkeit"[128]. Das Ziel der Seelsorge ist die Wiederherstellung der
Empfänglichkeit für die Tätigkeit des Kirchendienstes. Die Theorie
hat zu klären, wie dies am besten geschieht, wobei wiederum nur
Mittel der Seelenleitung zur Verfügung stehen. Außerdem ist zu
bestimmen, was geschehen soll, wenn die Seelsorge ihr Ziel nicht
erreicht. Die Seelsorgetheorie hat also auch Kriterien zu entwickeln,
ob, und wenn ja, wann Maßnahmen der Kirchenzucht angezeigt
sind.[129]

---

126 KD, § 302.
127 Zur Professionalisierung der Seelsorge vgl. Reinhard Schmidt-Rost, Probleme
     der Professionalisierung der Seelsorge, in: WzM 41 (1989), 31-42. Zur Kritik
     an der modernen, vornehmlich psychoanalytisch orientierten Seelsorge vgl.:
     Isolde Karle, Seelsorge in der Moderne. Eine soziologisch-konstruktivistische
     Kritik der psychoanalytisch orientierten Seelsorgelehre, Neukirchen-Vluyn
     1996. Karle weist auf die enormen Nachteile hin, die die Orientierung der
     Seelsorgetheorie am psychoanlaytischen Paradigma mit sich brachte. Die
     Seelsorgetheorie folgte mit dieser Ausrichtung blind den Selbstdeutungs-
     mustern der Moderne, reduzierte die Vielfalt der biblischen Tradition auf
     wenige Grundkonflikte und -mythen und distanzierte sich zunehmend von der
     kirchlichen Gemeindearbeit. Karle arbeitet mit Hilfe konstruktivistischer und
     systemtheoretischer Überlegungen heraus, wie eine Seelsorgetheorie, die ihren
     kirchlichen Zusammenhang und die biblische Tradition ernst nimmt, in ganz
     anderer Weise in der Lage ist, der Moderne kritisch gegenüberzutreten und den
     Menschen gerecht zu werden.
128 KD, § 301.
129 Vgl. KD, § 301. Schleiermacher war in späterer Zeit ein Gegner der Kirchen-
     zucht, nachdem er anfangs eher ein Verfechter derselben war.

Nicht unerwähnt bleibt bei Schleiermacher die traditionell von der „Pastoralklugheit" behandelte Frage, wie sich das Verhältnis von Klerus und Laien im sonstigen, nicht kirchlich bestimmten Leben auswirkt, einschließlich der Frage, wie sich ein Pfarrer jenseits seiner Berufstätigkeit verhalten soll. Die Ausführungen in der Praktischen Theologie zur Pastoralklugheit sind - wie viele Abschnitte der Theorie des Kirchendienstes - ein köstliches Lesebuch zu heute befremdlich anmutenden Sitten, Gebräuchen und Problemen einer vergangenen Zeit. Es geht dabei z.B. um die Frage, ob ein Pastor sich als Musiker, Romancier oder Kupferstecher hervortun dürfe, ob er die zum Pastorat gehörige Landwirtschaft selbst betreiben oder verpachten solle oder „ob es für den Geistlichen schikklich ist ins Schauspiel zu gehen"[130] und Karten zu spielen. Es werden allerdings auch Themen verhandelt, die noch heute eine gewisse Relevanz haben dürften, z.B. die Frage, ob Geistliche eine politische Tätigkeit ausüben können oder ob sie eine besondere Moral zu beachten haben.[131] [Ende des Exkurses]

Anders als bei den übrigen theologischen Disziplinen, kann sich Schleiermacher eine echte Spezialisierung in Bezug auf die Praktische Theologie nicht vorstellen. Der Unterschied zwischen einer für *alle* verbindlichen Qualifikation und besonderer Virtuosität beruhe auf zufälligen oder persönlichen Beschränkungen und ergäbe sich von selbst. Eine Differenzierung könne letztlich nicht nach Gebieten, sondern nur nach Graden der Vollkommenheit erfolgen: „Die Aufgaben, zumal im Gebiet des Kirchenregiments, wird derjenige am richtigsten stellen, der sich seine philosophische Theologie am vollkommensten durchgebildet hat. Die richtigen Methoden werden sich demjenigen darbieten, der am vielseitigsten auf geschichtlicher Basis in der Gegenwart lebt. Die Ausführung muß am meisten durch Naturanlagen und allgemeine Bildung gefördert werden."[132] Schleiermachers Vorstellung von der theologischen Bildung und Kompe-

---

130 PT, 517. Vgl. zur Pastoralklugheit KD, § 308 und PT, 488-520.
131 Vgl. auch die praxisorientierten Vorschläge des Kieler Archidiakons Claus Harms in seiner „Pastoraltheologie. In Reden an Theologiestudierende", 3 Bde., Kiel 1830-1834. Nach Auskunft des Rauchschen Auktionskataloges befanden sich die ersten beiden Bände in Schleiermachers Besitz, vgl. Schleiermachers Bibliothek: Bearbeitung des faksimilierten Rauchschen Auktionskatalogs und der Hauptbücher des Verlages G. Reimer, besorgt v. G. Meckenstock, SchlAr 10, Berlin/New York 1993, Nr. 836, S. 196.
132 KD, § 336.

tenz kann als ganzheitliche charakterisiert werden. Insbesondere im Blick auf Schleiermachers eigene vielfältige theologische und kirchliche Tätigkeit erscheint dieses Konzept plausibel. Allerdings ist zu fragen, ob ein solches Konzept dem heutigen Grad gesellschaftlicher Ausdifferenzierung noch gerecht wird. So geht der „Grundriß der Praktischen Theologie" Dietrich Rösslers noch von der Vorstellung des „ganzen Pfarrers" aus, der alle Aufgabenfelder der kirchlichen Praxis prinzipiell im Auge haben muß. So wichtig ein Überblickswissen für jede professionell in und für die Kirche handelnde Person ist, so sehr scheint es mir überlegenswert, ob es nicht Spezialisten für Leitungsaufgaben, für Medienarbeit, für diakonische Dienste, für Gemeindearbeit, für Religionsunterricht oder für Verwaltungs- und Rechtsfragen geben muß, bzw. zurecht längst gibt, die das Konzept des „ganzen Pfarrers" oder der bei Rössler unterschlagenen „ganzen Pfarrerin" in Frage stellen. Gemessen an der Realität der innerkirchlichen Ausdifferenzierung erscheint dieses persönlichkeitsorientierte Konzept Rösslers eher als Relikt neuzeitlichen Christentums, denn als Reflex auf die Modernisierungsprozesse der letzten Jahrzehnte.[133] Trotz Schleiermachers gleichfalls „ganzheitlichem" Ansatz ist es immerhin eines seiner Grundanliegen, die pastoraltheologische Engführung der Praktischen Theologie zu überwinden, *verschiedene* Felder und Funktionen professioneller kirchlicher Tätigkeit zu unterscheiden und diese gerade *nicht* notwendig in der Person des Pfarrers zu integrieren. Schleiermacher will die Partizipation möglichst vieler Kirchenglieder an der „Kirchenleitung" in differenzierten Funktionspositionen ermöglichen.[134] Dabei soll die von ihm anvisierte Effektivierung und Professionalisierung der kirchlichen Tätigkeit gerade nicht zu Lasten, sondern zu Gunsten der Beteiligung der „Laien" in der Kirche erfolgen.

---

133 Joachim Scharfenberg bezeichnet Rösslers Grundriß in einer Rezension als „letzte, endgültige und zusammenfassende Beschreibung [...] des neuzeitlichen Christentums", vgl. J. Scharfenberg, Bestandsaufnahme des neuzeitlichen Christentums. Gedanken zu Dietrich Rösslers Grundriß der Praktischen Theologie, in: WzM 38 (1986), 266-277, 276. Vgl. auch: Klaus Tanner, Von der liberalprotestantischen Persönlichkeit zur postmodernen Patchwork-Identität?, in: Protestantische Identität heute, hg. v. F. W. Graf u. K. Tanner, Gütersloh 1992, 96-104.

134 Auch Dietrich Rössler will mit seinem dritten Teil des Grundrisses den gesellschaftlichen Bezug der Praktischen Theologie und des neuzeitlichen Christentums betonen, Leitfigur bleibt aber auch in diesem Kontext der „ganze Pfarrer" und seine Person.

Der kurze Abriß der Theorie des Kirchendienstes machte schon deutlich, wie eng Kirchendienst und Kirchenregiment in der Praktischen Theologie aufeinander bezogen sind. Schleiermacher konstatiert denn auch, daß die Reihenfolge der beiden Teile letztlich keine Rolle spielt und bei jeder Darstellungsweise auf den jeweils anderen Teil verwiesen werden muß. Schleiermacher wählte in der ersten Ausgabe der Kurzen Darstellung noch die Reihenfolge Kirchenregiment/Kirchendienst, änderte dies jedoch in der zweiten Ausgabe, die hier zugrunde gelegt wird. Die Begründung für die in der zweiten Ausgabe gewählte Reihenfolge ist pragmatisch: Wer sich überhaupt für kirchenleitende Aufgaben eigne, beginne seine Tätigkeit immer mit dem Kirchendienst.[135]

Schleiermacher widmet in der Kurzen Darstellung beiden Teilen der Praktischen Theologie annähernd gleich viele Paragraphen. Auf die „Grundsätze des Kirchendienstes" entfallen 31 Paragraphen (§§ 277-307), auf die „Grundsätze des Kirchenregiments" 26 Paragraphen (§§ 309-334). Vergleicht man die entsprechenden Abschnitte der Vorlesungen zur Praktischen Theologie, so ergibt sich ein anderes Bild. Dem Kirchendienst sind dort 457 Seiten gewidmet (64-520), dem Kirchenregiment mit 208 Seiten weniger als die Hälfte (521-728). Ob dieser Befund die tatsächliche Gewichtung in den praktisch-theologischen Vorlesungen Schleiermachers widerspiegelt, oder ob die Auswahl des Herausgebers der Praktischen Theologie für das Ungleichgewicht verantwortlich ist, läßt sich beim gegenwärtigen Quellenstand leider nicht klären. Fest steht jedenfalls, daß Schleiermacher in seinem *Programm* der Theologie der Theorie des Kirchenregiments einen gleichrangigen Platz neben der Theorie des Kirchendienstes einräumt. Der hohe Rang der Theorie des Kirchenregiments wird durch die Achterstellung der Grundsätze des Kir-

---

135 Vgl. KD, § 276. In den Vorlesungen zur Praktischen Theologie findet sich noch ein weiteres Argument: In der evangelischen Kirche trete die Einheit hinter den einzelnen Gemeinden zurück, die Gemeinde und der auf sie bezogene Kirchendienst müsse deshalb vorrangig behandelt werden (PT, 56f). Diesem Vorrang der Gemeinde, wie sie schon in der Ekklesiologie der Glaubenslehre hervortrat, steht allerdings die Formulierung des § 274 der Kurzen Darstellung entgegen. Dort begründete Schleiermacher die Bevorzugung des Begriffs „Kirchendienst" statt des Begriffs „Gemeinderegiment" damit, daß „der Verband der Gemeinen, wie wir ihn vorzugsweise Kirche nennen, hervorragt" und deshalb beide Formen der Kirchenleitung auf den *Kirchen*begriff zu beziehen seien. Der Widerspruch könnte auf einen zeitlichen Abstand zwischen beiden Äußerungen zurückzuführen sein, was sich aufgrund des Zustands der Quelle „Praktische Theologie" jedoch nicht verifizieren läßt.

chenregiments innerhalb der Kurzen Darstellung nochmals deutlich betont: In der Theorie des Kirchenregiments kommt die Theologie zu ihrem Ziel.

Zweiter Teil: Durchführung der Theorie des Kirchenregiments

IV. Struktur und Konstituierung eines protestantischen Kirchenregiments

1. Die Struktur der Theorie des Kirchenregiments

Die Gestalt der evangelischen Kirche war ein Anliegen Schleiermachers von Beginn seiner öffentlichen Wirksamkeit an. Er beteiligte sich intensiv und zum Teil unter hohem persönlichem Risiko an den kirchenpolitischen Umbrüchen seiner Zeit. Diese praktische Tätigkeit wurde von umfassenden theoretischen Forschungen begleitet und unterstützt. In seinen philosophisch-ethischen Überlegungen konzipiert er die Kirche - im Sinn einer Gemeinschaft zur Pflege religiöser Kommunikation - als ein notwendiges gesellschaftliches Funktionssystem innerhalb des Gesamtsystems der Gesellschaft, das im Zuge gesellschaftlicher Ausdifferenzierung und Komplexitätssteigerung Leitungsfunktionen entwickelt. Der philosophisch-allgemeine Kirchenbegriff findet seine christliche Näherbestimmung in Schleiermachers dogmatischen Arbeiten, der Glaubens- und der Sittenlehre. Die christliche und insbesondere die evangelische Kirche zeichnet sich dadurch aus, daß der unvermeidliche Gegensatz zwischen Leitenden und Geleiteten ein relativer und fließender ist. Die Leitung der evangelischen Kirche muß so gestaltet sein, daß dem Priestertum aller Gläubigen möglichst deutlich Ausdruck verliehen wird. Als Methode der Kirchenleitung kommt allein die „Seelenleitung" in Frage, das heißt allein auf kommunikativem Wege, durch das Argument und durch die Einwirkung auf die „freien Seelen", kann in der Kirche Macht ausgeübt werden. Die Freiheit der Christenmenschen schließt jede gewaltsame oder suggestive Form der Einflußnahme aus.

Damit die Leitung der Kirche die vom heiligen Geist ausgehenden Impulse zur Kirchengestaltung angemessen und sachgerecht umsetzen kann, bedarf sie einer ihre Handlungen anleitenden und sie reflektierenden Theorie. Diese für die Kirche in einer komplexen Gesellschaft notwendige Funktion erfüllt die akademische Theologie. Sie dient als ganze der Qualitätssicherung und -verbesserung der Kirchenleitung. Die Praktische Theologie hat unter Berücksichtigung der konkreten Situation und der prinzipiellen Zielvorgaben „Kunstregeln" für kirchenleitendes Handeln aufzustellen, die zur Bewältigung der praktischen Aufgaben anleiten. Schleiermacher unterscheidet zwei verschiedene Praxisfelder kirchenleitenden Handelns. Die Regeln für das leitende Handeln auf der Ebene einzelner Kirchengemeinden faßt er in der Theorie des Kirchendienstes zusammen. Den einzelnen Kirchengemeinden in der evangelischen Kirche vom Rang her zwar nachgeordnet, funktional aber übergeordnet ist der verfaßte Verband von Gemeinden, der vom Kirchenregiment geleitet wird. Das Kirchenregiment steuert allerdings nicht nur diesen verfaßten Komplex von Gemeinden, sondern beeinflußt auch das Geschehen in den einzelnen Gemeinden selbst und umfaßt insofern auch den Kirchendienst. Das Kirchenregiment beobachtet und reguliert somit das Beobachten und Regulieren der funktional nachgeordneten, im Kirchendienst Tätigen. Es ist deshalb in besonderer Weise für das „Zusammenstimmen" der Kirchenleitung verantwortlich.[1] Die *Theorie* des Kirchenregiments ist noch um eine Stufe komplexer angelegt: Sie beobachtet und reguliert mit ihren Kunstregeln das leitende Handeln auf der Kirchenregimentsebene, das wiederum das leitende Handeln auf Gemeindeebene steuert. Die Theorie des Kirchenregiments beobachtet damit auf einer dritten Ebene: Sie beobachtet das Beobachten (durch das Kirchenregiment) des Beobachtens (durch den Kirchendienst) - ein hochkomplexes und voraussetzungsvolles Gebilde.[2]

---

[1]   Vgl. KD, § 5.
[2]   Insofern kommt eine funktional auf die Kirchenleitung bezogene Theologie in der Theorie des Kirchenregiments tatsächlich zu ihrem Ziel, was ihre Achterstellung in der Kurzen Darstellung einmal mehr rechtfertigt.- Obwohl die Beobachtungen durch die Theorie des Kirchenregiments auf einer dritten Eben erfolgen, handelt es sich in der Terminologie Luhmanns um eine Beobachtung *zweiter* Ordnung. Beobachtungen zweiter Ordnung zeichnen sich dadurch aus, daß sie *Beobachtungen* beobachten und nicht wie Beobachtungen erster Ordnung irgend etwas anderes. Noch höhere Formen der Beobachtung bleiben ihrer *erkenntnistheoretischen* Struktur nach immer nur Beobachtungen von

Mit den bisherigen Ausführungen wurde der Ort des Kirchenregiments im Kontext von Gesellschaft, Kirche und Theologie bestimmt. Es wurde deutlich, daß die Gestalt der kirchlichen Ordnung
und die Form der kirchlichen Leitungsorgane von der Lehre der
Kirche bestimmt sind. Das Kirchenregiment als funktional hervorgehobene Instanz der Kirchenleitung ist ein wesentliches Lebens-
moment der evangelischen Kirche. Die nachfolgenden Kapitel sind
der Gestalt des Kirchenregiments, seinen konkreten Formen und
Handlungsweisen gewidmet. Schleiermacher weiß, daß er mit seiner
Theorie des Kirchenregiments Pionierarbeit leistet: Die „gewöhnliche Ausübung des Geistlichen in einer einzelnen Gemeinde", also
das, was Schleiermacher die Theorie des Kirchendienstes nennt, ist
nach Schleiermachers Feststellung „sehr reichlich" bearbeitet. „Dagegen ist die praktische Theologie sehr sparsam bearbeitet in Allem,
was die Anordnung der Kirche im Großen betrifft."[3] Schleiermacher
geht mit seiner Theorie des Kirchenregiments neue Wege. Er entwirft als erster eine Theorie einer sich selbst, nach eigenen - und
nicht nach staatlichen - Prinzipien steuernden Kirche und läßt damit
die protestantische Tradition des landesherrlichen Kirchenregiments
weit hinter sich. Er führt seine Praktische Theologie auf die Reformation zurück und fragt, welche Elemente, Formen und Handlungsweisen einer evangelischen Kirchenleitung angemessen und welches
ihre Aufgaben sind. Die Ordnung der Kirche wird in den Rang einer
theologischen Frage erhoben: „Folgen wir vielmehr den trefflichen
Männern der Reformationszeit: so mag jetzt, nach 300 Jahren, die
praktische Theologie aus Vergessenheit und Mißachtung wiederauf-
stehen und aufs neue an den Universitäten gepflegt und bereichert
werden, einmal in sorgsamer Erklärung der Pflichten des kirchlichen Amtes und der kirchlichen Rechte, zum anderen in der Darlegung rechter Kirchenverfassung und evangelischen Kirchenregiments."[4]

Beobachtungen, obwohl sie von sehr unterschiedlicher Komplexität sein
können. Vgl. Niklas Luhmann, Die Wissenschaft der Gesellschaft, Frankfurt
a.M. 1990, 68-121, G. Kneer/A. Nassehi, Niklas Luhmanns Theorie sozialer
Systeme, 95-110.
3   Enzyklopädie, 25.
4   Schleiermachers lateinische Rede zum Reformationsjubiläum: Oratio in sollemnibus ecclesiae per Lutherum emendatae saecularibus tertiis in Universitate
litterarum Berolinensi die III. Novembris A. MDCCCXVII habita (1817),
KGA I, 10, 3-15, 9, Z. 9-15, zitiert nach M. Doerne, Theologie und Kirchenregiment, 368f. Vgl. auch die Transkription eines Notizblattes Schleiermachers

Mit seiner Theorie des Kirchenregiments integriert Schleiermacher das evangelische Kirchenrecht in die Praktische Theologie. Fragen der Kirchenverfassung, der Ämtergestaltung, der Stellenbesetzung, Prüfungsfragen, Probleme der Kirchenzucht, des Kirchenausschlusses und der Verpflichtung auf das Bekenntnis werden Teil der praktisch-theologischen Reflexion. Die Integration des Kirchenrechts in die Theologie ist völlig konsequent, wenn man wie Schleiermacher davon ausgeht, daß die Theologie *alle* Kenntnisse und Kunstregeln, die für ein gedeihliches Kirchenregiment erforderlich sind, bereitzustellen hat. Die funktionale Bestimmung der Theologie ermöglicht eine unproblematische Eingliederung, ohne daß die Frage nach der Theologizität des Kirchenrechts virulent würde. Denn was an Kenntnissen für die Kirchenleitung erforderlich ist, ist eo ipso Theologie.

Die Integration des Kirchenrechts in die Theologie verändert dieses allerdings nicht unerheblich. Das Kirchenrecht wird dem Staat und der juristischen Fakultät entzogen, die Eigenart kirchlichen Rechts und kirchlicher Ordnung deutlich zum Ausdruck gebracht. Eine Geistgemeinschaft wie die Kirche kann nicht auf Recht basieren. Sie kann auch keine Sanktionen verhängen, sie ist vielmehr auf die Zustimmung der Mitglieder angewiesen, die die kirchliche Ordnung und die Art der Leitung und Gestaltung der Kirche als Ausdruck des kirchlichen Gemeingeistes empfinden müssen. Vor allem aber ist die Integration des Kirchenrechts in die Theologie ein deutlicher Bruch mit dem landesherrlichen Kirchenregiment und ein Signal für die Selbständigkeit der evangelischen Kirche.[5]

---

zu dieser Stelle in der Einleitung des Bandherausgebers von KGA I, 10, IX: „Das Kirchenrecht muß neu belebt werden, und Theologen Juristen und Philosophen sich dazu vereinigen." Zum Bezug Schleiermachers auf die Confessio Augustana vgl. Kap. II, Anm 119.

5   Martin Daur weist zurecht darauf hin, daß Schleiermacher den Begriff „Kirchenrecht" weitgehend vermeidet (Die eine Kirche und das zweifache Recht, 222). Daur beschreibt in seiner Arbeit anschaulich den eigenständigen Charakter der kirchlichen Ordnung bei Schleiermacher und verweist auf eine gewisse Nähe zum Werk Rudolph Sohms. Auf die erhebliche enzyklopädische Auswirkung dieser Eigenständigkeit - nämlich die Abspaltung des Kirchenrechts von der juristischen Fakultät und seine Integration in die Praktische Theologie - geht Daur jedoch nicht ein.- Als Spätfolge des landesherrlichen Kirchenregiments hat das *evangelische* Kirchenrecht in Deutschland bis heute eine merkwürdige Zwitterstellung zwischen der juristischen und der theologischen Fakultät. Immerhin gibt es Lehrstühle für Kirchenordnung, die der Kirchengeschichte zugeordnet sind. Hier ist Schleiermachers Vorschlag verwirklicht, daß die Geschichte der Praktischen Theologie, insbesondere die

Für die Theorie des Kirchenregiments ergeben sich aus der Zersplitterung der protestantischen Kirche in viele einzelne Landeskirchen gewisse Komplikationen. Die Verhältnisse in den verschiedenen evangelischen Kirchen sind sehr unterschiedlich. Besonders deutlich kommt dies in den divergierenden Kirchenverfassungen zum Ausdruck. Daraus zieht Schleiermacher aber nicht den Schluß, nur für seine eigene preußische Kirche eine theologische Theorie des Kirchenregiments aufzustellen. Schleiermacher geht vielmehr von der prinzipiellen *Einheit* der evangelischen Kirche und damit auch von der Möglichkeit einer einheitlichen evangelischen Theologie aus. Er erhebt deshalb den Anspruch, daß „die Theorie des Kirchenregimentes ihre Aufgaben so stellen" muß, „wie sie für alle möglichen evangelischen Verfassungen dieselben sind, und von jeder aus können gelöst werden."[6] Methodisch hat dies zur Folge, daß Schleiermacher vom Wesen des Protestantismus ausgeht, um die protestantischen Prinzipien dann zum historisch erhobenen Befund der realen Verhältnisse in Beziehung zu setzen und zugleich zu verdeutlichen, was unter welchen Bedingungen getan werden müßte, um das Christentum in seiner evangelischen Gestalt deutlicher zur Darstellung zu bringen. Wie die ganze Praktische Theologie ist die Theorie des Kirchenregiments damit eine technische Disziplin: Sie bezieht Wesen und Empirie aufeinander und stellt Regeln für kirchenleitendes Handeln auf. Das Zurückgreifen auf die Prinzipien der Reformation ermöglicht dabei die angestrebte Reichweite der Theorie für den ganzen Protestantismus.

Grundlage eines von der Kirche selbst gestalteten Kirchenregiments ist eine *Kirchenverfassung*, die einen Komplex von Gemeinden und damit ein zu steuerndes Ganzes überhaupt erst konstituiert. Verfassung und Kirchenregiment hängen aufs engste miteinander zusammen. Die Konstituierung eines von seiner Umwelt abgrenzbaren sozialen Systems Kirche und eines Kirchenregiments durch die Kirchenverfassung bildet deshalb auch den Ausgangspunkt für Schleiermachers Theorie (KD §§ 309-314). Für die Unterteilung der Theorie des Kirchenregiments sind die im Kapitel über die Praktische Theologie schon aufgeführten zwei Typen kirchenleitenden Handelns maßgeblich: das Wirken des *Klerikers* und das des

---

Frage, wie die Kirche zu verschiedenen Zeiten geleitet worden ist, Teil der historischen Theologie sein solle.
6   KD, § 311.

Theologen im engeren Sinne, des wissenschaftlichen Theologen. Der
Funktion des Klerikers ordnet Schleiermacher das „gebundene Element" des Kirchenregiments, die *Kirchliche Autorität*, zu, dem wissenschaftlichen Theologen das „ungebundene Element", die *Freie
Geistesmacht*.[7] Die Unterscheidung der beiden Leitungsformen ist
eine rein funktionale, im Ideal des Kirchenfürsten können beide
Funktionen vereint sein. Beide Elemente des Kirchenregiments haben von Anfang an in der evangelischen Kirche existiert und ohne
ihr produktives Zusammenwirken kann die Kirche nicht als evangelische bestehen. Die für die Theorie des *Kirchendienstes* leitende
Unterscheidung von *Kultus* und *Sitte* tritt auf der Ebene des
Kirchenregiments zurück und wirkt sich nicht auf die Architektur
der Theorie aus.

Die Doppelgestalt des Kirchenregiments ist für Schleiermachers
Theorie des Kirchenregiments maßgeblich und kommt auch in der
Gliederung der Kurzen Darstellung zum Tragen: Auf die einleitenden Paragraphen zur Konstituierung und zu den beiden Formen des
Kirchenregiments (§§ 309-314) folgen als Hauptkorpus der Theorie
die Ausführungen zur Tätigkeit der Kirchlichen Autorität (§§ 315-
329) und abschließend zur Freien Geistesmacht (§§ 330-334). Letzterer ist selbst wiederum nach zwei Funktionen unterteilt, dem „akademischen Lehrer" (330-331) und dem „kirchlichen Schriftsteller"
(332-334). Zu beachten ist, daß die Ausführungen zur Kirchlichen
Autorität auch die wesentlichen Tätigkeitsfelder des *gesamten* Kirchenregiments thematisieren. Diese Tätigkeitsfelder betreffen zwar
in erster Linie die Kirchliche Autorität, sie werden aber durch die
Freie Geistesmacht mitreguliert. Schleiermacher verweist deshalb
bei der Bearbeitung der Handlungsfelder des Kirchenregiments
mehrfach auf die Wirksamkeit der Freien Geistesmacht.

Für die Darstellung der Theorie gehe ich zunächst auf den hohen
Rang der Verfassungsfrage in Schleiermachers Theorie ein (2) und
entwickle die Grundlagen seiner Verfassungstheorie (3). Das V.
Kapitel ist den Formen der Kirchlichen Autorität gewidmet. Die
verschiedenen Typen evangelischer Kirchenverfassungen werden
dargestellt und ein konkreter Verfassungsvorschlag Schleiermachers
detailliert vorgestellt. Das VI. Kapitel wendet sich der Freien Gei-

---

7   Im folgenden werden die Begriffe „Kirchliche Autorität" und „Freie Geistes-
    macht" als Eigennamen betrachtet und ohne Anführungszeichen groß geschrie-
    ben.

stesmacht und ihren speziellen Handlungsfeldern zu. Kapitel VII und VIII gehen schließlich auf die dominanten Handlungsfelder des Kirchenregiments ein, die hauptsächlich von der Kirchlichen Autorität gestaltet, von der Freien Geistesmacht jedoch mitgeprägt werden. Im VII. Kapitel werden die internen Verhältnisse der Kirche in den Blick genommen, im VIII. die Beziehungen des Sozialsystems Kirche zu seiner Umwelt.[8] Für die Darstellung der Theorie wähle ich eine andere Gliederung als Schleiermacher, insofern ich die Freie Geistesmacht nicht ans Ende stelle, sondern direkt an die Beschreibung der Formen Kirchlicher Autorität anschließe. Die Behandlung der Tätigkeitsfelder des Kirchenregiments rückt damit an den Schluß.[9]

2. Die Kirchenreform als Verfassungsfrage

„Dass unser Kirchenwesen in einem tiefen Verfall ist, kann niemand leugnen. Der lebendige Antheil an den öffentlichen Gottesverehrungen und den heiligen Gebräuchen ist fast ganz verschwunden, der Einfluss religiöser Gesinnungen auf die Sitten und auf deren Beurtheilung kaum wahrzunehmen, das lebendige Verhältniss zwischen den Predigern und ihren Gemeinen so gut als aufgelöst, die Kirchenzucht und Disciplin völlig untergegangen, der gesammte geistliche Stand in Absicht auf seine Würde in einem fortwährenden

---

8   Die Unterscheidung einer internen und einer externen Wirksamkeit des Kirchenregiments hat nichts mit der von Schleiermacher im § 25 der Kurzen Darstellung vollzogenen Unterscheidung einer extensiven und intensiven Richtung der Kirchenleitung zu tun. Die extensive Richtung zielt auf das Erhalten bzw. Erweitern der Kirche in ihrem Volumen, die intensive auf den Grad der Frömmigkeit, vgl. Enzyklopädie, 24f.

9   Anders gliedert Frerichs die Theorie des Kirchenregiments in der Praktischen Theologie. Auf einen kurzen Einleitungsteil folgt ein erster Abschnitt zur organisierten Tätigkeit des Kirchenregiments, der Kirchlichen Autorität, darauf ein zweiter zum ungebundenen Element des Kirchenregiments, also zur Freien Geistesmacht. Die Theorie der Kirchenverfassung wird dabei ganz zur Kirchlichen Autorität gerechnet. Der unten näher beschriebene enge Zusammenhang zwischen Kirchenverfassung und Kirchlicher Autorität läßt diese Zuordnung als möglich erscheinen. Vielleicht war Schleiermachers Vorlesung tatsächlich auch so gegliedert. Die Kurze Darstellung legt jedoch die Vorordnung der Kirchenverfassung vor die beiden Formen des Kirchenregiments nahe, da die Kirchenverfassung nicht nur die Entfaltungsmöglichkeiten der Freien Geistesmacht maßgeblich bestimmt, sondern ursprünglich auch durch die Einwirkung der Freie Geistesmacht entstanden ist (vgl. KD, § 312).

Sinken begriffen, in Absicht auf seinen eigentlichen Zweck von einer gefährlichen Lethargie befallen."[10] Mit diesen Worten leitet Schleiermacher seinen „Vorschlag zu einer neuen Verfassung der protestantischen Kirche im preußischen Staate" aus dem Jahre 1808 ein.[11] Die Kirche ist in der Krise, sie ist unmittelbar von Verfall und Auflösung bedroht. Schuld an diesem Zustand ist für Schleiermacher die Unterordnung der Kirche unter den Staat. Die die Kirche leitenden staatlichen Konsistorien haben „das Wesen und den Zweck der Kirche aus den Augen" verloren. Die Kirche ist zu einem „Institut des Staates zu bestimmten Zwecken" herabgesunken.[12] Eine Reform der Kirche „an Haupt und Gliedern" scheint erforderlich. Das Überleben der Kirche ist für Schleiermacher eine Frage der Kirchenverfassung. Die Kirchenverfassung soll die Selbständigkeit der Kirche, wenigstens in ihren inneren Angelegenheiten, sicherstellen.[13] Schleiermacher formuliert: „Verbesserungen im einzelnen oder blosse Achtungsbezeugungen des Staates gegen die Kirche, um diese in der öffentlichen Meinung zu heben werden nicht helfen. [...] Gründliche Hülfe kann nur aus einer neuen Verfassung herkommen oder vielmehr aus einer der Zeit angemessenen Wiederherstellung der alten Verfassung."[14] Als Rezept empfiehlt Schleiermacher, die dahinsiechende Kirche von ihren staatlichen Fesseln zu befreien, damit sie unabhängig und „als ein *sich selbst regierendes* lebendiges Ganze dastehe."[15]

Das landesherrliche Kirchenregiment in Deutschland wurde im wesentlichen durch drei Legitimationsmodelle gestützt. Sie werden gewöhnlich mit den Begriffen Episkopalismus, Territorialismus und Kollegialismus bezeichnet.[16] Durch den Augsburger Religionsfrieden

---

10   Neue Verfassung, 119.
11   Der Entwurf entstand auf Veranlassung des Freiherrn vom Stein und wurde im Dezember 1808 dem König eingereicht, vgl. die Einleitung des Herausgebers, a.a.O., 115.
12   Neue Verfassung, 119.
13   In Preußen war die Lage insofern noch besonders zugespitzt, als nach dem Allgemeinen Preußischen Landrecht nur die einzelnen Ortsgemeinden selbständige Rechtssubjekte waren. Sie alle waren unmittelbar den staatlichen Stellen untergeordnet. Eine Landeskirche als verfaßte Gemeinschaft gab es nicht, vgl. M. Honecker, Schleiermacher und das Kirchenrecht, 12.
14   Neue Verfassung, 119.
15   Neue Verfassung, 120 [Hervorhebung C.D.].
16   Bei den folgenden Ausführungen stütze ich mich auf Peter Landau, [Art.] Kirchenverfassungen, TRE 19, 110-165, auf Hans-Walter Krumwiede, Geschichte des Christentums III. Neuzeit 17. bis 20. Jahrhundert, ThW 8, 2. Aufl., Stuttgart/Berlin/Köln/Mainz 1987 sowie auf ders., [Art.] Kirchenregi-

von 1555 waren die evangelischen Reichsstände den katholischen Reichsbischöfen in Bezug auf die Wahrnehmung der geistlichen Jurisdiktion gleichgestellt worden.[17] Der *Episkopalismus* verstand daher den Landesherrn als „Notbischof", der als vornehmstes Glied der Kirche einen Teil der früheren bischöflichen Aufgaben wahrnahm. Seine Gewalt war allerdings durch die lutherische Drei-Stände-Lehre begrenzt, die dem Lehrstand eigene Rechte gegenüber dem Regierungsstand des Fürsten einräumte. Diese im 17. Jahrhundert noch vorherrschende Theorie verlor ihre Plausibilität, als sich die konfessionelle Einheit zwischen Fürst und Untertanen zunehmend auflöste (Brandenburg-Preußen, Sachsen, Württemberg, Hessen-Kassel). Die Begrenztheit des Kirchenregiments des Landesherrn paßte auch nicht mehr zum absolutistischen Selbstverständnis der Fürsten. Das 18. Jahrhundert wurde zum Jahrhundert der *territorialistischen Kirchenverfassung*. Nicht als Notbischof, sondern als Inhaber der Territorialgewalt regelte der Landesherr die Angelegenheiten der Kirche bis hin zu den Ordnungen des Gottesdienstes. Selbst interne Kirchenfragen wurden durch staatliches Recht wie das Preußische Allgemeine Landrecht von 1794 geregelt. Die Kirche war damit tatsächlich, wie Schleiermacher klagt, zu einem Institut des Staates geworden, und die Kirchenrechtslehre bot die Legitimation dafür.

Nach der von Aufklärung und Pietismus inspirierten Theorie des *Kollegialismus* ist die Kirche prinzipiell vom Staat zu unterscheiden. Die Kirche wird als eigenständige, durch die Willensentscheidung ihrer Mitglieder konstituierte Korporation (oder Kollegium) verstanden. Nach kollegialistischer Auffassung waren die der Kirche an sich eigenen Gesellschaftsrechte nur durch stillschweigenden Konsens der Kirchenglieder auf den Landesherrn übergegangen und könnten insofern prinzipiell wieder zurückgefordert werden. Dem revolutionären Potential der kollegialistischen Theorie wurde durch diese Übertragungstheorie jedoch die Spitze genommen, so daß auch die kollegialistische Theorie letztlich der Legitimation des landesherrlichen Kirchenregiments diente. Im Kollegialismus wurde zwi-

---

ment, Landesherrliches, TRE 19, 59–68. Vgl. auch: E. Hirsch, Geschichte der neuern evangelischen Theologie, Bd. 1, 1–110.

17 Vgl. H.-W. Krumwiede, [Art.] Kirchenregiment, 63.

schen zwei Formen der Rechte des Landesherrn unterschieden.[18] Das „ius in sacra", das sich auf die inneren Angelegenheiten der Kirche bezog, wurde vom Landesherrn treuhänderisch wahrgenommen. Das „ius circa sacra" oder die „Kirchenhoheit" stand dem Landesherrn aus der Eigengewalt des Staates zu, die sich über alles, was auf dem Staatsterritorium vor sich ging, erstreckte. Es ist zu bemerken, daß immer strittig blieb, wo die Grenze zwischen den beiden Rechtsbereichen zu ziehen sei. Das Verlangen nach Eigenständigkeit der Kirche bezog sich jedenfalls nicht auf die Kirchenhoheit. Das Recht einer staatlichen Kontrolle wurde nach Maßgabe der Zwei-Regimenten-Lehre nicht angetastet.[19] Durch die kollegialistische Theorie konnte auch die Existenz pietistischer Gemeinschaften wie z.B. der Herrenhuter legitimiert werden, die als von der Landeskirche unabhängige Kollegien eigene Rechte beanspruchen konnten. Signifikant für den Kollegialismus ist die völlige Trennung von sichtbarer Rechtskirche und unsichtbarer Geistkirche. Die Kirche des Rechts und die Kirche der Dogmatik werden nicht aufeinander bezogen, sondern stehen unvermittelt nebeneinander. In dieser Trennung gründet letztlich die Möglichkeit zur Funktionalisierung der Kircheninstitutionen für die Interessen des Staates und darin der von Schleiermacher diagnostizierte Niedergang der Kirche.[20]

In der reformierten Tradition fanden sich von Anfang an Elemente einer demokratischen Kirchenstruktur. Insbesondere die Reformation der Flüchtlinge, die sich nicht auf einen wohlmeinenden Landesherrn stützen konnte, entwickelte synodale und presbyteriale Formen kirchlicher Selbstverwaltung und Selbststeuerung. Die reformierte Tradition ging strikt von der einzelnen Gemeinde aus und verstand

---

18   Die Unterscheidung geht auf Hugo Grotius (1583-1645) zurück. Sie wurde für den lutherischen Bereich schon von Johann Gerhard (1582-1637) rezipiert, vgl. H.-W. Krumwiede, [Art.] Kirchenregiment, 65.

19   Dem Landesherrn kommt nach Schleiermacher nur das „negative ius circa sacra" zu. Er darf verbieten, was in der Kirche dem staatlichen Interesse zuwiderläuft, vgl. Ueber das liturgische Recht evangelischer Landesfürsten, 11-13, 28.

20   Zu Schleiermachers Zeit ist sowohl die territorialistische wie die kollegialistische Kirchenrechtslehre in der Diskussion. Zur Überwindung dieser Traditionen durch Schleiermacher vgl. M. Daur, Die eine Kirche und das zweifache Recht, 23-28 u. 70ff. In seiner Schrift „Ueber das liturgische Recht evangelischer Landesfürsten" setzt sich Schleiermacher intensiv mit der zu seiner Zeit einschlägigen Kirchenrechtsliteratur auseinander, insbesondere mit Johann Lorenz von Mosheim und Christian Thomasius. Vgl. auch M. Honecker, Schleiermacher und das Kirchenrecht, 37.

alle Ämter als Auftrag der Gemeinde, auch wenn sie meist nicht durch direkte Gemeindewahl vergeben wurden.[21] Auch in der Brüdergemeinde prägten demokratische Elemente die kirchliche Ordnung.

Schleiermacher überwindet mit seiner Lehre von der Kirche die Kirchenrechtstradition des landesherrlichen Kirchenregiments und bringt demokratische Rechtsformen zur Geltung. Schleiermacher greift zwar auch auf kollegialistische Traditionen zurück, die Kirche ist für ihn aber nicht nur ein Kollegium, das sich dem Willensentschluß der Mitglieder verdankt. Reformatorischer Tradition folgend versteht er die Kirche als vom Geist gewirkte Gemeinschaft der Glaubenden, die sich durch die ständige Auslegung der Schrift an den Ursprüngen des Christentums orientiert.[22] Vor allem aber trennt Schleiermacher nicht zwischen einer Kirche des Glaubens und einer Kirche des Rechts. Das Wesen der Kirche, ihre soziale Gestalt und ihre Rechtsform sind für ihn nicht zu trennen.[23] Das Kirchenregiment gehört für ihn deshalb zu den *notwendigen* Lebensäußerungen und Kennzeichen der Kirche und findet seinen angemessenen Platz in den dogmatischen Erörterungen der Glaubenslehre. Ordnung und Verfassung der Kirche sind für Schleiermacher „Aeußerungen desjenigen Geistes, der das Lebensprincip des ganzen ist; aus diesem gehen sie hervor durch einzelne, in welchen dieser Geist am kräftigsten ist. [...] Dadurch daß mehrere denselben Geist in sich trugen bildete sich ein organisches Ganzes, und dies rief die Verfassung hervor."[24] Die Ordnung der evangelischen Kirche ging von

---

21 Zu den reformierten Traditionen des Kirchenregiments vgl: J. Rohls, Theologie reformierter Bekenntnisschriften, 282-300, bes. 298ff. Auf den reformierten Ursprung (Calvin) von Schleiermachers unbefangener Rede vom „Kirchenregiment" verweist: M. Doerne, Theologie und Kirchenregiment, 373f. Dem ist allerdings entgegenzuhalten, daß auch die Confessio Augustana ganz unbefangen vom „Kirchenregiment" spricht und die Rede vom weltlichen und vom geistlichen Regiment in der Reformation selbstverständlich war. Martin Honecker weist zurecht darauf hin, daß die Begründung synodaler Leitungsstrukturen bei Schleiermacher relativ pragmatisch und ohne das einem Teil der reformierten Tradition eigene Pathos einer göttlichen Herleitung erfolgt, vgl. ders., Schleiermacher und das Kirchenrecht, 18f. Richtig ist an Doernes Hinweis jedoch, daß die reformierte Tradition im Gegensatz zur lutherischen die Gestalt der Kirche immer als *theologisches* Problem betrachtete.
22 Vgl. die Ausführungen oben Kap. II. 3.
23 Vgl. M. Daur, Die eine Kirche und das zweifache Recht, 68, und in gleichem Sinne: M. Honecker, Schleiermacher und das Kirchenrecht, 37f.
24 PT, 534.

denen aus, „in denen der Geist der Reformation am lebendigsten
war." Allem „Organischen in der Kirche und aller Form der Wirksamkeit" liegt also „etwas rein Inneres" zu Grunde.[25] Der Geist als
„inneres Lebensprinzip" der Kirche kann in den einzelnen Gliedern
der Kirche schwächer und stärker sein und vorübergehende Schwä-
chungen des Geistes können gezielte Kirchenreformbemühungen einzelner hervorrufen. Allerdings ist auch das Wirken des Geistes keine
Garantie für eine kontinuierliche Höherentwicklung der Kirche, da
die „Lebensbewegung" der Kirche auch durch Impulse von außen
beeinflußt wird.[26]

Gern wird Schleiermachers Formulierung zitiert, daß es „das höchste Ideal der evangelischen Kirche wäre"[27], wenn sie ohne Kirchenregiment bestehen könnte. Wenn alles ohne Gesetze und von selbst
ginge, wäre die evangelische Kirche vollkommen. Die Vollkommenheit der Kirche ist in der Geschichte jedoch unerreichbar. Nur
Annäherungen an diesen Zustand sind denkbar, und insoweit eine
Annäherung erfolgt, soll das evangelische Kirchenregiment „sich
selbst entbehrlich machen"[28]. Diese Formulierung bedarf der Interpretation. Die Maxime, sich selbst entbehrlich zu machen, gilt nicht
für jede Form des Kirchenregiments gleichermaßen, im strengen
Sinne gilt sie nur für ein bischöflich oder ein konsistorial struk-
turiertes Kirchenregiment. Ein synodales Kirchenregiment, das die
persönliche Freiheit des einzelnen achtet, kann reiner Ausdruck des
Gemeingeistes der evangelischen Kirche sein. Die synodale Form des
Kirchenregiments rechtfertigt die Begründung des Kirchenregiments
in der Tätigkeit Christi und seine Verankerung als notwendiges
Kennzeichen der Kirche in der Glaubenslehre.[29] Für die katholische
Kirche hingegen gilt, daß sie sich selbst vernichten würde, wenn sie
sich ohne Kirchenhierarchie denken wollte.[30] Für Schleiermacher
fällt die katholische Kirche als Amts- und Bischofskirche mit ihrer

---

25 PT, 534.
26 Vgl. PT, 534f.
27 PT, 521.
28 PT, 521.
29 Vgl. Kap. II. 3. d).
30 Vgl. PT, 521. Hier klingt deutlich die Einschätzung des Unterschiedes zwi-
    schen Katholizismus und Protestantismus aus § 24 der Glaubenslehre an. Die
    Protestanten sind unmittelbar zu Christus, die Katholiken hingegen bedürfen
    für ihr Verhältnis zu Christus der Vermittlung durch die Bischofskirche. Vgl.
    oben, Kap. II. 2.

Hierarchie und ihrem priesterlichen Sakramentsverständnis zusammen. Die evangelische Kirche ist dagegen in ihrer äußeren Form flexibel: „Die kirchliche Verfassung kann zumal in der evangelischen Kirche, wo es an aller äußeren Sanktion fehlt, nur als dem Gebiet der Sitte angehörig betrachtet werden."[31] Schleiermacher folgt damit den grundlegenden Bestimmungen der Confessio Augustana über die Kirche. Es gibt nur einige wenige notwendige Funktionen, die erfüllt sein müssen, damit die Kirche als Gemeinschaft der Gläubigen konstituiert wird. Alles, was darüber hinaus geht, sind menschliche Abmachungen, die dem geschichtlichen Wandel unterliegen und die vom Kirchenregiment entsprechend der jeweiligen Situation gestaltet werden müssen.

Unbeschadet der in Abgrenzung vom Katholizismus relativierten Rolle der Institution Kirche, ist für Schleiermacher die kirchliche Gemeinschaft für das religiöse Leben unverzichtbar. Dies gilt schon auf der Ebene der ethischen Spekulation: Als kommunikatives Wesen muß sich der Mensch über das Gefühl schlechthiniger Abhängigkeit mit anderen verständigen. Dieses Bedürfnis bildet die Basis jeder religiösen Gemeinschaft. Für das Christentum speziell gilt, daß der Geist Christi nur als Gemeingeist der Kirche wirkt und sich die Gnadenwirkungen nur in dem vom Geist beseelten neuen Gesamtleben den einzelnen Gläubigen mitteilen. „Der göttliche Geist ist das Princip der Einheit der Kirche im höchsten Sinn. Daher das Fortpflanzen und Wiedererzeugen der christlichen Frömmigkeit auf das Princip der Einheit zurückgeht. Der vermittelte Zusammenhang des einzelnen mit der Einheit der Kirche ist die eigentliche Idee des Kirchenregimentes."[32] Der größere kirchliche Zusammenhang, wie er durch das Kirchenregiment und die Kirchenverfassung Gestalt gewinnt, dient damit der Funktion, die *Einheit der Kirche* und den in ihr waltenden Gemeingeist zu symbolisieren. Das Kirchenregiment entspringt aus der „Nothwendigkeit zwischen allen Christen die Möglichkeit der Gemeinschaft festzustellen, die allgemeingültige Maaßregeln voraussezt"[33].

---

31 KD, § 174. Schleiermacher erläutert diese Feststellung ebd.: „Dieser Satz liegt, recht verstanden, jenseits aller über das evangelische Kirchenrecht noch obwaltenden Streitigkeiten und spricht nur den wesentlichen Unterschied zwischen bürgerlicher und kirchlicher Verfassung aus." Dies ist übrigens eine der wenigen Stellen, an denen Schleiermacher den Terminus „Kirchenrecht" gebraucht.
32 PT, 526.
33 PT, 529.

Daß die evangelische Kirche eines Kirchenregiments bedarf, ist für Schleiermacher aber noch aus anderen Gründen unabweisbar. Die einzelnen Gemeinden wären überfordert, alles das aus sich heraus zu entwickeln, was zum christlichen Leben gehört. Denn das Neue Testament und das Leben der Kirche erschließt sich nicht mehr unmittelbar wie in der Urchristenheit, sondern erfordert geschichtliche und wissenschaftliche *Bildung*. Die für die Ausbildung der Geistlichen erforderlichen wissenschaftlichen Einrichtungen kann aber eine Gemeinde alleine nicht unterhalten. „Seit also das Christenthum Wissenschaft forderte, muß auch ein Complex von Gemeinden entstehen.“[34] Um dem Komplex die für seine Ausbildungsaufgabe nötige *Stabilität* zu verleihen, ist ein Kirchenregiment erforderlich. Es verhindert die Wiederauflösung der Kirchengemeinschaft und damit die Gefährdung der kirchlichen Ausbildung, wie sie Schleiermacher in den USA und bei englischen Freikirchen beobachtet.[35]

Noch einen letzten Grund führt Schleiermacher für die Unverzichtbarkeit eines evangelischen Kirchenregiments an. Wollte die evangelische Kirche ohne Kirchenregiment auskommen, so wäre ihr Fortbestehen als *selbständige Gemeinschaft* bedroht. Eine solche Maxime führte „nur dahin, daß die protestantische Kirche entweder gar keine Gesellschaft sei oder nur unselbständig ein Zweig des bürgerlichen Vereins.“[36] Zu welch schlimmen Folgen die Abhängigkeit der Kirche vom Staat führen kann, lag Schleiermacher unmittelbar vor Augen. Sein ganzes Programm zur Reform der Kirche und ihres Kirchenregiments war durch die aus der Unselbständigkeit der Kirche erwachsenen Mißstände motiviert. Wie gezeigt, legt Schleiermacher in seiner ethischen Spekulation darüber hinaus prinzipiell großen Wert auf die Selbständigkeit der verschiedenen Teilsysteme der Gesellschaft. Eine Vision, wie sie Richard Rothe vertrat, daß die Kirche sich in den Staat auflösen werde, war Schleiermacher völlig fremd. Zu gut kannte er die problematischen Folgen einer solchen Vorstellung und zu sehr hätte sie seiner Grundanschauung von der Selbständigkeit der Religion widersprochen.[37]

---

34 PT, 530.
35 Vgl. PT, 531.
36 PT, 521.
37 Vgl. oben Kap. I. 1. c). Schon 1799 hatte Schleiermacher in der ersten Rede über die Religion der Religion eine eigene Provinz im Gemüte zuerkannt, unabhängig von Metaphysik und Moral. In der vierten Rede hatte er mit

Schleiermachers Betonung der funktionalen Trennung der verschiedenen gesellschaftlichen Subsysteme ist ein besonders moderner Zug seines Denkens. Er nimmt damit Grundzüge heutiger Theorien zur funktionalen Ausdifferenzierung der Gesellschaft vorweg. Schleiermacher sieht auch deutlich das Erfordernis einer Steuerung des gesellschaftlichen Teilsystems Kirche durch das System selbst.[38] Ohne Organe der Selbststeuerung wäre die protestantische Kirche keine eigenständige „Gesellschaft", sondern Anhängsel des Staates. Sie wäre kein gesellschaftlich relevantes System und nicht stark genug, „um den Einfluß der christlichen Religion auf das einzelne und allgemeine Leben ungeschwächt zu erhalten"[39]. Am selbstverwalteten Kirchenregiment hängt die Möglichkeit der Kirche, auf die Gesellschaft gestaltend einzuwirken. Diese Wirkung auf die Gesellschaft ist für Schleiermacher kein Adiaphoron, sondern wesentlicher Grundzug des Christentums als teleologischer Form der Frömmigkeit. Im Christentum, so formuliert es die ethische Einleitung der Glaubenslehre, sind „aller Schmerz und alle Freude nur insofern fromm [...], als sie auf die Tätigkeit im Reiche Gottes bezogen werden."[40] Ziel der christlichen Frömmigkeit ist *Weltgestaltung*. Ohne ein Kirchenregiment, ohne die Möglichkeit sich selbst nach außen zu vertreten und zur Darstellung zu bringen, vergäbe die evangelische Kirche ihre Chance zur Gestaltung des Reiches Gottes auf Erden.

Vehemenz für die Trennung von Staat und Kirche plädiert. Besonders markant sind Schleiermachers Worte zur Trennung von Staat und Kirche in der 5. Erläuterung zur 1. Rede in der 4. Auflage von 1831, (170f): „Es ist aber jezt vollkommen meine Ueberzeugung, daß es eine der wesentlichsten Tendenzen des Christenthums ist, Staat und Kirche völlig zu trennen, und ich kann eben so wenig als jener Verherrlichung der Theokratie [scil. durch Novalis] der entgegengesezten Ansicht beitreten, daß die Kirche je länger je mehr im Staat aufgehen solle."

38 Manche Formulierungen Schleiermachers erinnern in frappanter Weise an das Konzept der Autopoiesis der gesellschaftlichen Teilsysteme bei Niklas Luhmann. So wendet sich Schleiermacher mit aller Deutlichkeit gegen die Behauptung, das Recht bedürfe der Stützung durch Religion oder die ihm immerhin noch näher liegende Moral. Mit Nachdruck plädiert er für die Autonomie der Rechtssphäre. Das Recht „muß ganz für sich allein stehen." Reden 4. Aufl., Erläuterungen zur 1. Rede, 165. Sieht man von den erkenntnistheoretischen Implikationen der Systemtheorie ab, könnte man in Luhmanns Terminologie äquivalent sagen: Recht schließt an Recht an und nicht an Moral. Analog dazu gilt, daß Religion nur an Religion anschließt und weder an Recht noch an Moral. Vgl. dazu: Kneer/Nassehi, Niklas Luhmanns Theorie sozialer Systeme, 68; vgl. oben Kap. II. 4. a), S. 89ff.

39 PT, 531.

40 CG, § 9, I, 63, vgl. oben, Kap. II. 2.

Schleiermachers Programm einer selbständigen Kirche mit einem
staatsunabhängigen Kirchenregiment entstand während der Auf-
bruchszeit des beginnenden 19. Jahrhunderts.[41] Je stärker in der Folgezeit der Druck der Restauration wurde, desto schlechter wurden
die Aussichten seiner Verwirklichung. Die Enttäuschung darüber ist
Schleiermachers kirchenpolitischen Schriften nach 1817 deutlich
anzumerken.[42] Seine Theorie des Kirchenregiments wird zu einem
Gegenprogramm gegen die Kirchenpolitik Friedrich Wilhelms III.
Mit seinen praktisch-theologischen Vorlesungen und seinen kirchenpolitischen Schriften versucht er unermüdlich, für sein Programm
zu werben. Gezielt richtet er sich an den theologischen Nachwuchs in
der Hoffnung, auf diesem Wege seinen Vorstellungen längerfristig
zum Durchbruch zu verhelfen. So schließt er seine Ausführungen
zur Theorie des Kirchenregiments in Rahmen der Vorlesung zur
Praktischen Theologie mit den Worten: „wenn auch unter Ihnen solche wären, die künftig einmal ein großes Kirchenregiment leiten
würden: so könnte ihnen diese Theorie vortreffliche Dienste leisten;
aber das weiß ich freilich nicht. Indeß habe ich mich doch absichtlich
mit solcher Ausführlichkeit bei diesem Punkt verweilt. Aus zweien
Gründen ist es nämlich notwendig daß ein Jeder in den Grundsätzen
des Kirchenregiments unterrichtet ist: 1) weil viel daran gelegen ist,
daß man das was geschieht durch sein Urtheil entweder unterstützt
oder ihm entgegen arbeitet; 2) weil auch für den Geistlichen überhaupt ein gewisser freier Spielraum gegeben sein muß, weil eine
strenge Buchstäblichkeit nie und nimmer verpflichtend sein kann,
und so können wichtige Fortschritte auch offenbar von unten herauf
geschehen."[43]

---

41 Schleiermacher war sich der Wechselwirkung zwischen politischen Großereig-
    nissen und den kirchlichen Strukturen durchaus bewußt: „Diejenigen größeren
    Entwicklungsknoten, welche außer der Kirche auch das bürgerliche Leben
    affizieren, werden sich in der Kirche am unmittelbarsten und stärksten in der
    Verfassung offenbaren. Weil doch kein anderer Teil der christlichen Sitte so
    sehr [...] mit den politischen Verhältnissen zusammenhängt." (KD, § 175 zur
    historischen Theologie) Schleiermacher schlägt im übrigen vor, die Kirchenge-
    schichte entlang der Geschichte der christlichen Kirchenverfassungen darzu-
    stellen, vgl. KD, § 176.
42 Man beachte den Stimmungsumschwung in Schleiermachers Schrift: „Ueber
    die für die protestantische Kirche des preußischen Staats einzurichtende Syno-
    dalverfassung" von 1817. Der Hauptteil der Schrift ist noch in Erwartung des
    Verfassungsentwurfs geschrieben. Der Nachtrag der Schrift, fast noch einmal
    so lang wie das eigentliche Korpus, trägt deutliche Züge der Enttäuschung
    über den inzwischen vorliegenden Entwurf.
43 PT, 728.

Trotz vieler widriger Erfahrungen hält Schleiermacher an seiner Überzeugung fest, daß der Heilige Geist als Gemeingeist der Kirche die Kirche immer mehr zu ihrer wesensgemäßen Gestalt hin verwandeln wird und daß die Theorie des Kirchenregiments das besonnene Handeln der vom Heiligen Geist Bewegten anleiten kann und muß. Basis aller Kirchenverbesserung oder Reformation der Kirche ist für ihn dabei eine Kirchenverfassung, die es der Kirche ermöglicht, sich selbst zu regieren.[44]

3. Grundlagen der Verfassungstheorie und Kriterien zur Beurteilung protestantischer Kirchenverfassungen

Schleiermachers Anweisungen zur Theorie der Kirchenverfassung in den Paragraphen 309-310 der Kurzen Darstellung sind knapp und formal gehalten. Basis eines Kirchenregiments ist immer ein irgendwie gestalteter Zusammenschluß mehrerer Gemeinden. Durch den Zusammenschluß entsteht die Kirchenverfassung und die Kirchliche Autorität als den Gemeinden funktional übergeordnete Instanz. Kirchliche Autorität und Kirchenverfassung sind somit zunächst nichts anderes als die faktische Struktur des Zusammenhanges unter den Gemeinden, erst sekundär finden sie in einer verschriftlichten Form und einem institutionalisierten Kirchenregiment ihre sichtbare Gestalt. Verkürzend kann Schleiermacher deshalb sagen, daß die Kirchliche Autorität mit der Verfassung identisch ist.[45] Aufgabe der Theorie des Kirchenregiments ist es zunächst, die „Mannigfaltigkeit der Verhältnisse, welche sich zwischen dem Kirchenregiment und den Gemeinden entwickeln können, zu verzeichnen"[46]. Dabei wird vorausgesetzt, daß jede Kirchenverfassung geschichtlich geprägt und veränderbar ist.[47] Sodann ist zu prüfen, „ob durch den eigentümlichen Charakter der evangelischen Kirche einige Formen bestimmt

---

44 Schleiermachers Optimismus in Bezug auf die Möglichkeiten, die eine Kirchenverfassung zur „Kirchenverbesserung" bietet, mag heute verwundern. In einer verfaßten und selbständigen Kirche, wie wir sie heute haben, ergeben sich ganz neue und unvorhergesehene Probleme. Richtig an Schleiermachers Feststellung bleibt jedoch, daß die durch eine Verfassung oder Grundordnung garantierte kirchliche Selbständigkeit am ehesten Gewähr dafür bietet, daß die evangelische Kirche sich immer wieder erneuert.
45 Vgl. KD, §§ 309, 312.
46 KD, § 309.
47 Vgl. PT, 555.

ausgeschlossen oder andere bestimmt postuliert werden."[48] Die
Theorie hat somit zum Ziel, die „innere Kirchenverfassung" der
evangelischen Kirche „sowohl in ihrer Mannigfaltigkeit, als in ihrem
Gegensatz gegen die katholische, auf Grundsätze zurückzuführen."[49]
Veränderungen der Kirchenverfassung können spontan und „um-
wälzend", aber auch besonnen und bewußt gestaltet erfolgen. Nur die
letzteren sind theoriefähig und werden zum Gegenstand von praktisch-theologischen Regeln. Für die Theorie des Kirchenregiments
stellt sich dabei die Grundfrage, was man tun kann, „um die Verfassung der Gestalt der besten allmählig näher zu bringen?"[50] Für die
Beantwortung dieser Frage muß die Praktische Theologie auf alle
anderen theologischen Disziplinen zurückgreifen. Diese Fragestel-
lung macht zugleich deutlich, daß die Theorie des Kirchenregiments
Theorie *und* Ausdruck der im Protestantismus sittlich gebotenen
Kirchenverbesserung ist. Sie sorgt dafür, daß die Reformation besonnen fortgeht und die Kirche wesensgerecht gestaltet wird.[51]
Für die evangelische Kirche sind zwei Formen des Kirchenregi-
ments charakteristisch und unverzichtbar: Das *gebundene* Element,
das durch die Verfassung und ihre Organe repräsentiert wird sowie
das *ungebundene* Element, die Freie Geistesmacht. Die evangelische
Kirche verdankt ihre Entstehung dem letzteren Element, der „freien
Einwirkung auf das Ganze, welche jedes einzelne Mitglied der
Kirche versuchen kann, das sich dazu berufen glaubt."[52] Die
Reformatoren haben zunächst als einzelne, motiviert durch ihre
theologische Forschung, die „Kirchenverbesserung" in Gang gesetzt.
Ihr Bemühen hat zwar zunächst zur Auflösung der alten Kirchen-
ordnung geführt, brachte dann aber eine neue Kirchenordnung für
die evangelischen Gebiete hervor. Durch das freie und ungebundene
„reinigende" Handeln der Reformatoren entstand die evangelische
Kirche. Diese Form des Handelns muß nach Schleiermacher in der
evangelischen Kirche immer vorhanden sein, da „jedes geschichtliche
Ganze nur durch dieselben Kräfte fortbestehen kann, durch die es

---

48 KD, § 309.
49 KD, § 310. Der Begriff „äußere" Kirchenverfassung als Gegenbegriff zur
    „inneren" Kirchenverfassung findet sich bei Schleiermacher nicht. Vermutlich
    wäre die äußere Kirchenverfassung die für Kirchenangelegenheiten maßgeb-
    liche, staatliche Rahmengesetzgebung.
50 PT, 555.
51 Vgl. die Ausführungen zur Christlichen Sittenlehre in Kap. II. 4.
52 KD, § 312.

entstanden ist"[53]. Das gebundene Element des Kirchenregiments, die *Kirchliche Autorität*, wird durch die Verfassung der Kirche konstituiert. Die Verfassung gibt der Kirche ihre konkrete Gestalt und legt fest, wie in der Kirche Gesetzgebung und Verwaltung, Legislative und Exekutive strukturiert sind. Eine echte Gewaltenteilung, d.h. eine Zuordnung von Legislative und Exekutive zu voneinander unabhängigen Verfassungsorganen, erfolgt in den von Schleiermacher diskutierten Kirchenverfassungen jedoch nicht, wohl aber lassen sich die verschiedenen Funktionen unterscheiden. Die Analogie zum Staat und den staatlichen Formen der Gesetzgebung und der Verwaltung ist ohnehin unzulänglich. Der Kirchlichen Autorität stehen keine den staatlichen vergleichbare Sanktionsmöglichkeiten zur Verfügung. Schon der Begriff der kirchlichen Gesetzgebung ist daher ungenau. Wie die Kirchliche Autorität nach evangelischem Verständnis die Kirche überhaupt steuern kann und darf, ist durch die praktisch-theologische Theorie und insbesondere durch die Verfassungstheorie zu klären.[54]

Schleiermacher entwickelt in seinen Ausführungen zur Praktischen Theologie vier Kriterien zur Beurteilung protestantischer Kirchenverfassungen. Sie gehen zurück auf die in der Abgrenzung vom Katholizismus entwickelten Prinzipien der Reformation und sind darauf ausgerichtet, eine kontinuierliche Fortentwicklung der Kirche sicherzustellen.[55] Die Kriterien sind a) die Freiheit der Freien Geistesmacht, b) die Sicherstellung eines möglichst hohen Ausbildungsstandes unter den kirchlichen Funktionsträgern, c) die möglichst weitgehende Verwirklichung des allgemeinen Priestertums und d) die Kirchlichkeit der kirchlichen Ordnungen.

a) Nach Schleiermacher gilt für die katholische Kirche der Grundsatz, daß in Schrift und Tradition die vollkommene Wahrheit der christlichen Lehre ausgesprochen ist. Für die evangelische Kirche

---

53 KD, § 312.
54 Vgl. KD, § 317.
55 Der Protestantismus ist für Schleiermacher die Rückkehr „auf den richtigen Weg die wahre Kirche darzustellen", da er mehr von der wahren Kirche in sich trägt als die anderen Konfessionen (Reden 4. Aufl., Erläuterung 13 zur 4. Rede, 370). Die Differenz der beiden Konfessionen ist für Schleiermacher der die gegenwärtige Kirchengeschichtsperiode prägende Gegensatz und muß in der Verfassung deutlich artikuliert werden. Daraus folgt für Schleiermacher: „[E]ine jede Verfassung, die auf solche Weise der katholischen sich annähert, daß der Gegensaz zwischen beiden Kirchen dadurch abgestumpft wird, ist nicht zuträglich für die evangelische Kirche, bis daß wir annehmen können, daß der Gegensaz sein Maximum erreicht habe." (PT, 557).

hingegen gilt, daß man sich der christlichen Wahrheit nur durch einen prinzipiell unabschließbaren Auslegungsprozeß nähern kann. Die Fixierung der Wahrheit in Äußerungen des Lehramts oder durch irgendeine andere menschliche Instanz ist für Protestanten inakzeptabel: „die christliche Wahrheit ist implicite in der Schrift; aber die Entwikklung derselben aus der Schrift ist ein immer fortgehender Proceß der nicht vollkommen vollendet sein kann."[56] Gerade aus einem verbesserten Schriftverständnis und einer dadurch verbesserten Theologie erwartet Schleiermacher innovative Impulse für die Gestaltung der Kirche. Deshalb muß die „beständige Thätigkeit im Schriftverständniß [...] zu den natürlichen Lebensbewegungen in der evangelischen Kirche gehören"[57]. Die theologische Forschung ist die wesentliche Aufgabe der Freien Geistesmacht als innovatives Element des Kirchenregiments. Um ihrer Funktion gerecht zu werden, bedarf sie möglichst großer Forschungsfreiheit, einschließlich der Freiheit, ihre Ergebnisse ohne Beschränkung zu veröffentlichen. Das Maß der *Freiheit der Freien Geistesmacht* ist deshalb ein erstes Kriterium zur Beurteilung der Güte einer evangelischen Kirchenverfassung: „Die Verfassung die am meisten die freie Thätigkeit im Schriftverständniß befördert wird die beste sein."[58]

b) Schleiermachers hohe Einschätzung der wissenschaftlichen Theologie und ihre unersetzliche Rolle bei der Qualifizierung des kirchlichen Nachwuchses kommt immer wieder deutlich zum Ausdruck.[59] Zugleich beklagt Schleiermacher den häufig unzureichenden Bildungsstand der Geistlichen: „Wir würden nicht so viel zu klagen finden über zunehmenden Sectengeist und parteigängerische fromme Verbindungen, wenn nicht so viele geistliche wären, welche die religiösen Bedürfnisse und Regungen der Gemüther nicht verstehen, weil der Standpunkt überhaupt zu niedrig ist, auf dem sie stehn; daher denn auch [...] die dürftigen Ansichten, welche so häufig ausgesprochen werden, wenn von den Mitteln die Rede ist, dem sogenannten Verfall des Religionswesens aufzuhelfen."[60] Schleiermacher empfiehlt dringend, die akademische *Ausbildung der Geistlichen* zu

---

56 PT, 557.
57 PT, 558.
58 PT, 558. Umgekehrt gilt: „Eine jede Verfassung, in der eine Hinneigung liegt diesen freien Gang zu hemmen, muß als der Natur der evangelischen Kirche widerstreitend angesehen werden." (PT, 557.)
59 Vgl. z.B. PT, 559: „[...] so ist offenbar daß die zwekkmäßigste Entwicklung der Lehre und des Schriftverständnisses nur eine wissenschaftliche sein kann".
60 Reden 4. Aufl., Erläuterung 1 zur 1. Rede, 168.

verbessern. Er ist der Überzeugung, „daß es nämlich gerade eine tiefere speculative Ausbildung ist, welche diesem Uebel am besten abhelfen würde; die Nothwendigkeit derselben wird aber aus dem Wahn, als ob sie dadurch nur um so unpraktischer werden würden, von den meisten geistlichen und denen, welche die Ausbildung derselben zu leiten haben, nicht anerkannt."[61] Schon seine grundlegenden Bestimmungen in der Kurzen Darstellung machen deutlich, daß ohne Theologie und ohne akademisch gebildete Pfarrerschaft eine gedeihliche Entwicklung der christlichen Kirche nicht vorstellbar ist. Ein weiteres Kriterium zur Beurteilung einer evangelischen Kirchenverfassung ist daher die Qualität der Ausbildung des kirchlichen Nachwuchses und die Sorgfalt, die bei der ständigen Fortbildung der Geistlichen geübt wird.

c) Macht die besondere Rolle der Schrift und die hohe Stellung der geschichtlichen Kenntnis des Urchristentums eine Ausdifferenzierung von Leitungsfunktionen in der Kirche erforderlich, so folgt aus der Schrift gleichzeitig die Relativierung der Rolle der Leitenden. Das *allgemeine Priestertum* muß in der Verfassung der Kirche deutlich Gestalt gewinnen, denn der scharfe Gegensatz zwischen Klerus und Laien, wie er in der katholischen Kirche besteht, ist nicht schriftgemäß.[62] Der unumgängliche Unterschied zwischen „überwiegend Selbsttätigen und überwiegend Empfänglichen" begründet keinen Unterschied in der Würde, sondern nur einen in der *Funktion*. Für die evangelische Kirche steht fest, „daß alles, was man unter dem Ausdruck der priesterlichen Würde, als religiöse Stufe des Daseins betrachten kann, der gemeinsame Stand aller Christen sein soll, und es von diesem Punkt aus nur übertragene Functionen sind die einen Unterschied bilden."[63]

Die Maxime vom allgemeinen Priestertum impliziert darüber hinaus, dafür Sorge zu tragen, daß die „Circulation" des gemeinschaftli-

---

61 Reden 4. Aufl., Erläuterung 1 zur 1. Rede, 168. Nicht zuletzt die Kurze Darstellung und seine Vorlesungen über theologische Enzyklopädie belegen das intensive Bemühen Schleiermachers um die Ausbildung der Geistlichen. Seine Hochschätzung der spekulativ-begrifflichen Bildung findet ihren Ausdruck in der Konzeption des Faches „Philosophische Theologie", vgl. dazu M. Rössler, Schleiermachers Programm der Philosophischen Theologie, 146-149.
62 Vgl. PT, 557f. Nach Schleiermacher haben im Katholizismus die Laien „dem Klerus gegenüber kein einzelnes persönliches religiöses Leben" (PT, 525). Daher sei der Begriff des Kirchenregiments in der katholischen Kirche auch ein anderer als in der evangelischen.
63 PT, 558.

chen, belebenden Geistes auf eine möglichst allgemeine Gleichheit der Gläubigen hinwirkt, sowohl in bezug auf die Erkenntnis als auch in bezug auf den Willen. Denn: „Jeden selbständiger zu machen im ganzen Gebiet seines Daseins ist die Tendenz der evangelischen Kirche."[64] Die evangelische Kirchenverfassung muß Ausdruck der prinzipiellen Gleichheit aller Gläubigen sein und darf nicht katholisierend die Gegensätze zwischen Klerus und Laien verschärfen. Positiv gewendet kann man sagen: „Jede Verfassung, die das am meisten zur Anschauung bringt daß es keinen anderen Unterschied unter den evangelischen Christen giebt, als den der übertragenen Ausrichtung gewisser Functionen, ist die beste, weil in ihr keine Veranlassung liegen kann den Gegensaz zwischen Klerus und Laien anders, als es der evangelischen Kirche gemäß ist, zu fassen."[65]

d) Wie schon hervorgehoben, ist die Unabhängigkeit der Kirche vom Staat und von den bürgerlichen Verhältnissen für Schleiermacher Ziel der Kirchenreform seiner Zeit. Als letztes Kriterium zur Beurteilung protestantischer Kichenverfassungen ist daher die *Kirchlichkeit* der kirchlichen Ordnung zu nennen. Die Ordnung der Kirche soll Ausdruck ihres Wesens sein, wie es in ihrer Lehre zur Geltung kommt. Schleiermachers Integration der Theorie des Kirchenregiments in die Theologie ist selbst als ein Versuch zu verstehen, die Kirchlichkeit der kirchlichen Ordnung zu garantieren.

Die größtmögliche Freiheit der Theologie, die Qualität der kirchlichen Aus- und Fortbildung, die möglichst deutliche Verwirklichung des allgemeinen Priestertums und die Kirchlichkeit der kirchlichen Ordnungen sind für Schleiermacher die vier Hauptkriterien zur Beurteilung der Güte einer evangelischen Kirchenverfassung. Sie bilden zugleich verbindliche Leitlinien für *jedes* evangelische Kirchenregiment. Schleiermacher schwebt allerdings keine einheitliche evangelische Kirchenverfassung vor. Er setzt voraus, daß „es mehrere gleich gute Kirchenverfassungen geben kann für verschiedene Fälle."[66] Die konkrete historische Situation wird sich auch in der Zukunft auf die Gestalt der Kirchenverfassung auswirken. Die von

---

64 PT, 569.
65 PT, 558. Das Beispiel der Hugenotten in Frankreich zeigt, daß selbst wenn im Staat noch die ständisch-stratifikatorische Ordnung gilt, sich in der Kirche eine funktionale Strukturierung durchsetzen kann (vgl. PT, 540).- Vgl. zum rein funktionalen Unterschied zwischen Klerus und Laien und zur notwendigen Beteiligung von Laien an den Synoden auch: Ueber das liturgische Recht evangelischer Landesfürsten, 80f, 87, 89.
66 PT, 556.

Schleiermacher entwickelten Kriterien lassen eine Pluralität der Verfassungen und eine differenzierte Würdigung der vorhandenen Verfassungen durchaus zu. Dennoch sind die verschiedenen Verfassungstypen dem Wesen der evangelischen Kirche unterschiedlich gut angemessen.

V. Die Kirchliche Autorität

1. Schleiermachers kritische Prüfung protestantischer Kirchenverfassungen

In seiner Theorie des Kirchenregiments unterscheidet Schleiermacher drei verschiedene Typen evangelischer Kirchenverfassungen, die Episkopalverfassung, die Konsistorialverfassung und die Synodal- oder Presbyterialverfassung.[1] Episkopal- und Konsistorialverfassung sind sich sehr ähnlich. Bei beiden handelt es sich um ein Kirchenregiment „von oben", während in der Synodalverfassung das Kirchenregiment „von unten"[2] durch Presbyterien und Synoden konstituiert wird. Schleiermachers Option geht eindeutig zum Kirchenregiment „von unten". Die Gleichheit aller Kirchenglieder und aller Gemeinden komme allein in dieser Verfassungsform deutlich zum Ausdruck.[3] Die Kirchenverfassung konstituiert das gebundene Element des Kirchenregiments, die Kirchliche Autorität, und legt seine Form und seine Kompetenzen fest. Gleichzeitig reguliert die Verfassung den Spielraum der Freien Geistesmacht und die Möglichkeiten ihrer Einflußnahme. Wenn in den folgenden Abschnitten undifferenziert vom „Kirchenregiment" die Rede ist, so ist damit allein die Kirchliche Autorität als das „Kirchenregiment im engeren Sinne" im *Unterschied* zur Freien Geistesmacht gemeint.[4]

---

1 Vgl. zum ganzen Kapitel PT, 534-565. Mit den drei möglichen Formen einer evangelischen Kirchenverfassung setzt sich Schleiermacher auch in seiner Schrift: Ueber das liturgische Recht evangelischer Landesfürsten, 78ff, auseinander. Diese drei Verfassungstypen sind trotz ähnlicher Bezeichnungen keinesfalls mit den drei kirchenrechtlichen Legitimationsmodellen für das landesherrliche Kirchenregiment identisch. Episkopalismus, Territorialismus und Kollegialismus beziehen sich alle auf konsistoriale Kirchenverfassungen.
2 PT, 539.
3 Vgl. PT, 538f.
4 Vgl. PT, 720. Ebenfalls als Kirchenregiment im *engeren* Sinn bezeichnet Schleiermacher das Kirchenregiment im Unterschied zum *Kirchendienst*! Man muß also von einem *weiteren engeren* Sinn des Kirchenregiments (im Unterschied zum Kirchendienst) und einem *engeren engeren* Sinn des Kirchenregiments (im Unterschied zur Freien Geistesmacht) sprechen! Vgl. oben Kap.

Die Darstellung der Verfassungstypen gibt dabei Schleiermachers Einschätzung wieder.[5]

a) Die Episkopalverfassung

Die Anfänge des Episkopalsystems liegen in der alten Kirche. Ursprünglich war der Einfluß des Bischofs auf eine Gemeinde beschränkt, er dehnte sich aber schnell auf größere Gebiete aus. Dem Bischof kam bald die aufsichtsführende Gewalt zu, und die Kirchenordnung war, zieht man die Analogie zum Staat, geprägt von monarchischen Strukturen. Die Stellung des Bischofs war allerdings aufgrund seiner Wahl durch die Gemeinde legitimiert, seine Macht durch die Presbyterien begrenzt. In Schweden, Dänemark und England gibt es zu Schleiermachers Zeit evangelische Kirchen mit bischöflicher Verfassung. Die Systeme unterscheiden sich hinsichtlich des Wahlmodus' für das Bischofsamt und hinsichtlich des Maßes der Unabhängigkeit der Kirche vom Staat.[6]

Hinsichtlich der Beurteilung des Episkopalsystems kommt es für Schleiermacher wesentlich auf die spezielle Ausformung dieses Modells an. Erfolgt die Bischofswahl durch den König, wie in England, so ist die kirchliche Unabhängigkeit gefährdet. Wird der Bischof hingegen durch die Gemeinden gewählt, „so kann das Episcopalsystem das Kirchenregiment auf eine sehr würdige Weise verwalten"[7]. In diesem Falle wäre die Kirchlichkeit des Systems und der

---

III. 5. Statt Kirchlicher Autorität kann Schleiermacher auch folgende Begriffe synonym gebrauchen: gebundenes Element, gebundenes Kirchenregiment, Verfassung, organisiertes Element, kirchliche Macht (vgl. KD, §§ 312f). In der ersten Auflage der Kurzen Darstellung trägt die Kirchliche Autorität noch den Namen Kirchengewalt (KD 1. Aufl., Von der Theorie des Kirchenregiments 4.ff, 78ff). Auch für die Freie Geistesmacht verwendet Schleiermacher verschiedene Synonyme: ungebundenes Element, freie Einwirkung, nicht organisiertes Element, freie geistige Macht (vgl. KD, §§ 312f). Diese Begriffsvielfalt trifft man auch in den Vorlesungen zur Praktischen Theologie an. Der Einfachheit halber findet im folgenden vor allem die Begriffe „Kirchliche Autorität" und „Freie Geistesmacht" Verwendung.

5   Schleiermachers Klassifizierung geht von der relativ reinen Verwirklichung der jeweiligen Verfassungssysteme aus. Die Verfassungen der Gliedkirchen der EKD vereinen sowohl synodale als auch konsistoriale und episkopale Elemente. Diese Mischform ist ein Produkt der allmählichen Demokratisierung der Kirche im 19. Jahrhundert und des Endes des landesherrlichen Kirchenregiments nach dem ersten Weltkrieg, sowie der Erfahrungen der Kirche unter der nationalsozialistischen Diktatur.

6   Vgl. PT, 545-547.

7   PT, 553.

Delegationscharakter des Amtes sichergestellt. Faktisch wird der Bischof, wenn er überhaupt gewählt wird, aber nur durch die Geistlichen und nicht durch die Gemeinden gewählt. Infolgedessen kommt es zu einem Übergewicht des Lehrstandes.[8] Durch die hervorgehobene Stellung der Bischöfe und ihres Apparates entsteht eine höhere und eine niedere Geistlichkeit. Die Bischöfe heben sich aristokratisch vom Kirchenvolk ab. Sie sind in der Regel Teil des Hochadels und verlieren die Verbindung zu den Gemeinden. Durch ihre enge Verbindung zum bürgerlichen Regiment kann es zur Schwächung ihres kirchlichen Interesses kommen. Auch habe es sich gezeigt, daß das monarchische Prinzip des Episkopalsystems die Entwicklung der Lehre behindere. Die Lehraufsicht des Bischofs beschränke die Freiheit der Forschung und der Lehranstalten. Sie erzeuge einen für die evangelische Freiheit gefährlichen Anpassungsdruck.[9] Je mehr sich das Episkopalsystem einer evangelischen Kirche dem der katholischen annähere, „desto mehr sind die Bischöfe große Herren, und um so mehr wird sich finden daß sie nicht genug Interesse an der Wissenschaft haben und lieber alles beim alten lassen, weil sie urteilen sollen, aber nicht die Fähigkeit zum urteilen haben."[10] Eine Kontrolle des Kirchenregiments und der Lehre von unten, wie sie dem Geist der evangelischen Kirche entspräche, findet im Episkopalsystem nicht statt. Die bischöfliche Verfassung ist deshalb, je reiner sie ausgebildet ist, „desto ungünstiger für den Geist der evangelischen Kirche."[11]

b) Die Konsistorialverfassung

Der Episkopalverfassung ähnlich ist die zu Schleiermachers Zeit in Preußen bestehende Konsistorialverfassung. Schleiermachers Ausführungen verdanken sich insofern unmittelbarer Anschauung und leidiger, eigener Erfahrung. „Das Consistorialsystem ohne Episkopat ist nur eine abgestumpfte Pyramide"[12]. Die Spitze der Pyramide bildet der Landesherr. Die Leitung der Kirche erfolgt durch eine staatliche Behörde, das Konsistorium, oder durch einen Minister, dem Räte zugeordnet sind. Das Übergewicht der Leitung der Kirche

---

8   Vgl. PT, 559f.
9   Vgl. PT, 550, 552f, 559f.
10   PT, 560.
11   PT, 560, vgl. 559.
12   PT, 541.

liegt damit in den Händen der Staatsdiener. Der Vorsitzende des
Konsistoriums ist meist ein weltlicher Beamter. Bei internen Kir-
chenfragen kommt den Geistlichen in der Regel das entscheidende
Votum oder mindestens ein Vetorecht zu, bei externen den weltli-
chen Mitgliedern des Konsistoriums. Interna betreffen Fragen der
Liturgie oder der Dogmatik, Externa Fragen der Verwaltung des
Kirchengutes und des Armenwesens. Strittig ist die Zuordnung der
Anstellung der Geistlichen.[13] Da die Geistlichen im Konsistorialsystem zugleich Staatsbeamte sind, besteht die Gefahr, daß kirchliche
Interessen und Kriterien bei Anstellungsfragen in den Hintergrund
treten. An der durch weltliche Staatsbeamte, zumeist Juristen, domi-
nierten Verwaltung der Kirche kritisiert Schleiermacher insbesondere, daß sie die Kirche nach den ihnen gewohnten Formen des
bürgerlichen Rechts verwalten, „sie wenden die Form des Rechtes
an, wo alles nur nach dem Geiste geschehen sollte, nicht nach der
Anwendung des Buchstabens."[14] Die Nähe zum bürgerlichen
Regiment und damit die Gefährdung der Kirchlichkeit der kirchlichen Ordnung ist schon in der Grundstruktur der Konsistorialverfassung angelegt. Die Organisation des Staatsdienstes gilt damit
in analoger Weise für die Kirche. Damit setzt sich die stratifika-
torische Ordnung auch in der Kirche durch: „Giebt es eine gewisse
Schicht in den Staatsbürgern aus denen die höheren Staatsdiener
genommen werden: so werden auch die höheren Glieder des Kirchenregimentes daraus genommen".[15] Die prinzipielle Gleichheit der
Kirchenglieder ist aufgehoben.

Besonders problematisch an der Konsistorialverfassung, die in
deutschen Gebieten im wesentlichen mit dem landesherrlichen Kir-

---

13   Vgl. PT, 547. Die Unterscheidung von Externa und Interna klingt auch in der
     Gliederung der Tätigkeitsfelder des Kirchenregiments nach interner und exter-
     ner Wirksamkeit an. Die Unterscheidung wird dort jedoch *anders* vollzogen,
     da Schleiermacher die Autonomie und Kirchlichkeit des Kirchenregiments auf
     beiden Feldern fordert. In all ihren Beziehungen soll die Kirche von sich selbst
     gesteuert werden. Das ius circa sacra, die Kirchenhoheit, wird von Schleier-
     macher allein auf die Aufsicht des Staates beschränkt, der das Recht habe
     darauf zu achten, daß in seinem Territorium nichts unternommen werde, was
     seinen Interessen zuwiderlaufe.
14   PT, 549. Die Folge davon ist nach Schleiermacher, daß das juristisch schwer
     zu fassende, tadelnswerte Betragen der Geistlichen nicht geahndet wird. Die-
     sem laxen Verfahren in Bezug auf die Sittlichkeit korrespondiere eine zu große
     Strenge bei der Verpflichtung der Geistlichen auf die symbolischen Bücher,
     vgl. PT, 549f.
15   PT, 539.

chenregiment zusammenfällt, ist die Rolle des Landesherrn. Der
Einfluß einer einzelnen Person kann zu erheblichen Schwankungen
in der Entwicklung der Kirche führen. Herrschte unter Friedrich II.
absolute Freiheit, die jede Kirchenzucht und jeden Bekenntniszwang
ausschloß, so kam es unter seinem Nachfolger zu einer völligen
Kehrtwende in der staatlichen Kirchenpolitik. Das Wöllnersche
Religionsedikt verpflichtete die Geistlichen auf den Buchstaben der
Bekenntnisschriften, in dessen Folge sich ein „verderbliches Spionir-
wesen"[16] einschlich. Mäßigt sich der Regent nicht selbst, so wird im
Konsistorialsystem seine persönliche Willkür zum entscheidenden
Faktor des kirchlichen Lebens. Für Schleiermacher war der massive
Einfluß, den Friedrich Wilhelm III. in Kirchenfragen geltend
machte, unerträglich. Er beanspruchte nicht nur das ius circa sacra,
also das Recht, die äußeren Angelegenheiten der Kirche zu regeln.
Als Landesherr durch den Wiener Kongreß und die Heilige Allianz
in seinem Gottesgnadentum bestärkt, beanspruchte er auch das ius in
sacra, die Hoheit in innerkirchlichen Angelegenheiten, besonders
hinsichtlich liturgischer Fragen (ius liturgicum).[17]

Schleiermachers Urteil über die Konsistorialverfassung ist vernichtend: Die Geistlichen werden zu Staatsdienern, zu Geschäftsfüh-
rern von Staatsbehörden umfunktioniert. „Der persönliche Einfluß
des Landesherrn wird hier von allen Schranken befreit und der
kirchliche Charakter in der Verwaltung der Kirche geht ganz
verloren. Der Gegensatz zwischen Klerus und Laien wird vernichtet,
indem beide angesehen werden als Unterthanen; der Geistliche nur
das ausführt, was ihm aufgetragen worden; die andern die sind, an
denen es ausgeführt wird."[18] Zur Funktionalisierung der Kirche für
die Interessen des Staates und zur Aufhebung der Gleichheit aller

---

16   PT, 562. Wöllner wurde übrigens verdächtigt, ein heimlicher Katholik zu sein,
      dessen Kirchenpolitik auf eine Katholisierung der evangelischen Kirche abziele
      (vgl. Foerster, Die Entstehung der preußischen Landeskirche, 96). Schleier-
      macher führt somit nicht ohne Grund als besonders extremen Nachteil der
      Konsistorialverfassung an, daß sich in ihr die Kirche eines heimlich katholi-
      schen Kirchenministers nicht erwehren könne, vgl. PT, 563.
17   Vgl. Ueber das liturgische Recht evangelischer Landesfürsten, 42f u.ö.
18   PT, 563. Im Konsistorialsystem ist es nach Schleiermacher für die evange-
      lische Kirche besser, wenn der Landesherr nicht evangelisch ist, sondern wie
      in Sachsen zum Katholizismus übertritt und sich ein relativ selbständiges
      Kirchenregiment etablieren kann: „Gewiß aber ist schon dieses ein Zeichen
      großer Unvollkommenheit einer Verfassung für die Kirche, wenn sie dadurch
      besser wird, daß der Landesherr die Kirche verläßt." Ueber das liturgische
      Recht evangelischer Landesfürsten, 72.

Kirchenglieder kommt die Vernichtung evangelischer Freiheit hinzu:
Geistliche und Laien werden gemeinsam zu Untertanen degradiert.
Schleiermacher urteilt deshalb in aller Deutlichkeit, daß „die Consi-
storialverfassung die allerschlechteste ist."[19]
    Immerhin einen Vorzug hat die Konsistorialverfassung - ihre
strenge und gut funktionierende Verwaltung. Da diese sich jedoch
auf das Äußerliche und im kirchlichen Kontext daher Nebensächliche
bezieht, bleibt Schleiermacher in Bezug auf die Konsistorialverfassung nur festzustellen: „Das löbliche liegt also in den Nebendingen,
das nachtheilige in der Hauptsache."[20] Die Konsistorialverfassung ist
für Schleiermacher eindeutig nur ein Provisorium, ein „Durchgangs-
punkt", auf dem die evangelische Kirche schon allzulange verweilt.[21]
Festzuhalten ist, daß Schleiermachers Votum für das Innere und den
Geist und gegen das Äußere und den Buchstaben des Gesetzes kein
Votum für Anarchie, Unordnung oder unklare Strukturen impliziert. Eine gute Verwaltung ist auch in der Kirche etwas „Löbliches"
und Wünschenswertes. Schleiermachers Verfassungsentwürfe für die
preußische Landeskirche und seine kirchenpolitischen Vorschläge
sind denn auch, wie unten zu zeigen sein wird, in Bezug auf klare
Strukturen, geordnete Zuständigkeiten und das Bemühen um Effizienz mustergültig.

c) Die Synodal- oder Presbyterialverfassung

Die dritte Form der evangelischen Kirchenverfassung ist die Syno-
dal- oder Presbyterialverfassung.[22] Diesem Kirchenregiment „von
unten herauf"[23] gehört Schleiermachers ungeteilte Sympathie. Er bezeichnet sich selbst als „einen eifrigen Vertheidiger der Synodalverfassung"[24] und hält sie als einzige Verfassungsform in vollem Sinne
für evangelisch: „Als aus dem Wesen der evangelischen Kirche her-
vorgehend und sie selbst aussprechend können wir nur die Presbyterialverfassung ansehen. Es wird immer natürlich sein daß in der

---

19 PT, 564.
20 PT, 550.
21 Vgl. Ueber das liturgische Recht evangelischer Landesfürsten, 71, 79.
22 Beide Begriffe werden von Schleiermacher ohne Bedeutungsunterschied ge-
    braucht. Presbyterien und Synoden sind nur unterschiedliche Ebenen der Re-
    präsentation. Der repräsentative Charakter, d.h. die Wahl von unten nach
    oben, ist entscheidend und beiden gemeinsam.
23 PT, 539.
24 Reden 4. Aufl., Erläuterung 24 zur 4. Rede, 382.

evangelischen Kirche Bewegungen entstehen werden nach dieser
Verfassung hin, wo sie nicht ist"[25]. Diese Bewegungen gelte es, auf
möglichst zweckmäßige Weise zu fördern. Die Synodal- oder Presbyterialverfassung geht im Gegensatz zu den anderen Verfassungstypen von der grundsätzlichen Gleichheit aller Kirchenglieder
aus und beruht auf der Selbständigkeit und Gleichheit der einzelnen
Gemeinden, die sich freiwillig zu einem größeren kirchlichen Zusammenhang zusammenschließen. Die Gleichheit ist ein fun-
damentales Prinzip des Protestantismus und wird sich deshalb in der
Kirche immer wieder zur Geltung bringen: „Dieses Princip der
Gleichheit muß man sich als ein beständiges, sich immer erneuerndes
denken, so daß alles entgegenwirkende gleich aufgehoben wird. Das
Kirchenregiment muß sich immer mehr dem Zustand nähern in dem
es ist wenn es sich frei aus der Gemeine entwikkelt."[26] Trotz Schleiermachers eindeutiger Option für die Selbständigkeit der Kirche und
für ein synodales Kirchenregiment, plädiert er nicht dafür, das
Kirchenregiment dem Landesherrn gewaltsam zu „entreißen". Es
müßte aber so gestaltet werden, daß die kirchlichen Ordnungen nicht
vom Landesherrn ausgeht, sondern nur noch von ihm bestätigt
werden.[27]

Doch wie stellt sich Schleiermacher die Struktur einer synodalen
Kirche konkret vor? In den im Protestantismus als selbständig zu
achtenden Gemeinden wird ein Presbyterium gewählt, das zusammen
mit dem Geistlichen die Gemeinde leitet. Die Gemeinden wiederum
entsenden Delegierte zu Synoden. Je nach Größe des Zusammenschlusses kann es verschiedene Ebenen von Synoden geben, also
Kreis-, Provinz- oder Landessynoden, die von Delegierten der jeweils kleineren Einheit beschickt werden. Evangelische Synodal-
systeme können nach Schleiermacher sehr verschieden gestaltet sein.
Delegierte können entweder *nur* Geistliche oder *nur* Laien oder
Geistliche *und* Laien sein. Die letztgenannte Form ist die von
Schleiermacher bevorzugte. Kriterium für die Beteiligung von Laien
ist allerdings der Bildungsstand. „Wenn man davon ausginge daß in
der evangelischen Kirche nur die Geistlichen auch im Besiz einer
hinreichenden Bildung wären, der geschichtlichen und wissenschaft-

---

25 PT, 564f. Ähnlich äußert sich Schleiermacher in: Ueber das liturgische Recht
    evangelischer Landesfürsten, 80: Allein die Presbyterialverfassung kann „als
    ein eigentliches Erzeugnis der Reformation" angesehen werden.
26 PT, 540.
27 Vgl. PT, 540.

lichen: so können auch sie nur im Stande sein die allgemeinen
Angelegenheiten zu besorgen; ist aber die allgemeine wissenschaftliche Bildung auch unter anderen verbreitet: so fällt dazu der Grund
weg."[28] Zum Kirchenregiment gehören für Schleiermacher auch *allgemein* wissenschaftliche und technische Bildung, die in den
Gemeinden bei den Laien zu finden ist. Für politische, finanzielle
und rechtliche Fragen ist deshalb in jedem Fall auf die Kompetenz
von Laien zurückzugreifen.[29]
     Die Beschlüsse der Synoden sind bis zu ihrer Revision durch eine
spätere Entscheidung bindend. In independentistisch-freikirchlich
orientierten Kirchen können sie auch nur empfehlenden Charakter
haben.[30] Je nach Erfordernis bilden die Synoden leitende Ausschüsse,
die zwischen den Sitzungen der Synoden die Geschäfte leiten und
z.B. für die Prüfung der Kandidaten des Predigtamts zuständig sind.
Der Ausschuß hat jedoch keine gesetzgeberische Kompetenz wie die
Synoden, er ist nur mit Verwaltungsaufgaben betraut. Denkbar sind
auch permanent tagende Synoden, die sich einen ständigen Vor-
sitzenden wählen. Wäre der Vorsitzende ein Geistlicher, so näherte
man sich dem Episkopalsystem. Wäre er ein Laie, so näherte man
sich dem Konsistorialsystem. Auf jeden Fall trüge das Kirchenregiment dann aristokratische Züge. Die reinste und wahrhaft demokratische Form des Synodalsystems ist deshalb das gelegentliche
Zusammentreten der Delegierten. Der repräsentative Charakter der
Synode kommt in dieser Form am deutlichsten zum Ausdruck.
Schleiermacher selbst denkt an jährliche oder noch seltenere Sitzungen der Synoden.[31] Dieser große Abstand zwischen den Sitzungen
legte sich aus ganz pragmatischen Gründen nahe: Der Aufwand für
häufigere Sitzungen wäre viel zu groß gewesen. Die Reise zum
Tagungsort war für viele Delegierte mehrere Tage lang und mit
hohen Kosten verbunden. Schleiermacher dachte daran, einen Fonds
zu bilden, um diese Kosten gemeinsam zu tragen. Neben der

---

28 PT, 543.
29 Vgl. PT, 543f.
30 Vgl. PT, 541. Schleiermachers Überlegungen zur Kirchenverfassung sind
    stark von der Auseinandersetzung mit independistischem Gedankengut geprägt
    (vgl. besonders PT, 531ff). Dies läßt sich mit Schleiermachers Herrenhuter
    Herkunft und seiner Distanzierung von der in den Reden von 1799 deutlich
    zum Ausdruck gekommenen Vorliebe für kleine, unabhängige kirchliche Ein-
    heiten erklären. Schleiermacher markiert diese Selbstdistanzierung vom Inde-
    pendentismus deutlich in: Reden 4. Aufl., Erläuterung 24 zur 4. Rede, 382.
31 Vgl. PT, 545.

gemeinsamen Beschlußfassung sollten die Synoden nach Schleiermachers Vorstellung auch der Bildung und der Kontaktpflege unter den Geistlichen dienen sowie der Angleichung der Verhältnisse in den durch die gemeinsame Synode verbundenen Gemeinden. Agenden und Gesangbücher sollten behutsam und auf freiwilliger Basis einander angeglichen, die Prüfung der Kandidaten vereinheitlicht und die Sittlichkeit der Geistlichen und der Kandidaten einer stärkeren Kontrolle unterworfen werden.[32]

Schleiermacher erwartet von der Einführung einer Synodalverfassung auch eine Förderung des Schriftverständnisses und der Lehre. Auch bei der Synodalverfassung liegt, wie bei den anderen beiden Verfassungstypen, die *Leitung* des Entwicklungsprozesses der Lehre allein bei den wissenschaftlichen Gliedern der Kirche, also bei den Geistlichen. Die *Kontrolle* dieses Prozesses liegt jedoch bei der Gemeinde, da sie die Geistlichen wählt und zur Rechenschaft zwingen kann.[33] In der Episkopalverfassung ist dies anders geregelt. Die Geistlichen werden dort nur durch ihresgleichen, nämlich den Bischof und seine Behörde, kontrolliert, der Klerus hebt sich von den Laien in gefährlicher Weise ab. In der Konsistorialverfassung kommt es durch die staatliche Einflußnahme zu erheblichen Schwankungen bezüglich der Freiheit evangelischer Lehre. Nur die Synodalverfassung bietet die Gewähr einer kontinuierlichen und allein

---

32 Näheres zu Schleiermachers konkreten Vorschlägen sowie entsprechende Belege finden sich im nachfolgenden Abschnitt.

33 M. Doerne, Theologie und Kirchenregiment, 375, behauptet, daß Schleiermacher im Gegensatz zu Luthers Schrift „Daß eine christliche Versammlung oder Gemeine Recht und Macht habe, alle Lehre zu urteilen, Lehrer zu berufen, ein- und abzusetzen. Grund und Ursach aus der Schrift" (1523), WA 11, 408-416; Studienausgabe hg. v. H.-U. Delius, Bd. 3, Berlin 1983, 72-84, den Laien gerade *keine* Kontrollfunktion zuerkennt. Doerne beruft sich dabei auf Schleiermachers Schrift: Ueber den eigenthümlichen Werth und das bindende Ansehen symbolische Bücher, 130f (SW I, 5, 438f). Gerade diese Belegstelle macht aber deutlich, wie Schleiermacher das Problem tatsächlich beurteilt. Schleiermacher geht es lediglich darum festzustellen, daß die Laien nicht über die *Übereinstimmung* einer Lehraussage mit den symbolischen Büchern kompetent urteilen können. Sehr wohl sollen die Gemeindeglieder darüber urteilen, „[w]as dem Bedürfnisse und der innern Gewißheit eines christlichen Gemüthes zuwider gesagt wird" (ebd.). Die zweite von Doerne herangezogene Stelle (aus der vierten Auflage der Reden) belegt dasselbe und stützt meine Interpretation: Schleiermacher wehrt sich gegen die Verpflichtung der Geistlichen auf die symbolischen Bücher und nicht gegen das Recht der Laien, über die Lehre zu urteilen. Im Unterschied zu Doerne verstehe ich Schleiermachers Theorie des Kirchenregiments als zu seiner Zeit vorbildlichen Versuch, die kirchliche Wirklichkeit nach der angeführten Maxime Luthers zu gestalten.

deshalb schon gedeihlicheren Fortentwicklung der Lehre bei gleichzeitiger Wahrung der Kontrolle der Geistlichen durch die Gemeinden. Die Präsenz von Geistlichen *und* Laien im repräsentativen Kirchenregiment und der zwischen diesen Gruppen zu erwartende „heilsame Gegensatz" gefährdet die Kirche nach Schleiermacher nicht, sondern stabilisiert sie vielmehr. Im Unterschied zu den anderen Verfassungsformen trägt die Synodalverfassung damit ein Korrektiv kirchlicher Mängel schon in sich:[34] „Je mehr sich im Lehrstand [gemeint: die Geistlichen] eine zu rasche Bewegung manifestirt, desto mehr pflegen die Weltlichen [gemeint: die Laien] an dem alten festzuhalten; und wenn der Lehrstand in die Trägheit verfällt, äußern sich desto mehr Bewegungen in den Weltlichen und kommen durch sie ins Kirchenregiment hinein."[35] Dieses „Princip des Gleichgewichts" trägt im Vergleich zu den anderen Verfassungen „am meisten den Grund zu einer ruhigen Entwikklung und festen Existenz in sich"[36].

Das allgemeine Priestertum und damit der protestantische Charakter der Kirche tritt bei einer synodalen Struktur des Kirchenregiments besonders deutlich hervor. Die Gleichheit der Kirchenglieder kommt dadurch zum Ausdruck, „daß die Geistlichen von der Gemeinde gewählt werden, und daß in der gesezgebenden und berathenden Versammlung sich Laien mitbefinden"[37]. Der Delegationscharakter der Tätigkeit im Kirchenregiment steht deutlich vor Augen, die Rotation der Delegierten verhindert die Etablierung starrer Autoritätsstrukturen; Macht und Einfluß werden auf eine größere Anzahl von Menschen verteilt. Darüber hinaus haben im Synodalsystem, wie Schleiermacher es sich vorstellt, alle Geistlichen neben ihrer Tätigkeit im Kirchenregiment auch noch Aufgaben im Kirchendienst zu verrichten. Sie verlieren den Kontakt zur Gemeinde und zum einfachen Kirchenvolk nicht. Das Entstehen eines zur „Opulenz", „Feigherzigkeit" und „Menschenfurcht" neigenden höheren Klerus, dessen Interesse an der Kirche nur noch marginal ist und dem eine mittelmäßige, niedere Geistlichkeit gegenübersteht, wird in einem reinen Synodalsystem mit Sicherheit verhindert und „das Gefühl der Verantwortlichkeit wird in hohem Grade ge-

---

34 Vgl. PT, 550.
35 PT, 561.
36 PT, 561.
37 PT, 553.

schärft."[38] Zum deutlich protestantischeren Charakter des Kirchenregiments im Synodalsystem kommt damit die höhere Effektivität
und Leistungsfähigkeit noch hinzu. Die Kenntnis der realen Verhältnisse, die Sicherstellung des kirchlichen Interesses der Leitenden
und ihres Verantwortungsbewußtsein sind zusammenfassend die
großen Vorzüge dieser repräsentativen und demokratischen Form
des Kirchenregiments.[39]

Trotz der zahlreichen Vorzüge einer Synodalverfassung blendet
Schleiermacher die Nachteile auch dieses Systems nicht aus. Je zahlreicher die Mitglieder einer Synode sind, desto demokratischer ist
sie. Dies ist an sich wünschenswert und begrenzt den negativen
Einfluß einzelner. Gleichzeitig entsteht jedoch die Gefahr des Tu-
multes, die bei jeder größeren Versammlung gegeben ist. Besonders
in politisch unruhigen Zeiten kann eine Synode leicht politischen
Charakter bekommen. Darüber hinaus kann die Präsenz von Geistlichen *und* Laien in der Synode, wenn sich die beiden Gruppen in
Opposition zueinander befinden, zur Blockade und Handlungsunfähigkeit der Synode oder der Presbyterien führen. Ist keine Einigung
zwischen den Gruppen möglich, kommt es zum „unverständige[n]
Festhalten des Bestehenden."[40] Diese Nachteile des Synodalsystems
müßten nach Schleiermachers Ansicht jedoch beherrschbar sein. Je
mehr das Verständnis für kirchliche Angelegenheiten gerade auch in
den Gemeinden steigt, desto eher lassen sich falsche Konfrontationen
vermeiden.[41]

Selbst wenn die Einführung einer Synodalverfassung Risiken birgt,
lohnt es sich für Schleiermacher diese einzugehen, weil dies die einzige Chance zur sittlich gebotenen Kirchenverbesserung oder Reformation der Kirche ist. Schleiermacher begründet sein eindeutiges
Votum für die Synodalverfassung in Preußen damit, „daß wahrhaft
gläubige und fromme in hinreichender Anzahl in unsern Gemeinden
vorhanden sind, und daß es lohnt ihren Einfluß auf die übrigen
möglichst zu verstärken, welcher unstreitig die natürliche Folge

---

38 PT 552, vgl. PT, 551.
39 Auch historisch stellt sich für Schleiermacher die Presbyterialverfassung als
    die beste evangelische Kirchenverfassung dar. Er verweist auf Frankreich, wo
    „diese Verfassung überall einen reichen Segen kirchlichen Lebens verbreitet
    und die Kirche in dieser Verfassung Anfechtungen und Verfolgungen aller Art
    glücklich bestanden hat" (Ueber das liturgische Recht evangelischer Landes-
    fürsten, 86).
40 PT, 554.
41 Vgl. PT, 554f.

wohlgeordneter Verbindungen ist. Anderntheils aber giebt auch das
Leben in unserer Zeit sehr bald die Ansicht, daß die Verbesserung,
wenn sie gedeihen soll, von allen Seiten zugleich eingeleitet werden
muß, und dazu gehört nothwendig, daß man die Menschen in manchen Beziehungen behandle, als wären sie schon das, wozu sie erst
sollen gemacht werden. Denn sonst findet man immer noch
nothwendig zu warten, und niemals möglich anzufangen."[42]

2. Schleiermachers Verfassungsentwurf für eine preußische Landeskirche von 1808

Im Zuge der preußischen Reformen war Schleiermacher, vermutlich
durch den Freiherrn vom Stein, zu einem Verfassungsentwurf für
eine preußische Landeskirche angeregt worden. Er reichte seinen
Entwurf im Dezember 1808 beim König ein. Der Entwurf zeigt
überdeutlich, was sich schon in den beiden „unvorgreiflichen Gutachten" von 1804 andeutete: Schleiermacher entwickelt sich vom
Kirchenkritiker und Utopisten zum besonnenen Kirchenreformer,
der den Wert kirchlicher Ordnungen und geregelter Verfahren zu
schätzen weiß. 1813 legte Schleiermacher erneut einen Entwurf zu
einer Ordnung der Synodalangelegenheiten vor, der in der Thematik
jedoch deutlich begrenzter ist als der Entwurf von 1808. Obwohl der
Entwurf von 1808 ein relativ frühes Stadium von Schleiermachers
Reflexion einer Theorie des Kirchenregiments widerspiegelt, soll er
hier vorgestellt werden, um exemplarisch einen Eindruck zu gewinnen von den Problemen, die eine Kirchenverfassung zur damaligen
Zeit zu berücksichtigen hatte und wie Schleiermacher sie zu lösen
gedachte. Trotz manch späterer Modifikationen werden schon die
wichtigsten Grundzüge der elaborierten Theorie erkennbar, wie sie
in den vorangegangenen Abschnitten rekonstruiert wurde. Der
Entwurf hat darüber hinaus auch exemplarischen Charakter in Bezug
auf Schleiermachers Geschick, theologische Grundsätze in Kirchen-
ordnungen umzusetzen. Bei aller Tiefe der Reflexion blieb Schleiermacher ein Pragmatiker und Kirchenpolitiker ersten Ranges, der
sich bis in Detailfragen des Ablaufs von Synodensitzungen vertiefen
konnte und praktikable Lösungen für ein effektives Kirchenregiment

---

42   Reden 4. Aufl., Erläuterung 24 zur 4. Rede, 382.

vorschlug.[43] Unklar ist, inwieweit Einzelheiten im Entwurf durch
politische Vorgaben festgelegt waren und nicht Schleiermachers eigentlicher Auffassung entsprachen.[44] Sicher ist hingegen, daß Schleiermachers Überlegungen im Kontext vieler anderer Vorschläge für
die Verbesserung der kirchlichen Verhältnisse in Preußen stehen.
Das Verlangen nach einer Kirchenreform war weit verbreitet, so
daß Schleiermachers Entwurf durchaus nicht singulär dastand. Er
weist in vielem Parallelen zu anderen Vorschlägen auf.[45]

Schleiermachers Entwurf von 1808 gliedert sich in vier Abschnitte. Der erste handelt „Von den Gemeinen" (a), der zweite „Von
den Synoden" (b). Die weiteren Abschnitte tragen die Überschrift
„Von den Bischöfen und Kapiteln" (c) und „Von der Oberaufsicht
des Staates auf das Kirchenwesen" (d). Schon in der Reihenfolge der
Abschnitte kommt Schleiermachers Bekenntnis zu einem Kirchenregiment „von unten" deutlich zum Ausdruck: Basis einer Kirchen-

---

43	In seiner Eigenschaft als Präses der Berliner Synode entwarf Schleiermacher
	eine „Ordnung bey den Verhandlungen der Synode", die mit nur leichten Mo-
	difikationen von der Synode akzeptiert wurde. Diese Geschäftsordnung der
	Synode wurde entdeckt und veröffentlicht von Hans-Friedrich Traulsen, Eine
	gedruckte Synodalgeschäftsordnung von Schleiermacher, ZKG 104 (1993),
	377-382. Ziel der Ordnung war es, die Sitzungen so effektiv wie möglich zu
	gestalten. So verlangt die Ordnung eine gründliche Vorbereitung der Sitzun-
	gen. Anträge müssen den Mitgliedern schriftlich vor der Sitzung zugehen. Die
	Beratungen müssen in freier Rede erfolgen. Zeichnet sich während der
	Beratung eine klare Mehrheit ab, kann der Präses die Debatte abbrechen und
	die Mehrheit feststellen, eine Abstimmung erfolgt dann nur auf Antrag. Vgl.
	a.a.O., 379-382.
44	Vgl. die einleitenden Worte Schleiermachers zu seinem Verfassungsentwurf,
	Neue Verfassung, 119-121. Die Zurückhaltung Schleiermachers in der Frage
	von Synoden oberhalb der Kreisebene, wie sie in den einleitenden Worten
	anklingt, und der Vorschlag, ein Bischofsamt einzuführen, passen nicht recht
	zu seinem später überaus deutlichen Eintreten für Synoden auch auf Provinz-
	und Landesebene. Hier könnten Vorgaben von „oben" eine Rolle gespielt
	haben. Vgl. dazu auch die Angaben bei M. Honecker, Schleiermacher und das
	Kirchenrecht, 13.
45	Vgl. die Einleitung des Herausgebers Hayo Gerdes zum Verfassungsentwurf:
	Neue Verfassung, 115f. Besonders ausführlich und andere Reformvorschläge
	berücksichtigend ist die Darstellung bei Erich Foerster, Die Entstehung der
	Preußischen Landeskirche, I, 149-167, zu Schleiermachers Entwurf 159-164.
	Bei Foerster findet sich auch der bislang einzige Abdruck von Schleiermachers
	„Entwurf einer Synodalordnung für die protestantische Geistlichkeit vom 2.
	Januar 1813", I, 306-316. Die kritische Neuedition dieser und anderer kir-
	chenpolitischer Entwürfe und Schriften Schleiermachers im Band I, 9 der
	KGA und die Veröffentlichung des vollständigen Briefwechsels aus dieser Zeit
	werden ein wesentlich differenzierteres Bild der kirchenpolitischen Entwick-
	lung und der Stellung Schleiermachers dazu ermöglichen.

gemeinschaft sind selbständige und gut funktionierende Gemeinden.
Diese entsenden Delegierte zu einer Synode, der die legislative
Funktion zukommt. Die Exekutive liegt bei den Bischöfen, die allerdings in ihrer Macht stark beschränkt sind. Sie können nur zusammen mit ihrem Kapitel, der Kirchenbehörde, wirksam werden. Der
letzte Abschnitt versucht, die unvermeidliche, staatliche Oberaufsicht
über die Kirche auf das nötigste zu begrenzen. So hat im Entwurf
der zuständige Minister den Bischöfen nicht zu befehlen, sondern sie
„nur zu erinnern"[46].

Insgesamt zielt Schleiermachers Verfassungsentwurf auf ein demo-
kratisch kontrolliertes und legitimiertes Kirchenregiment, auf die
Verteilung von Macht auf verschiedene Schultern einschließlich der
Verlagerung von Kompetenzen an die rangniedrigsten Organe,
mithin auf Subsidiarität. Weitere Anliegen sind eine schlanke und
wenig bürokratische Verwaltung, die Steigerung des Interesses der
Kirchenglieder an ihrer Mitgliedschaft in der Gemeinde durch die
Möglichkeit, sich in ihr verantwortlich zu betätigen und die
Förderung der Weiterbildung und der Religiosität des Pfarrerstan-
des. In den einleitenden Worten zum Verfassungsentwurf forderte
Schleiermacher „die Kirche auch wieder in Besitz eines Theils ihrer
ehemaligen Güter zu setzen, welche der Staat mit der Kirchenver-
waltung zugleich übernommen hat."[47] Die Kirche sollte auf diese
Weise die erforderliche finanzielle Grundlage für ihre Unabhängigkeit vom Staat bekommen. Nun zu den Abschnitten des Verfassungs-
entwurfes im einzelnen.

a) Schon der erste Paragraph des Abschnittes über die Gemeinden
birgt politischen Sprengstoff: „Es steht jedem mündigen Staatsbürger
für seine Person frei, ob er sich zu einer christlichen Gemeine wirklich halten will oder nicht"[48]. Die Rechte eines Staatsbürgers waren
bislang an die Mitgliedschaft in einer christlichen Gemeinde geknüpft, Juden konnten deshalb keine Staatsbürger sein.[49] Dieser

---

46 Neue Verfassung, IV, § 6, 135.
47 Neue Verfassung, 120.
48 Vgl. Neue Verfassung, I, § 1, 121.
49 Schon in seiner frühen Schrift „Briefe bei Gelegenheit der politisch theologi-
    schen Aufgabe und des Sendschreibens der jüdischen Hausväter" ([anon.]
    Berlin 1799; KGA I, 2, 327-361) hatte Schleiermacher sich für die Unabhän-
    gigkeit der staatsbürgerlichen Rechte von der Kirchenmitgliedschaft ausge-
    sprochen und sich gegen Überlegungen gewandt, Juden für das Bekenntnis
    zur allgemeinen Vernunftreligion die Mitgliedschaft in der Kirche zu gewäh-
    ren, um ihnen zu staatsbürgerlichen Rechten zu verhelfen. Vgl. auch die

Zwang zum christlichen Bekenntnis instrumentalisiert nach Schleiermacher die Kirche für fremde Zwecke. Die Kirchenmitgliedschaft muß deshalb freiwillig sein. Niemand darf im Falle der Nichtmitgliedschaft benachteiligt werden. Dennoch sieht der Entwurf vor, daß jeder verpflichtet werden kann, zu den Lasten des kirchlichen Vereins beizutragen, d.h. Kirchgeld zu bezahlen, seine Kinder taufen zu lassen und sie zum Religionsunterricht zu schicken. Denn es stehe niemand frei, „die Seinen" des Vorteils der Kirchenmitgliedschaft zu berauben. Die Beschränkung der Liberalität erweist sich damit als Schutz der Familienangehörigen und ihrer religiösen Individualität vor der patriarchalen Gewalt des Familienvaters, der alleine als Staatsbürger gilt. Dem Schutz der individuellen religiösen Bedürfnisse dient auch die Aufhebung des Parochialzwanges. Stehen mehrere Gemeinden zur Wahl, so muß es grundsätzlich frei stehen, zu welcher man sich hält.[50]

Jede Gemeinde wählt Älteste, die zusammen mit dem oder den Predigern die Angelegenheiten der Gemeinde regeln. Wahlberechtigt sind nur die regelmäßig (mindestens zweimal im Jahr) am Abendmahl teilnehmenden männlichen Gemeindeglieder, die nicht „im Dienst eines anderen" stehen.[51] Das Presbyterium aus Predigern und Ältesten verwaltet das Kirchenvermögen, führt die Aufsicht über die Parochialschulen, stellt mit Genehmigung des Propstes die Lehrer an und bestellt selbständig den Kantor, den Organisten oder andere Kirchenbedienstete. Das Presbyterium kann einem straffällig gewordenen Gemeindeglied das Stimmrecht und die Teilnahme an der Kommunion verbieten, bis das entsprechende Gemeindeglied die auferlegte Kirchenbuße vollzogen hat.[52]

Die staatliche Indienstnahme der Kirche ist zu beenden. Diesem Ziel dient zunächst schon die Aufhebung des Parochialzwanges, denn das Kirchenbuch hatte bis dato zugleich die Funktion des Einwohnerregisters. Darüber hinaus sollten auch die „öffentlichen Proklamationen", also die Verkündigung von staatlichen Gesetzen, Verordnungen und Bekanntmachungen, aus Kirche und Gottesdienst ver-

---

Einführung des Herausgebers G. Meckenstock zu dieser Schrift, KGA I, 2, LXXVIII-LXXXV.

50 Vgl. Neue Verfassung, I, § 1, Anm. 3, 122 und besonders I, § 7, 123.

51 Vgl. Neue Verfassung, I, § 2. Die Leibeigenschaft war im Zuge der Reformen 1807 in Preußen abgeschafft worden. Wie sehr das ständische Denken die Verhältnisse noch prägte, wird an dieser Bestimmungen deutlich, die das kirchliche Wahlrecht an Stand und Geschlecht knüpfte.

52 Vgl. Neue Verfassung, I, §§ 3-5, 122f.

bannt werden. Ebenfalls abgeschafft werden soll nach Schleiermachers Entwurf - wie überhaupt nach dem Willen der preußischen Reformer - jegliches Patronatsrecht. Pfarrstellen sollen nur noch nach Vorschlag durch die Synode und durch Wahl der Gemeinde besetzt werden. Für eine angemessene finanzielle Ausstattung der Pfarreien, eine schnelle Wiederbesetzung der Stellen und eine ausreichende Unterstützung für Hinterbliebene von verstorbenen Pfarrern ist zu sorgen.[53]

In Bezug auf den Gottesdienstablauf wird festgelegt, daß junge Prediger sich an die genehmigten Agenden halten müssen, erfahrene hingegen völlige Freiheit genießen, wobei Gemeindegliedern bei Veränderungen ein Beschwerderecht zusteht. Um die Prediger zu entlasten, sind Taufen und Trauungen an bestimmten Sonntagen zu bündeln. Sie sollen außerdem in der Kirche und nicht in Privathäusern stattfinden. Der Prediger soll damit mehr Freiraum für andere Arbeit gewinnen, zugleich sollen die Amtshandlungen dadurch feierlicher und in den allgemeinen Gottesdienst integriert werden. Die intendierte Konzentration der Kräfte kann als Ansatz zur Professionalisierung der pfarramtlichen Tätigkeit gewertet werden. Bemerkenswert ist fernerhin, daß Schleiermacher die Gültigkeit der Ehe von der kirchlichen Trauung abkoppeln will. Auch dies ist als ein Versuch zu verstehen, die Kirche von staatlichen Aufgaben zu entlasten.[54] Wirklich durchsetzen ließ sich die von Schleiermacher geforderte Ziviltrauung in Deutschland allerdings erst 1875 im Kulturkampf, unter Mitwirkung von Schleiermachers ehemaligem Konfirmanden Bismarck.

b) Die Synoden in Schleiermachers Entwurf sind reine Versammlungen von Geistlichen. Mehr dürfte zunächst politisch nicht durchzusetzen gewesen sein. Pfarrsynoden hatte es in Deutschland immer wieder gegeben, Synoden mit Beteiligung von Presbytern nur in reformierten Gegenden wie dem Rheinland. Wie oben ausgeführt, plädierte Schleiermacher später selbst mit Nachdruck für die Beteiligung von Laien an den kirchlichen Leitungsorganen.[55] Die Tren-

---

53 Vgl. Neue Verfassung, I, §§ 7-13, 123-125.
54 Vgl. Neue Verfassung, I, §§ 14f, 125f.
55 Vgl. Reden 4. Aufl., Erläuterung 19 zur 4. Rede, 382: „Weil aber nach meiner Ansicht die Befugniß zu solchen genauern Verbindungen [gemeint: synodaler Zusammenschluß von Gemeinden] nur darauf beruht, daß die Theilnehmer Glieder der wahren Kirche sind, in welcher der Gegensaz zwischen Priestern und Laien nur momentan besteht und nie bleibend sein kann, werde ich auch immer nur eine solche Verfassung vertheidigen können, die auf dieser Gleich-

nung der reformierten und lutherischen Geistlichen sollte durch die
Verfassung aufgehoben werden. Die Geistlichen beider Konfessionen
bilden zusammen eine Synode. Die Synodenbezirke erstrecken sich
auf die schon vorhandenen Inspektionsbezirke, also auf Kreisgröße.
Synoden für Provinzen oder gar für das ganze Land wurden zwar
(auch von Schleiermacher) gefordert, aber nicht genehmigt. Den
Vorsitz der jährlichen Synodentagungen sollte der von der Synode
selbst gewählte Propst führen. Stimmberechtigt sollten nach dem
Entwurf nur Prediger sein, die schon drei Jahre lang „untadelig" im
Amt sind. Ein zu wählender engerer Ausschuß soll zusammen mit
dem Propst die laufenden Angelegenheiten zwischen den Versammlungen regeln.[56]

Die erste Aufgabe der Synoden ist die Prüfung der Kandidaten.
Die Kandidaten müssen sich nach dem Universitätsexamen beim
Propst eines Bezirkes registrieren lassen und dann jährlich zwei
theologische Aufsätze und zwei Predigten (eine eher für Stadt-, eine
eher für Landgemeinden) einreichen, dazu Zeugnisse von Predigern,
die die Predigten gehört haben. Ein vom Propst beauftragtes
Mitglied der Synode prüft die Arbeiten und berichtet der Synode.[57]
Diese teilt die Kandidaten je nach ihren Leistungen in vier Klassen
ein: „Solche, welche sich als allgemein brauchbar auszeichnen und
Hoffnung geben, in der Kirche und in der gelehrten Welt hervorzu-
ragen; 2. tauglich für Stadtgemeinen; 3. tauglich für Landgemeinen;
4. solche, von denen noch nichts zu sagen ist."[58] Aus den Klassen
eins bis drei können den Gemeinden Vorschläge zur Stellenbesetzung
gemacht werden. Ein Kandidat, der drei Jahre lang in der vierten
Kategorie bleibt, wird auf die Aussichtslosigkeit seiner Bemühungen
hingewiesen. Kandidaten, die dreimal von der Synode wegen ihrer
Sittlichkeit oder unwürdigem Lebenswandel gerügt wurden, werden
von der Kandidatenliste gestrichen.[59]

Zu den weiteren Aufgaben der Synode gehört die Beratung von
Kirchen- und Schulberichten der Presbyterien sowie Debatten über

---

sezung beruht, und eine andere kann es auch in der evangelischen Kirche
niemals geben. Wo Synodalvereine bloß der Geistlichen unter sich stattfinden,
da erscheinen auch diese nur entweder im Auftrag des Staates gutachtlich
beratend, oder die Vereinigung ist mehr eine litterarische und freundschaft-
liche als kirchliche und verfassungsmäßige."

56 Vgl. Neue Verfassung, II, §§ 1-4, 126f, § 17, 129.
57 Vgl. Neue Verfassung, II, § 5, 127.
58 Neue Verfassung, II, § 6, 127.
59 Vgl. Neue Verfassung, II, §§ 7f, 127.

Vorschläge zu Änderungen im Gottesdienst und in den Gesangbüchern. Gegenstand der Synodalberatungen sind auch die kirchlichen Finanzen, eine gleichmäßigere, leistungsbezogene Dotierung der Pfarrstellen und die Bildung von Rentenkassen für bejahrte Prediger. Darüber hinaus ist die Synode Beschwerdeinstanz bei Klagen von Presbyterien über ihre Prediger und übt somit Kontrollfunktionen aus. Die Synoden dienen auch der wissenschaftlichen Bildung und dem theologischen Austausch der Geistlichen untereinander. Die Qualifizierung des Nachwuchses und die Fortbildung der schon im Amt befindlichen Geistlichen war, wie schon erwähnt, ein besonderes Anliegen Schleiermachers. Regelmäßig haben zu diesem Zweck drei jüngere Prediger wissenschaftliche Aufsätze zu verlesen und ein älterer eine Predigt zu halten. All dies geschieht unter der Aufsicht eines Synodalbevollmächtigten der Regierung, der gegen ordnungswidrige Beschlüsse einschreiten kann.[60]

c) Auf Provinzebene wird zum Zwecke der Visitation das Bischofsamt eingeführt. Dem Bischof sind als „Stiftsherren" sechs angesehene Theologen zugeordnet, die zusammen das Kapitel bilden. Die Mitglieder des Kapitels können akademische Theologen oder Pfarrer sein, sie müssen aber alle Doktoren der Theologie sein. Für die Verleihung des Doktortitels sind allerdings deutlich strengere Maßstäbe angelegt werden, als bislang üblich. Die Bischöfe und Stiftsherren dürfen nicht gleichzeitig Pröpste sein und müssen sich „eines gewissen äussern Ansehens und eines sehr anständigen Auskommens"[61] erfreuen. Die Wahl der Bischöfe erfolgt auf Vorschlag der Kapitel durch den König. Die Wahl der Stiftsherren auf Vorschlag je eines Kandidaten durch das Kapitel, die Pröpste und den Bischof durch den für Kirchenfragen zuständigen Minister. Wenn möglich, sollen die Bischöfe nicht in der Hauptstadt, sondern in kleineren Städten residieren.[62]

Es ist zu vermuten, daß Schleiermacher durch diese lokale Trennung von Bischofs- und Regierungssitz die Entflechtung von kirchlichem und staatlichem Regiment fördern und die engen Kontakte zwischen den Männern im Kirchenregiment und denen in der Regierung lockern wollte. Sichtbar ist auch sein Bemühen, eine gewisse innerkirchliche Machtverteilung dadurch herzustellen, daß Bischöfe

---

60 Vgl. Neue Verfassung, II, §§ 9-18, 128-130.
61 Vgl. Neue Verfassung, III §§ 1-5, 130f, Zitat: § 2, 130.
62 Vgl. Neue Verfassung, III §§ 9, 10, 3, 130-132.

und Stiftsherren nicht zugleich Pröpste sein dürfen. Man muß hierbei beachten, daß es üblich war und im Verfassungsentwurf vorausgesetzt wird, daß die Ämter im Kirchenregiment Nebenämter sind. Ein Propst oder Bischof war immer zugleich Pfarrer in einer Gemeinde oder Theologieprofessor. Auch staatliche Beamte und Minister, die am Kirchenregiment beteiligt waren, waren dies nur im Nebenamt. Die heute übliche Professionalisierung und Spezialisierung von Leitungsfunktionen gab es noch nicht. Wie schwierig es war, den staatlichen Einfluß auf die Kirche zurückzudrängen, zeigt die Wahl der Bischöfe und Stiftsherren durch den König bzw. den Minister. Schon das alleinige Vorschlagsrecht durch die kirchlichen Organe bedeutet hier einen Fortschritt. Bemerkenswert ist Schleiermachers Forderung, daß Bischöfe und Stiftsherren einen theologischen Doktortitel erworben haben müssen. Hier klingt schon Schleiermachers Vorstellung von der theologischen Gesinnung - der Einheit von kirchlichem Interesse und wissenschaftlichem Geist - an, die in der Kurzen Darstellung im Ideal des „Kirchenfürsten" Gestalt gewinnt.

Der Befugnisse der Bischöfe und Kapitel sind deutlich beschränkt: „Bischöfe und Kapitel haben in Glaubenssachen nichts zu verordnen, und keine Lehrbestimmungen festzusetzen oder zu verwerfen"[63]. Die evangelische Freiheit steht für Schleiermacher über allen anderen kirchlichen Interessen. Allein eine Rüge wegen leichtsinniger oder leidenschaftlicher Polemik in Glaubensfragen steht dem Kapitel als disziplinarische Maßnahme zur Verfügung. Das Bischofsamt ist damit in Schleiermachers Entwurf deutlich vom katholischen Bischofsamt unterschieden. Eine Lehraufsicht durch die Bischöfe findet nicht statt. Schleiermacher stuft das Amt aber noch deutlicher herab. Der Bischof in seinem Entwurf fungiert letztlich nur noch als Vorsitzender und ausführendes Organ des Kapitels: „Der Bischof […] kann nichts thun ohne sein Kapitel."[64] Er ist in die Disziplin des Kollegiums eingebunden.

Die Hauptaufgabe der Stiftsherren und Bischöfe ist die Visitation. Die Visitationsberichte bilden die Grundlage für die Klassifizierung der Prediger nach ihrer „Tauglichkeit". Gemäß dieser Einstufung erfolgt die Stellenbesetzung und die Zumessung von Gehaltszulagen. Schleiermacher optiert deutlich für eine leistungsgerechte Bezahlung

---

63 Neue Verfassung, III § 12, 132.
64 Neue Verfassung, III, § 1, 130.

der Geistlichen. Diese war durch das faktisch bestehende Pfründe-
und Patronatswesen nur schwer durchzusetzen.[65] Über die Visita-
tionstätigkeit hinaus fungiert das Bischofskapitel als „geistliches Gericht". Bei Klagen in Bezug auf die Amtsführung oder den Lebenswandel eines Geistlichen muß das Kapitel den Betroffenen hören und
kann Strafen bis zur Absetzung verhängen. Das Kapitel führt auch
die Aufsicht über ein von ihm einzurichtendes „Seminarium für
Elementarschullehrer", beaufsichtigt die Rechtmäßigkeit der Synodalversammlungen, erläßt bei Erfordernis Verordnungen sowie
„Hirtenbriefe und Ermahnungen" und richtet die „strengste Aufmerksamkeit" auf die Kandidaten.[66] Aufgabe des Kapitels ist darüber
hinaus die „Revision des Cultus" und des Elementarschulwesens alle
zehn Jahre. Zur Kultusrevision zählt die Beseitigung abergläubischer
Bräuche und die Festlegung der für die jungen Prediger verbindlichen Gottesdienstform für die nächsten Jahre. Das Kapitel bewertet dabei auch, „welche Synode die meisten Fortschritte gemacht
hat im Ritual und im Gesang, und deutet die Gegenstände an, welche
noch der meisten Verbesserung bedürfen."[67] Die Verbesserung des
Gottesdienstes in allen seinen Teilen wird damit zur ständigen Aufgabe des Kirchenregiments. Liturgie und Gesang müssen laufend den
Veränderungen des Geschmacks und der Verhältnisse angepaßt werden, um tatsächlich Ausdruck der Frömmigkeit der Gemeindeglieder
zu sein. Davon erhofft sich Schleiermacher, „daß wir allmählig zu
einem sich immer vervollkommnenden und der Zeit angemessen bil-
denden Gottesdienst gelangen."[68]

d) Die staatliche Oberaufsicht über das Kirchenwesen ist in Schleiermachers Verfassungsentwurf einem Minister übertragen, der sich
die Mitglieder seines Kirchenrates und seine Vertreter in den Provinzen und Kreisen selbst wählt. Mitglieder des Kirchenrates sollen
sowohl Geistliche, als auch andere Gelehrte sowie Finanzbeamte
sein. Der Minister führt zugleich die Aufsicht über die römisch-
katholische Kirche auf dem Staatsterritorium, deshalb müssen die
geistlichen Räte aus beiden Konfessionen kommen. Darüber hinaus

---

65   Vgl. Neue Verfassung, III, § 14, 133. Schleiermacher fordert, „dass das
       Verlangen nach Amtsveränderung um der blossen [gemeint: finanziellen] Ver-
       besserung willen aufhört, und nur durch das Bedürfniss eines grösseren oder
       geringern Wirkungskreises kann begründet werden." A.a.O. II, § 11, 128.
66   Vgl. Neue Verfassung, III, §§ 15-18, 20, 133f.
67   Neue Verfassung, III, § 19, 134.
68   Anmerkung zu § 19, ebd.

sollte die Konfession, der der Minister nicht angehört, einen ihr zugehörigen, „dem königlichen Hause zugethanen Prinzen" als „Wortführer" bekommen, der berechtigt ist, beim König selbst wegen eventueller Ungleichbehandlung seiner Konfession vorstellig zu werden.[69] Auf diesem Wege will Schleiermacher die konfessionelle Neutralität des Staates sicherstellen. Ihm schwebte kein kulturkämpferisch-protestantischer Staat als Ziel vor, sondern vielmehr ein Staat, der die freie Entfaltung der individuellen Formen von Religiosität schützt.

Minister, Kirchenrat und Bevollmächtigte haben nur eine allgemeine Aufsichtsfunktion. Sie sollen darauf achten, daß die Rechte des Staates durch die Kirche und ihre Organe nicht verletzt werden, sie haben der Kirche jedoch nichts vorzuschreiben. Die Bischöfe genießen eine besondere Unabhängigkeit. Sollte sich ein Bischof eines Vergehens schuldig machen, so kann er von keiner anderen Instanz, als vom „König in seinem Staatsrathe" belangt werden.[70] Bemerkenswert sind noch die beiden Schlußparagraphen von Schleiermachers Verfassungsentwurf, die sich auf die im Zuge der Reformen erhoffte bürgerliche Verfassung beziehen, also auf die Errichtung einer konstitutionellen Monarchie in Preußen mit parlamentarischer Repräsentation der Bürger. Die Paragraphen bestimmen, daß die Geistlichen nicht von Ämtern der bürgerlichen Repräsentation ausgeschlossen werden dürfen und daß, sollte ein Parlament in Form eines Unter- und eines Oberhaus errichtet werden, die Bischöfe und ihre Vertreter nach englischem Vorbild ihren Sitz im Oberhaus haben.[71] Geistliche sollten also nach Schleiermachers Entwurf zu politischer Tätigkeit berechtigt sein und die Kirche als konstitutives Element des menschlichen Lebens durch ihre Bischöfe in den bürgerlichen Verfassungsorganen vertreten sein. Die Errichtung einer Kirchenverfassung und kirchlicher Repräsentationsorgane sollte nach Schleiermacher lediglich die Avantgarde für die Demokratisierung der ganzen Gesellschaft sein.[72]

---

69 Vgl. Neue Verfassung, IV, §§ 1-4, 134f, Zitat: § 4, 135.
70 Neue Verfassung, IV, § 6, 135; vgl. a.a.O., IV, § 1, 135.
71 Vgl. Neue Verfassung, IV, §§ 7f, 136.
72 Auch später noch sah Schleiermacher die Synodalversammlungen als mögliches Vorbild für entsprechende bürgerliche Vertretungen, vgl. Ueber die für die protestantische Kirche des preußischen Staats einzurichtende Synodalverfassung, 53. In M. Doernes Interpretation von Schleiermachers Vorstellungen vom Kirchenregiment kommt dieser politische Anspruch Schleiermachers nicht zur Geltung, vgl. ders., Theologie und Kirchenregiment.

Die Chancen für die Durchsetzung einer Synodalverfassung auf allen
kirchlichen Ebenen verschlechterten sich in Preußen mit dem euro-
paweiten Wiedererstarken der Monarchien. Die Hoffnungen auf eine
konstitutionelle Monarchie mit parlamentarischer Repräsentation
wurden zunichte. Dennoch hielt Schleiermacher fest an der „Aufgabe
für einen jeden der sich für die Kirche interessirt, Annäherungen
hervorzubringen an die Verfassung die der Kirche am angemessensten ist", oder, wenn das nicht möglich ist, „in der bestehenden Verfassung Milderungen zu bewirken die sie unschädlich machen"[73].
Schleiermacher setzt dabei auf den Einfluß derjenigen, die das bisherige konsistoriale Kirchenregiment verwalten. Es ist zwar von ihnen nicht zu erwarten, daß sie selbst für die Auflösung ihrer Ämter
beim Landesherrn vorsprechen, wohl aber läßt sich denken, „daß
eine minder gute Verfassung nach dem Geist einer besseren verwaltet werden kann"[74] und dort, wo es möglich ist, eine Demokratisierung der Kirche eingeleitet wird, wie es in Preußen durch die
Einführung von Presbyterien in den Gemeinden dann auch geschah.
Schleiermacher hoffte, daß auch der persönliche Einfluß hochge-
stellter Personen den Weg für die Synodalverfassung in Preußen
allmählich ebnen würde. Diese Einflüsse sind aber viel zu individuell
und zufällig, als daß sie von der Praktischen Theologie erfaßt
werden könnten. Wenigstens in gewissem Umfang theoriefähig und
deshalb auch zur Praktischen Theologie gehörig ist der Einfluß
einzelner Kirchenglieder, den sie über den Weg der Öffentlichkeit
auf die Allgemeinheit und damit auch auf die für die politischen und
kirchlichen Verhältnisse Verantwortlichen nehmen können. Diese
Form der Einflußnahme faßt Schleiermacher unter den Begriff der
„Freien Geistesmacht", dem ich mich im folgenden zuwende.

---

73 PT, 564.
74 PT, 564.

VI. Die Freie Geistesmacht

1. Die Freie Geistesmacht als innovative Kraft
der evangelischen Kirche

Sowohl die Kirchliche Autorität wie die Freie Geistesmacht haben die Aufgabe, für die immer reinere Darstellung des Christentums in der Kirche zu sorgen. Ihre Wirkungsweise bei der Erfüllung dieser Aufgabe ist jedoch höchst verschieden. Die Kirchliche Autorität ist an die ihr von der Verfassung vorgegebenen Mechanismen institutionellen Handelns gebunden, sie tritt ordnend und beschränkend auf.[1] In ihrer besten Form, dem synodalen Kirchenregiment, wirkt die Kirchliche Autorität als Ausdruck des Gemeingeistes und des Gemeinsinnes der Kirche und symbolisiert die kirchliche Einheit. Die Freie Geistesmacht hingegen tritt „aufregend und warnend"[2] auf, sie ist nicht Ausdruck des bestehenden Gemeingeistes, sondern will diesen verändern. Die Freie Geistesmacht ist das innovative Moment des Kirchenregiments, die Quelle der Produktivität und des Fortschritts. Da dieser Fortschritt als ständige Reformation notwendig zur evangelischen Kirche gehört, ist es die unerläßliche Aufgabe der Kirchlichen Autorität, „die Äußerungen freier Geistesmacht zu begünstigen und zu beschützen", da diese „allein die Anfänge zu umbildenden Entwicklungen hervorbringen kann."[3] Der Schutz der akademischen Theologie, die für Schleiermacher im wesentlichen mit der Freien Geistesmacht zusammenfällt, wird deshalb auch als eines der maßgeblichen Kriterien zur Beurteilung einer evangelischen Kirchenverfassung angeführt.

Kirchliche Autorität und Freie Geistesmacht werden von Schleiermacher *funktional* unterschieden. Die Kirchliche Autorität ist die institutionelle und stabilisierende Gestalt des Kirchenregiments, die Freie Geistesmacht ist seine ungebundene und innovative Gestalt.

---

1 Vgl. KD, § 313.
2 KD, § 313.
3 KD, § 314.

Beide Formen gehören notwendig zur evangelischen Kirche und wirken gerade durch ihr spannungsvolles Miteinander zum Wohl derselben. Eine der wichtigsten Aufgaben der praktisch-theologischen Theorie ist es deshalb, beiden Gestalten des Kirchenregiments die Notwendigkeit der jeweils anderen Gestalt für das Gedeihen der Kirche zu verdeutlichen. Denn: „Der Zustand eines kirchlichen Ganzen ist desto befriedigender, je lebendiger beiderlei Tätigkeiten ineinander greifen, und je bestimmter auf beiden Gebieten mit dem Bewußtsein ihres Gegensatzes gehandelt wird."[4] Daher muß die Theorie auch darlegen, wie die Freie Geistesmacht „ohne der Stärke der Überzeugung etwas zu vergeben, sich doch mit dem begnügen könne, was durch die kirchliche Autorität ins Leben zu bringen ist."[5]

Eine Analogie zu der funktionalen Unterscheidung von Kirchlicher Autorität und Freier Geistesmacht findet sich in der Unterscheidung von Orthodoxie und Heterodoxie in Schleiermachers Konzept der Dogmatik.[6] Auch hier erfolgt die Unterscheidung nicht nach inhaltlichen Kriterien sondern nach der *Funktion* eines Lehrelements für die Lehrentwicklung. Und auch hier gilt, daß beide Elemente gleich wichtig sind. Ohne orthodoxe Lehrstücke würde die Kontinuität und Stabilität der kirchlichen Lehre nicht gewahrt und ohne heterodoxe Elemente würde die Lehre erstarren und sich ihr protestantischer Charakter verlieren. Die von Schleiermacher selbst nicht thematisierte Strukturanalogie ist unübersehbar: Der Kirchlichen Autorität entspricht die Orthodoxie, während die Freie Geistesmacht die Funktion der Heterodoxie und damit der Innovation im Kirchenregiment wahrnimmt.

Wirkt die Kirchliche Autorität auf institutionellem, verfaßtem Weg und mit dem Mittel von kirchlichen Ordnungen und Entscheidungen, so geht die Wirkung der Freien Geistesmacht allein von einzelnen aus und ist auf die Mittel der Rede und der Druckschriften beschränkt. Zwar ist auch die Macht der Kirchlichen Autorität in der evangelischen Kirche limitiert und notwendig auf die Akzeptanz der Kirchenglieder angewiesen. Immerhin kann sie aber als kollektives Handlungssubjekt und als Repräsentantin des Gemeingeistes Mittel der Kirchenzucht oder der Maßregelung in Anwendung bringen und, sofern sie die Finanzhoheit hat, auch auf dem Wege von Bewilligung

---

4   KD, § 314.
5   KD, § 314.
6   Vgl. oben Kap. III. 3, S. 118f.

oder Entzug von Geldern Einfluß nehmen. Der Freien Geistesmacht stehen diese Mittel nicht zur Verfügung, sie hat als Wirksamkeit von einzelnen keine andere Macht als die Macht der Worte und Argumente. Voraussetzung der Wirksamkeit der Freien Geistesmacht ist ein möglichst großer Austausch zwischen allen Teilen der Kirche und eine möglichst unbeschränkte Öffentlichkeit. Diese „Freiheit des Verkehrs" umfaßt nicht nur die Pressefreiheit, sie schließt auch den Austausch und Stellenwechsel der theologischen Lehrer zwischen den einzelnen evangelischen Kirchen ein.[7]

Kirchliche Autorität und Freie Geistesmacht müssen nicht notwendig auf unterschiedliche Personen verteilt sein. Ein akademischer Theologe kann sehr wohl, wie das Beispiel des Verfassungsentwurfs von 1808 zeigt, auch Funktionen der Kirchlichen Autorität übernehmen. Wichtig ist lediglich, die beiden Funktionen zu trennen und nicht etwa kirchenamtliche Autorität für eigene Forschungsergebnisse in Anspruch zu nehmen.[8] Für Schleiermacher ist es geradezu wünschenswert, daß akademische Theologen kirchenleitende Ämter bekleiden, weil auf diese Weise kirchliches Interesse und wissenschaftlicher Geist am ehesten zur Geltung kommen und das Ideal des Kirchenfürsten am deutlichsten verwirklicht wird.[9] Schleiermacher selbst war nicht nur Pfarrer in der Berliner Dreifaltigkeitskirche und Professor an der Universität, sondern auch Vorsitzender der Berliner Synode, die 1817 unter seiner maßgeblichen Mitwirkung die Union von Lutheranern und Reformierten durch eine gemeinsame Abendmahlsfeier besiegelte.

Schleiermacher erwartet kirchlichen Fortschritt vornehmlich aus einem verbesserten Verständnis des Neuen Testaments und der daraus erwachsenden verbesserten Lehre der Kirche. Deshalb fällt die Freie Geistesmacht für ihn nahezu mit der akademischen Theologie zusammen. Nur die akademische Theologie hat das Potential, zur Fortentwicklung der Schriftauslegung und der Lehre innovative Beiträge zu leisten.[10] Allerdings wird wenigstens prinzipiell der Kreis derer, die als Freie Geistesmacht in der evangelischen Kirche wirken können, sehr viel weiter gedacht: Die freie Einwirkung auf das Ganze kann nämlich „jedes einzelne Mitglied der Kirche versu-

---

7   Vgl. PT, 704f.
8   Vgl. KD, § 323.
9   Vgl. KD, § 329, PT, 708.
10   Vgl. PT, 708.

chen [...], das sich dazu berufen glaubt."[11] Es läßt sich vermuten,
daß Schleiermacher hier bewußt eine Formulierung wählte, die die
Mitwirkung von Frauen als Möglichkeit offen läßt.[12] Nicht zufällig
hatte er in seiner gewagtesten kirchenpolitischen Schrift, dem 1827
in Leipzig anonym erschienenen „Gespräch zweier selbst überlegender evangelischer Christen", ausdrücklich von den „selbstüberlegen-
den Männern *und Frauen*" gesprochen.[13] Die ganze Schrift ist übrigens aus der Perspektive zweier evangelischer Laien geschrieben, die
die bedenkliche Einflußnahme Friedrich Wilhelms III. auf die preußische Agende debattieren und am Ende des Gesprächs die Gründung
einer unabhängigen Kirche nach Herrenhuter Vorbild erwägen, um
ihr evangelisches Kirchenverständnis zu schützen. In dieser Schrift
führte Schleiermacher vor, welchen Einfluß einzelne Laiinnen und
Laien auf die evangelische Kirche und ihre Gestalt nehmen können.
Die scharfe Trennung von Klerus und Laien, wie sie in seinem
Verfassungsentwurf von 1808 und in der ersten Ausgabe der Kurzen
Darstellung von 1811 noch zum Ausdruck kommt, wird zunehmend
relativiert. Ich habe schon darauf hingewiesen, daß Schleiermacher
in der zweiten Auflage der Kurzen Darstellung das Begriffspaar
Klerus/Laien fast ganz vermeidet und stattdessen von „überwiegend
Wirksamen" und „überwiegend Empfänglichen" spricht. Statt in
Kategorien von Amt und Amtsinhaber denkt Schleiermacher in seinen späteren Schriften konsequent funktional. Er überwindet damit
das ständische Denken und operiert wie soziologische Konzepte unserer Tage auch unter funktionalen Leitgesichtspunkten, durch die
die Zuordnung zu den die Funktion ausübenden Personen sekundär
wird. Diesem funktionalen Denken entspricht in besonderer Weise
auch Schleiermachers Konzept des Heiligen Geistes als des Gemeingeistes der Kirche: Die einzelnen Kirchenglieder sind nur Organe

---

11 KD, § 312. Diese prinzipielle Weite des Begriffs ermöglicht eine Übertragung
    dieser Funktion des Kirchenregiments auch auf heutige Verhältnisse: Die evan-
    gelischen Kirchentage, Akademien und Bildungswerke sowie die vielfältige
    theologische und religiöse Publizistik lassen sich heute als Orte des Wirkens
    der Freien Geistesmacht verstehen.
12 Hans-Joachim Birkner hat in einem Seminar über Schleiermachers Kurze Dar-
    stellung im Sommersemester 1990 an der Universität Kiel auf die s.E. absicht-
    lich offen gewählte Formulierung Schleiermachers und auf dessen Bekannt-
    schaft mit religiösen Schriftstellerinnen hingewiesen. Man denke auch an die
    Rolle der Frauen in Schleiermachers „Weihnachtsfeier".
13 Gespräch zweier selbst überlegender evangelischer Christen, 1 [Hervorhebung
    C.D.], ähnlich auch 35.

dieses Gemeingeistes, sie agieren lediglich als Werkzeuge der
göttlichen Präsenz in der Welt.[14]

Die *Laien* treten in Schleiermachers Kirchenkonzept aus dem Hintergrund[15]. Sie sollen ihren Platz in den Synoden haben, und es
werden ihnen Fähigkeiten zugeschrieben, die Geistlichen für gewöhnlich fehlen: Sie müssen als Fachleute für Verwaltungs-, Finanz
und Rechtsfragen im Kirchenregiment Sitz und Stimme haben. Die
Orientierung der Kirche auf die Geistlichkeit hin soll überwunden
werden und der protestantische Charakter der Kirche mit dieser
Umsetzung des allgemeinen Priestertums deutlicher in Erscheinung
treten. Der oft erhobene Vorwurf, Schleiermacher habe mit seiner
Praktischen Theologie die Grundlage für eine „Pastorenkirche" entworfen, ist angesichts seiner vielfältigen Bemühungen, das Laienelement in der Kirche zu stärken, geradezu absurd.[16]

Wenn in der Theorie der Freien Geistesmacht das Laienelement
nicht weitgehender zur Geltung kommt, so hat dies seinen Grund
nicht in einer Geringachtung des Laieneinflusses, sondern in der
Schwierigkeit, das Handeln einzelner auf das Ganze einer Kirche
überhaupt in Regeln zu fassen. Das Handeln einzelner Kirchenglieder
ist zu vielfältig und disparat, als daß sich eine Theorie dafür aufstellen ließe, die sich immer nur auf regelmäßig wiederkehrende Fälle
beziehen kann. Solche, für die Theoriebildung unerläßlichen *regelmäßigen Strukturen*, findet Schleiermacher nur bei der Tätigkeit der
wissenschaftlichen Theologen vor.[17] Durch Publikationen nehmen sie
Einfluß auf die kirchliche Öffentlichkeit und durch Lehrvorträge
bilden sie die kirchlich interessierte Jugend zur Kirchenleitung aus.
Für diese beiden strukturierten Formen der Einflußnahme einzelner
auf das kirchliche Ganze läßt sich eine handlungsleitende Theorie
entwickeln, die der Verbesserung der kirchlichen Praxis dienen
kann. Schleiermacher gliedert die Theorie der Freien Geistesmacht

---

14 Vgl. dazu die Ausführungen zur Kirche in der christlichen Sittenlehre, Kap. II.
    4.
15 Schon in der ersten Auflage der Reden über die Religion waren unter den
    Virtuosen der Religion ausdrücklich Laien mitgemeint, vgl. Reden 1. Aufl.,
    229f.
16 Der Vorwurf findet sich in scharfer Form bei R. Bohren, Daß Gott schön
    werde, 166f, aber auch bei W. Jetter, Die Praktische Theologie, 463. Differen-
    zierter urteilt M. Doerne, Theologie und Kirchenregiment, 370ff und insbeson-
    dere H. Schröer, Es begann mit Schleiermacher, 94. Dem Vorwurf tritt zurecht
    und mit Vehemenz Henning Luther mit seinem Aufsatz „Praktische Theologie
    als Kunst für alle" entgegen; vgl. zu H. Luther aber oben: Kap. 3. 1. Anm. 8.
17 Vgl. PT, 709, 720, vgl. auch 672f.

entsprechend den beiden Formen der Wirksamkeit des wissenschaftlichen Theologen in einen Abschnitt über den akademischen Theologen und einen über den kirchlichen Schriftsteller.[18] Schleiermacher macht aber deutlich, daß diese Einteilung nur die zu *seiner* Zeit
bestehenden Verhältnisse widerspiegelt: nur „jetzt" und nur „vornehmlich"[19] repräsentieren der akademische Theologe und der kirchliche Schriftsteller das ungebundene Element des Kirchenregiments.

Die Freie Geistesmacht wurde oben als heterodoxes Element, als
innovative Kraft eines protestantischen Kirchenregiments beschrieben. Als solche Kraft zielt sie auf Veränderung der Kirche in Richtung auf ihre vollkommenere Gestalt. Sie zielt nicht auf eine ganz
andere Kirche. Eine erneute Reformation im Sinne eines Umsturzes
gehört nicht zu ihren Handlungszielen. Entsprechend ist die Theorie
der Freien Geistesmacht in ihrer Reichweite auf „nichtrevolutionäre"
Kirchenverbesserungen begrenzt. Sie wäre sonst nicht mehr Teil
einer Theorie *evangelischen* Kirchenregiments.[20] Innerhalb dieses
Rahmens kennt die Tätigkeit der Freien Geistesmacht jedoch keine
Grenzen, sie kann auf alle Bereiche der Kirche Einfluß zu nehmen
versuchen, keines der Handlungsfelder kirchlicher Leitungstätigkeit
ausgenommen.[21]

2. Der akademische Theologe - Schleiermachers theologische Hochschuldidaktik

Schleiermachers Bemühungen um eine Theorie akademischen Lehrens kann als erster Versuch einer theologischen Hochschuldidaktik
gewertet werden. Schleiermacher tastet sich damit an ein noch
unbearbeitetes Problem heran, das er vermutlich als erster überhaupt
als Herausforderung der Theologie verstand. Eine allgemeine Theorie über die Lehre an der Hochschule entwickelt er an dieser Stelle
nicht. Schleiermachers Überlegungen zum System der Wissenschaften können allerdings durchaus als Ansatz zu einer allgemeinen
Hochschuldidaktik verstanden werden. Schon 1808 hatte sich

---

18 Vgl. KD, § 328, PT, 532. Die beiden Formen der Wirksamkeit implizieren
    auch verschiedene Methoden, die eine getrennte Behandlung nahe legen, vgl.
    PT, 709.
19 KD, § 328.
20 Vgl. PT, 707.
21 Vgl. PT, 707.

Schleiermacher in seinen „Gelegentlichen Gedanken über Universitäten in deutschem Sinn" mit Fragen der Hochschuldidaktik und der Struktur der Universität eingehend beschäftigt.[22] Ausführlich widmete er sich dabei der didaktischen Qualifikation von akademisch Lehrenden. In Bezug auf den „Kathedervortrag" formuliert er: „Ja man könnte sagen, der wahre eigenthümliche Nutzen, den ein Universitätslehrer stiftet, stehe immer in gradem Verhältnis mit seiner Fertigkeit in dieser Kunst."[23] Als Tugenden eines Universitätslehrers fordert er Lebendigkeit, Begeisterung, Besonnenheit und Klarheit.[24]

Legt der Begriff des akademischen Lehrers zunächst den Gedanken an eine an Amt und Person geknüpfte Tätigkeit nahe, so machen Schleiermachers Ausführungen schnell deutlich, daß auch hier die Funktion im Vordergrund steht. Die derzeitige, an sich zufällige Form des akademischen Lehrens könne sich ändern, die Funktion bliebe dennoch erhalten, da eine „mündliche, große Massen der zur Kirchenleitung bestimmten Jugend vielseitig anregende Überlieferung etwas höchst Wünschenswertes bleiben"[25] werde. Aufgabe des theologischen Lehrers ist es, die kirchlich interessierte Jugend akademisch so auszubilden, „daß durch den Dienst den sie der Kirche leistet das Wohl derselben auch gefördert werde."[26] Ein Grundproblem der theologischen Ausbildung ist dabei, wie der wissenschaftliche Geist in der Jugend belebt werden kann, ohne das kirchliche Interesse gleichzeitig zu schwächen.[27] Für dieses Problem hat die Theorie der Freien Geistesmacht eine Lösung zu finden. Sie soll eine Methode aufstellen, wie durch die Tätigkeit des theologischen Lehrers der wissenschaftliche Geist „mit dem religiösen Interesse immer inniger verwachse"[28]. An die Lehrtätigkeit eines Theologen werden damit besondere Ansprüche gestellt. Er hat in seiner Funktion nicht nur der Wissenschaft und der Ausbildung der Jugend zu wissenschaftlichem Denken zu dienen, sondern sollte auch das religiöse

---

22 Ich verwende den Begriff „Hochschuldidaktik" in einem weiten Sinn, der die Reflexion darüber einschließt, was überhaupt an der Hochschule in einem bestimmten Fach gelehrt werden soll und wie diese Lehre zu strukturieren sei. Eine Hochschuldidaktik, die sich darauf beschränkte, geeignete Unterrichtsmedien oder Seminarstrukturen zu entwickeln, griffe m.E. zu kurz.
23 Gelegentliche Gedanken über Universitäten in deutschem Sinn, 251.
24 Gelegentliche Gedanken über Universitäten in deutschem Sinn, 252f.
25 KD, § 328.
26 PT, 709, vgl. KD, § 330.
27 Vgl. KD, § 330.
28 PT, 711f.

Interesse der Studierenden bei seiner Lehrtätigkeit im Auge haben. Mit dieser Zielsetzung wird erneut der kirchliche Charakter der wissenschaftlichen Theologie deutlich. Sie ist keine Wissenschaft um ihrer selbst willen, sondern steht in Schleiermachers enzyklopädischem Konzept ganz bewußt in einem kirchlichen Zusammenhang. Auch in der Lehre gilt es zu beachten, daß die Theologie eine Funktion der Kirche ist. Die theologische Hochschuldidaktik, die Schleiermacher hier konzipiert, hat diesem Kirchenbezug der Theologie Rechnung zu tragen.

Wissenschaft lebt von der kritischen Auseinandersetzung mit verschiedenen Positionen und gerade die christliche Theologie muß die Pluralität der Meinungen respektieren. Trotz der für Schleiermacher wünschenswerten kirchlichen Einheit und Harmonie der Lehre dürfen die tatsächlich bestehenden Gegensätze zwischen den verschiedenen Standpunkten nicht verwischt werden. Solche für den wissenschaftlichen Fortschritt und für die Bildung einer eigenen Position unerläßliche Deutlichkeit und Differenziertheit birgt Gefahren für Neulinge in der Theologie. Sie können durch die wissenschaftliche Kritik und Spekulation im Glauben verwirrt oder irre werden. Andere, so beobachtet Schleiermacher, entfremden sich von der christlichen Gemeinschaft, aus der sie kommen, und neigen schismatischen Ansichten zu. Manche verlieren ihr religiöses Interesse ganz und geben das Theologiestudium schließlich auf.[29]

Solche Effekte sind als Resultate der akademischen Theologie nicht zu wünschen. Das kirchliche Interesse, das bei jedem theologischen Lehrer vorauszusetzen ist, gebietet es, die Einheit der Kirche und das religiöse Interesse der Studierenden in besonderer Weise zu schützen, ohne jedoch der Wissenschaftlichkeit der Theologie Abbruch zu tun. Vom theologischen Lehrer ist deshalb zu fordern, daß er, unbeschadet seiner eigenen progressiven oder konservativen Position, in der Lage ist, ein „lebendiges Bewußtsein" von der Einheit der Kirche jenseits solcher Gegensätze zu entwickeln und darzustellen. Selbst bei fundamentalen Streitfragen wie dem arianischen Streit muß der Lehrer in der Lage sein, sich in die andere Seite hineinzuversetzen und deutlich zu machen, daß auch der Gegenposition keine unchristlichen Interessen zugrunde liegen. Um sich in rechter Weise in das Entgegengesetzte hineindenken zu können, brauche es nichts anderes, „als die christliche Gesinnung der

---

29 Vgl. PT, 710f.

Liebe, die einen treibt das Entgegengesezte mit Liebe auf denselben Glauben zurükkzuführen."[30] Schleiermacher weiß, daß diese Gesinnung nicht immer leicht fällt. Oft sähen die Konservativen nicht, daß es ihre „wissenschaftliche Mangelhaftigkeit" ist, die sie die Progressiven nicht verstehen läßt. Umgekehrt unterstellten Progressive denen, die an gewissen Formeln festhalten wollten, zu unrecht, daß sie die Reinigung und Vervollkommnung des Ausdrucks des Glaubens behindern wollten. Hinter beiden Vorurteilen vermutet Schleiermacher egoistische Motive.[31]

Die akademische Lehre hat jedoch nicht nur das religiöse Interesse der Theologiestudierenden und die Einheit der Kirche zu berücksichtigen. Der *wissenschaftliche* Charakter der Theologie evoziert ein weiteres didaktisches Problem. Der theologische Nachwuchs muß zur Verbesserung der bisherigen Forschungsergebnisse motiviert werden. Zugleich muß aber darauf geachtet werden, daß die Forschungsergebnisse früherer Zeiten eine angemessene Wertschätzung erfahren. Der Forschungseifer darf nicht zu Hochmut führen: Das durch die Arbeit der Vergangenheit „in der Kirche niedergelegte[] Gute" gilt es, treu zu bewahren.[32] Auch wenn das Motiv der Hochschätzung der kirchlichen Einheit und Tradition spezifisch christlich ist, so sind die sich anschließenden Überlegungen Schleiermachers auch für andere Wissenschaften von Belang. Das rechte Verhältnis von Fortschritt und Tradition und die Achtung vor der Leistung vergangener Forschergenerationen ist keine allein theologische Tugend.

Jede Wissenschaft und fast jede theologische Disziplin erfordert eine eigene didaktische Methode, bzw. die Konkretisierung und Spezifizierung einer allgemeinen Methode. Auch diese prinzipiellen Fragen der Methodik sind Teil der Theorie akademischen Lehrens. Schleiermachers Ausführungen dazu in der Praktischen Theologie sind knapp gehalten. An ihnen ist allerdings markant und wichtig,

---

30 PT, 717
31 Vgl. PT, 717. Parteilichkeit in diesem Sinne ist Schleiermachers Sache nicht. Er spricht sich für das gemäßigte Urteil aus, wohl wissend, daß den „eifrigsten Parteimännern [...] die Gelindigkeit des Urtheils schon ein geheimes Uebergegangensein zu der anderen Partei andeutet." (Ebd.) In Bezug auf seine eigene wissenschaftliche Arbeit formuliert Schleiermacher die Maxime: „Gegner kenne ich im Allgemeinen nur, wo es Absichten gilt und Thaten; der Denker hat nur Mitarbeiter, der Schriftsteller hat nur Leser, und ein anderes Verhältniß kenne ich bei beiden nicht." (Über die Glaubenslehre. Zwei Sendschreiben an Lücke, 310.)
32 KD, § 331.

daß sie letztlich nichts anderes als ein Abriß der Kurzen Darstellung
sind.[33] Dieser Sachverhalt legt die Frage nahe, ob nicht die Theorie
akademischen Lehrens, wie Schleiermacher sie als Teil der Theorie
der Freien Geistesmacht konzipiert, als eigentlicher enzyklopädischer Ort der theologischen Enzyklopädie zu verstehen ist. Damit
wäre die Enzyklopädie Teil der Praktischen Theologie. Für diese
These lassen sich noch weitere Gründe anführen:

Schleiermacher selbst läßt den wissenschaftstheoretischen Status
und den Ort der theologischen Enzyklopädie innerhalb der Theologie unbestimmt. Da aber die theologische Enzyklopädie Teil des
theologischen Studiums ist, müßte ihr in der Kurzen Darstellung
eigentlich auch ein Ort *im* theologischen Studium zugewiesen werden. Dies ist jedoch nicht der Fall und wird von Martin Rössler zurecht als Unvollständigkeit verzeichnet.[34] Schon der technische Charakter der Enzyklopädie deutet auf ihre Nähe zur Praktischen Theologie hin. Sie ist eine Technik oder Anweisung, akademisches Wissen
hervorzubringen. Auch der ausführliche Titel der Kurzen Darstellung macht deutlich, daß sie ihre Entstehung hochschuldidaktischen
Motiven verdankt: Sie ist eine Darstellung des theologischen Studiums *zum Behuf einleitender Vorlesung.* Umgekehrt stehen die knap-
pen Ausführungen zur Theorie des theologischen Lehrens in der
Praktischen Theologie in unmittelbarer Nähe zur Kurzen Darstellung. Die beschriebenen didaktischen Methoden finden sich alle in
der Kurzen Darstellung wieder.

Diese Beobachtungen sprechen dafür, die theologische Enzyklopädie tatsächlich der Theorie akademischen Lehrens und damit der
Praktischen Theologie zuzuordnen. Die Kurze Darstellung wäre
dann als ein aufgrund ihres Umfangs und ihrer Bedeutung zum
„Behuf einleitender Vorlesungen" ausgegliederter Teil der Theorie
der Freien Geistesmacht zu verstehen. Schleiermacher selbst nimmt
diese Zuordnung nicht vor, aber die Logik seines enzyklopädischen
Systems legt es m.E. nahe, die theologische Enzyklopädie als Teil
der Praktischen Theologie und näherhin als Konkretisierung der
dort gegebenen Andeutungen zu einer theologischen Hochschuldidaktik zu betrachten. Gegen diese Zuordnung der theologischen
Enzyklopädie zur Theorie akademischen Lehrens ließe sich ein-

---

33 Vgl. PT, 718f.
34 Vgl. M. Rössler, Schleiermachers Programm der Philosophischen Theologie,
   69-71. Vgl. auch die Ausführungen oben in Kap. I, 2.

wenden, daß sich beide an ein unterschiedliches Publikum wenden,
die Enzyklopädie an Studienanfänger, die Theorie akademischen
Lehrens an Hochschullehrer. Dieser Einwand wird jedoch durch die
faktische Durchführung der theologischen Enzyklopädie und der
Theorie akademischen Lehrens widerlegt: Die Enzyklopädie wendet
sich nicht nur an Anfänger, sondern entwickelt eine Methodologie
akademischen Lehrens, und die Theorie akademischen Lehrens liest
Schleiermacher nicht vor Hochschullehrern, sondern vor studenti-
schem Publikum. Schleiermacher trennt die Theorie für Hochschullehrer und für Studienanfänger nicht voneinander. Er gibt in der
Kurzen Darstellung nur knappe Hinweise, an welchen Punkten sich
die für alle Theologen erforderlichen Kenntnisse von dem speziellen
Wissen der Virtuosen unterscheidet. Schleiermacher betrachtet Leh-
rende und Lernende an der theologischen Fakultät als Einheit. In
bezug auf die Kirche gehören beide gleichermaßen zur Freien
Geistesmacht, beide haben die Funktion, für die Erneuerung der
Kirche zu sorgen.[35] Der Unterschied zwischen Lehrenden und
Lernenden besteht nur darin, daß die Lernenden sich noch in der
Vorbereitung auf diese Funktion befinden. Ich meine deshalb, es sei
gerechtfertigt, der theologischen Enzyklopädie in Schleiermachers
System der Theologie der Theorie akademischen Lehrens und damit
der Praktischen Theologie zuzuweisen.

Besonders bemerkenswert an Schleiermachers Theorie der Freien
Geistesmacht ist der Versuch, die Tätigkeit und Methodik der wissenschaftlichen Theologie in dieser selbst zur Sprache zu bringen.
Die Theorie der Freien Geistesmacht reflektiert *als Teil* der Theologie *über* die Theologie. Die Theologie wird sich selbst zum Gegenstand der Reflexion, und der theologische Lehrer Schleiermacher
legt seinem Publikum dar, wie er seine Arbeit versteht und durch-
führt. Im Unterschied zur übrigen Praktischen Theologie gibt die
Theorie der Freien Geistesmacht somit keine unmittelbaren Anweisungen zur Kirchenleitung. Sie ist den anderen theologischen Disziplinen, auch der übrigen Praktischen Theologie, funktional *vor*geordnet. Gleichzeitig ist sie durch ihren *technischen* Charakter den
anderen Disziplinen *nach*geordnet. Analog zur Dialektik beschreibt
die Theorie der Freien Geistesmacht und somit auch die theologische

---

35 Vgl. PT, 728, zitiert oben in Kap. IV. 2. S. 158. Die Behauptung Rösslers,
    die Theologische Enzyklopädie weise eine „gleichmäßige Affinität und Äquidi-
    stanz zu allen drei Disziplinen der Theologie auf" (a.a.O., 71) und lasse sich
    keiner der Disziplinen eingliedern, scheint mir damit widerlegt.

Enzyklopädie, die Art und Weise, theologisches Wissen hervorzubringen, indem sie die übrigen Disziplinen bei der Hervorbringung
dieses Wissens beobachtet. Gerade diese *nachgängige* Beobachtung
und Beschreibung erhebt sie in den Rang einer Beobachtung *zweiter*
Ordnung. Der Theorie der Freien Geistesmacht kommt in Schleiermachers Konzept damit explizit die Aufgabe der Selbstbeobachtung
der Theologie zu.[36]
Durch die Eingliederung der Enzyklopädie in die Praktische Theologie wird die Praktische Theologie gegenüber den anderen theologischen Disziplinen aufgewertet. Sie hat das Konzept der ganzen Theologie zu entwerfen und ihre Methodik zu reflektieren. Eine solche
Zuordnung tastet Schleiermachers Intention, alle Disziplinen gleich-
rangig zu behandeln, nicht an, weil eine funktionale Vorordnung
keine besondere Dignität impliziert. Allerdings macht die Zurech-
nung der theologischen Enzyklopädie zur Praktischen Theologie der
Systematischen Theologie ihren heute häufig proklamierten Allein-
bearbeitungsanspruch für Grundfragen der Theologie streitig.[37]

3. Der kirchliche Schriftsteller - Schleiermachers Theorie theologischer Publizistik

Schleiermacher stellt sich unter kirchlicher oder theologischer
Schriftstellerei[38] eine solche publizistische Tätigkeit vor, die auf das
kirchliche Leben oder die Lehre der Kirche Einfluß nehmen will, sei

---

36 Jede Selbstbeobachtung dieser Art hat einen paradoxen Charakter. Es handelt
    sich um einen Wiedereintritt der Unterscheidung in das Unterschiedene, um
    ein „re-entry" im Sinne George Spencer Browns. Der Versuch, das eigene
    Beobachten zu beobachten, ist strukturell analog zum klassischen Paradoxon
    der Antike: „Ein Kreter sagt: ‚Alle Kreter sind Lügner.'" Auf die Theorie der
    Freien Geistesmacht übertragen heißt das, daß *in* einem theologischen Satz
    Aussagen *über* theologische Sätze gemacht werden, z.B. daß sich die ganze
    Theologie auf die Kirchenleitung bezieht. Keine Form der Selbstreflexivität
    kann diese paradoxe Struktur vermeiden, sie kann sich im besten Fall dieser
    Struktur und damit ihres blinden Fleckes bewußt sein. Vgl. N. Luhmann, Die
    Wissenschaft der Gesellschaft, 72ff, G. Kneer/A. Nassehi, Niklas Luhmanns
    Theorie sozialer Systeme, 100ff. Vgl. Kap. IV. 1. Anm. 2.
37 Faktisch wurde und wird die Enzyklopädie immer auch durch die Praktischen
    Theologie mitversehen. Aus neuerer Zeit ist zu nennen: Reiner Preul, Was
    leistet die Praktische Theologie für die Einheit der Theologie? in: PthI 13
    (1993) 77-92.
38 Schleiermacher kann ohne Bedeutungsunterschied vom kirchlichen oder vom
    theologischen Schriftsteller sprechen, vgl. KD, §§ 328, 332.

es, daß sie Mißstände und Irrtümer aufdeckt, sei es, daß Verbesserungsvorschläge gemacht werden und Neues empfohlen wird. Ausgeschlossen sind nur die Veröffentlichungen, die eine Übertragung der „Verrichtungen im Kirchendienst auf die Schrift"[39] darstellen, also Predigten. Aber auch hier muß bemerkt werden, daß veröffentlichte Predigten, die auf eine veränderte Gestaltung der Kirche abzielen, wie z.B. Schleiermachers Augustana-Predigten, die Funktion der theologischen Schriftstellerei erfüllen können.[40]

Die Theorie des theologischen Schriftstellers ähnelt den Anweisungen für die theologische Lehrtätigkeit. Ihre Aufgabe ist es, durch die Entfaltung bestimmter Methoden darauf hinzuwirken, daß theologische Publikationen keine schädlichen Auswirkungen auf die Kirche, insbesondere auf deren Einheit haben. Der Grund solcher Befürchtungen liegt darin, daß „die öffentliche Mitteilung sich leicht weiter verbreitet, als sie eigentlich verstanden wird"[41]. Eine theologische Veröffentlichung sollte deshalb so gestaltet sein, „daß sie nur für diejenigen einen Reiz hat, von denen auch ein richtiger Gebrauch zu erwarten ist."[42] Eine spezifische Methode, wie der rechte Gebrauch sicherzustellen sei, findet sich bei Schleiermacher jedoch nicht. Er setzt sich vornehmlich mit dem offenbar wiederholt erteilten Ratschlag auseinander, theologische Darstellungen, bei denen Mißverständnisse oder Mißbrauch zu erwarten sei, sollten nur in der gelehrten Sprache, das heißt in Latein, veröffentlicht werden.[43] Schleiermacher wendet sich deutlich gegen solche Empfehlungen: „Ich kann das also gar nicht für eine protestantische Maxime halten."[44] Ein solcher Vorschlag errichte eine unzulässige „Scheidewand" zwischen Klerus und Laien und verkenne „den Charakter der evangelischen Kirche ganz"[45]. Für die evangelische Kirche sei es unabdingbar, daß der Glaube der Kirchenglieder Erzeugnis ihres Innern sei. Deshalb hält es Schleiermacher für besser, „die evangelische Kirche macht die Gefahr durch, daß es eine Menge Menschen giebt, die genießen wollen was sie nicht verdauen können."[46] Es darf

---

39 KD, § 328, vgl. KD, §§ 332f.
40 Vgl. KD, §§ 332f.
41 KD, § 334.
42 KD, § 334.
43 Vgl. KD, § 334, PT, 723.
44 PT, 723.
45 PT, 723.
46 PT, 723.

für ihn keine Grenze der Öffentlichkeit und keine esoterische Geheimlehre der Theologen geben.[47]

Wie bei der akademischen Lehrtätigkeit kommt es Schleiermacher auch bei theologischen Veröffentlichungen wesentlich auf das richtige Verhältnis des Neuen zum Alten an und damit auf die Wahrung der kirchlichen Einheit trotz aller unvermeidlichen und auch wünschenswerten polemischen Auseinandersetzung. Für Schleiermacher gilt als Grundbedingung allen Streites die Maxime, „daß aller Irrtum nur an der Wahrheit ist, und alles Schlechte nur am Guten"[48]. Deshalb hält er es für die Pflicht jedes kirchlichen Autors, den Zusammenhang des Irrtums mit dem Wahren und Guten aufzufinden und zur Anerkennung zu bringen, wenn er sich polemisch mit aus seiner Perspektive Falschem und Verderblichem in der Kirche auseinandersetzt. Er muß darüber hinaus versuchen, die durch den Irrtum fehlgeleiteten Impulse zur Kirchengestaltung aufzugreifen und für die Kirche nutzbar zu machen.[49] In ähnlicher Weise muß jeder Autor, der etwas Neues im kirchlichen Leben oder in der Lehre zur Anerkennung bringen will, den Zusammenhang mit dem Alten, das durch das Neue abgelöst werden soll, aufzeigen.[50] Der Praktischen Theologie weist Schleiermacher die Aufgabe zu, den Autoren Methoden an die Hand zu geben, wie sie dieser Pflicht am besten nachkommen können. Über diese Aufgabenstellung hinaus finden sich bei Schleiermacher jedoch kaum Konkretisierungen einer solchen Theorie der kirchlichen Publizistik, es bleibt bei Andeutungen.[51]

---

47 Vgl. PT, 723f: Da seit der Reformation in Deutschland Latein als Sprache der Theologie vom Deutschen abgelöst worden ist und die Sprache unvermeidlich das Denken prägt, wäre die Publikation umstrittener theologischer Werke in Latein für Schleiermacher etwas Artifizielles. Überhaupt bemüht sich Schleiermacher um eine Verdeutschung der Theologiesprache. Dogmatische Termini werden in der Glaubenslehre - manchmal bis zur Unkenntlichkeit - ins Deutsche übertragen. Auch in den späteren Ausgaben der Reden bemüht sich Schleiermacher in dieser Richtung: Statt von Religion spricht er häufig von Frömmigkeit, statt vom Universum redet er vom Weltall.
48 KD, § 332.
49 Vgl. KD, § 332.
50 Vgl. KD, § 333.
51 Die Ausführungen zur schriftstellerischen Tätigkeit in den Vorlesungen zur Praktischen Theologie umfassen nur fünf Seiten (PT, 720-724). Schleiermachers Impulse zu einer Reflexion der theologischen Publizistik, wie sie seine Ausführungen zum kirchlichen Schriftsteller darstellen, sind bis heute kaum wirksam geworden. Die Reflexion evangelischer Medienarbeit steckt immer noch in den Anfängen. Erst der enorme Stellenwert elektronischer Medien in der bundesrepublikanischen Gesellschaft macht die Auseinandersetzung mit den Medien heute auch für die evangelische Theologie unvermeidlich. Eine

Die Zensur religiöser Schriften war zu Schleiermachers Zeit kein
ungewöhnliches Phänomen. Die Ablehnung jeder Zensur hielt
Schleiermacher für eine logische Konsequenz der mit dem allgemeine Priestertum jedem Kirchenglied unterstellten *religiösen Mündigkeit.* Sie unterscheidet den Protestantismus signifikant vom römischen Katholizismus dieser Zeit. In der katholischen Kirche gebe es
den Einfluß einzelner auf das Ganze gar nicht: „Die schriftstellerische Productivität auf dem theologischen Gebiet steht ganz und gar
unter der Obhut des formellen Kirchenregimentes, denn es darf
nirgends etwas publicirt werden ohne Approbation des Kirchenregimentes."[52] Hingegen gründe die evangelische Kirche wesentlich auf
dem relativen Gegensatzes zwischen Kirchlicher Autorität und Freier Geistesmacht.[53] Als negative Auswirkungen theologischen Schrifttums führt Schleiermacher die Verstärkung der Gegensätze und der
Spaltungen in der Kirche, das Übermaß an Literatur und die Irrita-
tion mancher Gemeindeglieder an. Diese negativen Begleiterschei-
nungen müßten jedoch aufgrund des höheren Ranges des allgemeinen
Priestertums in Kauf genommen werden. Außerdem ließen sich
solch unerwünschte Auswirkungen durch eine richtige Organisation
der Gemeinden und des religiösen Lebens weitgehend verhindern.
Fänden die Gläubigen im religiösen Leben der Gemeinde alles, was
sie brauchen, seien sie gegen falsche Lehren resistent. Sektiererische
Ansichten hätten nur deshalb so große Chancen, in der evangelischen
Kirche Fuß zu fassen, weil sowohl bei den Geistlichen als auch in
den Gemeinden keine lebendige Anschauung vom kirchlichen
Zusammenhang, in dem sie stehen, vorhanden sei.[54] Schleiermacher
fordert auch aus diesem Grund, ein funktionierendes Kirchenregiment in der evangelischen Kirche einzurichten. Der Sinn für den
größeren kirchlichen Zusammenhang, in dem die Gemeinden, die
Geistlichen und die kirchlichen Schriftsteller stehen, müsse geschärft
werden. Damit die Freie Geistesmacht wirklich für das Wohl der
Kirche wirken könne, müßte die Kirche als gestaltete Gemeinschaft
und soziales System anschaulich und erfahrbar werden: „Daher ist

---

Mediengesellschaft wie die unsere lag freilich völlig außerhalb des zu Schleiermachers Zeit überhaupt Vorstellbaren. Insofern ist die Reichweite seiner
Überlegungen geringer, als es einer Theorie theologischer oder christlicher
Publizistik heute angemessen wäre.
52   PT, 720.
53   Vgl. PT, 720.
54   Vgl. PT, 724.

zunächst nichts mehr zu wünschen als die Erwerbung einer organisirten Kirchenleitung, weil darin dem einzelnen am ersten zum Bewußtsein kommt in welchem Verhältniß er zum Ganzen der Kirche steht."[55]

---

[55] PT, 724.

VII. Die Gestaltung der inneren Kirchenverhältnisse

Das Kirchenregiment einer vom Staat unabhängigen protestantischen Kirche wird durch eine Kirchenverfassung konstituiert. Die Kirchenverfassung bietet die Grundlage dafür, daß die Kirche sich selbst nach ihren eigenen Maximen steuert und gestaltet. Charakteristisch für die evangelische Kirche ist die doppelte Gestalt des Kirchenregiments: das gebundene Element, die Kirchliche Autorität und das ungebundene Element, die Freie Geistesmacht. Beide stehen in relativer Spannung zueinander und bewirken so die für den Protestantismus wesentliche ständige Fortentwicklung der kirchlichen Gemeinschaft, ohne deren Stabilität zu gefährden. Durch Kirchengesetze und Verwaltungstätigkeit gestaltet die Kirchliche Autorität die Kirchengemeinschaft, und durch Wort und Schrift nimmt die Freie Geistesmacht auf diese Gestaltung Einfluß. Durch die beiden Formen der Leitungstätigkeit steuert sich die Kirche als soziales System selbst. Das Kirchenregiment begründet die Autonomie der Kirche gegenüber dem Staat und ermöglicht ihr die Einflußnahme auf andere gesellschaftliche Teilsysteme. Darüber hinaus macht das Kirchenregiment die Einheit der Kirchengemeinschaft überhaupt erst erfahrbar.

Es ist Schleiermachers Grundüberzeugung, daß die Kirche für alle ihre Angelegenheiten selbst zuständig und die Herstellung der kirchlichen Autonomie, solange sie nicht verwirklicht ist, verpflichtende Aufgabe aller Kirchenglieder sei. Seine Theorie des Kirchenregiments nimmt durchaus auf die noch herrschende kirchliche Abhängigkeit vom Staat Rücksicht, sie ist aber als Ganzes angelegt, daß sie alle Handlungsfelder umfaßt, auf denen ein selbständiges Kirchenregiment tätig werden kann und soll. Die Gestaltungsaufgaben und Probleme sind dabei je nach Handlungsfeld verschieden. Entsprechend ist die Theorie für jedes Feld spezifisch auszubilden.

Die Differenzierung der Handlungsfelder des Kirchenregiments ist in der Kurzen Darstellung erst auf den zweiten Blick zu erkennen und läßt auch bei näherer Betrachtung Fragen offen. Immerhin kann die Gliederung in Schleiermachers Vorlesungen zur Praktischen

Theologie eine gewisse Hilfestellung bei der Interpretation bieten.
Sie orientiert sich im Abschnitt über das Kirchenregiment nach
Auskunft des Herausgebers Frerichs an der Vorlesung von 1830/31,
die sich wiederum stark an die Gliederung der zweiten Auflage der
Kurzen Darstellung anlehnt.[1] Die „Gegenstände des Kirchenregimentes", wie die Handlungsfelder hier genannt werden, teilen sich in „Innere Verhältnisse der Kirche" und in „Aeußere Verhältnisse der
Kirche"[2]. Diese Einteilung wird in der Kurzen Darstellung zwar
nicht ausdrücklich vorgenommen, sie läßt sich aber auch dort verifizieren. Die Paragraphen 315-323 behandeln die inneren Kirchenverhältnisse, die Paragraphen 324-327 die Außenbeziehungen der
Kirche zum Staat, zu den Bildungsinstitutionen und zu den anderen
Kirchen. Zunächst nun zur Gestaltung der inneren Kirchenverhältnisse durch das Kirchenregiment.[3]

Leitbegriffe bei der Gliederung der internen Kirchengestaltung in
der Kurzen Darstellung sind die „Gleichheit" und die „Einheit" der
zusammengeschlossenen Gemeinden.[4] Die relative Gleichheit unter
den Gemeinden ist Voraussetzung dafür, daß sie gemeinsam überhaupt einen größeren kirchlichen Zusammenhang konstituieren können. Die Tätigkeit der Kirchlichen Autorität zielt im wesentlichen
auf die Herstellung und Erhaltung dieser Gleichheit und der aus ihr
folgenden Einheit. Die Tätigkeit des Kirchenregiments wird deshalb
nach den verschiedenen Feldern systematisiert, auf denen die Einheit
und Gleichheit sichtbar werden kann. Der erste Ort, an dem die
Gleichheit unter den Gemeinden anschaulich wird, ist das Verhältnis
des Klerus zu den Laien. Durch gesetzgeberische Maßnahmen sorgt
die Kirchliche Autorität dafür, daß der Gegensatz von Klerus und
Laien in den verschiedenen Gemeinden in analoger Weise gestaltet

---

1   Vgl. PT, Vorrede, X.
2   PT, XXIIf. Die Unterscheidung von Innen und Außen klingt an einigen Stel-
    len an: In § 310 der KD ist von der „innere[n] Kirchenverfassung" die Rede.
    In PT, 568 wird die „Function der Kirchengewalt in Beziehung auf die äuße-
    ren Verhältnisse der Kirche" von den übrigen Gegenständen des Kirchenre-
    giments unterschieden.
3   Schleiermacher geht in allen Paragraphen der Kurzen Darstellung zu den „Ge-
    genständen" des Kirchenregiments von der Kirchlichen Autorität und ihrer
    Tätigkeit aus. Die Impulse der Freien Geistesmacht beziehen sich jedoch auch
    auf die von der Kirchlichen Autorität gestalteten Gegenstände. Die Wirksam-
    keit der Freien Geistesmacht findet dabei zwar nicht immer explizit Erwäh-
    nung, wird aber an einigen Stellen eigens hervorgehoben. Häufig steht bei
    Schleiermacher für „Kirchliche Autorität" nur „Kirchenregiment".
4   Vgl., auch zu den folgenden Ausführungen, KD, §§ 315-323.

wird (§§ 315-317). Die Gleichheit wird sodann in Kultus und Sitte der Gemeinden faßbar. Hier hat die Kirchliche Autorität für eine allmähliche Angleichung Sorge zu tragen (§§ 318-319). Kommt es zu Störungen der kirchlichen Einheit durch Streit oder sektiererische Tendenzen, so hat die Kirchliche Autorität die Funktion des „Schiedsrichters" gegenüber den streitenden Parteien. Darüber hinaus stellt sie Regeln für die Kirchenzucht auf (§§ 320-321). Zuletzt kommt die Einheit und Gleichheit der Gemeinden im Lehrbegriff zur Anschauung. Wie weit die Zuständigkeit der Kirchlichen Autorität in Lehrfragen reicht, ist umstritten. Sie hat jedoch auf alle Fälle die Aufgabe, das Auseinanderfallen der Kirche in Lehrfragen zu verhindern, indem sie an der Einheit der Kirche in ihrem reformatorischen Ursprung festhält (§§ 322-323).[5]

Diese Gliederung der internen Tätigkeit des Kirchenregiments ist nicht die einzige, die sich bei Schleiermacher findet. In der ersten Auflage der Kurzen Darstellung nahm Schleiermacher eine Dreiteilung nach Sitte, Kultus und Lehrbegriff vor. Das Verhältnis des Klerus zu den Laien trat als Gegenstand des Kirchenregiments noch gar nicht in den Blick.[6] In der Praktischen Theologie entwirft Schleiermacher erneut eine andere Gliederung.[7] Aber auch dieser

---

5   Ganz anders gliedert Heinrich Scholz als Herausgeber der kritischen Ausgabe der Kurzen Darstellung den vorliegenden Abschnitt. Er teilt den Abschnitt unter Einschluß der Gestaltung der äußeren Kirchenverhältnisse in die beiden Teile „Kirchendienst" (§§ 315-317) und „Kirchengesetzgebung" (§§ 318-327), vgl. KD, XLV. Scholz' Gliederungsversuch läßt sich jedoch in keiner Hinsicht plausibilisieren: Die von ihm mit „Kirchendienst" überschriebenen Paragraphen sind in gleicher Weise Gegenstand der Kirchengesetzgebung, wie die von diesen Paragraphen abgegrenzten, ausdrücklich mit der Überschrift „Kirchengesetzgebung" gekennzeichneten Paragraphen. Umgekehrt beziehen sich die meisten der nicht mit „Kirchendienst", sondern mit „Kirchengesetzgebung" überschriebenen Paragraphen auf nichts anderes als auf den Kirchendienst, während die von Scholz zur Kirchengesetzgebung gerechneten Paragraphen 324-327 gerade *nicht* zur kirchlichen Gesetzgebung gerechnet werden können.

6   Vgl. KD 1. Aufl., Von der Theorie des Kirchenregiments, 12.-18., 79-81.

7   PT, 565-568: Die Tätigkeitsfelder des Kirchenregiments werden, einschließlich der Gestaltung der Außenverhältnisse, in sechs „Gegenstände" aufgeteilt: 1. Der Gegensatz von Klerus und Laien im Gottesdienst, 2. Die Christliche Sitte im Leben der Gemeinde, 3. Das gemeinsame christliche Bewußtsein als werdendes: Der Lehrbegriff, 4. Das gemeinsame Bewußtsein als organische Zirkulation im Gottesdienst: Der Kultus, 5. Die Reinigung, 6. Die äußeren Verhältnisse der Kirche. Diese Gliederung weist gewisse Doppelungen auf. Die christliche Sitte wird sowohl im 2. wie im 5. Punkt thematisch, der Kultus sowohl im 1. wie im 4. Auffallend ist, daß Kultus und Lehrbegriff durch den gemeinsamen Bezug auf das christliche Bewußtsein in einer Weise verknüpft

Einteilung folgt er in der Durchführung der Theorie nicht. In dieser wird vielmehr noch eine weitere Disposition des Stoffes sichtbar, die sich in ihren Grundzügen wiederum an die Kurze Darstellung anlehnt.[8] Allerdings wird in der Praktischen Theologie die Behandlung des Einflusses des Kirchenregiments auf den Kultus von dem auf die Sitte getrennt, wobei die Behandlung der Sitte vorangestellt wird.

Die Gliederungsvarianten zeigen deutlich, daß Schleiermacher seine Dispositionen ständig überarbeitete. Mit jedem Entwurf kommen unterschiedliche Aspekte zur Geltung, treten neue Zusammenhänge hervor und rücken andere in den Hintergrund. Diese Multiperspektivität ist, wie Schleiermachers ständige Variation der Terminologie, Ausdruck von Schleiermachers Sensibilität für die Vielfalt und Komplexität des kirchlichen Lebens. Für den Interpreten stellt sich die Frage, welche Disposition für die eigene Darstellung zu wählen ist. Vorrang verdient zunächst wieder die Gliederung der zweiten Auflage der Kurzen Darstellung. Die Themen Kultus und Sitte werden jedoch nach dem Vorbild der Praktischen Theologie getrennt behandelt. Die Frage der Kirchenzucht und der Schiedsrichterfunktion des Kirchenregiments in Streitfällen wird, wie es in der Kurzen Darstellung anklingt, als ein Sonderproblem des Einflusses des Kirchenregiments auf die Sitte interpretiert. Außerdem wird der erste Abschnitt über das Verhältnis von Klerus und Laien in den Gemeinden entsprechend den Vorlesungen zur Praktischen Theologie auf die Frage nach der Auswahl und Qualifikation der Geistlichen reduziert. Damit sind die internen Tätigkeitsfelder des Kirchenregiments benannt: 1. Auswahl und Qualifikation der Geistlichen, 2. Einheit und Vielfalt des Kultus, 3. Christliche Sitte und Kirchendisziplin, 4. Einheit und Vielfalt der Lehre.

---

sind, wie dies in der Kurzen Darstellung nirgends anklingt. Dort stehen sie vielmehr getrennt voneinander. Die Gestaltung der Außenbeziehungen der Kirche werden weniger differenziert behandelt als in der Kurzen Darstellung und den internen Gegenständen des Kirchenregiments angehängt. Der 5. Gegenstand, die Reinigung der Kirche, erinnert an die Unterscheidung der drei Formen christlichen Handelns in der Christlichen Sitte (vgl. oben Kap. II. 4. a). Diese Formen kommen in der Gliederung jedoch sonst nicht zur Geltung.

8   Die Disposition auf den Seiten 565-568 der Praktischen Theologie stammt vielleicht aus einem anderen Jahr, als die Masse des übrigen Materials. Überprüfen läßt sich dies bei der gegenwärtigen Quellenlage jedoch nicht. Ein Indiz für ein früheres Entstehen dieser Einteilung ist der Begriff „Kirchengewalt" (PT, 568) in diesem Abschnitt, den Schleiermacher, wohl wegen der Unangemessenheit des Begriffs „Gewalt", in der zweiten Auflage der Kurzen Darstellung zugunsten des Begriffs „Kirchliche Autorität" aufgibt.

1. Auswahl und Qualifikation der Geistlichen

Die Kirchliche Autorität nimmt durch Gesetze Einfluß auf die Gestaltung des Gegensatzes zwischen Klerus und Laien in den einzelnen
Gemeinden. Sie sichert auf diese Weise die Ähnlichkeit der Verhältnisse in den durch die Verfassung zusammengeschlossenen Gemeinden, die für die Stabilität des Zusammenschlusses unerläßlich ist. Je
nach Verfassungstyp und den jeweiligen Umständen kann der Anteil
der Kirchlichen Autorität bei der Gestaltung dieses Gegensatzes unterschiedlich groß sein. Ist der Kirchendienst auf verschiedene
Ämter verteilt, kann die Mitwirkung der Kirchlichen Autorität bei
den diversen Funktionen auch unterschiedlich ausfallen. Auf jeden
Fall sind die Einwirkungsmöglichkeiten der Kirchlichen Autorität
begrenzt. Die Selbständigkeit der Gemeinden muß respektiert werden, da nach evangelischem Verständnis die Gemeinden dem Zusammenschluß vorausgehen und der Kirchlichen Autorität keine äußere
Sanktionsgewalt zusteht.[9]
Schleiermacher kann sich prinzipiell sehr verschiedene Aufgaben-
verteilungen im Kirchendienst denken. Der Beruf des hauptamtli-
chen Geistlichen ist für ihn keineswegs das einzig denkbare Modell
für die Pflege religiöser Kommunikation. Entscheidend ist allein,
daß der Dienst am göttlichen Wort tatsächlich ausgeübt wird. Faktisch entwickelt Schleiermacher jedoch keine anderen Modelle für
die Verwaltung des Kirchendienstes als damals und heute üblich. Das
von einem Geistlichen ausgeübte Predigtamt bleibt das Grundmuster
des Kirchendienstes.[10] Für die anderen Ämter auf Gemeindeebene,
wie das Amt des Ältesten, des Kantors oder des Küsters, finden sich
nur verstreute Angaben in der Praktischen Theologie. Die Praktische

---

9   Vgl. KD, §§ 315-317.
10 Eine gewisse Ausnahme bilden die Überlegungen in der Schrift: Gespräch
    zweier selbstüberlegender evangelischer Christen (74ff). Schleiermacher er-
    wägt hier die Möglichkeit, das Predigtamt im Nebenberuf auszuüben. Die
    Funktion des Predigers oder des Geistlichen als solche wird jedoch nicht ange-
    tastet. In der Glaubenslehre findet darüber hinaus das Diakonenamt Erwäh-
    nung, vgl. Kap. II. 3. c). Vgl. auch: Wolfgang Steck: Der evangelische Geist-
    liche. Schleiermachers Begründung des religiösen Berufs, in: Internationaler
    Schleiermacherkongreß Berlin 1984, 2 Bde., hg. v. K.-V. Selge, SchlAr 1,
    Berlin/New York 1985, Bd. 2, 725-770.

Theologie Schleiermachers stellt ausschließlich eine Theorie für die *wissenschaftlich* gebildeten Funktionsträger der Kirche dar.

Aufgabe des Kirchenregiments ist es, dafür zu sorgen, daß der Kirchendienst in den Gemeinden gut verwaltet wird. Der *Auswahl der Geistlichen* kommt dabei eine besonders hohe Bedeutung zu. Das Kirchenregiment hat darauf zu achten, „daß nicht in den Klerus solche kommen die unter den Laien bleiben müßten, und daß unter den Laien immer die, die ihrer innern Beschaffenheit nach die geeignetsten sind, ihren Platz im Klerus finden.“[11] Das Kirchenregiment darf aber keinesfalls alleine über Stellenbesetzungen entscheiden. Der hohe Rang der Selbständigkeit der Gemeinden im Protestantismus erfordert konstitutiv ihre Beteiligung bei der Besetzung von Pfarrstellen. Das Maß der Beteiligung der Gemeinde richtet sich dabei nach dem Maß ihrer Urteilsfähigkeit, die wiederum vom Bildungsstand der Gemeindeglieder abhängt.[12]

Bei der Wahl eines Geistlichen muß sowohl die wissenschaftlich-theologische als auch die religiöse Qualifikation eines Bewerbers beurteilt werden. Die religiöse und allgemein wissenschaftliche Qualifikation kann unter Umständen von der Gemeinde selbst beurteilt werden. Bei der Bewertung der theologischen Qualifikation muß sich die Gemeinde allerdings auf das Kirchenregiment verlassen. Ein Vertrauensverhältnis zwischen Gemeinde und Kirchenregiment ist daher wünschenswert. Eine Gemeinde muß die Überzeugung gewinnen können, „daß ihr Interesse mit versehen worden ist, daß ihr Urtheil im Urtheil des Kirchenregimentes enthalten sei.“[13] Die Synodalverfassung bietet die besten Voraussetzungen für eine solches Vertrauensverhältnis, weil in ihr das Kirchenregiment von den Gemeinden selbst ausgeht.[14]

In bezug auf die Beteiligung der Gemeinden schlägt Schleiermacher je nach „Entwicklungsstand“ der Gemeinde ein Vorschlags- oder ein Wahlverfahren vor. Die Einschätzung des Entwicklungs-

---

11 PT, 570f.
12 Vgl. dazu auch: Reden 4. Aufl., Erläuterung 5 zur 4. Rede, 360f.
13 PT, 575.
14 Vgl. PT, 573. Schleiermacher beurteilt die Chancen einer Synodal- oder Presbyterialverfassung auch in Bezug auf die Auswahl der Geistlichen sehr optimistisch: „Je mehr das Kirchenregiment zusammengesetzt wird durch eine freie Gemeinschaft, desto mehr wird der Geist der Kirche im Kirchenregiment concentrirt sein und wird das Maximum von Religiosität und Weisheit hierin gesetzt sein. Das vollkommenste hiebei ist die Presbyterialverfassung.“ (PT, 657.)

standes der Gemeinde muß dabei vom Kirchenregiment vorgenommen werden.[15] Die Wählbarkeit eines Kandidaten muß zunächst vom
Kirchenregiment festgestellt werden. Selbst dies scheint aufgrund des
Patronatsrechtes nicht selbstverständlich gewesen zu sein. Einer
mäßig gebildeten Gemeinde schlägt das Kirchenregiment nur einen
Kandidaten vor, den die Gemeinde allerdings ablehnen kann. Quali-
fizierteren Gemeinden werden mehrere Kandidaten vorgeschlagen,
aus denen die Gemeinde selbständig denjenigen auswählt, der ihr am
angemessensten erscheint. Die meisten Gemeinden seiner Zeit schätzt
Schleiermacher so ein, daß allein das Vorschlagsverfahren in Frage
kommt. Zumeist sind darüber hinaus Kirchenpatrone an der Auswahl der Geistlichen maßgeblich beteiligt. Insofern die Patrone in
ländlichen Gegenden oft die einzig höher Gebildeten sind, ist gegen
ihre Beteiligung nichts einzuwenden, grundsätzlich sollte jedoch das
Patronatsrecht, wie schon im Verfassungsentwurf von 1808 vorge-
sehen, vollständig abgeschafft werden.[16]

Die Frage des Stellenwechsels von Geistlichen war zu Schleiermachers Zeit umstritten. Die einen argumentierten, daß das Verhältnis
des Geistlichen zu seiner Gemeinde eine gewisse Heiligkeit habe und
deshalb unauflöslich sei. Andere wiederum meinten, daß es einem
Geistlichen nicht verwehrt werden könne sich auf eine bessere Stelle
zu bewerben.[17] Dabei ist zu berücksichtigen, daß die Pfarrstellen zu
Schleiermachers Zeit höchst unterschiedlich dotiert waren. Verschiedenste Anstellungsträger (Patrone) und das Pfründewesen verhinder-
ten jede auch nur einigermaßen leistungsgerechte Bezahlung. Schleiermacher fordert deshalb auch bei der Frage der Stellenbesetzung
zunächst und vor allem die Errichtung eines synodalen Kirchenregiments, um überhaupt die Grundlage für eine gemeinsame Verwaltung des Kirchengutes und einen Ausgleich für die unterschiedliche
Dotierung zu schaffen. Die Stellen sollten dabei so eingerichtet sein,
daß die „einträglichen Stellen" auch mit einem „großen Geschäfts-
kreis verbunden sind"[18]. Gegen den Stellenwechsel auf eine verant-
wortlichere Stelle sei dann nichts mehr einzuwenden.[19] Darüber

---

15 Zu den Aufgaben des Kirchenregiments im Verfassungsentwurf von 1808
    zählte auch die Beurteilung der Gemeinden, vgl. Kap. V. 2. Es sei daran erin-
    nert, daß bei den folgenden Ausführungen Schleiermacher mit Kirchenre-
    giment vornehmlich eine Synode und weniger eine Kirchenbehörde meint.
16 Vgl. PT, 574-577.
17 Vgl. PT, 586.
18 PT, 586.
19 Vgl. PT, 586f.

hinaus sei anzustreben, daß die Individualität der Gemeinde und die des Geistlichen zueinander passen. Mindestens solle hier das offensichtlich Verkehrte vermieden werden. Ein freierer Geistlicher solle nicht in eine rigoristische Gemeinde kommen und einer freien Gemeinde solle auch kein rigoristischer Geistlicher vorgesetzt werden, „der alles Tanzen und Spielen verbieten will"[20].

Zur Theorie des Kirchenregiments zählt Schleiermacher jedoch nicht nur die Frage, wer die Auswahl der Geistlichen in den Händen haben soll. Er versucht auch die Frage zu beantworten, welche Kriterien bei der Auswahl der Geistlichen leitend sein sollen.[21] Schleiermacher fragt: „was gehört wesentlich zu einem guten Geistlichen?"[22] Die erste Eigenschaft, die Schleiermacher von einem Geistlichen fordert, ist die Frömmigkeit: „Es ist offenbar daß die christliche Frömmigkeit des Geistlichen eine ausgezeichnete sein muß, sonst kann er die Stelle in einer Gemeine nicht recht einnehmen."[23] Die Frömmigkeit, dessen ist sich Schleiermacher bewußt, läßt sich nicht einfach prüfen. Die Prüfung der Rechtgläubigkeit der Kandidaten, die nach 1789 in Preußen für einige Zeit eingeführt worden war, ist noch in schlechter Erinnerung. Die Frömmigkeit kann nur aufgrund langer Beobachtung und aufgrund persönlichen Eindrucks beurteilt werden. Auf je mehr Menschen sich dabei das Urteil stützt, desto zutreffender wird es sein. Man muß sich deshalb auf das Zeugnis der Gemeinde, in der der Kandidat seinen Hilfsdienst verrichtet und auf die Eindrücke der im Kirchenregiment Tätigen verlassen. Immerhin kann man damit rechnen, daß der Wunsch Geistlicher zu werden das Interesse am kirchlichen Amt voraussetzt. Darüber hinaus muß dafür Sorge getragen werden, daß nicht äußere Vorteile, die mit dem Amt verknüpft sind, ein falsches Interesse an ihm hervorrufen. Der geistliche Stand sollte daher nicht zu gut dotiert sein. Es gebührt ihm nicht, „auf ein hervorragendes Maaß von äußeren Gütern gestellt zu sein."[24]

Das zweite Kriterium, das an einen Kandidaten der Theologie angelegt werden soll, ist die wissenschaftlich-theologische Bildung. Dabei kommt es Schleiermacher sowohl auf das materielle Faktenwissen, als auch auf die eigenständige Urteilsfähigkeit an. Schleierma-

---

20 PT, 585.
21 Vgl. PT, 571.
22 PT, 577.
23 PT, 577.
24 PT, 578. Zum ganzen Abschnitt vgl. PT, 577-579.

cher konzediert, daß der Geistliche vieles, was er zum Examen ge-
lernt hat, nie in seiner Praxis braucht. Dennoch läßt sich die Urteilsfähigkeit nicht ohne den Umweg über das Erlernen von Fakten
erreichen. Darüber hinaus steht der Geistliche „in einer Praxis in der
er mit Besonnenheit und Theorie sein soll, und dies ist nicht anders
als auf dem wissenschaftlichen Standpunkt möglich."[25] Der Geistliche muß „die heiligen Schriften mit Leichtigkeit in den Grundspra-
chen lesen"[26] können. Zur „Seelenleitung" bedarf er der Kenntnis
der menschlichen Seele, wie sie „wissenschaftliche Sittenlehre" und
„Menschenkunde" bereitstellen, und er braucht einen geübten
Sprach- und Schönheitssinn, um öffentlich reden zu können. Zwar
sind die theologischen Kenntnisse *in ihrer Gänze* nur für das *Kirchenregiment* erforderlich. Doch erlaubt diese Einschränkung keine
Reduzierung des Anspruchs für die übrige Geistlichkeit. Denn eine
allgemein verringerte Qualifikation der Geistlichkeit würde sich auf
die Qualifikation im Kirchenregiment auswirken und insbesondere
die Leistungsfähigkeit der Freien Geistesmacht gefährden. Das
Potential an geeigneten kirchlichen Führungskräften sollte möglichst
groß sein. Eine Spaltung der Geistlichkeit in eine höhere, gut ausgebildete und eine niedere, schlecht ausgebildete Pfarrerschaft gilt es
unbedingt zu verhindern. Eine gleiche Qualifikation aller Geistlichen
ist zwar nicht zu erreichen, gewisse Mindestkriterien müssen jedoch
erfüllt sein. Denn die evangelische Kirche lebt von der Auslegung
des Neuen Testaments. Würde die Zahl derer, die sich wissenschaftlich mit ihm beschäftigen, abnehmen, so wäre dies ein „Rükkschritt
zur Barbarei"[27].

Frömmigkeit und theologische Bildung sind für Schleiermacher
die Hauptkriterien, nach denen ein Kandidat für das geistliche Amt
zu beurteilen ist. Es sind dieselben Eigenschaften, die in der Kurzen
Darstellung als theologische Tugenden vorgestellt wurden: das kirchliche Interesse und der wissenschaftliche Geist. Neben diesen Hauptkriterien muß ein Kandidat jedoch noch weitere Eigenschaften aufweisen, um den Erfordernissen des Amtes genügen zu können. Der
geistliche Stand darf nicht aufgrund des Verhaltens einiger seiner

---

25 PT, 581.
26 PT, 581.
27 PT, 581. Zum ganzen Abschnitt vgl. PT, 580f und 583-585. Viele der Para-
    graphen der Kurzen Darstellung zielen darauf ab, das für ein Theologiestudium
    erforderliche Grundwissen zu bestimmen, vgl. z.B. KD, §§ 67, 184, 189,
    190, 219, 244, 335, 336.

Mitglieder gesellschaftlicher Geringschätzung ausgesetzt sein. Deshalb fordert Schleiermacher eine allgemeine und eine gesellschaftliche Bildung des Geistlichen. Der Geistliche wirkt nicht nur auf der Kanzel und als Katechet, sondern auch durch sein ganzes Leben. „Ein Grad von ungeselliger Bildung, Sittenroheit würden ihn unfähig machen als Geistlicher das hervorzubringen was er soll."[28]

Auch den körperlichen Anforderungen, die das Amt an ihn stellt, muß der Geistliche gewachsen sein. Sowohl „Tüchtigkeit" als auch „Anmut" sind deshalb als Kriterien zur Beurteilung eines Kandidaten nicht von der Hand zu weisen.[29] Beide haben einen Wert für jemanden, der wie der Geistliche ein öffentliches Leben führt. Es ist auch klar, daß man einer Gemeinde nur solche Geistliche zumuten kann, die den körperlichen Erfordernissen des Amtes gewachsen sind. Da im Pfarramt jedoch „alles von der Lust und dem Eifer abhängt,"[30] darf man nicht die Willenskraft unterschätzen, die helfen kann, körperliche Schwachheiten zu überwinden. Außerdem kann man der Selbstkenntnis der Kandidaten vertrauen: „wenn die religiös sind, werden sie nicht nach dem fragen dem sie nicht gewachsen sind."[31] Die „Anmuth in der körperlichen Erscheinung" ist für Schleiermacher zwar „wünschenswert, aber kein wahres Erforderniß"[32]. Läßt sich die Gemeinde durch das Äußere des Geistlichen zu sehr beeinflussen, so zeugt dies von ihrer Unvollkommenheit. Man kann darüber hinaus damit rechnen, „daß der sinnliche Eindrukk durch die Gewöhnung gemildert werde."[33]

Schleiermacher spricht vermutlich aus eigener, bitterer Erfahrung, wenn er betont, daß die äußere Erscheinung des Geistlichen nicht ohne Einfluß auf seine Amtsführung ist. Schleiermacher selbst war deutlich sichtbar behindert, vermutlich seit ihn seine Schwester als kleines Kind hatte fallen lassen.[34] Auch die Frage der körperlichen

---

28 PT, 582. Zu Schleiermachers Vorstellung von geselliger Bildung ist einschlägig: Versuch einer Theorie des geselligen Betragens, Berlinisches Archiv der Zeit und ihres Geschmacks 5, Teilband 1, Berlin 1799; KGA I, 2, 165-184.
29 Vgl. PT, 582.
30 PT, 583.
31 PT, 583. Die Geltung des Leistungsprinzips liegt somit auch im Interesse derjenigen, die an ihm scheitern. Sofern sie tatsächlich am Wohl der Kirche interessiert sind, können sie nicht ein Amt bekleiden wollen, für das ihnen die Qualifikation fehlt.
32 PT, 583.
33 PT, 583.
34 Die meisten Porträts Schleiermachers und auch die Rauchsche Büste (abgebildet bei: Redeker, Friedrich Schleiermacher, 128/129) kaschieren seine klei-

Tüchtigkeit betraf ihn direkt, hatte er doch zeitlebens mit Magenbe-
schwerden zu kämpfen. Seine enorme Disziplin und Willenskraft
ermöglichte es ihm dennoch, ein kaum vorstellbares Arbeitspensum
zu bewältigen.[35]

2. Einheit und Vielfalt des Kultus

Die Gestaltung der Gottesdienstordnung ist für Schleiermacher die
wichtigste Aufgabe des Kirchenregiments. Der öffentliche Gottesdienst oder Kultus ist für ihn „der Träger des gemeinsamen religiösen Lebens"[36]. Durch den Gottesdienst wird die Religiosität der einzelnen Christinnen und Christen gehalten und genährt. Schleiermacher versteht den Gottesdienst als Selbstdarstellung des Christentums,
dessen Zweck die Erbauung der Teilnehmenden ist. Die unterschiedliche „Kunstfertigkeit" der Kirchenglieder und die Aufrechterhal-
tung der Ordnung machen es unmöglich, daß alle in der gottesdienstlichen Versammlung ihrer Frömmigkeit in gleicher Weise
Ausdruck verleihen können. Trägt der Geistliche als „Künstler" die
Hauptverantwortung im Gottesdienst, so sind die übrigen Gemeindeglieder als „begleitende Künstler" beteiligt, die „alle auf gewisse
Weise zur Darstellung des ganzen mitwirken."[37]
   Die Theorie des christlichen Kultus ist Teil der Theorie des Kirchendienstes.[38] Die Form des Gottesdienstes ist nur insofern Gegenstand der Theorie des Kirchenregiments, als das Kirchenregiment

---

ne und verwachsene Gestalt. Einen realistischeren Eindruck vermitteln die
studentischen Karikaturen, die im Katalog der Ausstellung zu Schleiermachers
150. Todestag veröffentlicht sind: Friedrich Schleiermacher zum 150.
Todestag. Handschriften und Drucke, bearb. v. A. Arndt; W. Virmond, Ber-
lin/New York 1984, 36f, 44f. In einem Brief an seine Schwester Charlotte
vergleicht Schleiermacher sein eigenes Erscheinungsbild mit dem seiner groß-
gewachsenen und für ihre Schönheit berühmten Freundin Henriette Herz:
„[...] ihre kolossale königliche Figur ist so sehr das Gegentheil der meinigen,
daß, wenn ich mir vorstellte, wir wären beide frei und liebten einander und
heiratheten einander, ich immer von dieser Seite etwas lächerliches und abge-
schmacktes darin finden würde". (Briefe I, 261.)

35   Vgl. M. Redeker, Friedrich Schleiermacher, 27, 301. Vgl. auch die eindrucks-
     volle Beschreibung einer typischen Arbeitswoche Schleiermachers bei A.
     Reich, Friedrich Schleiermacher als Pfarrer, 291ff.
36   PT, 605.
37   Reden 4. Aufl., Erläuterung 9 zur 4. Rede, 365.
38   Zur Theorie des Kultus vgl. KD, §§ 279-289 und PT, 68-321 sowie den
     Exkurs zur Theorie des Kirchendienstes in Kap. III. 5.

für eine gewisse Einheitlichkeit des Kultus Sorge zu tragen hat. Die Form des Kultus ist geschichtlichen Veränderungen unterworfen und hängt eng mit der Entwicklung der allgemeinen Bildung zusammen. Der Kultus muß den jeweiligen Lebensverhältnissen entsprechen und deshalb immer wieder reformiert werden. Für den Protestantismus gilt, daß zwar eine gewisse Einheitlichkeit des Kultus wünschenswert ist, um die Einheit der Kirche zur Darstellung zu bringen und ein Auseinanderbrechen der Kirche zu verhindern. Vom Kirchenregiment als dem Organ der kirchlichen Einheit gehen deshalb Bemühungen um die *Vereinheitlichung* der zu Schleiermachers Zeit höchst unterschiedlichen Kultusformen aus. Zugleich ist aber auch eine gewisse *Vielfalt* der Formen wünschenswert. Die evangelische Freiheit erfordert es, die sich im Kultus ausdrückende Individualität der Gemeinden als hohes Gut zu schützen. Aufgabe des Kirchenregiments ist es daher, Einheit und Vielfalt des Kultus im rechten Verhältnis zueinander zu halten oder sie ins rechte Verhältnis zu bringen.[39]

Schleiermacher beschreibt zwei konkurrierende Prinzipien der Gottesdienstgestaltung in der Geschichte des Protestantismus. Das „revolutionäre" Prinzip nach Art der Schweizer Reformierten schied alles aus dem Kultus aus, was sich in irgendeinem Zusammenhang mit den kirchlichen Mißständen der Vorreformationszeit befand. Man versuchte, unmittelbar an den Gottesdienst der Urkirche anzuschließen und entschied sich entsprechend für eine sehr einfache Gottesdienstform. Das konservative Prinzip, das sich zum Teil in Deutschland, vor allem aber in England durchsetzte, änderte nur diejenigen Gottesdienstelemente, die in vollkommenem Widerspruch zu den Prinzipien der Reformation standen. Alles übrige wurde beibehalten, so daß der Kultus, z.B. der anglikanischen Kirche, dem katholischen noch recht ähnlich ist. Beide Prinzipien haben nach Schleiermacher ihr Gutes, beide sind aber in ihrer Einseitigkeit schädlich. Das konservative Prinzip ist nur dann gutzuheißen, wenn man davon ausgehen kann, daß der Geist der Reformation beständig

---

39 Vgl. PT, 610-612. In seiner Schrift von 1817 „Ueber die für die protestantische Kirche des preußischen Staates einzurichtende Synodalverfassung" äußert Schleiermacher zur Mannigfaltigkeit der Gottesdienstformen: „Denn warum soll nicht auch hier Mannigfaltigkeit im Einzelnen neben einander bestehen, in der sich ja nur eine größere Lebendigkeit, eine genauere Anschmiegung an das eigenthümliche einzelner Gegenden und Verhältnisse also etwas sehr erfreuliches offenbart, mehr gewiß als in einer starren Einförmigkeit?" (A.a.O., 37.)

fortwirkt und die leisen Veränderungen des Kultus nicht aufhören. Der Vorteil dieses Prinzips ist die kontinuierliche und ungestörte Entwicklung der Kirche. Der Nachteil ist die Gefahr der Stagnation, die den evangelischen Charakter des Gottesdienstes nicht genügend zur Geltung kommen läßt.[40]

Das revolutionäre Prinzip hat den von Schleiermacher sehr geschätzten Vorteil, daß alle „Verunreinigungen" des Kultus mit Sicherheit ausgeschieden werden und der evangelische Geist sich voll im Gottesdienst zur Geltung bringt. Der gravierende Nachteil ist jedoch, daß vieles für die Erbauung Nützliche und dem reformatorischen Geist nicht Widerstreitende zusammen mit den „Verunreinigungen" ausgeschieden wird. Wird das Erbauliche nachträglich wieder in den Gottesdienst integriert, läßt sich die Einseitigkeit dieses Prinzips korrigieren. Problematisch an diesem Vorgehen bleibt für Schleiermacher allerdings der radikale Bruch mit der Vergangenheit und der Versuch, die Spuren der Geschichte zu tilgen: „Ein bloßes Zurükkschrauben in eine längst vergangene Zeit mit Verwischung aller Spuren der bis dahin verlebten Geschichte, ist etwas was nicht zu loben ist."[41] Für die Gestaltung der Gottesdienstordnung durch das Kirchenregiment stellt Schleiermacher folgende Maxime auf, die die Einseitigkeiten der beiden konkurrierenden Prinzipien zu vermeiden und die Gegensätze der protestantischen Konfessionen zu überwinden sucht: „Das Ziel aller Verbesserung im evangelischen Cultus ist einerseits, alles was dem evangelischen Geist widerstrebt zu eliminieren; andererseits alles festzuhalten was in der geschichtlichen Entwikklung der vergangenen Zeit seinen Grund hat."[42]

Die Liturgie hat im Gottesdienst die Einheit der Kirche zu repräsentieren. Die Predigt hingegen ist Ausdruck der Individualität des Geistlichen und der Gemeinde. Predigt und Liturgie sollten jedoch nicht in Gegensatz zueinander geraten, sonst tritt die Zerrissenheit der Kirche betont hervor. Das Kirchenregiment ist daher nicht gut beraten, wenn es eine einheitliche Liturgie gegen den Willen der Gemeinde oder der Geistlichen durchsetzt. Sie leistet der Einheit der Kirche damit keinen guten Dienst. Vielmehr sollte das Kirchenregiment darauf achten, „daß das Liturgische sich der Eigenthümlichkeit der Gemeine so anschmiegt daß sie es sich lebendig aneignet."[43]

---

40 Vgl. PT, 606f, 613.
41 PT, 606f.
42 PT, 613.
43 PT, 611f.

Eine Uniformität des Gottesdienstes lehnte Schleiermacher strikt ab: „Wer einen hohen Werth legt auf die Uniformität des Cultus, muß einen andern Werth darauf legen als den der Erbauung."[44]

Solche Mahnungen Schleiermachers an das Kirchenregiment sind Reflex seiner leidigen Erfahrungen mit der von Friedrich Wilhelm III. betriebenen Liturgiereform.[45] In ganz Preußen sollte eine einheitliche Agende sowohl für lutherische als auch für reformierte Gemeinden eingeführt werden. Die große Vielfalt der Gottesdienstformen sollte mit einem Mal getilgt werden. Geistliche, die sich der neuen Agende widersetzten, wurden zunächst benachteiligt und später gemaßregelt. Schleiermacher war der prominenteste Gegner der vom König selbst entworfenen und Schleiermachers Ansicht nach dilettantischen Agende und entkam nur knapp der Amtsenthebung.[46] Die Agende gab vor, unmittelbar an die Gottesdienstreform der Reformationszeit anzuschließen.[47] Die Geistlichen wurden auf ihre strenge Befolgung verpflichtet. Gegen den massiven Widerstand sowohl der Geistlichkeit als auch des Berliner Senats sollte alle Individualität und Vielfalt aus dem Gottesdienstablauf verschwinden.[48]

---

44 PT, 617.
45 Zu den Motiven des Königs vgl. A. Niebergall, [Art.] Agende, 55f.
46 Vgl. dazu: M. Redeker, Friedrich Schleiermacher, 279-287 sowie: M. Honecker, Schleiermacher und das Kirchenrecht, 26-36. Das ius liturgicum ist für Schleiermacher ein Kollegialrecht der Kirche. Behauptet jemand, dieses Recht komme dem Fürsten qua Majestätsrecht zu, so müssen nach Schleiermacher alle Glieder der evangelischen Kirche, vom Fürsten bis zum geringsten Gemeindeglied dagegen protestieren. Insbesondere die „Hirten der Heerde" müssen „in jedem solchen Fall die bestimmteste eifrigste und beharrlichste Protestation einlegen", andernfalls erweisen sie sich als „Miethlinge […], welche fliehen wenn der Wolf kommt." (Ueber das liturgische Recht evangelischer Landesfürsten, 44.)
47 Zur Agende selbst vgl. A. Niebergall, [Art.] Agende, 56-59.
48 Ein sehr anschauliches Bild vom Agendenstreit erhält man bei der Lektüre von Schleiermachers kirchenpolitischen Schriften zu dieser Frage. Einige von ihnen dokumentieren trefflich Schleiermachers satirisches Talent, insbesondere das „Gespräch zweier selbst überlegender evangelischer Christen über die Schrift: Luther in Bezug auf die neue preußische Agende. Ein letztes Wort oder ein erstes". Schleiermacher wußte um das Gerücht, daß die Schrift, auf die sich das Gespräch bezieht, vom König selbst stammen könnte und bemerkt dazu ironisch: „man könnte immer nicht wissen ob man nicht mittelbar oder unmittelbar ein geliebtes und geehrtes Haupt zugleich träfe, und das sei zu schmerzlich hintennach zu erfahren" (Gespräch zweier selbst überlegender evangelischer Christen über die Schrift: Luther in Bezug auf die neue preußische Agende, 591). Die Randbemerkungen des Königs zu einer von Schleiermacher verfaßten Eingabe zwölf Berliner Geistlicher finden sich bei Foerster, Die Entstehung der Preußischen Landeskirche, Bd. II, 423-425. Das Urteil des Königs (425): „Unsinn über Unsinn." Vgl. auch: Briefe IV, 411-

Besonders empörte Schleiermacher die ganz offensichtliche Inkompetenz des Königs in liturgischen und theologischen Fragen. Nach Schleiermacher agierte der König zwar aus kirchlichem Interesse aber *ohne* wissenschaftliche Geist und damit zum Schaden der Kirche.[49] Davon abgesehen dürfe die Kirche nicht dem liturgischen Geschmack eines einzelnen ausgeliefert sein: „Aber wie furchtbar ist nicht der Gedanke, daß in diesen Dingen in den zartesten und wichtigsten Angelegenheiten des Herzens und des Geistes soviel abhängen soll von der Absicht und dem Gutdünken eines einzelnen, für den man doch gar nicht stehen kann, daß immer der Geist des evangelischen Christenthums in ihm wohnen wird."[50]

So sehr Schleiermacher immer wieder darauf bestand, daß erfahrene Geistliche das Recht haben sollten, mit der Liturgie frei umzugehen, so sehr wandte er sich gleichzeitig gegen einen willkürlichen Umgang mit der Liturgie. Die Freiheit der Geistlichen sollte allerdings nicht durch Gesetze beschränkt werden, vielmehr hielt Schleiermacher in der Regel die Aufsicht durch die Gemeinde für ausreichend.[51] Strenger urteilte Schleiermacher in Bezug auf Taufe und Abendmahl: „hiebei soll die Persönlichkeit des Geistlichen ganz zurükktreten", einem Anfänger müsse man „sagen daß dies Dinge sind, wo seine Persönlichkeit nichts zu thun hat."[52] Die Wirksamkeit und Gültigkeit dieser Handlungen für die ganze Christenheit erfordere die Einhaltung der agendarischen Form. Bei den übrigen liturgischen Elementen müsse dem Geistlichen jedoch eine gewisse Freiheit gelassen werden, damit er nicht ein mechanisches Organ des Kirchenregiments werde.[53]

---

500. Zum Einfluß des Agendenstreits auf Schleiermachers pfarramtliche Tätigkeit vgl. A. Reich, Schleiermacher als Pfarrer, 171-219.

49   „Das Interesse aber giebt noch nicht die nöthige Sachkunde, noch weniger die unbefangene Unpartheilichkeit zwischen altem und neuem aus welcher allein solche Anordnungen dieser Art hervorgehen können, welche das Gute wirklich fördern." (Ueber das liturgische Recht evangelischer Landesfürsten, 63; vgl. auch: Gespräch zweier selbst überlegender evangelischer Christen, 565, 567.)

50   Gespräch zweier selbst überlegender evangelischer Christen, 606.

51   Vgl. PT, 612f.

52   PT, 612.

53   Vgl. PT, 612. Auch für die Eheschließung ist die genaue Befolgung des Formulars erforderlich, damit sich niemand im Falle der Ehescheidung mit Verweis auf Abweichungen vom Trauformular auf die Ungültigkeit der Eheschließung berufen kann, vgl. ebd.

Die Freiheit, die für den Geistlichen gilt, gilt in gleichem Sinn auch für die Gemeindeglieder. Schleiermacher war schon in seinem Verfassungsentwurf von 1808 für die Aufhebung des Parochialzwanges eingetreten. Auch später legte Schleiermacher auf diese konkrete Form evangelischer Freiheit großen Wert: „Die Erbauung ist etwas rein subjectives; was einen erbaut kann er nur selbst bestimmen."[54] Jeder müsse daher die Freiheit haben, „das Maximum der Erbauung da zu suchen wo er es finden kann."[55] Diese Freiheit muß in der evangelischen Kirche anerkannt werden. Es ist jedoch nicht die Aufgabe der evangelischen Kirche, für jedes Gemeindeglied die genau richtige Gottesdienstform anzubieten. Die katholische Kirche ist für Schleiermacher in dieser Frage ein abschreckendes Beispiel: Neben der uniformen Messe gebe es dort eine Vielzahl von religiösen Veranstaltungen, die auf den individuellen Geschmack abzielten: „sobald sich hier eine Liebhaberei entwikkelte wurde sie von der Kirche auch sogleich befriedigt."[56] Einem solchen Individualismus müsse in der evangelischen Kirche gewehrt werden. Es gelte vielmehr „einerseits das strenge Princip der Uniformität im wesentlichen Cultus nicht aufzustellen, und eben so wenig einem so individuellen Zerfallen des religiösen Geschmakkes so nachzugeben, sondern beides in der Mitte zu halten."[57] Eine derartige Individualisierung kann sich die evangelische Kirche schon deshalb nicht erlauben, weil ihre Einheit nicht wie in der katholischen Kirche streng äußerlich konstituiert, sondern wesentlich durch das Prinzip der Freiheit geprägt ist. Bei einer derartigen Vielfalt des religiösen Lebens würde die evangelische Kirche Gefahr laufen zu zerfallen. Das Prinzip der Freiheit sichert nur dann die auch für die evangelische Kirche erforderliche Stabilität, wenn es zu einer Selbstbegrenzung der Vielfalt, zu einer „Freiheit in Grenzen"[58] kommt. Darüber hinaus wäre der Arbeitsaufwand für eine Befriedigung der verschiedenen religiösen Bedürfnisse zu groß. Die Freiheit der Erbauung ist deshalb durch die Beschränktheit des kirchlichen Angebots und der Mobilität begrenzt.

---

54 PT, 617.
55 PT, 617. Schleiermachers Frau zog bekanntlich die Predigten von Schleiermachers Kollegen Goßner denen ihres Mannes vor, vgl. M. Redeker, Friedrich Schleiermacher, 303.
56 PT, 618.
57 PT, 618.
58 PT, 621, zum ganzen Abschnitt vgl. PT, 617f.

Erbauung ist das Ziel des Kultus. Was aber ist erbaulich? Schleiermacher stellt fest: „Alles was die religiöse Stimmung steigert ist erbaulich."[59] So verschieden dies ausgelegt werden kann, so sehr steht für Schleiermacher fest, daß für den evangelischen Christen etwas nur „durch einen innern Zusammenhang mit dem innern Fundament des christlichen Glaubens und Sinnes"[60] erbaulich ist. Diese Feststellung wird von Schleiermacher dahingehend präzisiert, daß für den Christen „die Erscheinung und das geschichtliche Dasein des Erlösers"[61] für die religiöse Stimmung wesentlich ist. Aufgrund dieses Christozentrismus' scheiden Heiligenverehrung und Heiligenlegenden, ganz nach reformatorischer Tradition, als Elemente evangelischer Gottesdienste aus.[62] Darüber hinaus legt Schleiermacher Wert darauf, daß kein Element des Kultus durch die bloß äußere Handlung einen religiösen Wert bekommt. Jeder Anklang an ein opus operatum muß strikt vermieden werden.[63]

Die Form des Gottesdienstes war Schleiermacher ein überaus wichtiges Anliegen. Konnte Schleiermacher in der Agendenfrage seine Vorstellungen vom evangelischen Kultus nicht genügend zur Geltung bringen, so fand er schließlich doch noch Gelegenheit, in verantwortlicher Stellung Einfluß auf die Gestaltung des Gottesdienstes zu nehmen. Schleiermacher wurde Mitglied einer Kommission von Geistlichen, die in zwölf Jahren ein neues Berliner Gesangbuch erarbeitete. Wie bei neuen Gesangbüchern üblich war das Ergebnis der Arbeit heftigen Anfeindungen ausgesetzt. Nach kurzer Zeit fand es dennoch breite Aufnahme in den Berliner Gemeinden und weit darüber hinaus.[64] Nachdem sich die Wogen geglättet hatten,

---

59 PT, 619.
60 PT, 620.
61 PT, 619.
62 Vgl. CA XXI, BSLK, 83b.
63 Vgl. PT, 615f. Schleiermacher war besonders skeptisch gegenüber dem durch die neue Agende vorgeschriebenen Kreuzschlagen. Entweder sei es ein opus operatum oder aber überflüssig, vgl. PT, 619f.
64 Gesangbuch zum gottesdienstlichen Gebrauch für evangelische Gemeinen. Mit Genehmigung Eines hohen Ministerii der geistlichen Angelegenheiten, Berlin 1829. Das Gesangbuch wurde schon 1831 zum zweiten Mal, mit einer Auflage von 50.000 Exemplaren, aufgelegt. Bis 1883 wurden in zehn Auflagen nahezu 700.000 Exemplare gedruckt. Zu diesen Angaben vgl.: Bibliographie der Schriften Schleiermachers nebst einer Zusammenstellung und Datierung seiner gedruckten Predigten, bearb. v. W. v. Meding, Berlin/New York 1992, SchlAr 9. Das Gesangbuch trägt die Nummer 1829/4. Vgl. zur Einführung des Gesangbuches in Schleiermachers Gemeinde: A. Reich, Schleiermacher als Pfarrer, 312-315, vgl. auch: C. Albrecht: Schleiermachers Liturgik, 117ff.

legte Schleiermacher 1830 eine kleine Schrift vor, in der er in Form eines offenen Briefes an einen der anderen Bearbeiter des Gesangbuchs Rechenschaft über die für die Reform leitenden Maximen ablegte und bis ins Detail einzelne Veränderungen begründete.[65] In dem neuen Gesangbuch mit knapp 900 Liedern waren viele Lieder stark überarbeitet. Besonderen Anstoß erregten die dogmatischen Korrekturen in vielen Liedern. Der Gott Zebaoth des Alten Testaments sollte zugunsten des himmlischen Vaters Jesu zurücktreten. Altertümliche Vorstellungen, die mit dem modernen Weltbild in krassem Widerspruch standen, wurden revidiert.[66] Auch wurden dichterische Mißgriffe bei verschiedenen Gesangbuchliedern korrigiert.

Schleiermacher legt in seinem Rechenschaftsbericht größten Wert darauf, zwischen der Arbeit eines Herausgebers einer kritischen Liededition und dem Bearbeiter eines Gesangbuches zu unterscheiden: Der Herausgeber muß sich absolut treu an die ursprüngliche Version des Liedes halten. Hingegen hat der Bearbeiter eines Gesangbuches gegenüber dem Verfasser eines Liedes keinerlei Verpflichtung mehr. Er hat nur eine Verpflichtung gegenüber der Gemeinde, für die er das Gesangbuch bearbeitet. Philologische und ästhetische Gesichtspunkte spielen keine Rolle, allein die *Zweckmäßigkeit für die Erbauung* der Gemeinde muß den Bearbeitern als Kriterium dienen. „Denn die Erbaulichkeit ist das einzige worauf es ankommt."[67] Und jeder fromme Liederdichter muß es für eine Ehre halten, wenn noch nach vielen Jahren seine Lieder einer Überarbeitung für Wert geachtet werden. Den schärfsten Kritikern des Gesangbuches, die sich in der Evangelischen Kirchenzeitung zu Wort meldeten, hielt er entgegen, mit ihren restaurativen Vorstellungen völlig an den Bedürfnissen der Gemeinde vorbei zu gehen.[68] Das unter Mitarbeit von Schleiermacher herausgegebene Berliner Ge-

---

65 Ueber das berliner Gesangbuch. Ein Schreiben an Herrn Bischof Dr. Ritschl in Stettin, Berlin 1830; SW I, 5, 627-666.
66 Schleiermacher dazu: „Ich für meinen Theil will meine Heterodoxie nicht verläugnen; ich bin überzeugt, sie wird noch zeitig genug orthodox sein". Ueber das berliner Gesangbuch, 18.
67 Ueber das berliner Gesangbuch, 29, vgl. 24-29.
68 Voller Befremden über die von den Kritikern des Gesangbuchs in der Evangelischen Kirchenzeitung vorgelegten Maximen zur Gesangbuchüberarbeitung äußert Schleiermacher: „Vorzüglich aber dachte ich an das arme Volk von dem Jedermann redet und an das niemand denkt!" (Ueber das berliner Gesangbuch, 37.)

sangbuch erlebte jedenfalls zahlreiche Nachdrucke und schon ein
Jahr nach dem Erscheinen kann Schleiermacher selbst feststellen, daß
sich die Gemeinden immer mehr in das neue Gesangbuch „hinein-
leben, sich freier und ungehemmter in ihrer Andacht fühlen und in
dem ächten biblischen Christenthum dadurch befestigt werden."[69]

3. Christliche Sitte und Kirchendisziplin

Das Christentum wirkt sich nach Schleiermacher auf die Gestaltung
des ganzen Lebens der Kirche und ihrer Glieder aus. Es gibt keine
Indifferenz des Christentums gegenüber Sitte und Moral. Die
Leitungsfunktion des Geistlichen erstreckt sich somit auch auf das
„sittliche Leben" der Gemeindeglieder. Schleiermacher wendet sich
explizit gegen die in Preußen geltende Maxime, daß der Geistliche
sich nicht um den moralischen Zustand seiner Gemeindeglieder zu
kümmern habe.[70] Die Leitungsfunktion in bezug auf die christliche
Sitte übt der Geistliche in der Regel durch seine Predigten aus. Diese
allgemeine Einflußnahme sollte durch die Arbeit der Presbyter er-
gänzt werden, die einzelne Gemeindeglieder auf eventuelle Verfehlungen ansprechen können. Notfalls kann der Geistliche selbst diese
Aufgabe übernehmen und ein spezielles Seelsorgeverhältnis anregen.
Dabei gilt es jedoch immer, die religiöse Individualität des Gemein-
degliedes zu achten. Zwangsmaßnahmen scheiden als Mittel der Kirchendisziplin aus, denn „die evangelische Kirche legt einem jeden die
Sorge für sich selbst auf und berechtigt einen jeden zu dieser Sorge
für sich selbst."[71] In der evangelischen Kirche ist das göttliche Wort
allen zugänglich, einschließlich aller daraus zu entnehmenden „Be-
richtigungen" über das „Verderbliche" und „Krankhafte". Kommt es
zu Abspaltungstendenzen in der Gemeinde, also zur Sektenbildung,
so hat der Geistliche ebenfalls durch Maßnahmen der speziellen Seelsorge einem solchen Separatismus entgegenzuwirken. All diese konkreten Maßnahmen sind Teil des Kirchendienstes und werden

---

69 Ueber das berliner Gesangbuch, 62.
70 Vgl. PT, 588. Die Ausführungen dieses Abschnittes über Sitte und Kirchen-
    disziplin beziehen sich insgesamt auf KD, §§ 318-321 und PT, 587-605. Die
    Ausführungen in der Praktischen Theologie sind offensichtlich aus mehreren
    Jahren zusammengestellt. Schleiermacher setzt mehrfach mit dem Thema ein
    (587, 600, vielleicht öfter). Die Anordnung des Stoffes und die einzelnen
    Äußerungen sind nicht kongruent.
71 PT, 604.

entsprechend in der Theorie des Kirchendienstes von Schleiermacher reflektiert.[72]

Die Kirchliche Autorität hat allgemeine Regeln aufzustellen, wie in Fragen der christlichen Sitte auf Gemeindeebene gehandelt werden soll. Darüber hinaus tritt das Kirchenregiment auf den Plan, wenn ein Konflikt innerhalb der Gemeinde nicht zur Zufriedenheit gelöst werden kann. Grundsätzliches Ziel des Kirchenregiments ist es, eventuelle Spaltungen in den Gemeinden zu verhindern und die Einheit der Kirche zu sichern. Im Extremfall muß der Geistliche auf eine andere Stelle versetzt werden. Auf der Ebene des Kirchenregiments ist auch zu klären, ob es prinzipiell zu disziplinarischen Maßnahmen gegen einzelne Gemeindeglieder kommen kann, ob und in welchem Fall also Kirchenzucht oder gar Kirchenbann verhängt werden kann. Diese Frage muß schon deshalb vom Kirchenregiment behandelt werden, weil zu Schleiermachers Zeit ein Kirchenausschluß Rückwirkungen auf die staatsbürgerlichen Rechte des einzelnen hatte und das Gegenüber des Staates in staatsrechtlichen Fragen nicht die einzelne Gemeinde, sondern nur das Kirchenregiment sein kann.[73]

Dem Kirchenregiment kommt noch eine weitere Funktion in bezug auf die Sitte zu. Das Kirchenregiment kann als *Organ des Gemeingeistes* der Kirche in Anspruch genommen werden. Eine Gemeinde kann sich, auch in Fragen der Sitte, nur durch Rückkoppelung mit dem Kirchenregiment ihrer Rechtgläubigkeit versichern. Bei den zu Schleiermachers Zeiten herrschenden Bildungsverhältnissen bleibt der Gemeinde kaum eine andere Möglichkeit der Selbstkontrolle, da sie weitgehend vom Geistlichen als ihrem Lehrer abhängt. Als Repräsentant des kirchlichen Gemeingeistes kann das Kirchenregiment bzw. ein von ihm beauftragter Schlichter in Streitfällen eine Vermittlungsfunktion zwischen dem Geistlichen und seiner Gemeinde oder zwischen einem Gemeindeglied und dem Geistlichen einnehmen. Dies gilt allerdings nur solange, als alle am Streit Beteiligten in der Kirche bleiben wollen.[74]

Die traditionellen Formen der kirchlichen Disziplin sind Kirchenzucht und Kirchenbann. Das Verhängen der *Kirchenzucht* bedeutet

---

72 Vgl. KD, §§ 299-304, PT, 466-488 und den Exkurs zur Theorie des Kirchendienstes in Kap. III. 5.
73 Vgl. PT, 592.
74 Vgl. PT, 592 und KD, § 320. Zu bedenken bleibt, daß auch das Kirchenregiment sich irren kann, vgl. PT, 599.

den Ausschluß vom Abendmahl, der *Kirchenbann* der Ausschluß aus
der Kirche. Einen grundsätzlichen Ausschluß eines Kirchengliedes
im Sinne des Abbruchs jeder Kommunikation lehnt Schleiermacher
ab. Zwar gebe es für einen derartigen Ausschluß Beispiele im Neuen
Testament. Da jedoch jedem Heiden der Zutritt zum öffentlichen
Gottesdienst gestattet sei, könne man einem gemaßregelten Kirchenglied diesen nicht verwehren.[75] Anders verhält es sich bei kirchlichen Funktionsträgern. Ihnen muß im Konfliktfall das kirchliche
Amt entzogen werden können, um Schaden von der Kirche ab-
zuwehren. Auch einen vorübergehenden Ausschluß eines Kirchengliedes vom Abendmahl hält Schleiermacher mit dem Wesen des
Protestantismus für vereinbar. Eine solche Maßnahme kann auf die
Gesinnung des gemaßregelten Kirchengliedes wirken, weil sie das
„Gesamtgefühl" der anderen Kirchenglieder zum Ausdruck bringt
und dies möglicherweise das Gefühl des einzelnen abweichenden
Kirchengliedes bewegt.[76] Eine solche Maßnahme ist jedoch immer
als letzter Ausweg zu verstehen. Wünschenswert ist vielmehr, daß
sich die Gemeindeglieder gegenseitig auf ihr Fehlverhalten ansprechen und es gar nicht zu Maßnahmen der Kirchendisziplin kommen
muß. Die Kirchendisziplin ist immer nur Ersatz für das ausgeblie-
bene Handeln einzelner Kirchenglieder. Sie verstößt nicht gegen die
Idee der protestantischen Kirche, geht aber auch nicht notwendig aus
ihr hervor.[77] Schleiermacher hofft auf eine Zeit, in der die
Kirchenmitgliedschaft keine gesellschaftlichen Vorteile mehr mit
sich bringt und sich niemand mehr „um des guten Namens willen"
als Christ ausgibt, der es in Wahrheit gar nicht ist: „Dem wahren
Christen ist es ein nothwendiges Element des Lebens zur Kirche zu
gehören, aber nach außen müßte es völlig gleichgültig sein."[78] Eine
Kirchenzucht würde sich dann erübrigen, weil nur noch diejenigen
in der Kirche wären, die es mit Ernst sein wollten und sich durch die
Ermahnungen der anderen Kirchenglieder auf den rechten Weg

---

75 Gegen den Kirchenausschluß wendet Schleiermacher auch folgendes ein: Da
    die Aufnahme in die Kirche sakramental erfolgt, müßte auch der Ausschluß
    sakramental erfolgen. Da ein solches Sakrament nicht existiert, gibt es auch
    keinen Ausschluß, vgl. PT, 605.
76 Vgl. PT, 595f.
77 Vgl. PT, 601. Diese kritische Haltung Schleiermachers zur Kirchenzucht stellt
    einen deutlichen Bruch mit derjenigen reformierten Tradition dar, in der die
    Kirchenzucht als notwendiges Zeichen der Kirche verstanden wurde, vgl. J.
    Rohls, Theologie reformierter Bekenntnisschriften, 208-210.
78 PT, 601.

bringen ließen, ohne daß Maßnahmen der Kirchendisziplin ergriffen werden müßten.[79] Die entscheidende Maßnahme kann die Kirchenzucht ohnedies nicht sein. Ist die kirchliche Einheit gefährdet, kommt es vor allem darauf an, das christliche Leben und den inneren christlichen Impuls zu stärken.[80]

4. Einheit und Vielfalt der Lehre

Die Einheit der Kirche kann durch divergierende Gottesdienstformen, durch abweichendes sittliches Verhalten oder durch sektiererische Abspaltungen gefährdet werden. Alle diese Gefährdungen kirchlicher Einheit basieren letztlich auf unterschiedlichen Ansichten über die christliche Lehre in ihrer evangelischen Gestalt. Ist das Kirchenregiment mit der Sicherung der Einheit der evangelischen Kirche beauftragt, so kommt ihm auch in Bezug auf die evangelische Lehre eine leitende Funktion zu. Zu Schleiermachers Zeit war die Frage nach der evangelischen Kirche und ihrer in der Lehre begründeten Einheit eng mit der Frage nach der Stellung der Bekenntnisse der Reformation verknüpft. Bedeutende Impulse zur Beschäftigung mit der Bekenntnisfrage gingen in dieser Zeit von der Union der beiden evangelischen Konfessionen in Preußen und anderen deutschen Ländern aus sowie von den beiden in diese Zeit fallenden Reformationsjubiläen, den dreihundertsten Jahrestagen des Thesenanschlags 1817 und der Übergabe der Augsburgischen Konfession 1830. Schleiermacher selbst war anläßlich dieser Jubiläen mit Veröffentlichungen zur Bekenntnisfrage mehrfach an die Öffentlichkeit getreten.[81] Die Frage der Verbindlichkeit von Lehre und Bekenntnis

---

79 Vgl. PT, 600.
80 Vgl. PT, 605.
81 1819 veröffentlichte Schleiermacher als Nachtrag zur Auseinandersetzung mit dem Dresdener Oberhofprediger Christoph Friedrich (von) Ammon den Aufsatz: Ueber den eigenthümlichen Werth und das bindende Ansehen symbolischer Bücher. 1831 veröffentlichte er in der Form eines offenen Briefes einen Aufsatz zum selben Thema: An die Herren D.D. D. von Cölln und D. Schulz, in: Theologische Studien und Kritiken, Jg. 1831, 1. Heft, Hamburg 1831; KGA, I, 10, 395-426. In der Vorrede zu seinem sechsten Predigtband äußerte sich Schleiermacher noch einmal und abschließend zur Bekenntnisfrage: Predigten in Bezug auf die Feier der Uebergabe der Augsburgischen Confession, Berlin 1831. Die Vorrede ist abgedruckt bei: Friedrich Schleiermacher, Kleine Schriften und Predigten, hg. v. H. Gerdes, E. Hirsch, Bd. 2, Berlin 1969, 263-278. Zur Stellung Schleiermachers zu den Bekennt-

in der evangelischen Kirche war in hohem Maße umstritten. Gleichfalls umstritten war, ob und in welcher Weise dem Kirchenregiment die Funktion einer Lehraufsicht zukommen solle.[82]

Schleiermacher steht Bekenntnissen und ihrem Nutzen für die Einheit der Kirche im Grunde skeptisch gegenüber.[83] Die Beschlüsse der Konzilien über die altkirchlichen Bekenntnisse waren sehr vom Zufall bestimmt und ihre Methode der Wahrheitsfindung mit Sicherheit falsch.[84] Schleiermacher ist der Ansicht, daß die christliche Lehre immer nur als subjektiver Entwurf einer einzelnen Person greifbar ist und auch ein Fortschritt in der Lehre nur durch die Forschung einzelner zustande kommen kann. Keine Kirchliche Autorität und kein Bischof kann die evangelische Lehre festschreiben. Selbst ein evangelisches Konzil könnte nur die Pluralität der Meinungen und Sitten anerkennen und gewisse Grenzen festsetzen, weil durch Mehrheitsentscheidung in der Kirche prinzipiell keine Lehre festgeschrieben werden kann.[85] Von den altkirchlichen Bekenntnissen hält Schleiermacher das Apostolikum am ehesten für akzeptabel, weil es am wenigsten dogmatische Entscheidungen enthält und sich weitgehend auf das Referieren von christlichen Selbstverständlichkeiten beschränkt.[86] Auch die Bekenntnisse der Reformationszeit

---

nisschriften und zur Auseinandersetzung mit Ammon vgl. die Einführung des Herausgebers Hans-Friedrich Traulsen zu Band I, 10 der KGA sowie: Martin Ohst, Schleiermacher und die Bekenntnisschriften. Eine Untersuchung zu seiner Reformations- und Protestantismusdeutung, Tübingen 1989. Die folgenden Ausführungen stützen sich im wesentlichen auf KD, §§ 322f sowie auf PT, 622-662.

82 Vgl. KD, § 322. Vgl. auch die zahllosen Schriften zu dieser Frage, die in der historischen Einleitung zu KGA I, 10 genannt werden sowie M. Honecker, Schleiermacher und das Kirchenrecht, 21-25.

83 PT, 634: „Die Sache ist die: ein Symbol ist entweder schädlich oder überflüssig."

84 Vgl. PT, 624.

85 Vgl. PT, 624f, 649f. Ein evangelisches Konzil hält Schleiermacher im Grunde für überflüssig. Wenn es denn ein solches gäbe, so müßten auf jeden Fall Laien beteiligt sein, da es sonst nicht als repräsentative Versammlung angesehen werden könnte, vgl. PT, 650.

86 Vgl. PT, 637f. Zum Apostolikum äußert sich Schleiermacher auch in der „Vorrede zu den Augustana-Predigten" (Kleine Schriften und Predigten, hg. v. H. Gerdes, E. Hirsch, Bd. 2), 275f: Schleiermacher erklärt, daß er bei den Worten des Apostolikums „empfangen vom heiligen Geist" sich noch nie etwas Bestimmtes habe denken können. Die Aufnahme der altkirchlichen Bekenntnisse in die Bekenntnisschriften hält Schleiermacher für einen Fehler. Die altkirchlichen Bekenntnisse seien nämlich durch das Streben nach einer Einheit im Dogma entstanden, das „durch einen Mangel an geschichtlicher Voraussicht und geistlichem Verstande" motiviert gewesen sei (PT, 638).

sind für die evangelische Lehre im einzelnen nicht bindend. Nicht in erster Linie ihr Inhalt, sondern die Tat des Bekenntnisaktes sind an ihnen besonders zu würdigen. Sie hatten historisch gesehen vor allem die Funktion, die evangelische Lehre vom Katholizismus und vom Schwärmertum abzugrenzen. Darüber hinaus legten sie fest, daß die Heilige Schrift Basis jeder evangelischen Lehre sein muß und daß es keiner menschlichen Autorität zusteht, einen verbindlichen Lehrbegriff festzustellen.[87]

Das Schriftprinzip unterscheidet die evangelische Kirche grundlegend von der römisch-katholischen und ist zugleich die einzig wirklich verbindliche Festlegung der evangelischen Lehre in den Bekenntnisschriften. Alle anderen Lehren sind im Rekurs auf die Schrift grundsätzlich revidierbar. Eine Kirche setzt als „Gesellschaft des religiösen Lebens"[88] gemeinsame religiöse Vorstellungen voraus. In der katholischen Kirche wird diese Einheitlichkeit der religiösen Vorstellungen durch das bischöfliche Lehramt äußerlich im für alle verbindlichen Dogma festgestellt. Diesem katholischen Prinzip der *Einheit im Dogma* stellt Schleiermacher das evangelische Prinzip der *Einheit im Geist* gegenüber. Die Identität des Geistes wird immer für den Konsens in den „Hauptwahrheiten" der evangelischen Lehre sorgen. Der Streit, so ist Schleiermacher zuversichtlich, wird immer nur „Nebensachen" betreffen. Das Dogma der evangelischen Kirche ist beweglich und entwickelt sich durch die Fortschritte der theologischen Wissenschaft ständig fort.[89] Jeder ehrliche Versuch der Schriftauslegung und jeder Streit in der evangelischen Kirche über das Dogma ist als Element des Werdens der evangelischen Lehre zu begreifen. Der Streit verbürgt die Gemeinschaft: „die Gemeinschaft der Kirche bewährt sich darin, daß alle Mitglieder darin begriffen sind die Lehre weiter auszudehnen auf dem Grunde der Schriftauslegung."[90] Die Bekenntnisschriften der Reformationszeit sind für Schleiermacher nur „Beweise vom Dogma und Glauben der evange-

---

87 Vgl. PT, 625. Jeder Theologe steht mit den Autoren der Bekenntnisschriften auf einer Stufe und setzt ihre Arbeit fort. „Sie waren Theologen wie wir; und wir haben denselben Beruf Reformatoren zu sein wie sie, wenn und so weit es nöthig ist und wenn und so weit wir uns geltend machen. Und so stellen wir auch ihre Werke den unsrigen gleich." (An die Herren D.D. D. von Cölln und D. Schulz, 410). Zum Vorrang der Tat der Übergabe vor dem Inhalt des Bekenntnisses vgl. Vorrede zu den Augustana-Predigten, 264ff.
88 PT, 639.
89 Vgl. PT, 639f.
90 PT, 628, vgl. PT, 625.

lischen Kirche zu einer bestimmten Zeit, als es darauf ankam diese
darzulegen."[91] Sie sind zu achten als „Ausdrukk der Kirche [...] bis
dieser Ausdrukk durch fortgehende Bibelforschung sich ändert."[92]

Aus dieser Bewertung der kirchlichen Bekenntnisse und aus seiner
Grundüberzeugung, daß die evangelische Lehre beständig im Werden begriffen ist, ergibt sich für Schleiermacher in Fragen der Lehre nur *eine* wesentliche Aufgabe für die Kirchliche Autorität einer
evangelischer Kirche: Sie hat die Freiheit der Schriftauslegung und
der theologischen Forschung zu schützen. Dazu gehört auch die Erhaltung der theologischen Fakultäten als der dafür zuständigen Institutionen und die Verankerung der wissenschaftlichen Theologie im
Gemeingeist der Kirche.[93] Im Grunde hat die Kirchliche Autorität in
bezug auf die Lehre damit nur die Freiheit und Arbeitsfähigkeit der
Freien Geistesmacht sicherzustellen.[94] Besteht in der evangelischen
Kirche die nötige Lehrfreiheit, so lösen sich die Probleme, die die
Kirchliche Autorität zu bearbeiten hätte, von selbst: „Es ist also auch
gar nicht so schwer die Kirche zu regieren, wenn man nur nicht zu
viel regieren will"[95].

---

91 PT, 636.
92 PT, 640. In den Erläuterungen zur vierten Rede über die Religion äußert sich
    Schleiermacher besonders markant zu einer eventuellen Verpflichtung der
    Geistlichen auf die Bekenntnisschriften (Reden 4. Aufl, Erläuterung 25, 383):
    „Es ist Unglaube an die Gewalt des kirchlichen Gemeingeistes, wenn man
    nicht überzeugt ist, das fremdartige in einzelnen werde sich durch die leben-
    dige Kraft des ganzen entweder assimiliren oder eingehüllt und unschädlich
    gemacht werden, sondern meint eine äußere Gewalt nöthig zu haben, um es
    auszustoßen. Es ist Unglauben an die Kraft des Wortes Christi und des
    Geistes der ihn verklärt, wenn man nicht glaubt, daß jede Zeit von selbst sich
    ihre eigne angemessene Erklärung und Anwendung desselben bilde, sondern
    meint, man müsse sich an das halten, was eine frühere Zeit hervorgebracht".
93 Vgl. PT, 626, 653. Vgl. die Kriterien zur Bewertung protestantischer Kirchen-
    verfassungen, Kap. IV. 3.
94 Vgl. PT, 626-629. Schleiermacher erwägt noch andere Aufgaben, die der
    Kirchlichen Autorität in Lehrfragen zukommen könnten. So stellt er zunächst
    selbst die Forderung auf, das Kirchenregiment müsse über den Gegensatz der
    evangelischen zur katholischen Kirche wachen. Er verwirft diese Forderung
    aber schließlich wieder. Es finden sich hier offene Widersprüche in der Prak-
    tischen Theologie. Schleiermacher erwägt z.B. auch, ob das Kirchenregiment
    nicht die Verbreitung von populären Darlegungen falscher religiöser Ansichten
    verbieten können sollte und bejaht dies (vgl. PT, 660). Diese Äußerung steht
    jedoch im Widerspruch zu nahezu allen anderen Äußerungen Schleiermachers,
    sie kann hier nur als Irritation zur Kenntnis genommen werden.
95 PT, 636. Eberhard Jüngel interpretiert dieses Zitat dahingehend, als wehre sich
    Schleiermacher gegen eine Bevormundung der Welt durch die Kirche (Was ist
    die theologische Aufgabe evangelischer Kirchenleitung?, 209). Tatsächlich
    geht es Schleiermacher mit dieser Bemerkung jedoch darum, daß das Kirchen-

Die Freiheit der Lehre ist für Schleiermacher kein Privileg der Universitätslehrer, sie kommt den Geistlichen im Kirchendienst ebenso zu. Die evangelische Freiheit ist unteilbar, „jeder hat dasselbe Recht an der Freiheit der Untersuchung Theil zu nehmen, und nicht allein jeder Geistliche, sondern jeder Laie."[96] Deshalb hält Schleiermacher es auch für unzulässig, Lehrstreitigkeiten von der Kanzel zu verbannen: „Wenn einmal die Thatsache wahr ist daß die Lehre im Werden begriffen ist: so ist auch kein Grund warum die Gemeine die Thatsache nicht erfahren soll"[97]. Es kommt allerdings darauf an, daß nur solche Lehrdifferenzen auf den Kanzeln verhandelt werden, die die Gemeinde wirklich interessieren. Auch müssen sie in angemessener Weise vorgetragen werden. Es gehört mit zu den Aufgaben des Kirchenregiments, „die Kirche immer mehr auf den Standpunkt zu erheben daß sie feststehender Vorschriften für die Lehre nicht bedarf."[98]

Die evangelische Gesinnung läßt sich nicht durch Gesetze und Vorschriften sichern. Sie muß im freien Streit theologischer Meinungen immer wieder neu gewonnen werden. Keinem einzelnen und keiner kirchlichen Institution kommt das Recht zu, für alle verbindliche Lehrentscheidungen zu fällen oder Lehrmeinungen zu verwerfen. Jeder, der entscheiden könnte, ob eine Lehrabweichung vorliegt, ist selbst Partei. Die sicherste Methode, Lehrabweichungen festzustellen und sie gegebenenfalls auch wieder aufzuheben ist der freie theologische Austausch. Der öffentliche Streit gewährleistet, daß Irrtümer allgemein bekannt und die Irrenden ohne Zutun des Kirchenregiments belehrt werden können. Auch kirchliche Funktionsträger, denen Lehrirrtümer nachgesagt werden, müssen nur dann durch die Kirchliche Autorität von ihren Ämtern entbunden werden, wenn sie

---

regiment in Bezug auf die kirchliche *Lehre* nichts zu regieren hat. Jüngels Mißverstehen dieser Passage ist für die These seines ganzen Aufsatzes signifikant, insofern er trotz ständigen Rekurses auf Schleiermacher ein Gegenprogramm zu dessen Vorstellung vom evangelischen Kirchenregiments entwirft. Hat für Schleiermacher das Kirchenregiment in der Gestalt der Kirchlichen Autorität in Lehrfragen *nichts* zu bestimmen, so ist es nach Jüngel gerade *die* Aufgabe der Kirchenleitung, über den Lehrkonsens zu wachen. Evangelische Kirchenleitung ist für Jüngel „diejenige Selbstprüfung und Selbstkorrektur der Kirche, in der kirchliche Lehraussagen auf ihre Konsensfähigkeit geprüft werden", a.a.O., 198.

96 PT, 636.
97 PT, 631.
98 PT, 635, vgl. PT, 631.

das Vertrauen ihrer Gemeinde verloren haben.[99] Die erfolgreichste
Methode, Lehrirrtümern in der evangelischen Kirche entgegenzutreten, ist für Schleiermacher mithin die Herstellung *größtmöglicher
Öffentlichkeit* durch die Pressefreiheit und vor allem durch die
Einrichtung von Presbyterien und Synoden, auf denen die ver-
schiedensten Meinungen frei ausgetauscht werden können. Dies ist
nach Schleiermacher die einzige der evangelischen Kirche angemessene Methode zur Regulierung evangelischer Lehre. Die Einrichtung solcher Organe kirchlicher Selbstverwaltung und gemeinsamer
Beratung hebt die Isolierung der Geistlichen und der Gemeinden auf
und konstituiert eine Gemeinschaft des gegenseitigen Austauschs, in
der sich Einseitigkeiten nicht halten können: „In der Gemeinschaft
liegt das beste Heilmittel, und je besser sie constituirt ist, desto weniger wird es anderer Maaßregeln bedürfen."[100]

---

99 Vgl. PT, 651-656.
100 PT, 658. Zur Bedeutung von Öffentlichkeit für die Wahrheitsfindung im wis-
    senschaftlichen Diskurs vgl. auch Karl Popper, Die offene Gesellschaft und
    ihre Feinde, 7. verb. Aufl., Tübingen 1992. Popper konstatiert in scharfer Ab-
    grenzung von Hegel: „[W]as wir die ‚wissenschaftliche Objektivität' nennen,
    [ist] nicht ein Ergebnis der Unparteilichkeit des einzelnen Wissenschaftlers
    […], sondern ein Ergebnis des sozialen oder öffentlichen Charakters der wis-
    senschaftlichen Methode; und die Unparteilichkeit des individuellen Wissen-
    schaftlers ist, soweit sie existiert, nicht die Quelle, sondern vielmehr das Er-
    gebnis dieser sozial oder institutionell organisierten Objektivität der Wissen-
    schaft." (A.a.O., 257.) Ähnlich wie Schleiermacher empfiehlt Popper daher
    die „Errichtung von demokratischen Institutionen", denn „nur diese können die
    Freiheit des kritischen Denkens und den Fortschritt der Wissenschaft garan-
    tieren." (A.a.O., 261.)

VIII. Die Gestaltung der Außenbeziehungen der Kirche

Die Kirchliche Autorität hat über die Gestaltung der inneren Kirchenverhältnisse hinaus die Funktion der Vertretung der Kirche nach außen. Das verfaßte Kirchenregiment ist gleichsam die Kontaktstelle des sozialen Systems Kirche zu seiner Umwelt.[1] In der Umwelt einer Kirche unterscheidet Schleiermacher drei weitere Lebenssphären, den Staat, die Wissenschaft und die freie Geselligkeit. Mit diesen andersartigen Teilsystemen der Gesellschaft steht die Kirche in Wechselwirkung. Darüber hinaus erfordert das Vorhandensein anderer Kirchen in der Umwelt einer Kirche auch die Abstimmung der Relationen zu diesen gleichartigen Systemen.[2] Das Kirchenregiment hat mithin die Aufgabe, all diese Außenbeziehungen der Kirche zu steuern und zu gestalten. Dabei ist zu berücksichtigen, daß die Lebenssphären außerhalb der Kirche unterschiedlich stark organisiert sind. Dem Staat als dem am deutlichsten geformten System steht die freie Geselligkeit gegenüber, die keine genau bestimmbare Gestalt hat. Zwischen beiden steht die Wissenschaft mit ihren mäßig stabil ausgebildeten Strukturen.[3]

---

1 Die Systemtheorie Niklas Luhmanns lehrt, daß die Umwelt eines Systems immer komplexer als das System selbst ist. Nicht jedes Element eines Systems kann zu den Elementen der Umwelt des Systems Kontakt aufnehmen. Solche one-to-one Beziehungen wären viel zu mannigfaltig, die Beziehungen zu komplex und in keiner Weise steuerbar. Für Kontakte zu ihrer Umwelt bilden Systeme - und dies gilt nicht nur für soziale Systeme - spezielle Funktionen aus. Sie sind die Kontaktstellen des Systems zu seiner Umwelt und übernehmen die Abstimmung der System-Umwelt-Relationen stellvertretend für das ganze System. Vgl. N. Luhmann, Soziale Systeme, 30-91.
2 Vgl. KD, § 238.
3 Vgl. PT, 662f und insbesondere PT, 568. Dort kommt die soziologische Analysekraft Schleiermachers besonders deutlich zur Geltung. Prinzipiell kann gemäß der Maxime vom allgemeinen Priestertum jedes Glied der evangelischen Kirche eine gewisse Repräsentationsfunktion übernehmen. Allerdings kann das Gegenüber des Staates nicht ein einzelnes Kirchenglied, sondern ausschließlich das organisierte und verfaßte Kirchenregiment sein, vgl. PT, 588, 592.

Schleiermacher greift für die Strukturierung der kirchlichen
Außenbeziehungen auf die Vierfältigkeit des sozialen Lebens zurück,
wie er sie in der Güterlehre der philosophischen Ethik entwickelt
hat. Es fällt allerdings auf, daß die Beziehung der Kirche zur freien
Geselligkeit in der Kurzen Darstellung im Gegensatz zu den praktisch-theologischen Vorlesungen keine Erwähnung findet.[4] Im
Vergleich mit der Praktischen Theologie ist die Kurze Darstellung
auch in bezug auf die Beziehungen der Kirche zu anderen Kirchen
unvollständig. Die Kurze Darstellung beschränkt sich allein auf die
Relationen der evangelischen Kirche zu anderen evangelischen
Kirchen, während die Praktische Theologie auch die weltweite Ökumene in den Blick nimmt.[5] Für die Gliederung der folgenden Ausführungen orientiere ich mich daher am Aufbau der Praktischen
Theologie.

Es sei noch vorweg bemerkt, daß an Schleiermachers Ausführungen zu den Außenbeziehungen der Kirche zunächst schon die Vielfalt
der Beziehungen bemerkenswert ist, die er zur Sprache bringt. Bis
heute beschränkt sich die evangelische Theologie, wenn sie sich der
Außenbeziehungen der Kirche überhaupt annimmt, zumeist auf das
Verhältnis der Kirche zum Staat. Ökumenische Aspekte kommen
hingegen nur gelegentlich zur Geltung. Das Verhältnis der evangelischen Kirche zu den Bildungsinstitutionen und zum gesellschaftlich-
geselligen Leben[6] ist seit den Zeiten des Kulturprotestantismus kaum
mehr bearbeitet worden. Schon allein durch die Fülle der wahrge-
nommenen Beziehungen des sozialen Systems Kirche zu anderen ge-

---

4   Für diese Lücke lassen sich mindestens zwei Gründe denken. Zum einen
     könnte Schleiermacher die Form der Geselligkeit doch zu unbestimmt erschie-
     nen sein, als daß sich die Beziehungen der Kirche zur Gesellschaft sinnvoll
     vom Kirchenregiment steuern ließen. Die Beziehung fiele dann dem Kirchen-
     dienst und dessen Einfluß auf die Sitte in den einzelnen Gemeinden zu. Denk-
     bar ist zum anderen auch, daß Schleiermacher diese Beziehungen unter die
     Beziehung der Kirche zum Staat subsumiert, dem allein die Vorgabe der
     Rahmenbedingungen für die Geselligkeit zukommen kann.

5   Vgl. KD, §§ 324-327. In der ersten Auflage der Kurzen Darstellung hatte al-
     lein die Beziehung zum Staat Erwähnung gefunden (vgl. KD 1. Aufl., Von der
     Theorie des Kirchenregiments, 21.-24., 81f). Im Vergleich damit ist die zweite
     Auflage schon wesentlich erweitert.

6   Schleiermacher verwendet die Begriffe „gesellig" und „gesellschaftlich" pro-
     miscue.

sellschaftlichen Teilsystemen zeichnet sich Schleiermachers Konzeption des Kirchenregiments in vorzüglicher Weise aus.[7]

1. Kirche und Staat - Die Selbständigkeit der Kirche als Aufgabe des Kirchenregiments

Schleiermacher verstand sich immer als loyaler Staatsbürger, auch wenn er für das Ende der staatlichen Vormundschaft und die Errichtung eines selbständigen Kirchenregiments eintrat. Die Freiheit und Selbstverantwortung, die er für die Kirche anstrebte, sollte nicht zu Lasten des Staates gehen, sondern dem Wohl beider dienen. Schleiermacher war davon überzeugt, daß starke, selbständige Kirchen dem Staat mehr Nutzen bringen würden als die zu seiner Zeit bestehende Funktionalisierung der Kirchen für staatliche Interessen.[8] Der Staat wird von Schleiermacher, wie die anderen Lebenssphären auch, funktional und selbstsubstitutiv gedacht. Jede der Lebenssphären nimmt eine *spezifische* Funktion für die *ganze* Gesellschaft wahr, die immer nur durch ein funktionales Äquivalent ersetzt werden kann.[9] Der Kirche kommt die Funktion der Frömmigkeitspflege zu, sie ist die Gemeinschaft des individuellen Symbolisierens. Die Funktion des Staates hingegen ist das gemeinschaftliche Organisieren. Er sorgt für das Recht und die Sicherheit der Gesellschaft. Diese Funktion nimmt er für alle im Staatsgebiet lebenden Individuen und auch für die anderen gesellschaftlichen Teilsysteme wahr. Die Kirche muß diese spezifische Funktion des Staates respektieren. Ein Anspruch der Kirche auf staatliche Vollmachten und Rechte, wie ihn die römisch-katholische Kirche erhebt, widerspricht dem Wesen der Kirche. Die Kirche darf keinen eigenen Staat bilden, sie darf auch keinen Staat im Staate zu errichten suchen. Vielmehr anerkennt die evangelische Kirche die Oberhoheit des Staates grundsätzlich über alles, was auf

---

7   Eine ähnliche Vielfalt der Bezüge der Kirche samt einer ausgeführten Institutionentheorie findet sich im dritten Teil von Dietrich Rösslers „Grundriß der Praktischen Theologie", 456ff.

8   Vgl. PT, 669, 677. Als Mitglied der philosophischen Klasse der Akademie der Wissenschaften las Schleiermacher auch über die Staatslehre: Die Lehre vom Staat. Aus Schleiermacher's handschriftlichem Nachlasse und nachgeschriebenen Vorlesungen hg. v. Chr. A. Brandis, SW III, 8, Berlin 1845. Zu Schleiermachers Staatslehre vgl. auch Ethik, 94ff.

9   Vgl. zum Begriff der funktionalen Äquivalenz N. Luhmann, Funktion der Religion, 48.

seinem Staatsgebiet vor sich geht. Sie räumt dem Staat deshalb ein
Aufsichtsrecht ein und gesteht ihm zu, ihre Beschlüsse aufzuheben,
soweit diese staatliche Interessen betreffen. Schleiermacher steht
damit in der lutherischen Tradition der Zwei-Regimenten-Lehre.
Der Staat hat sein eigenes Recht und seine eigene Würde, indem er
nach Gottes Willen die äußere Ordnung erhält.[10]
Schleiermacher ist ein Vertreter der liberalen nationalen Bewegung der ersten Hälfte des 19. Jahrhunderts. Der Staat in vollkommenem Sinne ist für Schleiermacher ein Nationalstaat. Der Staat ist
die äußere Form, die sich ein Volk gibt.[11] Die christliche Kirche
hingegen transzendiert alle Schranken des Volkstums.[12] Ihr Anspruch und ihr Streben richtet sich auf die ganze Welt. Diese in-
ternationale Tendenz der Kirche wirkt sich auch auf das evangelische
Kirchenregiment aus. Im Gegensatz zum konsistorialen Kirchenregiment muß sich das von Schleiermacher angestrebte synodale Kirchenregiment in seiner Reichweite nicht an Staatsgrenzen orientieren. Es kann, insofern dies die Mobilität und die Reichweite der
Kommunikation zuläßt, über Staatsgrenzen hinweg die evangelische
Kirche steuern und so auch ihre alle nationalen Grenzen relati-
vierende Einheit symbolisieren. Ausdrücklich nur aufgrund der zu
seiner Zeit obwaltenden Umstände begrenzt Schleiermacher die Aufgabe des Kirchenregiments auf die Gestaltung der Beziehungen zu
dem Staat, in dem sich die jeweilige evangelische Kirche befindet.[13]
Der Staat erhofft sich von der Religiosität seiner „Untertanen" eine
Stabilisierung der bürgerlichen und sittlichen Verhältnisse. Die Kir-

---

10   Vgl. PT 664f sowie: Ueber das liturgische Recht evangelischer Landesfürsten,
      11-13, 28, 45f.
11   Maßgeblicher Vertreter der christlich-liberalen nationalen Bewegung war
      Schleiermachers Schwager Ernst Moritz Arndt. Schleiermacher selbst entging
      nur knapp dem Landesverweis wegen seines Eintretens für eine konstitutio-
      nelle Monarchie in Preußen. Schleiermachers Patriotismus ist zutiefst im
      christlichen Humanismus begründet. Auf diesem Hintergrund sind auch seine
      patriotischen Predigten in den Befreiungskriegen zu verstehen. Vgl. M.
      Redeker, Friedrich Schleiermacher, 126-136.
12   Zum Begriff „Volkskirche" vgl. oben Kap. II. 3. e). Der Begriff taucht bei
      Schleiermacher nur gelegentlich auf und bezeichnet in romantischer Tradition
      stehend die Kirche eines ethnisch und kulturell abgegrenzten Volkes. Der Be-
      griff hat im übrigen für Schleiermacher keinerlei theoretische oder program-
      matische Valenz.
13   Vgl. PT, 664f u. 614. Es ist bemerkenswert, daß die Grenzen der Mitglieds-
      kirchen der EKD als Relikt des Staatskirchentums noch heute den im 19. Jh.
      gezogenen Staatsgrenzen entsprechen. Einzige Ausnahme von Rang ist die
      Nordelbische Kirche.

che ist für ihn die Pflegestätte der Moral der Untertanen. Ohne diese
Funktion der Kirche sieht der Staat das Recht und die Sicherheit
gefährdet. Der preußische Staat zwingt daher jeden Staatsbürger,
Mitglied einer Kirche zu sein. Diesen Zwang zur Kirchenmitgliedschaft hält Schleiermacher für unwürdig und falsch, sowohl in bezug
auf die Kirche als auch in bezug auf den Staat. Religion, Recht und
Moral haben je ihre eigene Würde, die durch die Indienstnahme für
fremde Interessen mißachtet wird.[14] Die Funktionalisierung der
Kirche für staatliche Interessen gilt es deshalb zu beseitigen. Zumeist
jedoch war zu Schleiermachers Zeit und insbesondere unter der
herrschenden Konsistorialverfassung die Kirche auf die Zuwen-
dungen des Staates angewiesen. Der Staat verwaltete das Kirchengut,
soweit er es nicht ohnehin säkularisiert hatte, und sicherte die Finanzen der Kirche. Das Streben nach kirchlicher Unabhängigkeit hatte
daher unmittelbare Auswirkungen auf die materielle Lebensgrundlage der Kirche. Der engen Verflechtung von Kirche und Staat
verdankte die preußische Kirche gleichzeitig politische Einflußmöglichkeiten und Ansehen. Die Kirche war Teil des Staatsapparates und
nahm hoheitliche Aufgaben für den Staat wahr. Sie konnte, wenn
auch in bescheidenem Rahmen, auf den Staat gestaltend einwirken
und war ein zu berücksichtigender Faktor im gesellschaftlichen
Leben. Diese Einflußmöglichkeiten würden durch eine kirchliche
Autonomie gefährdet.[15] Die Unabhängigkeit der Kirche ist für
Schleiermacher daher nicht unter allen Umständen anzustreben. Die
evangelische Kirche braucht, um ihre Eigenart und „geistige[]
Schwungkraft" bewahren zu können, eine „Basis von äußerem Wohl-
stand" und die „Freiheit von Nahrungssorgen"[16]. Sie bedarf einer
gesicherten materiellen Grundlage, auf der allein sich die Entwick-

---

14 Vgl. PT, 669, noch deutlicher: Reden 4. Aufl., Erläuterungen 18-21 u. 23 zur
    4. Rede, 374-379, 381f. In einem fiktiven Zwiegespräch zwischen Staat und
    Kirche läßt Schleiermacher die Kirche auf das Ansinnen des Staates, an be-
    stimmten Tagen an gewonnene Kriegsschlachten zu erinnern, folgendes sagen:
    „so kommt es uns sehr widerlich vor, wenn wir z.B. an gewissen Tagen
    freudig daran erinnern sollen, wie du [scil. der Staat] einen andern Staat be-
    siegt hast, unsere nämliche Gesellschaft in jenem Staat aber muß an diesen
    Tagen weislich still schweigen, soll sich aber freuen an andern Tagen, wo je-
    ner etwa dich besiegt hat, und die wir wieder mit Stillschweigen übergehen;
    sondern uns gilt beides gleich, und wir müssen den gleichen Gebrauch machen
    nach unserer Art von dem, was dir rühmlich und was dir schimpflich gewesen
    ist." (A.a.O., Erläuterung 18, 375f).
15 Vgl. PT, 668-670.
16 PT, 668.

lung der Frömmigkeit vollziehen kann: „Die gänzliche Unabhängigkeit der Kirche vom Staat ist freilich an und für sich das wünschens-
wertheste Verhältniß, es muß aber vorausgesezt werden daß es der
Kirche nicht fehle an äußeren Mitteln."[17]

Schleiermacher setzt deshalb auf eine allmähliche Verwirklichung
der kirchlichen Selbständigkeit, die mit Zustimmung des Staates erfolgt und nicht mit der Gefährdung der materiellen Lebensgrundlage
der Kirche erkauft werden muß. Die Verwirklichung der kirchlichen Autonomie in Preußen ist für Schleiermacher hauptsächlich
eine Aufgabe der Freien Geistesmacht und weniger eine der konsistorial verfaßten Kirchlichen Autorität, die an Weisungen von oben
gebunden ist.[18] Insbesondere hoffte Schleiermacher, daß politisch
einflußreiche protestantische Persönlichkeiten den König von der
Notwendigkeit der kirchlichen Autonomie überzeugen würden. Eine
gewisse Rolle könnte auch der Geistliche spielen, zu dessen Gemeinde das Staatsoberhaupt gehört. Aufgrund der Individualität solcher Einflüsse können sie von einer auf Allgemeinheit zielenden
Theorie nicht erfaßt werden.[19] Aufgabe der Kirchlichen Autorität ist
es, soviel Unabhängigkeit als möglich anzustreben, ohne die Lebensgrundlage der Kirche zu gefährden. Sie hat darauf zu sehen, „daß die
Kirche weder in eine kraftlose Unabhängigkeit vom Staat, noch in
eine wie immer angesehene Dienstbarkeit unter ihm gerate."[20] Sollte
es zu unzulässigen Übergriffen von staatlicher Seite auf das kirchliche Gebiet kommen, so bleibe den Verantwortlichen in der Kirchlichen Autorität allein der Weg des Protests oder der Niederlegung
des Amtes.[21]

Schleiermachers eigene schriftstellerische Tätigkeit ist Teil der von
ihm selbst beschriebenen Einwirkung der Freien Geistesmacht zugunsten der kirchlichen Autonomie in Preußen. Er scheut dabei nicht
die Konfrontation mit den verantwortlichen Ministern und mit König Friedrich Wilhelm III. Er läßt kaum eine Gelegenheit aus, auf
deren Inkompetenz bei Fragen des Kirchenregiments hinzuweisen.[22]
Seine ganze Theorie des Kirchenregiments läßt sich als Versuch

---

17 PT, 668.
18 Vgl. PT, 672f.
19 Vgl. PT, 672-674.
20 KD, § 325.
21 Vgl. PT, 672f.
22 Vgl. oben Kap. VII. 2. Einschlägig sind auch Schleiermachers Äußerungen in:
    Reden 4. Aufl., Erläuterungen 12 u. 18 zur 4. Rede, 368-370, 374-376.

deuten, den faktischen Inhabern des Kirchenregiments zu zeigen, wie sie eigentlich zu agieren hätten. Auch der König und seine Minister können in kirchlichen Fragen „nur in der Form der Kirchenleitung"[23] agieren. Das heißt, auch sie haben nicht mit äußerer Gewalt in der Kirche zu regieren, sondern sind an das Wort und die Überzeugungskraft ihrer Argumente gebunden. Auch der König kann die Kirche nur durch „Seelenleitung" und nicht, wie dies in Preußen faktisch geschah, mit Mitteln des Obrigkeitsstaates regieren.

Bemerkenswert ist die geringe Rolle der Kirchenfinanzen in Schleiermachers Ausführungen zum Kirchenregiment. Die Frage der kirchlichen Finanzen haben praktisch keinen Stellenwert in der Theorie, obwohl sich Schleiermacher der enormen Wichtigkeit der finanziellen Basis der Kirche und der materiellen Ausstattung von Pfarrstellen durchaus bewußt ist und er in seinem Entwurf einer Kirchenverfassung von 1808 die Finanzhoheit der Kirche für ihre Güter eingefordert hatte.[24] Geld ist für ihn letztlich etwas zu Äußerliches, als daß er die Kirche gerne damit in Verbindung sah: Der Besitz mischt „dem reinen Charakter einer kirchlichen Gemeine immer einen fremden Zusaz"[25] bei. Der Zusammenhang des Inneren als dem „Eigentlichen" der Religion mit der äußerlichen Frage der Finanzierung der Kirche bleibt deshalb trotz einiger Andeutungen ungeklärt. Der Status der materiellen Grundlage der Kirche bleibt unreflektiert und bekommt keinen eigenen Ort in der Theorie des Kirchenregiments eingeräumt.

Schleiermachers Theorie über die Gestaltung der kirchlichen Beziehung zum Staat ist nicht detailliert ausgearbeitet.[26] Er sieht in diesem Bereich prinzipielle Grenzen der Theorie. Das äußerst komplizierte Verhältnis von Kirche und Staat kann nicht „nach bloßen theoretischen Principien" behandelt werden, vielmehr „gehört eine praktische Weisheit dazu, um das Verhältniß der Kirche zum Staat dem richtigen näher zu bringen"[27]. Die Meinungen, wie das Verhältnis von Staat und Kirche zu gestalten sei, gehen, so konstatiert Schleiermacher, zu sehr auseinander, als daß sich Regeln mit der

---

23 KD, § 325.
24 Vgl. auch A. Reichs Darstellung der Finanzprobleme in Schleiermachers Gemeinde, ders., Friedrich Schleiermacher als Pfarrer, 79-91.
25 Reden 4. Aufl., Erläuterung 17 zur 4. Rede, 374.
26 Die Ausführungen in der Praktischen Theologie sind nicht sehr umfänglich und decken sich in weiten Teilen mit dem schon zur Kirchenverfassung Ausgeführten, vgl. Kap. IV. u. V. sowie KD, §§ 324f, PT, 664-678.
27 PT, 676, vgl. KD, § 325.

Aussicht auf eine gewisse allgemeine Akzeptanz aufstellen ließen.
Manche treten für die völlige Trennung von Staat und Kirche ein,
andere wieder für die völlige Verschmelzung. Hintersinnig bemerkt
Schleiermacher dazu: „Nur dies scheint bemerklich zu sein, daß da,
wo die evangelische Kirche gänzlich vom Staat getrennt ist, niemand
andere Wünsche hegt; da aber, wo eine engere Verbindung zwischen
beiden stattfindet, die Meinungen in der Kirche geteilt sind."[28]

2. Das Verhältnis der Kirche zu den Bildungsinstitutionen

In gleicher Weise wie sich Schleiermacher für die Autonomie der
Kirche einsetzte, trat er immer wieder für die Unabhängigkeit der
Hochschulen und des gesamten Bildungswesens von staatlichem Einfluß ein.[29] Der Staat soll sich in der Universität auf die ökonomische
Verwaltung und die polizeiliche Oberaufsicht beschränken, sofern es
nicht direkt um die Ausbildung künftiger Staatsdiener geht.[30] Auch
von der Kirche soll das Bildungswesen unabhängig sein, obwohl es
historisch in der christlichen Kirche verwurzelt ist: „Die Theorie
aber ist die und nur so gültig, daß die ganze Organisation des Wissens ein eignes abgeschlossenes Ganzes für sich bildet"[31]. Das Bildungswesen kann deshalb auch ohne das Christentum bestehen und
Schleiermacher rechnet damit, daß die theoretische Selbständigkeit
des Bildungswesens sich schließlich auch durchsetzen wird. Denn

---

28 KD, § 324. Ausgehend von dieser Überlegung Schleiermachers kann man fra-
    gen, ob die Aufhebung der heute noch bestehenden Verflechtung von Kirche
    und Staat sich wirklich *nur* zum Schaden der Kirche auswirkte. Eine Abschaf-
    fung des staatlichen Einzugs der Kirchensteuer würde zwar die bisherigen Kir-
    chenstrukturen massiv gefährden und soll hier keinesfalls propagiert werden.
    Die Abschaffung böte aber immerhin die Chance für eine Neubelebung der
    Religiosität und eine Stärkung der Identifikation mit der Kirche. Das Beispiel
    der USA, an das Schleiermacher denkt, zeigt, daß die gänzliche Trennung von
    Staat und Kirche der Lebendigkeit des Christentums in hohem Maße zuträglich
    sein *kann*.
29 Vgl. z.B. aus dem Jahr 1808: Gelegentliche Gedanken über Universitäten in
    deutschem Sinn, 244: „Allein hier wie überall kommt eine Zeit, wo diese Vor-
    mundschaft [scil.: des Staates für die Universitäten] aufhören muß."
30 Vgl. Gelegentliche Gedanken über Universitäten in deutschem Sinn, 244.
31 PT, 679.

was im Wesen einer Sache gesetzt ist, wird nach Schleiermacher in der Geschichte notwendig in Erscheinung treten. [32]

Trotz der prinzipiellen Unabhängigkeit der Wissensorganisationen von der Kirche ist ihre geschichtliche Abhängigkeit wohl begründet. Es stand im ureigensten Interesse der christlichen Kirche, Bildungsinstitutionen zu gründen und zu betreiben. Die Kirche war für die Funktionen der Kirchenleitung immer auf gebildete Personen angewiesen, „in denen das Wissen um die christliche Kirche gesetzt"[33] war. Gilt das Erfordernis von Bildungsinstitutionen schon für die gesamte Christenheit, so tritt die Bildungsfrage in der evangelischen Kirche in ganz besondere Weise in den Vordergrund. Die Stellung der Heiligen Schrift und des allgemeinen Priestertums machen eine Bildung aller Volksschichten erforderlich. Die evangelische Kirche „ruht auf dem Princip daß das geschriebene göttliche Wort allen evangelischen Christen zugänglich sein muß. Das ist ohne einen gewissen Grad geistlicher[!] Entwikklung und ohne Unterricht nicht möglich."[34] Es wird deshalb „jederzeit eine von der christlichen Kirche ausgehende und auf sie sich beziehende Organisation des Wissens geben"[35]. Insofern ist das reformatorische Christentum in ganz besonderer Weise eine *Bildungsreligion*, der es gerade auch auf die Bildung breiter Bevölkerungsschichten ankommt. Die evangelische Kirche unterscheidet sich damit vom römischen Katholizismus, dem die Bildung aller Gläubigen kein besonderes Anliegen ist.[36] Sie

---

32 Vgl. PT, 679. Zur Selbständigkeit der gesellschaftlichen Teilsysteme vgl. Kap. I. 1. b) Exkurs zur Güterlehre, S. 35f. Es ist hier daran zu erinnern, daß Schleiermacher in Schul- und Bildungsfragen Experte war. Von 1810-1814 war er als leitender Beamter der Unterrichtssektion im Ministerium des Innern mit der Reform des preußischen Schulwesens beauftragt. Vgl. dazu Franz Kade, Schleiermachers Anteil an der Entwicklung des preußischen Bildungswesens von 1808-18, Leipzig 1925. Vgl. auch Erich Foerster, Die Entstehung der Preußischen Landeskirche, 169-199. Einen kurzen Überblick bietet M. Redeker, Friedrich Schleiermacher, 132.

33 PT, 681.

34 PT, 680.

35 PT, 680.

36 Vgl. PT, 684. Es sei hier nur auf die zahlreichen Schulschriften und die bedeutenden Impulse der Reformatoren zur Gründung von Schulen erinnert. Zur Rolle der Bildung für den Protestantismus und der Reformatoren für die Bildung vgl. auch: Reiner Preul, Erziehung bei Luther - Luthers Bedeutung für die Erziehung, in: ders.: Luther und die Praktische Theologie, Marburg 1989, 47-70 sowie ders., Erziehung als „gutes Werk", in: MJTh 5. Gute Werke, hg. v. W. Härle u. R. Preul, Marburg 1993, 95-115. Einschlägig ist ebenfalls: Karl Ernst Nipkow, Bildung - Glaube - Aufklärung. Zur Bedeutung von

unterscheidet sich in den Bildungszielen auch vom Staat, dem es einseitig auf die „ökonomische und technologische" und nicht auf die „geistige"[37] Ausbildung der breiten Bevölkerungsschichten ankommt. In Schleiermachers Verfassungsentwurf von 1808 ist, entsprechend des hohen Ranges der Bildung auch der unteren Bevölkerungsschichten, die Kirche für den Unterhalt der „Elementarschulen" zuständig.[38] Insbesondere die von Schleiermacher geforderte Beteiligung der Laien am Kirchenregiment ist davon abhängig, daß die Laien gut ausgebildet und zur Mitgestaltung der Kirche befähigt sind.

Die enge Verbindung von Protestantismus und Bildung war für Schleiermacher besonders wichtig. Schleiermachers Lebenswerk von den Reden über die Religion bis hin zur Glaubenslehre zielte darauf ab, das Christentum für das moderne, aufgeklärt-wissenschaftliche Bewußtsein zugänglich zu machen. Den *gebildeten* Verächtern der Religion wollte er das Christentum schmackhaft machen. Dieses Programm sah er gegen Ende seines Lebens gefährdet. In seinem zweiten Sendschreiben an Lücke fragt Schleiermacher bekanntlich: „Soll der Knoten der Geschichte so auseinander gehn? das Christenthum mit der Barbarei, und die Wissenschaft mit dem Unglauben?"[39] Wissenschaft und Christentum gehören für Schleiermacher untrennbar zusammen. Erst im Christentum kommt die Wissenschaft zur vollen Wahrheit und nur mit Hilfe der Wissenschaft, die die Leitung der Kirche optimiert, können Christentum und Kirche zu ihrer vollendeten Gestalt gelangen.

Die Rolle der allgemeinen Bildung für den Protestantismus erfordert eine enge Anbindung der Ausbildung der Geistlichen an die Universitäten. Im Unterschied zum Katholizismus hält Schleiermacher die dogmatische Lehre des Protestantismus nicht für abgeschlossen. Die evangelische Lehre ist der fortwährenden Neubestimmung bedürftig und wird nicht als in der Tradition festgeschrieben

---

Luther und Comenius für die Bildungsaufgaben der Gegenwart, KThR 2, Konstanz 1986.

37 PT, 685.

38 Zur in Preußen üblichen Aufsicht der Geistlichen über die Schulen und zu Schleiermachers eigener Schulaufsehertätigkeit vgl. A. Reich, Schleiermacher als Pfarrer, 343-372.

39 Über die Glaubenslehre. Zwei Sendschreiben an Lücke, 347. Vgl. auch den Aufsatzband zum 60. Geburtstag Hans-Joachim Birkners: Schleiermacher und die wissenschaftliche Kultur des Christentums, hg. v. G. Meckenstock, i. Verb. m. J. Ringleben, TBT 51, Berlin/New York 1991.

verstanden. Sie ist - ohne vom Zeitgeist abhängig zu sein - darauf
ausgerichtet, sich in jeder Zeit neu zur Sprache und zur Geltung zu
bringen. Um das Niveau der Geistlichen und ihre Anschlußfähigkeit
an das moderne Bewußtsein sicherzustellen, dürfen die künftigen
Geistlichen deshalb nicht abseits der Universitäten in speziellen
kirchlichen Ausbildungsstätten herangezogen werden: „Es ist offenbar daß die Einwirkung der allgemeinen Bildung auf das theologische Wissen leicht auf null gebracht werden kann in solchen Special-
anstalten."[40] Die künftigen Geistlichen müssen vielmehr ihre Ausbildung in Auseinandersetzung mit den Fragen ihrer Zeit erhalten: „Es
ist ein wesentliches Interesse der evangelischen Kirche, die theologischen Bildungsanstalten zu erhalten in der Einheit mit der allgemeinen Entwikklung des Wissens, damit sie nicht in einen traditionellen Charakter ausarten; denn wenn die theologischen Facultäten
Specialschulen würden, wäre das am gefährlichsten für die evangelische Kirche, weil sie ein Fortschreiten der Lehre will, und das nur
möglich ist, wo in den Geistlichen ein speculatives Interesse und eine
geschichtliche Bildung ist; und daß das in seiner Totalität in allgemeinen Bildungsanstalten besser erreicht werden kann als in Specialschulen ist offenbar."[41]

Welche Aufgabe kommt dem Kirchenregiment nun für die Gestaltung der Beziehung der Kirche zu den Schulen und Universitäten zu?
Die Aufgabe des Kirchenregiments hängt maßgeblich davon ab, in
wessen Verantwortung die Bildungsanstalten geführt werden. Es
versteht sich von selbst, daß in kirchlichen Schulen das Kirchenregiment die Aufsicht führt. Schwieriger ist die Lage, wenn der
Staat, wie in Preußen, die Bildungsanstalten verwaltet. Das Verhältnis des Kirchenregiments zu den Schulen und Universitäten wird
damit zu einem Spezialfall des Verhältnisses der Kirche zum Staat
und der für dieses Verhältnis aufgestellten Regeln. Dabei kann für
die Kirche das Dilemma entstehen, daß sie entweder die Bildung
ihrer Glieder und ihres Leitungspersonals einer von einem nicht-
christlichen Geist geprägten staatlichen Einrichtung überlassen muß,
oder daß sie stattdessen eigene Bildungseinrichtungen ins Leben ruft,
die aufgrund der schwachen Ressourcen der Kirche kaum dieselbe
Leistungsfähigkeit haben wie die staatlichen. Wieder muß das Kir-

---

40 PT, 659.
41 PT, 687.

chenregiment den Mittelweg zwischen „wohlhabender Dienstbarkeit"
und „kraftloser Unabhängigkeit" finden.[42]

Prinzipiell fordert Schleiermacher allerdings die Freiheit der Bildungsanstalten von jedem staatlichem Einfluß. Wäre die Autonomie
verwirklicht, so erübrigte sich nach Schleiermacher jede spezielle
Einwirkung des Kirchenregiments auf die Bildungsinstitutionen.
Wäre die Frömmigkeit in der Kirche stark genug und wären die
fremden Einflüsse und Interessen des Staates ausgeschaltet, so würde
die lebendige Frömmigkeit von selbst für die rechte Christlichkeit in
Schule und Universität sorgen, weil aus dem *Wesen* der Wissenschaft
nach Schleiermacher an sich keine Störungen der Religiosität kommen können. „Wenn die theologischen organische Theile der allgemeinen Bildungsanstalten sind, wird die Thätigkeit des Ganzen dafür
einstehen daß es an dem wissenschaftlichen Geist in denselben nicht
fehlen kann, und die religiöse Lebendigkeit in der Kirche wird dafür
einstehen, daß es an dem religiösen Interesse nicht fehle, und ist dafür gesorgt: so ist die ganze Aufgabe gelöst."[43]

Auch eine Zensur religiöser Schriften durch das Kirchenregiment,
wie sie im Katholizismus üblich ist, lehnt Schleiermacher ab. Die
Zensur „muß keineswegs als wesentlicher Bestandtheil eines Kirchenregimentes [...] angesehen werden."[44] Wo sie durchgeführt wur-

---

42 Vgl. KD, § 326. Für die bleibende Aktualität dieses Problems denke man nur
    an die evangelischen Kirchen in der DDR, die mit großer Anstrengung und
    durchaus erfolgreich versuchten, ihren Nachwuchs teilweise selbst und unab-
    hängig von staatlichen Universitäten auszubilden.- Die theologischen
    Fakultäten haben eine gewisse Zwitterstellung in Schleiermachers Theorie. Sie
    sind als Bestandteil der Universität Umwelt der Kirche. Als Pflegestätte der
    kirchlichen Lehre und Ausbildungsstätte des kirchlichen Nachwuchses sind sie
    zugleich Teil der Kirche. Entsprechend dieser Zwitterstellung nimmt Schlei-
    ermacher die theologischen Fakultäten sowohl bei der Freien Geistesmacht und
    den inneren Kirchenverhältnissen wie bei den Außenbeziehungen der Kirche in
    den Blick. Die Kirchlichkeit der theologischen Fakultäten betont Schleier-
    macher besonders deutlich in: Reden 4. Aufl., Erläuterung 22 zur 4. Rede,
    379-381. Hier betrachtet Schleiermacher die theologischen Fakultäten als
    „kirchliche Hochschulen", die unter der Aufsicht des Kirchenregiments stehen
    und nur aus Zweckmäßigkeitsgründen und eher zufällig mit den staatlichen
    Hochschulen vereint sind. Vermutlich ist Schleiermachers späteres Insistieren
    auf der engen Verbindung von Protestantismus und Universität als Reaktion
    auf die Wissenschaftsfeindlichkeit der Erweckungsbewegung zu werten.
43 PT, 688.
44 PT, 692. Vgl. auch oben die Ausführungen zum Einfluß des Kirchenregiments
    auf den Lehrbegriff, Kap. VII. 4. Im Unterschied zur dort behandelten Frage
    einer innerkirchlichen Zensur, geht es hier um eine allgemeine Zensur zum
    Schutz des Christentums durch Angriffe von außen.

de, hat sie wenig bewirkt. Dem Interesse der Kirche ist durch die Pressefreiheit eher gedient. Es ist viel besser für die Kirche, wenn christentumsfeindliche Bewegungen öffentlich auftreten können und nicht heimlich ihr Unwesen treiben. Das öffentliche In-Erscheinung-Treten gibt der Kirche allererst die Möglichkeit, auf solche Bewegungen Einfluß zu nehmen. Allem Schaden, der von der Pressefreiheit ausgehen könnte, kann durch die Nutzung der Pressefreiheit selbst wieder entgegengewirkt werden. Und wer fürchtet, daß dem Widerchristlichen nicht wirksam begegnet werden kann, offenbart nur seinen Unglauben an die Wahrheit und die Kraft des Christentums. Müßte man annehmen, daß es den Vertretern des Christentums an Geschick fehlt, seinen Widersachern angemessen öffentlich entgegenzutreten, so wäre ebenfalls nicht die Zensur, sondern die Verbesserung der kirchlichen Ausbildung das Mittel der Wahl. Auch der Schutz glaubensschwacher Kirchenglieder kann eine Zensur religiöser Schriften nicht rechtfertigen. Im übrigen ist der Schutz von Glaubensschwachen eine Aufgabe der Seelsorge, nicht des Kirchenregiments.[45] Die Forderung nach kirchlicher Zensur ist für Schleiermacher ein Zeichen des Unglaubens und der mangelnden Zuversicht in die Kraft des Christentums, sich in der Welt zu behaupten. Angriffe auf das Christentum müssen öffentlich geführt werden, damit sich das Christentum in der Auseinandersetzung bewährt und fortentwickelt. Denn es „müssen alle Angriffe zur Vervollkommnung der theologischen Ansicht ausschlagen. Die Angriffe müssen ausgehalten werden, die Kirche muß sich in den Kampf begeben und darin siegen."[46]

3. Der Einfluß des Kirchenregiments auf das gesellschaftliche Leben

Schleiermachers Ausführungen zum Einfluß des Kirchenregiments auf das gesellschaftliche Leben sind knapp gehalten und von Zurückhaltung geprägt.[47] Die evangelische Freiheit der Kirchenglieder, die

---

45 Vgl. PT, 689-692.
46 PT, 691.
47 Vgl. PT, 692-699. Die Nähe zu Schleiermachers Ausführungen über den Einfluß des Kirchenregiments auf die christliche Sitte in den Gemeinden ist unübersehbar. Auch das gesellige Leben steht, wie im vorigen Abschnitt die theologischen Fakultäten, auf der Grenze zwischen inneren und äußeren

Freiwilligkeit der Kirchenmitgliedschaft und die Unmöglichkeit äußerer Sanktionen begrenzen die Einflußmöglichkeiten des Kirchenregiments empfindlich. Das Kirchenregiment ist immer auf die Zustimmung der Kirchenglieder und auf deren Willen, in der Kirche zu bleiben, angewiesen. Jede kirchliche Vorschrift über das gesellige Leben muß deshalb an den Gemeingeist der Kirchenglieder anknüpfen. Jeder Versuch, etwas gegen ihren Willen durchzusetzen, wird mehr schaden als nützen, obwohl die kirchliche Gesetzgebung dem Gemeingeist nicht nur dienen, sondern ihn auch berichtigen soll.[48] Der christliche Glaube wirkt auf das gesellige Leben der Menschen und auf ihre sozialen Verhältnisse ein. Schleiermacher denkt dabei zum Beispiel an den Schutz des Feiertages, an die Grenzen der Legitimität sexueller Beziehungen oder an die Frage, ob Spiel, Tanz und ähnliche Vergnügungen erlaubt sind oder nicht.[49] Schleiermacher hält an der das ganze Leben gestaltenden Ausrichtung des Christentums fest und versucht sie mit dem Prinzip der persönlichen Freiheit der einzelnen in Verbindung zu bringen.

Am ehesten ist die Übereinstimmung der kirchlichen Regeln mit dem Gemeingeist in einer Presbyterial- oder Synodalverfassung gewährleistet. Sie trägt ihr Korrektiv in sich selbst, weil Repräsentanten mit einer vom Gemeingeist stark abweichenden Meinung nicht wiedergewählt werden. Auf gar keinen Fall dürfen die Regeln für das gesellschaftliche Leben allein von den Geistlichen aufgestellt werden, da sich im Pfarrerstand, wie in jedem relativ abgeschlossenen Stand, eine „eigenthümliche Sitte" ausbildet, die sich von der der übrigen Kirchenglieder unterscheidet und keinen Anspruch auf Allgemeingültigkeit oder besondere Heiligkeit haben kann.[50] Eine allein von den Geistlichen ausgehende Gesetzgebung kann sich in der evangelischen Kirche „nie allgemein Vertrauen erwerben."[51]

Ein besonderes Problem kirchlicher Gesetzgebung in bezug auf das gesellschaftliche Leben ist die Relativität der Sitten und Gebräuche. „Die gesellschaftlichen Verhältnisse [...] sind verschieden nach den

---

Kirchenverhältnissen. Meine Darstellung beschränkt sich deshalb auf die Aspekte, die über das in Kap. VII. 3. Ausgeführte hinausgehen.

48 Vgl. PT, 693, 698.
49 Vgl. PT, 698f, vgl. auch Schleiermachers Ausführungen zur Pastoralklugheit, PT, 506-520.
50 Für Schleiermacher ist „nichts verwerflicher als die Vorstellung, daß es eine besondere moralische und besondere geistliche Sitte gebe" (PT, 694).
51 PT, 694.

verschiedenen bürgerlichen Situationen. Eine andere Sitte herrscht unter den niederen Ständen, eine andere unter den höheren."[52] Aber nicht nur die zu Schleiermachers Zeit herrschenden Ständeunterschiede bewirken diese Relativität der Sitten, auch zwischen Stadt und Land bestehen erhebliche Unterschiede in den Gebräuchen und Lebensstilen. Zwar lassen sich auf dem Land noch relativ einheitliche Regeln für einen größeren Raum feststellen, insbesondere in den größeren Städten ist es jedoch nicht mehr möglich, allgemeine Regeln für mehrere Gemeinden aufzustellen. Als Prinzip der Gesetzgebung legt Schleiermacher sehr unbestimmt fest, daß "keinem bloß äußerlichen irgend ein religiöser Werth beigelegt werde"[53]. Ethischer Rigorismus und das Bestehen auf starrer und rein äußerlicher Einhaltung kirchlicher Sittengebote ist mit evangelischer Freiheit nicht zu vereinbaren. Christliche Sitten und Gebräuche müssen unmittelbar dem christlichen Glauben und der christlichen Gesinnung entspringen. Alle äußere Sitte kann deshalb nur insofern einen religiösen Wert haben, als sie "einen Antheil am innerlichen hat."[54]

4. Protestantische Union und weltweite Ökumene

Die konfessionelle Vielfalt des Christentums hält Schleiermacher nicht für einen Unglücksfall der Geschichte. In den verschiedenen Konfessionen haben sich vielmehr verschiedene Individualitäten des christlichen Glaubens verwirklicht. Schleiermacher rechnet damit, daß sich das Christentum über die ganze Welt ausbreiten wird und alle anderen Religionen in sich aufheben wird. Die Assimilation der verschiedenen fremden Religionen in das Christentum wird zu neuen Individualisierungen und zu neuen Konfessionsbildungen im Christentum führen. Alle anderen Religionen werden dann "auf ge-

---

52 PT, 696. Übrigens waren auch die Gebühren für kirchliche Amtshandlungen je nach Stand der betroffenen Person genauestens differenziert. Vgl. dazu und zu den Problemen der Sitte in der Kirchengemeinde A. Reich, Friedrich Schleiermacher als Pfarrer, 124-136, 270-281.
53 PT, 698.
54 PT, 698. Als Beispiel verweist Schleiermacher auf die Frage der Zulässigkeit des vorehelichen Geschlechtsverkehrs: Obwohl das Christentum an sich relativ strenge Prinzipien in bezug auf die Geschlechterverhältnisse aufstelle, dürfe die "fleischliche Vermischung zwischen Verlobten" nicht ebenso behandelt werden wie die zwischen Nichtverlobten (vgl. PT, 698f).

schichtliche Weise im Christentum zu schauen sein."[55] Die „natürlich
bestehenden verschiedenen Eigenthümlichkeiten" im Christentum
werden also „nicht verschwinden, sondern sich aus demselben seiner
höheren Einheit unbeschadet auf eine untergeordnete Weise wieder
entwikkeln."[56] Die Einheit des Christentums wird auch bei der
Vollendung der Geschichte nicht in äußerer Form in Erscheinung
treten. Die eine, weltumspannende Kirche wird nicht in einer einzi-
gen Organisation verwirklicht werden, sondern „nur in der weltbür-
gerlichen friedlichen Verbindung aller bestehenden und jede in ihrer
Art möglichst vervollkommneten kirchlichen Gemeinschaften"[57].
Der Vielfalt des Christentums entspricht nicht eine einzige Organisa-
tionsform. Vielmehr wird es immer verschiedenste Formen und
Größen von kirchlichen Verbindungen geben, die nebeneinander bestehen und die gerade in ihrer Verschiedenheit füreinander fruchtbar
sein können. Schleiermacher stellt fest, „daß, wenn sich in dem weiten Umfang der Christenheit das religiöse Leben in seiner ganzen
Mannigfaltigkeit und Fülle entwikkeln soll, beides, wie auch von je-
her der Fall gewesen, neben einander bestehen müsse, große Verfassungen und kleine Gesellschaften"[58].
Ich habe schon mehrfach darauf hingewiesen, daß Schleiermacher
den römischen Katholizismus als eine legitime Form christlicher
Religion ansieht. Ihm liegt ein eigenes Individualisierungsprinzip zugrunde, nämlich die besondere Hochschätzung der Rolle der Kirche
für die Heilsaneignung.[59] Das Papsttum ist für ihn „keinesweges das

---

55 Reden 4. Aufl., Erläuterung 8 zur 2. Rede, 272. Vgl. auch: Ueber die für die
     protestantische Kirche des preußischen Staats einzurichtende Synodalverfas-
     sung, 35f: „Denn wie eine Mannigfaltigkeit von Sprachen so hat Gott auch
     eine Mannigfaltigkeit von Denkungsarten gemacht, und das Christenthum kann
     und soll sich eine Menge wie von jenen so auch von diesen unbeschadet seiner
     Einen göttlichen Kraft und Wirkung im Gemüth durchdringen und sich
     aneignen."
56 Reden 4. Aufl., Erläuterung 11 zur 4. Rede, 367.
57 Reden 4. Aufl., Erläuterung 11 zur 4. Rede, 367.
58 Reden 4. Aufl., Erläuterung 16 zur 4. Rede, 373. Ein ähnliches Konzept der
     „Einheit in Vielfalt" wird von Eilert Herms vertreten, allerdings mit nur gerin-
     ger ökumenischer Resonanz (vgl. seinen Aufsatzband: Von der Glaubens-
     einheit zur Kirchengemeinschaft. Plädoyer für eine realistische Ökumene, Mar-
     burg 1989). Ganz anders optiert Wolfhart Pannenberg. Er tritt für die äußere
     Einheit der Kirche unter der Führung eines geläuterten Papsttums ein (vgl. W.
     Pannenberg, Systematische Theologie Bd. 3, 558f). Die große Resonanz diese
     Konzeptes auf römisch-katholischer Seite ist nur zu verständlich.
59 Vgl. CG, § 24 sowie oben Kap. II, 2.

Wesen der katholischen Kirche [...], sondern nur ihr Verderben."[60]
Schleiermacher rechnet damit, daß die katholische Kirche vom monarchischen Prinzip des Papsttums wieder zum aristokratischen
Prinzip des Episkopalsystems zurückfinden wird.[61] Die Trennung
der beiden Konfessionen ist für Schleiermacher nicht absolut.
Vielmehr sollen die einzelnen Konfessionen immer mehr eine
„fließende Masse"[62] werden, ohne bestimmte Grenzen der religiösen
Mitteilung. Schleiermacher beklagt denn auch nachdrücklich die
„fast unbegreifliche Unwissenheit über die Lehren und Gebräuche
des andern Theils"[63]. Als geeignetes Mittel, die Spaltung zu mildern
und die Abgeschlossenheit der Konfessionen zu überwinden, empfiehlt Schleiermacher den gegenseitigen Gottesdienstbesuch.[64] Insbesondere zwischen den Gebildeten „soll in beiden Kirchen eine lebendige wenn auch nicht unmittelbare Einwirkung statt finden, ein
durch ruhige Betrachtung angeregter Wetteifer um sich dasjenige
anzueignen, was jeder in dem andern Theile vorzügliches anerkennt."[65] Die Katholiken werden dabei die „Förderung der individuellen Freiheit" durch den Protestantismus besonders bewundern.
„Und wir mögen so leidenschaftlos als es geschehen kann die feste
Stellung beobachten, welche die katholische Kirche in allen äußeren
Beziehungen sich zu sichern weiß durch ihre kräftige Organisation,
und mögen dann versuchen, wie weit auch wir zu Einheit und
Zusammenhang gelangen können, aber in unserm Geist und ohne
dem geistlichen Stand ein solche Stellung gegen die Laien zu geben
die diesem Geist ganz zuwider wäre."[66] Als Ergebnis dieses frommen Wettstreites erhofft sich Schleiermacher auch eine Wiederbelebung der orthodoxen Kirche.
    Für evangelisch-katholische Mischehen schlägt Schleiermacher
vor, die bisherige Praxis, nach der die Söhne wie der Vater und die
Töchter wie die Mutter getauft werden, aufzugeben. Stattdessen soll
die vorläufige Bestimmung der Religion des Kindes nach dem- oder
derjenigen erfolgen, die oder der „am stärksten religiös angeregt ist,
weil unter dessen besonderem Einfluß das religiöse Element am

---

60 Reden 4. Aufl., Nachrede, 455.
61 Vgl. Reden 4. Aufl., Erläuterung 3 zur Nachrede, 459.
62 Reden 4. Aufl., Erläuterung 6 zur 4. Rede, 361.
63 Reden 4. Aufl., Erläuterung 1 zur Nachrede, 457.
64 Vgl. Reden 4. Aufl., Erläuterung 6 zur 4. Rede, 362 und Erläuterung 1 zur 5.
    Rede, 439.
65 Reden 4. Aufl., Erläuterung 1 zur Nachrede, 458.
66 Reden 4. Aufl., Erläuterung 1 zur Nachrede, 458.

kräftigsten wird entwikkelt werden, daß aber dann auch ruhig und fröhlich erwartet werde, in welche Form sich jeder bei wachsender Selbstständigkeit[!] einbürgern werde.“[67]

Ist die Vielfalt der Konfessionen im Christentum an sich kein Schaden, so hält Schleiermacher die Trennung der beiden protestantischen Konfessionen dennoch für einen bedauerlichen Unfall der Reformationsgeschichte. Die Divergenzen *zwischen* den evangelischen Konfessionen hält er für weniger gravierend als diejenigen *innerhalb* der jeweiligen Konfession, er betrachtet sie „lediglich als eine Sache der Schule“[68]. Sein kirchenpolitisches Bemühen galt daher von Anfang an der Union von Reformierten und Lutheranern. Die Union sollte keinesfalls die Vielfalt im Protestantismus beschneiden und die Individualität der beiden Konfessionen auslöschen. Die Einheit sollte vor allem organisatorisch vollzogen werden. Ein gemeinsames Unionsbekenntnis wurde von Schleiermacher ausdrücklich nicht angestrebt.[69] Die äußere Einheit sollte vielmehr den Austausch und die gemeinsame Auseinandersetzung über strittige Auslegungen der Schrift fördern und so der christlichen Wahrheit dienen.[70]

Schleiermacher hoffte auf die allgemeine Durchsetzung der Synodalverfassung in der evangelischen Kirche. Die Unabhängigkeit vom Staat würde es der Kirche ermöglichen, die Kirchengemeinschaft über staatliche Grenzen hinweg auszudehnen. Ein gemeinsames Kirchenregiment bislang getrennter Landeskirchen wäre denkbar, „denn die Kirche ist ja an und für sich an diese zum Theil so wunderlich

---

67   Reden 4. Aufl., Erläuterung 2 zur Nachrede, 459.
68   CG, § 24, Zusatz, I, 142. Vgl. oben Kap. Kap. II. 3. e) und Kap. III. 4.
69   Ein solches Unionsbekenntnis, von dem Schleiermacher immer abgeraten hatte, wurde schließlich von C.I. Nitzsch entworfen und von der preußischen Generalsynode 1846 auch verabschiedet. Dieses als „Nitzschenum“ verspottete Ordinationsgelübde wurde jedoch nie eingeführt (vgl. Johannes Wallmann, Kirchengeschichte Deutschlands seit der Reformation, 3. durchgesehene Aufl., Tübingen 1988, 213). Ein Unionsbekenntnis würde, das sah Schleiermacher richtig voraus, nicht zu einer, sondern zu drei evangelischen Konfessionen führen, nämlich zu Unierten, zu Altlutheranern und zu Altreformierten (vgl. PT, 648).
70   Vgl. Reden 4. Aufl., Erläuterung 16 zur 4. Rede, 373. Vgl. auch die von Schleiermacher anläßlich der ersten gemeinsamen Abendmahlsfeier von Reformierten und Lutheranern verfaßte und von der Berliner Synode verabschiedete „Amtliche Erklärung der Berlinischen Synode über die am 30sten October von ihr zu haltende Abendmahlsfeier“ und auch das von Schleiermacher mitunterzeichnete Schreiben „An die Mitglieder beider zur Dreifaltigkeitskirche gehörigen Gemeinen“.

entstandene Theilung der deutschen Länder gar nicht gebunden."[71] Impulse zu einem solch übergreifenden Kirchenregiment erwartet Schleiermacher im wesentlichen von der Freien Geistesmacht. Aufgabe der Kirchlichen Autorität hingegen ist es, die eigene Kirche für die größere Gemeinschaft offen zu halten und den Zusammenschluß im Inneren vorzubereiten.[72] Ein Kirchenregiment für die weltweite evangelische Kirche hält Schleiermacher allerdings nicht für wünschenswert, „es würde ein schwerfälliges unbehülfliches Ding sein."[73] Die Grenzen eines gemeinsamen Kirchenregiments sind eng mit den Grenzen der Mobilität und den Grenzen der Kommunikationsmöglichkeiten verknüpft: „Je mehr der allgemeine Verkehr zunimmt desto größer wird die Nothwendigkeit der Gemeinschaft."[74] Die Gemeinschaft des Kirchenregiments ist aber nur so weit voranzutreiben, „so weit sie für das Wohl der Kirche erspriesslich ist."[75] Die Beziehung zwischen den evangelischen Kirchen müssen auch keinesfalls alle formal geregelt sein. Alleine der freie Verkehr von Druckschriften begründet ein gewisses Maß an Gemeinschaft. Und auch der Austausch von Geistlichen und Universitätslehrern über die Grenzen einer Landeskirche hinweg stiftet schon eine „Gemeinschaft der Studien" und einen „Kreislauf zwischen den verschiedenen Kirchen", der dem Wohl der Kirche dient.[76]

---

71 PT, 701.
72 Vgl. KD, § 327.
73 PT, 701.
74 PT, 701.
75 PT, 701.
76 PT, 701.

Schluß: Schleiermachers Theorie des Kirchenregiments als Reformprogramm für Theologie und Kirche

Friedrich Schleiermacher entwirft mit seiner Theorie des Kirchenregiments das Programm einer *sich selbst steuernden* evangelischen Kirche. Er plädiert für die Abschaffung des landesherrlichen Kirchenregiments und für die Einrichtung von presbyterialen bzw. synodalen Leitungsstrukturen auf allen kirchlichen Ebenen. Schleiermacher versteht diese kirchenpolitische Option als konsequente Fortsetzung der Reformation. Die ihrem Wesen nach vom Staat unabhängige Kirche muß auch in der Realität ihre Selbständigkeit erlangen und die sachfremde Einflußnahme des Landesherrn oder staatlicher Konsistorien ein Ende finden. Kirchliche Angelegenheiten dürfen alleine im Interesse und durch Glieder der Kirche verwaltet werden. Die protestantische Maxime vom Priestertum aller Gläubigen zielt dabei notwendig auf demokratische Leitungsstrukturen. Das Kirchenregiment repräsentiert nur dann den Gemeingeist der Kirche, wenn es „von unten", durch die Gemeindeglieder legitimiert ist. So weit es der Bildungsstand zuläßt, sind daher *alle* Glieder der Kirche an der Leitung in der einen oder anderen Form zu beteiligen.

Mit seinem Programm der kirchlichen Autonomie erklärt Schleiermacher die für die Moderne typische Ausdifferenzierung gesellschaftlicher Teilsysteme für eine dem Wesen der Kirche entsprechende Entwicklung. Er versteht seine Bemühungen als Versuch, die von der Reformation geforderte Trennung der beiden Regimenter in Staat und Kirche endgültig zu vollziehen. Auf diesem Hintergrund signalisiert schon die Wahl des Begriffs „*Kirchenregiment*" und die Entwicklung einer *Theorie* des Kirchenregiments den Willen zur Ablösung des *landesherrlichen* Kirchenregiments. Auch der Begriff des „Kirchenfürsten" ist als ein Zeichen des Protestes gegen die Macht des weltlichen Fürsten in der Kirche zu verstehen: Ein Kirchenfürst zeichnet sich nicht durch sein Amt oder seine weltliche Stellung als Staatsoberhaupt aus, sondern durch die theologischen Tugenden des kirchlichen Interesses und des wissenschaftlichen Geistes.

Die Anfänge von Schleiermachers Wirken fallen in eine Zeit, in der die christliche Kirche und Religion ihre Selbstverständlichkeit verloren hatten und nachhaltig in Frage gestellt worden waren. Die Aufklärung und die kritischen Schriften Kants zerstörten die Grundlagen des metaphysischen Weltbildes, und die französische Revolution erschütterte die Grundfesten absolutistischer Herrschaftsstrukturen. Mit seiner Forderung nach einer gegenüber dem Staat autonomen und demokratisch legitimierten Leitung der Kirche, mit seinem Neuansatz dogmatischer Theorie beim frommen Selbstbewußtsein und mit seiner Konzeption der Theologie als positiver Wissenschaft nimmt Schleiermacher die Herausforderungen der Moderne an. Er tritt der zu Beginn des 19. Jahrhunderts weit verbreiteten Rede vom Ende und Verfall der Religion entgegen, reformuliert das Wesen des Christentums unter neuzeitlichen Bedingungen und entwickelt mit seiner Theorie des Kirchenregiments das Programm einer *zukunftsfähigen* Kirche. Schleiermacher betrachtet die Krise dabei nicht als Bedrohung, sondern als Anreiz zur Gestaltung, als Herausforderung, das Christentum und die Kirche für eine neue Zeit neu zur Geltung zu bringen.[1]

Nahezu auf allen Feldern der von Schleiermacher in einem sehr weiten Sinn verstandenen Kirchenleitung ist Schleiermacher selbst tätig geworden. Schon in den Reden von 1799 entwarf er ein erstes, visionäres Kirchenreformprogramm, das er in den folgenden Jahren wirklichkeitsnah und detailliert ausarbeitete. Als Berater der preußischen Reformer entwarf er einen Verfassungsentwurf für eine preußische Landeskirche, als Pfarrer war er in der Berliner Dreifaltigkeitsgemeinde tätig, und als Präses leitete er die Beratungen der Berliner Synode. Schleiermacher war herausragender Vertreter der Opposition im Agendenstreit, wirkte als Ministerialbeamter und Aufseher in Schulfragen, war Professor der Theologie und Mitglied der philosophischen Klasse der Akademie der Wissenschaften. Er betätigte sich als theologischer und kirchlicher Schriftsteller und war schließlich an der Neugestaltung des Berliner Gesangbuches maßgeblich beteiligt. Schleiermachers vielfältige Erfahrungen als Pfarrer, als Kirchenpolitiker und als Professor flossen in sein Konzept der

---

1   Vgl. auch Hans Küng, [Kap.] Theologie im Geist der Moderne: Friedrich Schleiermacher, in: ders., Das Christentum. Wesen und Geschichte, 791-817.

Praktischen Theologie und der Theorie des Kirchenregiments ein. Er entwickelte als erster die Vorstellung, daß die anspruchsvolle Aufgabe der Leitung einer evangelischen Kirche eine spezielle Theorie erfordert, wenn die Kirche angemessen - und das heißt für Schleiermacher ihrem Wesen gemäß - gestaltet werden soll.

Im folgenden greife ich diejenigen Aspekte von Schleiermachers Programm des Kirchenregiments noch einmal auf, die meines Erachtens wichtige Impulse für die gegenwärtige Lage evangelischer Theologie und Kirche vermitteln können. Ich möchte zeigen, daß und wie Schleiermachers auf Kirchengestaltung ausgerichtetes Konzept noch heute als Reformprogramm zur Geltung gebracht werden kann. Dabei fasse ich im ersten Abschnitt diejenigen Impulse zusammen, die die akademische Theologie als Ganzes und ihr Verhältnis zur Kirche betreffen. Im zweiten Abschnitt lege ich dar, wie sich der enge Bezug zu Fragen der Kirchenleitung auf die einzelnen theologischen Disziplinen auswirkt. Der dritte Abschnitt wendet sich speziell der Praktischen Theologie zu und empfiehlt eine an Schleiermachers Theorie des Kirchenregiments anknüpfende Wiederbelebung der Theorie evangelischer Kirchenleitung.

1. Theologie als Funktion der Kirche

Unter Theologie versteht Schleiermacher nicht die Wissenschaft von Gott oder von seiner Offenbarung. Schleiermacher definiert die Theologie überhaupt nicht durch den Bezug auf einen einheitlichen Gegenstand, sondern durch ihre *Funktion* für die christliche Kirche. Die Theologie hat für ihn die Aufgabe, das erforderliche Wissen und die nötigen Kunstregeln für die Kirchenleitung zu entwickeln und zu vermitteln. Schleiermacher ordnet die Theologie damit in die Reihe der positiven, auf eine spezifische Aufgabe bezogenen Wissenschaften wie die Medizin oder die Staatswissenschaft ein, die nicht um des Wissens an sich, sondern um einer praktischen Aufgabe willen an der Universität vertreten sind. Gerade der *funktionale* Bezug der Theologie auf die Kirchenleitung ermöglicht dabei die Integration *verschiedenster* Gegenstände und Methoden, wie sie für die Theologie typisch sind.

Nur mit Hilfe des gesamten Ensembles der theologischen Disziplinen kann die Aufgabe des für die *zusammenstimmende* Leitung der Kirche zuständigen Kirchenregiments verantwortungsvoll wahrgenommen werden.[2] In der *Theorie* des Kirchenregiments laufen daher alle theologischen Linien zusammen: In ihr kulminiert das theologische Wissen und erreicht zugleich seine höchste Komplexität. Aus diesem Grund plaziert Schleiermacher die Theorie des Kirchenregiments am Ende seines enzyklopädischen Entwurfs in der Kurzen Darstellung. Ohne das Wissen um das Wesen und den Begriff der Kirche, den die *philosophische* Theologie erarbeitet, und ohne die genaue Kenntnis der zu leitenden Kirche einschließlich ihres geschichtlichen Gewordenseins und ihrer Lehrtraditionen, wie sie die *historische* Theologie erarbeitet, können keine Regeln für das Kirchenregiment entwickelt werden. Schleiermachers Theorie des Kirchenregiments ist somit nicht nur ein spezieller Ausschnitt der Theologie, in ihr ist zugleich die ganze Theologie repräsentiert und kommt zu ihrer Vollendung.[3] Da in der Theorie des Kirchenregiments *alle* theologischen Kenntnisse vorausgesetzt werden müssen, kann es nach Schleiermacher auch keine Spezialisten in dieser Disziplin geben. Universalismus und Interdisziplinarität sind geradezu die Markenzeichen der Kirchenregimentstheorie.

Man mag fragen, ob Schleiermachers enzyklopädischer Ansatz mit seiner Unterscheidung von philosophischer, historischer und praktischer Theologie nicht zu ideal und realitätsfern gedacht ist. Geschichtlich konnte sich diese Konzeption jedenfalls nicht durchsetzen: Die Ausdifferenzierung der theologischen Disziplinen erfolgte anders und viel weitreichender, als Schleiermacher es sich vorgestellt hatte. Die getrennte Behandlung von Wesen und Geschichte des Christentums und die davon wiederum unterschiedene Entwicklung einer Technik setzen voraus, daß alle theologisch Lehrenden in nahezu allen Fächern kompetent sind. Eine Spezialisierung für bestimmte Ausschnitte der Theologie ist in Schleiermachers Konzept nur in Ansätzen denkbar. Die von Schleiermacher vorgeschlagene *funktionale* Unterscheidung der theologischen Disziplinen (Wesen, Geschichte, Technik) konnte sich gegen die vornehmlich *gegenstandsbezogene* Differenzierung der Disziplinen nicht durchsetzen. Insbesondere die Praktische Theologie entwickelte sich schon unter

---

2 Auch Alfred Jäger fordert bei seinem Versuch einer Wiederbelebung der Kybernetik im Anschluß an Schleiermacher, die ganze Theologie an den Erfordernissen der Kirchenleitung auszurichten, vgl. ders., Konzepte der Kirchenleitung für die Zukunft, 96, 121 u.ö.
3 Ähnlich: H. Luther, Praktische Theologie als Kunst für alle, 373.

Carl Immanuel Nitzsch zu einer relativ abgeschlossenen theologischen Spezialdisziplin - und dies nicht nur zu ihrem Vorteil.[4]

Die gewaltige Ausweitung des Wissens in den letzten hundert Jahren macht eine Rückkehr zum Universalismus Schleiermachers unmöglich. Die Ausdifferenzierung der theologischen Disziplinen kann nicht zurückgenommen werden. Dennoch, so meine ich, könnte Schleiermachers Ausrichtung der Theologie an Fragen der Kirchenleitung und des Kirchenregiments auch unter heutigen Bedingungen für die evangelische Theologie richtungsweisend sein. Schleiermachers enzyklopädischer Entwurf ermöglicht zunächst eine *Konzentration* der theologischen Arbeit auf die Erfordernisse der von Schleiermacher sehr weit verstandenen Kirchenleitung. Darüber hinaus ist die enorme *Integrationsleistung* seines enzyklopädischen Entwurfes hervorzuheben. Schleiermachers funktionaler Theologiebegriff exkludiert nicht nur alles aus der Theologie, was nichts mit Kirchenleitung zu tun hat, er integriert zugleich alles Wissen, das für die Kirchenleitung erforderlich und ihr dienlich ist. Bestimmt man mit Schleiermacher die Theologie als Funktion der Kirche zur Optimierung der Kirchenleitung, muß man nicht zu wenig überzeugenden Konstruktionen wie dem Modell der „Hilfswissenschaften" Zuflucht nehmen, nach dem es *eigentlich* theologische Disziplinen in der Theologie gibt (zumeist werden hier Exegese und Dogmatik genannt), zu denen sich notgedrungen fremde Hilfswissenschaften wie Psychologie oder bei Karl Barth gar die Kirchengeschichte hinzugesellen.[5] Was an Kenntnissen der Soziologie, der Psychologie, der Philosophie oder der Altertums- und Geschichtswissenschaften für die Belange der Kirchenleitung von Relevanz ist, ist für Schleiermacher schon allein aufgrund des Nutzens für die Kirchenleitung als theologisch qualifiziert. Weder muß zwanghaft ein Bezug zur Gottesfrage oder zum Offenbarungsgeschehen hergestellt werden, noch verbleiben diese Wissenschaften als Hilfswissenschaften verschämt am Rande der Theologie. Auch wenn die Theologie diese Wissenschaften selbst nicht erschöpfend, sondern nur auszugsweise behandeln kann, betätigt sie sich doch legitim und mit Selbstbewußtsein auf

---

4   Für die Kybernetik zeigt dies A. Jäger, Konzepte der Kirchenleitung für die Zukunft, 100ff. Auf die Nachteile für die Seelsorgelehre verweist R. Schmidt-Rost, Probleme der Professionalisierung der Seelsorge, 33f; vgl. auch I. Karle, Seelsorge in der Moderne, Kap. V.

5   Vgl. K. Barth, Die Kirchliche Dogmatik I, 1, § 1, 3. Vgl. oben Kap. I. 2. Anm. 71.

solchen Gebieten, die eben auch für andere Wissenschaften von Interesse sind. Reichen die Kapazitäten der Theologie für eigene Forschungen in solchen Wissensgebieten nicht aus, kann sie die Ergebnisse anderer Wissenschaften in Form von „Lehnsätzen" in die Theologie integrieren und nach systeminterner Logik aneignen. Wissenschaften, die programmatisch einen Gottesbezug des Menschen ausschließen, können von der Theologie allerdings nicht beliehen werden, schon alleine deshalb nicht, weil die Negierung der Möglichkeit einer Gottesbeziehung nach Schleiermacher ein Irrtum ist, von dem zu erwarten steht, daß er in der ganzen Wissenschaft als Fehler fortwirkt.

Weiß sich die akademische Theologie für das Wohlergehen der Kirche verantwortlich, wirkt sich dies auch auf *Lehre und Forschung* aus. Daß die Orientierung an den Erfordernissen der Kirche die Wissenschaftlichkeit der Theologie gefährdet, steht dabei nicht zu befürchten, da diese sich vornehmlich auf die Auswahl der zu bearbeitenden Themen, keinesfalls aber auf die Wissenschaftlichkeit der Methodik bezieht.[6] Schon Schleiermachers eigene überragende wissenschaftliche Leistung müßte solche Befürchtungen zerstreuen. Darüber hinaus liegt es im ureigensten Interesse der Kirche, daß die Theologie anderen akademischen Fächern an Wissenschaftlichkeit in nichts nachsteht. Nimmt die Theologie ihren Kirchenbezug ernst, verpflichtet sie sich allerdings, der *Qualität der Lehre* einen hohen Rang zuzumessen und die Ausbildung des kirchlichen Nachwuchses den jeweiligen Erfordernissen anzupassen. Schleiermachers Theorie des akademischen Lehrens und Publizierens im Rahmen der Theorie des Kirchenregiments war ein erster Versuch, die theologische Forschung und Lehre selbst zu ihrem Gegenstand zu machen. Schleiermacher legt in dieser Theorie Rechenschaft über seine eigene Lehrmethode ab und stellt Überlegungen an, wie die akademische Theologie dem kirchlichen Interesse der Theologiestudierenden nützt oder wenigstens nicht schadet. Auch seine häufigen Vorlesungen zur theologischen Enzyklopädie und die Veröffentlichung der „Kurzen Darstellung des theologischen Studiums" sind Ausdruck von Schlei-

---

6   Solche Bedenken äußern u.a. Heinrich Scholz in der Einleitung zu seiner kritischen Ausgabe der Kurzen Darstellung, XXVIII. Martin Fischer fordert im Gefolge Barths und in Abgrenzung von Schleiermachers Konzept, die Theologie am Wort Gottes auszurichten, vgl. ders., Theologie und Kirchenleitung (1960), in: Theologie und Kirchenleitung. Martin Fischer zum 65. Geburtstag gewidmet, hg. v. W. Erk u. Y. Spiegel, München 1976, 12-31, 16f.

ermachers Bemühen, die *Transparenz* und *Effizienz des Theologie-studiums* zu optimieren. Schleiermachers Ansätze zu einer theologischen Hochschuldidaktik als Teildisziplin der Praktischen Theologie sind meines Wissens kaum je aufgegriffen worden, und Vorlesungen zur theologischen Enzyklopädie haben an deutschen theologischen Fakultäten seit Jahrzehnten Seltenheitswert. Die Theologie täte meines Erachtens gut daran, die abgebrochene Tradition der enzyklopädischen Eingangsvorlesungen wieder aufzunehmen und sich in Fragen der Studienreform und der Effektivierung der akademischen Ausbildung wegweisend zu engagieren.[7]

Schleiermachers funktionale Unterscheidung der theologischen Disziplinen könnte eine Kontrollfunktion für die heutige Theologie übernehmen, denn die Aufgaben der von Schleiermacher unterschiedenen Disziplinen müssen von jeder am Wohl der Kirche interessierten Theologie erfüllt werden, selbst wenn die Disziplinen heute anders zugeschnitten sind. Trotz seiner hohen Integrationsleistung ist Schleiermachers Theologiebegriff kritisch gegenüber dem faktischen Zuschnitt und den gewählten Schwerpunkten der Theologie, indem er immer nach dem *Nutzen* der Theologie *für die Kirche* fragt. Selbstverständlich muß die Theologie sich in ihrer Forschung auch an den eigenen Forschungslücken orientieren, sie kann sich nicht nur auf die unmittelbaren Bedürfnisse der Kirche beziehen. Die Theologie muß aber jederzeit die Frage beantworten können, inwiefern ihre Arbeit wenigstens langfristig der Kirche und damit letztlich auch der Gesellschaft zugute kommt.

---

7   Ein wichtiger Versuch zur Studienreform stellen die Vorschläge der Gemischten Kommission dar: Grundsätze für die Ausbildung und Fortbildung der Pfarrer und Pfarrerinnen der Gliedkirchen der EKD (1988), in: Grundlagen der theologischen Ausbildung und Fortbildung im Gespräch. Die Diskussion über die „Grundsätze für die Ausbildung und Fortbildung der Pfarrer und Pfarrerinnen der Gliedkirchen der EKD". Dokumentation und Erträge 1988-1993, im Auftrag der Gemischten Kommission für die Reform des Theologiestudiums hg. v. W. Hassiepen u. E. Herms, Stuttgart 1993, 13-80. Die Vorschläge der Gemischten Kommission folgen stellenweise bis in Details hinein den Spuren Schleiermachers. Sie unterscheiden sich allerdings von Schleiermacher durch die gegenstandsbezogene Fassung des Theologiebegriffs (vgl. a.a.O., 47) und durch die im Verhältnis zu Schleiermacher weniger liberale Einschätzung der Verbindlichkeit der kirchlichen Lehrtradition (vgl. a.a.O., 34). Analog zu den Vorschlägen der Gemischten Kommission müßten Überlegungen zur Ausbildung von Religionslehrerinnen und -lehrern angestellt werden.

Gerade der Kirchenbezug kann die Stellung der Theologie an den staatlichen Universitäten auf lange Sicht begründen. Selbst wenn die Akzeptanz christlicher Vorstellungen in der Gesellschaft weiter abnehmen sollte, kann die Kirche weiterhin auf der universitären Ausbildung ihres Nachwuchses bestehen. Denn solange staatliche Fakultäten kostenlos den Nachwuchs für die private Wirtschaft ausbilden, kann der Kirche dieses Recht kaum genommen werden. Umgekehrt ist es allerdings nötig, daß die Kirchen der akademischen Ausbildung die nötige Anerkennung nicht verweigern.[8] Ausbildungsstätten abseits der Universitäten führen auf Dauer zu Isolation und Niveauverlust. Kirche und Theologie müssen mit den anderen Wissenschaften und dem Ausbildungsstand anderer gesellschaftlicher Institutionen mithalten können, um sich in der Gesellschaft behaupten und ihrer Aufgabe in der Welt gerecht werden zu können. Gerade die Anbindung an die öffentlichen Universitäten sichert den für die Kirche lebensnotwendigen Kontakt ihrer Ausbildung zur nichtkirchlichen Umwelt. Die Verbindung des Christentums mit der Wissenschaft, die Ablehnung von sektiererischem Isolationismus und das Eintreten für ein Christentum, das in der Lage ist, sich auch den „Gebildeten" mitzuteilen, sind Grundanliegen Schleiermachers, die bis heute für Theologie und Kirche verpflichtend sind.

2. Impulse für die theologischen Disziplinen

Die Ausrichtung der Theologie an der Kirchenleitung bedeutet keinesfalls, daß alle theologischen Disziplinen sich nur um Fragen der Kirchenleitung zu kümmern hätten. Schleiermacher will nicht die ganze Theologie in die Praktische Theologie hinein auflösen. Die verschiedenen Disziplinen leisten ihren Beitrag zur Kirchenleitung vielmehr dann, wenn sie ihren eigenen, spezifischen Aufgaben gerecht werden. Aufgabe der *historischen* Disziplinen, zu denen Schleiermacher neben den exegetischen Disziplinen und der Kirchenge-

---

8 Vgl. zum Verhältnis von wissenschaftlicher Theologie und Kirche auch: Trutz Rendtorff, Die Verantwortung der theologischen Forschung und Ausbildung für die Kirche, in: Kirchenleitung und Wissenschaftliche Theologie. Vorträge vor einer Konferenz der Leitungen der Landeskirchen der EKD und Vertretern der wissenschaftlichen Theologie mit einem Geleitwort v. W. Lohff, TEH 179, München 1974, 14-41 und im selben Band: Eduard Lohse, Die Verantwortung der Kirche für die theologische Forschung und Ausbildung, a.a.O., 42-59.

schichte auch die Dogmatik und die kirchliche Statistik zählt, ist es, das Gewordensein der christlichen Kirche einschließlich ihrer Lehre von den Ursprüngen bis zur Gegenwart nachzuzeichnen. Dem *Neuen Testament* kommt dabei eine besondere Bedeutung zu, weil es das Ursprungsdokument des Christentums ist, auf dessen Texte sich dogmatische Entscheidungen in der evangelischen Kirche immer stützen können müssen. Großen Nachdruck legt Schleiermacher auf die Ausarbeitung der neutestamentlichen Hermeneutik, die als Thema der Theologie auf seine Vorlesungen und die Kurze Darstellung zurückgeht.[9] Das *Alte Testament* wird von Schleiermacher weniger hoch geschätzt. Es ist auch das einzige Fach, in dem er selbst nie Lehrveranstaltungen anbot. Das Alte Testament ist für die Theologie vor allem als historischer Entstehungshintergrund des Christentums wichtig. Für dogmatische Entscheidungen hat es jedoch keine Bedeutung, diese müssen sich immer und ausschließlich auf Christus und das Neue Testament beziehen. Trotz dieser vielfach kritisierten Abwertung des Alten Testaments in seiner Bedeutung für die Dogmatik fordert Schleiermacher, daß alle Theologiestudierenden sowohl Hebräisch als auch Aramäisch mit „Leichtigkeit" lesen und übersetzen können.

Die *Kirchengeschichte* genießt bei Schleiermacher hohes Ansehen. Er lehrte diese Fach selbst regelmäßig und veröffentlichte darüber hinaus eine dogmengeschichtliche Spezialuntersuchung zur Trinitätslehre.[10] Für die Kirchengeschichte setzte Schleiermacher einen besonderen, gleichwohl kaum überraschenden Akzent: Er rückte die *Geschichte der Kirchenleitung* explizit in den Vordergrund. Die Kirchengeschichte soll erkunden, nach welchen Maximen die Kirche in der Vergangenheit geleitet wurde und wie die Kirchenordnung und das Kirchenregiment jeweils verwaltet wurden. Tatsächlich ist die Kirchengeschichte heute diejenige theologische Disziplin, in der explizit Fragen des Kirchenregiments bearbeitet werden. Daß hier allerdings noch erhebliche Forschungslücken bestehen, liegt auf der Hand: Es gibt noch keine Geschichte des evangelischen Kirchenre-

---

9   Es sei nochmals daran erinnert, daß Schleiermachers theologischer Arbeitsschwerpunkt das Neue Testament war. Zu Schleiermachers Beiträgen für die neutestamentliche Wissenschaft vgl. Kap. I. 2. Anm. 73.

10   Über den Gegensatz zwischen der Sabellianischen und der Athanasianischen Vorstellung von der Trinität (1822). Vgl. auch: J. Boekels, Schleiermacher als Kirchengeschichtler.

giments, und selbst zu wichtigen Einzelfragen wie dem preußischen Agendenstreit liegen kaum Untersuchungen vor.

Ein eigenständiges Fach *Kirchenrecht* findet sich in Schleiermachers enzyklopädischem Entwurf nicht. Die Aufgaben dieses Faches sind jedoch vollständig berücksichtigt: Für die Geschichte des Kirchenrechts ist die Kirchengeschichte zuständig, für die aktuelle Theorie der Kirchenordnung die Dogmatik und die Praktische Theologie. Damit werden alle Fragen des Kirchenrechts von Schleiermacher vollständig in die Theologie integriert und die Eigenständigkeit der kirchlichen Ordnungen gegenüber dem weltlichen Recht deutlich zum Ausdruck gebracht. Die Aufteilung des Kirchenrechts auf die Kirchengeschichte, die Dogmatik und die Praktische Theologie erscheint bei den heute erforderlichen Spezialkenntnissen unpraktikabel. Die faktische Randexistenz des Kirchenrechts im theologischem Studium und an den *evangelischen* theologischen Fakultäten ist allerdings zu beklagen. Die Ausrichtung der Theologie an Fragen der Kirchenleitung ermöglichte die volle Integration des Kirchenrechts in die evangelische Theologie.[11]

Für Schleiermacher umfaßt die *Dogmatik* sowohl Glaubens- wie Sittenlehre. In beiden Teilen der Dogmatik kommt der Kirche und ihrer konkreten Gestalt eine herausragende Bedeutung zu. Schleiermachers *Ekklesiologie* ist dabei phänomenorientiert und überaus differenziert ausgearbeitet. Schleiermacher verfällt nicht dem im Protestantismus weit verbreiteten Individualismus, in dessen Folge die Ekklesiologie in der Dogmatik nur eine marginale Rolle spielt. Zwar ist auch für Schleiermacher die Vermittlung des Evangeliums an die einzelnen das Ziel allen kirchlichen Handelns, er sieht die einzelnen jedoch niemals isoliert von ihrem sozialen Umfeld. Frömmigkeit ist für Schleiermacher immer ein soziales Phänomen. Religion drängt notwendig zur Kommunikation mit anderen Gläubigen und damit zur Bildung von Gemeinden, in denen die religiöse Kommunikation gepflegt wird. Die *soziale* Verfaßtheit des Christentums ist für ihn unhintergehbar.[12] Über Gemeindegrenzen hin-

---

11 Vgl. zur Rolle des Kirchenrechts für die Gewinnung „theologischer Kompetenz": Grundsätze für die Ausbildung und Fortbildung der Pfarrer und Pfarrerinnen der Gliedkirchen der EKD, 35.

12 Die soziale Verfaßtheit christlicher Religiosität, wie sie bei Schleiermacher ständig varausgesetzt wird, wird in der Praktischen Theologie nicht selten zugunsten eines radikalen Individualismus ignoriert. Exemplarisch ist hier auf Henning Luther (Praktische Theologie als Kunst für alle) zu verweisen. Godwin Lämmermann (Praktische Theologie als kritische oder als empirisch-funk-

weg garantiert das Kirchenregiment als funktional übergeordnete
Instanz die kirchliche Einheit, indem es für analoge Strukturen in
den verschiedenen Gemeinden sorgt und die Ausbildung des
kirchlichen Nachwuchses sicherstellt. Je komplexer die christliche
Gemeinschaft und je ausdifferenzierter die Gesellschaft ist, in der sie
sich vorfindet, desto mehr ist die christliche Religion auf die Pflege
ihrer Tradition und die professionelle Ausbildung ihres Nachwuchses angewiesen, um ihre Einheit und Lebensfähigkeit sicherzustellen.

Schleiermacher versteht kirchenleitendes Handeln dogmatisch als
mittelbare Fortsetzung des leitenden und kirchengründenden Handelns des Erlösers durch den Heiligen Geist als dem Gemeingeist der
Kirche. Das Kirchenregiment wird somit *pneumatologisch* gedeutet.
Es ist Ausdruck des die Kirche beseelenden Geistes. Die Impulse des
Heiligen Geistes bewegen die einzelnen Gläubigen, die Kirche immer
mehr auf ihre Vollendung hin zu gestalten. Das *göttliche* Handeln des

---

tionale Handlungstheorie?, 46f) bemängelt, daß die Kirchlichkeit der Theologie bei Schleiermacher eine zu wenig globale Sicht der Religiosität bewirke.
Ein Bezug auf „freie Religiosität oder auf religiöse Elemente in der Gesellschaft" (a.a.O., 47) sei in Schleiermachers Praktischer Theologie nicht denkbar. Schleiermacher gehe, so behauptet Lämmermann im Anschluß an Pannenberg, von „einer intakten Kirchlichkeit und einem ungestörten Verhältnis von
Kirche und Gesellschaft aus" (a.a.O., 47). Wie die Studie zeigt, ist das Gegenteil der Fall: Schleiermachers Engagement für die Kirche erwächst aus der
tiefen Krise der Kirchlichkeit zu Beginn des 19. Jahrhunderts. Noch in
Schleiermachers späten „Sendschreiben an Lücke" ist die u.a. durch die Aufklärung hervorgerufene Krise der christlichen Religiosität und Kirchlichkeit
ständig präsent. Darüber hinaus muß Schleiermacher mit seinen „Reden"
geradezu als Entdecker der von Lämmermann bei Schleiermacher vermißten
„freien Religiosität" in der Gesellschaft gelten: Den gebildeten Religions-
verächtern versucht er mit Nachdruck klarzumachen, daß Religion sich nicht in
Kirchlichkeit erschöpft, sondern ein allgemein menschliches Phänomen darstellt, an dem sie bewußt oder unbewußt partizipieren. In seiner philosophischen Ethik weist Schleiermacher der „freien Religiosität" folgerichtig einen
prominenten Ort in seinem System zu („individuelles Symbolisieren"). Auch
die Paragraphen 4 und 6 der Glaubenslehre (2. Aufl.) belegen Schleiermachers
Sensibilität für Religiosität in verschiedenen Formen. Die Behauptung Lämmermanns, eine „globale Sicht" (a.a.O., 46) der Religiosität sei für Schleiermacher unmöglich, entbehrt demnach jeder sachlichen Grundlage. Lämmermann übersieht ferner, daß Schleiermacher unter den Kirchenbegriff verschiedenste Formen kirchlicher Gemeinschaft subsumiert, einschließlich kirchlicher
Sondergemeinschaften wie die Herrenhuter oder die Quäker. Zuletzt muß bemerkt werden, daß sich Schleiermacher in seinen späteren Schriften zurecht
gegen jede Privatfrömmigkeit wendet und in reformatorischer Tradition auf der
Gemeinschaft der Gläubigen als notwendigem Lebensgrund jeder *bewußt* ge-
lebten Religiosität insistiert.

Geistes wird dabei allein durch die Menschen wirksam, die nach allen Regeln menschlicher Kunst die Impulse des Geistes in *menschliches* Handeln umsetzen. Göttliches und menschliches Handeln greifen ineinander: Gottes Geist ist der *Antrieb* zur ständigen Reform der Kirche. Die menschliche Kunst, angeleitet von der Theologie und insbesondere der Theorie des Kirchenregiments, sorgt für die sachgerechte und besonnene *Durchführung* der Kirchenreform.

Als Gemeingeist der Kirche ist der Heilige Geist nur in der Gemeinschaft präsent. Will das Kirchenregiment Ausdruck des Gemeingeistes sein, muß es den Willen der Kirchenglieder repräsentieren. Autoritäre Führungsstrukturen sind aus diesem Grund, insbesondere für die evangelische Kirche, inakzeptabel. Die Leitung der evangelischen Kirche muß von unten her, von den einzelnen Gemeinden und ihren Gliedern legitimiert und gewählt sein und hat von daher eine „demokratische Tendenz". Das Kirchenregiment wird von Schleiermacher immer vom allgemeinen Priestertum abgeleitet. Seine Konzeption steht damit im Widerspruch zur Tradition des landesherrlichen Kirchenregiments und auch zu manch heutigen, insbesondere lutherischen Entwürfen, die das Kirchenregiment im Aufsichtsamt der Bischöfe verankert sehen möchten.[13] Selbstverständlich hat auch bei Schleiermacher das Kirchenregiment eine Kontrollfunktion, diese ist jedoch nur eine spezielle Ausformung des *jedem* Kirchenglied zukommenden Aufsichtsrechts. Schleiermacher tritt damit zugleich der auch zu seiner Zeit verbreiteten Meinung entgegen, als sei die Kirche ständig durch Irrlehren gefährdet. Er sah den Heiligen Geist in der Kirche am Wirken und traute diesem zu, die Kirche auch ohne ständige bischöfliche Lehrüberwachung auf dem rechten Weg zu führen.

Schleiermacher deutete die *Heterodoxie* in der Lehre denn auch nicht als Gefährdung der Kirche, sondern als Bereicherung und Ausdruck ihrer Lebendigkeit. Bei aller Hochschätzung der Tradition legte er größten Wert darauf, daß die kirchliche Lehre unabgeschlossen ist und der ständigen Erneuerung bedarf. Sein Mut zur Heterodoxie in Fragen der Eschatologie und der Trinitätslehre, seine Gotteslehre, die personalistische Engführungen zu überwinden

---

13 So z.B. W. Pannenberg, Systematische Theologie III, 411-418. Ähnlich autoritätsorientiert auch E. Jüngel, Was ist die theologische Aufgabe evangelischer Kirchenleitung?, 198ff.

suchte,[14] sowie seine innovative Neugestaltung der evangelischen
Dogmatik in der Glaubenslehre, die vom frommen Selbstbewußtsein
ihren Ausgang nimmt, sind bis heute in der evangelischen Theologie
nicht eingeholt. Die große Empörung über die Versuche feministi-
scher Theologinnen, das Christentum von seinen patriarchalen Verirrungen zu befreien, steht in einer Tradition falsch verstandener
Orthodoxie, an deren Überwindung Schleiermacher so viel gelegen
war und der er nicht zuletzt mit seiner Theorie des Kirchenregiments entgegentrat.[15]
  Ein weiterer noch nicht umgesetzter Impuls Schleiermachers ist
sein Konzept der *kirchlichen Statistik*. Schleiermacher weist der
kirchlichen Statistik die Aufgabe zu, die gegenwärtige soziale und
religiöse Verfaßtheit der Kirche zu untersuchen. Der *Kirchensoziologie* wird zwar seit einigen Jahrzehnten zunehmend Aufmerksamkeit geschenkt. Als Teildisziplin der Theologie konnte sie sich bislang jedoch nicht etablieren, obwohl es zu Anfang dieses Jahrhunderts beachtliche Versuche einer „religiösen Volkskunde" in der

---

14   In diesem Jahrhundert erlebten die personalistischen Gottesvorstellungen im
     Gefolge der Ich-Du-Philosophie Martin Bubers eine erstaunliche Renaissance.
     Soll der Gottesgedanke seine Plausibilität nicht verlieren, müssen m.E. kom-
     plexere Gottesvorstellungen entwickelt und in der Kirche kommuniziert wer-
     den. Schleiermachers Gottesbegriff, das „Woher der schlechthinigen Abhän-
     gigkeit", könnte dabei ein Ausgangspunkt sein. So greift Hermann Lübbe in
     seinem Werk „Religion nach der Aufklärung" (2. Aufl., Graz/Wien/Köln
     1990, 127-218, bes. 175) manche Aspekte einer solchen Gottesvorstellung auf
     und weist sie als aktuell relevant aus. Auch Schleiermachers Überlegungen zur
     Möglichkeit nichtpersonalen Gottesverständnisses und zum Zusammen-
     menhang zwischen menschlicher Phantasie und Gottesbildern in der zweiten
     Rede „Über die Religion" (1. Aufl., 129f) könnten Impulse zu komplexeren
     Gottesvorstellungen liefern. Zur Personalität Gottes vgl. auch: Reiner Preul,
     Problemskizze zur Rede vom Handeln Gottes, in: MJTh 1, hg. v. W. Härle u.
     R. Preul, Marburg 1987, 3-11 und: Günter Meckenstock, Über die Schwierig-
     keit, von Gott zu reden, NZSTh 33 (1991), 217-230. Mehrstellige und phäno-
     menologisch orientierte Modelle des Offenbarungsgeschehens entwickeln
     Eilert Herms, Offenbarung (1985) in: Offenbarung und Glaube. Zur Bildung
     des christlichen Lebens, Tübingen 1992, und: Christoph Schwöbel, Offen-
     barung und Erfahrung - Glaube und Lebenserfahrung, in: MJTh 3. Lebens-
     erfahrung, hg. v. W. Härle u. R. Preul, Marburg 1990, 68-122.
15   Zu erinnern wäre auch an die Erregung, die beispielsweise Dorothee Sölles
     Programm „Atheistisch an Gott glauben" in den sechziger und siebziger Jahren
     hervorrief (vgl. dies., Atheistisch an Gott glauben. Beiträge zur Theologie
     [1968], München 1983), oder an die scharfen Auseinandersetzungen um Ru-
     dolf Bultmanns Programm der Entmythologisierung. Für eine entspanntere
     Sicht der dogmatischen Wandlungen im Protestantismus vgl. auch Hans-Joa-
     chim Birkner, Protestantismus im Wandel. Aspekte, Deutungen, Aussichten,
     München 1971.

Praktischen Theologie gab.[16] Im theologischen Fach kirchliche
Statistik soll den Studierenden nach Schleiermacher regelmäßig die
weltweite Situation der Kirche vorgestellt werden, denn das Christentum transzendiert alle Grenzen der Völker und Nationen. Die
theologische Theorie muß, um der weltgestaltenden Kraft des Christentums zu genügen, so weitreichend sein wie der potentielle Gestal-
tungsraum von Christinnen und Christen. Kirchliche Amtsinhaber
müssen bei ihren Entscheidungen immer die weltweite *Ökumene* im
Auge behalten. Schleiermacher erwartet sich von dieser Weite der
Perspektive Anregungen für die eigene preußische Kirche, die
grundsätzlich von anderen Kirchen - und nicht nur von evangelischen - lernen soll. Schleiermacher hofft zugleich, daß von der
evangelischen Kirche Impulse auf den Katholizismus und die
orthodoxe Kirche ausgehen, die bei Wahrung der jeweiligen kirchlichen Eigenart zur Beseitigung von Irrtümern und Fehlformen
kirchlicher Strukturen führen. Die Abschaffung des Papsttums und
die Rückkehr zum Episkopalismus altkirchlicher Prägung ist dabei
Schleiermachers bis heute unerfüllter Wunsch in bezug auf die
römisch-katholische Seite.[17]

Die soziologische Sensibilität Schleiermachers, sein Sinn für das
„Eigentümliche“, für die kaum zu systematisierende Vielfalt des
Lebens, die Vielperspektivität seiner Wahrnehmung, seine Vorliebe
für funktional ausgerichtete und seine Abneigung gegen stratifika-
torisch-hierarchische Ordnungen zeichnen ihn als spezifisch *modernen* Beobachter aus. Besonders eindrücklich sind in dieser Hinsicht
seine gesellschaftstheoretischen Überlegungen in der Güterlehre der
Ethik, die er als Lehnsätze in die *Philosophische Theologie* integriert. In ihren Grundzügen nehmen sie Erkenntnisse moderner
Theorien zur funktionalen Differenzierung der Gesellschaft vorweg
und lassen eine überraschende Nähe zu Luhmanns Theorie auto-

---

16 Vgl. Paul Drews, „Religiöse Volkskunde“, eine Aufgabe der praktischen
    Theologie, in: MKP 1 (1901), 1-8. Zur Rolle der Sozialwissenschaften in der
    Praktischen Theologie vgl. V. Drehsen, Neuzeitliche Konstitutionsbedingun-
    gen der Praktischen Theologie, 33-72 (zu Schleiermachers kirchlicher Statistik
    a.a.O., 35-39, zu Drews religiöser Volkskunde a.a.O., 39-46).
17 Es ist offensichtlich, daß sich der Katholizismus in Deutschland durch den
    Einfluß des Protestantismus gewandelt hat, vgl. dazu die Betrachtung von
    Hartmut Kriege zum Dresdner Katholikentag 1994, Protestantisches bei den
    Katholiken? Ökumene in Dresden, EK 27 (1994), 449.

poietischer Systeme erkennen.[18] Über die Tradition der Zwei-Regimenten-Lehre hinausgehend differenziert Schleiermacher nicht nur die beiden Lebenssphären Staat und Kirche. Als weitere gesellschaftliche Teilsysteme unterscheidet er in seinen ethisch-soziologischen Beobachtungen die Wissenschaft und die freie Geselligkeit. Selbst die denk- aber nicht erreichbare Vollendung der Welt konstruiert er vierfältig als Goldenes Zeitalter, als ewigen Frieden, als Gemeinschaft der Sprachen und als Himmelreich. Auch wenn das Reich Gottes vollendet und Gott alles in allem ist, bleibt die Religion immer nur eine Lebenssphäre neben anderen - das Reich Gottes hebt die Differenzierungen nicht auf. Schleiermachers Arbeit zeigt, daß allein ein ausgearbeitetes Verständnis der *Kirche als soziales System* und damit als Teil der Gesellschaft der Theorie der Kirchenleitung zum erforderlichen Realismus und zur notwendigen Konkretheit verhelfen kann. Daß die Kirchensoziologie heute immer noch im wesentlichen außerhalb der theologischen Fakultäten gepflegt wird, ist bedauerlich und erschwert den erforderlichen Austausch mit der dogmatischen Ekklesiologie, die bislang nur selten die kirchliche Realität zu erfassen vermag. Soziologische Impulse könnten der Ekklesiologie zu mehr Empirienähe und damit der Theologie zu mehr ekklesiologisch-kybernetischer Kompetenz verhelfen.[19]

Selbstverständlich muß man heute über Schleiermachers soziologische Ansätze hinausgehen. Die gesellschaftliche Ausdifferenzierung ist weit über das für Schleiermacher überhaupt Vorstellbare hinausgegangen. Sowohl die Umwelt der Kirche als auch das soziale Sy-

---

18 Auf das noch unausgeschöpfte Potential Schleiermachers an systemischem Gedankengut verweist in Auseinandersetzung mit Eilert Herms Sigrid Brandt: Eilert Herms, „Erfahrbare Kirche als soziales System. Antwort auf Rückfragen". Rückfragen an Antworten, EvTh 52 (1992), 467-470. Herms´ personzentrierte Interpretation Schleiermachers und der sozialen Wirklichkeit werde sowohl Schleiermacher wie der Realität nicht gerecht, a.a.O., 469f.

19 Positiv ist dabei auf den Artikel „Kirche VII. Dogmatisch", in: TRE 18, 277-311, von Wilfried Härle zu verweisen. Auch Wolfhart Pannenberg bemüht sich um eine realistische Sicht der Kirche im dritten Band seiner Systematischen Theologie. Es bleibt allerdings zu fragen, ob Pannenbergs Ekklesiologie in all ihren Teilen tatsächlich als protestantisch bezeichnet werden kann. Besonders bedenklich sind dabei seine Überlegungen zum kirchlichen Leitungsamt und zur Funktion des Papsttums für die ganze Kirche, a.a.O., 404-469. Auf Seiten der Praktischen Theologie bemüht sich Reiner Preul um „soziologische Aufklärung" (Niklas Luhmann) in Theologie, kirchlicher Verkündigung und erzieherischer Praxis, vgl. z.B.: Erziehung bei Luther - Luthers Bedeutung für die Erziehung, 55 u. 68 sowie ders., Evangelische Kirche - Was ist das heute?, in: PTh 81 (1992), 2-16.

stem Kirche selbst sind sehr viel komplexer geworden. Die Kirchen-
soziologie und eine von ihr inspirierte Ekklesiologie müßten die
Beziehungen der Kirche zu Staat und Politik, zum Rechts- und
Wissenschaftssystem, zu den Wohlfahrtsverbänden, der Wirtschaft,
den Medien und den internationalen politischen Vereinigungen und
Institutionen in den Blick nehmen. Die Kirchensoziologie hätte die
Aufgabe, die verschiedenen Formen kirchlicher Gemeinschaften, die
verschiedenen Formen und Grade der Kirchenmitgliedschaft und der
Frömmigkeit zu untersuchen. Schleiermachers soziologische Versu-
che, sowohl in der philosophischen Theologie wie in der kirchlichen
Statistik, stellen einer modernen Kirchensoziologie dafür viele
Anknüpfungsmöglichkeiten bereit. Sein enzyklopädisches Konzept
weist der Kirchensoziologie als einer für Kirchenleitungsfragen
hochrelevanten Disziplin vor allem einen angemessenen Stellenwert
innerhalb der Theologie zu.[20]

Schleiermachers anspruchsvolles Erfassen des Sozialen ermöglicht
es ihm, den gesellschaftlichen Ort der Kirche präzise zu bestimmen.
Die Kirche nimmt für die Gesellschaft die Funktion des individuellen
Symbolisierens wahr. Das heißt, sie regelt die gesellschaftliche
Kommunikation über individuelle, ethisch relevante Lebensgewiß-
heiten.[21] Diese Funktion muß in der einen oder anderen Form in
jeder Gesellschaft erfüllt werden, sie ist selbstsubstitutiv. Die funktionale Verankerung der Kirche *in der Gesellschaft* ist dabei für
Schleiermacher keine Fremdbestimmung der Kirche. Die Kirche
wird nicht für fremde Interessen funktionalisiert, ihr wird vielmehr
ihre ureigenste Funktion zugewiesen und diese als gesellschaftlich
relevant ausgewiesen.

Gerade eine *soziologische* Beschreibung der gesellschaftlichen
Position der Kirche ermöglicht es, die Chancen der Kirche zur Weltgestaltung angemessen und realistisch zu erfassen. Kirchliche Gruppen und so manch ekklesiologischer Entwurf zeichnen sich zwar
durch großes politisches *Engagement* aus, zugleich sind die Vorstellungen von Politik, Gesellschaft und ihrer Gestaltbarkeit dabei aber
überaus naiv. Weltveränderung ist nicht nur eine Frage des guten
Willens einzelner Menschen, sondern eine Sache der Politik und der

---

20 Der heutige Zuschnitt der theologischen Disziplinen legt es nahe, die Kirchen-
     soziologie der Praktischen Theologie zuzuweisen und nicht, wie in Schleier-
     machers Konzept, der historischen bzw. der philosophischen Theologie.
21 Vgl. Eilert Herms, Religion und Organisation, in: ders., Erfahrbare Kirche.
     Beiträge zur Ekklesiologie, Tübingen 1990, 49-79, 66ff.

gesellschaftlichen Abstimmung sozialer Systeme.[22] Wollen Christinnen und Christen wirklich Salz der Erde sein und die Welt menschlicher gestalten, sind sie auf soziologische Erkenntnisse, auf politische Theorie und die Institution Kirche angewiesen. Die nahezu uneingeschränkte Dominanz der Kantschen Gewissensethik hat die Wahrnehmung des Politischen, des Sozialen und der institutionellen Form der Kirche in der evangelischen Ethik weitgehend blockiert. Das anspruchsvollere und leistungsfähigere ethische Modell Schleiermachers hingegen wurde kaum rezipiert. Erst in jüngerer Zeit wird die individualistische Engführung protestantischer Ethik zu überwinden versucht.[23] Schleiermachers Dreiteilung der philosophischen Ethik in Tugend-, Güter- und Pflichtenlehre kann komplexe und realistische Beschreibungen ethischer Probleme liefern und zu relevanten Anweisungen für die ethische Praxis führen.[24] Daß Schleiermachers ethische Entscheidungen für die heutige Zeit im einzelnen nicht immer maßgeblich sein können, ist selbstverständlich.[25] Mit

---

22   Vgl. Reiner Preul, Die sogenannten Überlebensprobleme als Herausforderung an die Kirche, in: WzM 43 (1991), 2-18, 14.

23   Die neueste evangelische Ethik von Dietz Lange (Ethik in evangelischer Perspektive. Grundfragen christlicher Lebenspraxis, Göttingen 1992) versucht auf den Spuren Schleiermachers über die individualistische Engführung der Ethik hinauszukommen. Allerdings kann auch Lange die unfruchtbare Fixierung der Ethik auf den Gewissensbegriff und damit auf einzelne Subjekte nicht zureichend überwinden. Langes programmatische Orientierung am ethischen Konflikt führt darüber hinaus zu einer gewissen Enge der Perspektive mit wenig Gestaltungsfreude. Ebenfalls als ein Versuch, die Engführungen der protestantischen Ethik zu überwinden, ist der Beitrag von Günter Meckenstock zu verstehen: Liebe, in: MJTh 5. Gute Werke, hg. v. W. Härle u. R. Preul, Marburg 1993, 63-93. Meckenstocks Ansatz zeichnet sich dadurch aus, daß er wie Schleiermacher seinen Ausgang bei der weltgestaltenden Kraft des Christentums nimmt und den lutherischen Pessimismus hinter sich läßt. Zur dringend erforderlichen Überwindung des protestantischen Persönlichkeitskultes und der Fixierung der Ethik auf das einzelne Gewissen vgl. auch: K. Tanner, Von der liberalprotestantischen Persönlichkeit zur postmodernen Patchwork-Identität?, 96-104, bes. 100.

24   Auf die hohe Leistungsfähigkeit der Ethik Schleiermachers im Unterschied zu anderen Ethikkonzepten verweist mit Nachdruck: Eilert Herms, Reich Gottes und menschliches Handeln.

25   So hält Schleiermacher Homosexualität für ethisch inakzeptabel, weil widernatürlich, vgl. Ethik 1812/13, § 24, 84. Auf diesem Standpunkt des 19. Jahrhundert beharrt mit Eifer Wolfhart Pannenberg; vgl. seine beiden Beiträge in den Evangelischen Kommentaren: Angst um die Kirche. Zwischen Wahrheit und Pluralismus, EK 26 (1993), 709-713 und: Wahrheit statt Gleichgültigkeit. Antwort an Wilfried Gerhard, EK 27 (1994), 134f. Zurecht wirft Wilfried Gerhard (Faktisch fundamentalistisch, EK 27 (1994), 89-91) Pannenberg eine fundamentalistische Argumentationsweise vor. Erfreulich differenziert ist die

seiner soziologisch und politisch fundierten Ethik und seiner grundsätzlichen Klassifizierung des Christentums als ethisch-teleologischer, das heißt als *weltgestaltender* Religion richtet Schleiermacher jedoch den Blick über die Gestaltung der Kirche hinaus auf die Gestaltung der Welt zum Reich Gottes.

Schleiermachers Programm der *philosophischen Theologie*[26] konnte sich in der Geschichte der evangelischen Theologie nicht so durchsetzen, wie es von Schleiermacher konzipiert war. Die mit der philosophischen Theologie zum Ausdruck gebrachte Hochschätzung von Fundamentalfragen christlicher Theologie fand jedoch verbreitet Aufnahme. Sie werden heute vornehmlich als Prolegomena im Fach Systematische Theologie bearbeitet. Schleiermachers Bemühen, das Christentum im Rahmen eines allgemeinen Religionsbegriffs zu lozieren, wurde allerdings scharf angegriffen, insbesondere durch die dialektische Theologie. Das Christentum sei gerade keine Religion, sondern Offenbarung und als solche die Kritik aller Religionen, lautete der bekannte Einwand Barths.[27] Die Frontstellung gegen Schleiermacher überrascht in diesem Zusammenhang, weil Schleiermacher selbst in den Reden „Ueber die Religion" das Christentum als Kritik seiner selbst und als Kritik aller Religionen interpretierte.[28] Schleiermacher konnte dem Christentum als Religion durchaus kritisch gegenübertreten, gleichwohl hielt er mit Nachdruck an einem *allgemeinen Religions- bzw. Kirchenbegriff* fest und machte diesen zum Ausgangspunkt seiner Glaubenslehre.[29]

Betrachtung von Hartmut Kreß zum Thema Homosexualität: Würde bewahren. Homosexuelle haben ein Recht auf Schutz ihrer Identität, EK 27 (1994), 91-93.

26 Vgl. M. Rössler, Schleiermachers Programm der Philosophischen Theologie.

27 Vgl. Karl Barth, Die Kirchliche Dogmatik I, 2, 4. Aufl., Zollikon-Zürich 1948, § 17: Gottes Offenbarung als Aufhebung der Religionen, 304-397. Ganz anders und in diesem Fall in einer gewissen Nähe zu Schleiermacher optiert Wolfhart Pannenberg für einen allgemeinen Religionsbegriff. Er fordert eine Theologie der Religionen als theologisches Fach, vgl. ders., Wissenschaftstheorie und Theologie, 361-374.

28 Vgl. Reden 4. Aufl., 5. Rede, 426: Das Christentum ist für Schleiermacher „eine höhere Potenz" der Religion. Es ist „durch und durch polemisch" und entlarvt ohne Schonung „jede falsche Moral, jede schlechte Religion, jede unglückliche Vermischung von beiden". Zur vermeintlichen Frontstellung Barths gegen Schleiermacher vgl. auch: Hans-Joachim Birkner, Natürliche Theologie und Offenbarungstheologie. Ein theologiegeschichtlicher Überblick, in: NZSTh 3 (1961), 279-295.

29 Dies gilt vor allem für die zweite Auflage der Glaubenslehre. - Schleiermacher zog in späteren Schriften den Begriff der Frömmigkeit oder Glaubensweise dem in der ersten Auflage der Reden dominierenden Religionsbegriff vor (vgl.

Die Möglichkeit, das Christentum unter einen allgemeinen Begriff zu subsumieren und insofern einen Standpunkt *über* dem Christentum einzunehmen, ist für Schleiermacher nicht nur eine Frage der phänomenalen Plausibilität, sie hat für ihn auch eine eminent praktische Bedeutung. Nur auf der Basis eines solchen Begriffs kann sich das Christentum nach außen angemessen artikulieren und seinen legitimen Platz in der Gesellschaft behaupten. Das Christentum muß Auskunft darüber geben können, welche Funktion es in der Gesellschaft wahrnimmt und welchen Nutzen es für die Menschen bringt.[30] Nur aufgrund eines allgemeinen Religionsbegriffs kann es auch zu einer produktiven Konkurrenz und einem gehaltvollen Dialog zwischen den Religionen kommen, in dem sowohl Gemeinsamkeiten als auch spezifische Unterschiede artikuliert werden. Speziell für die Praktische Theologie ist ein allgemeiner Religionsbegriff unverzichtbar, weil ohne ihn religiöse Suchphänomene außerhalb der organisierten Religion als *religiöse* gar nicht erfaßt werden können und kein positiver Anschluß von Seiten der christlichen Kirche gesucht werden kann. Daß das Formenangebot traditioneller Kirchlichkeit zur Integration fehlgeleiteter religiöser Bedürfnisse nicht ausreicht und neue Formen der Religiosität gefunden werden müssen, liegt auf der Hand. Richtet man den Blick nicht nur auf die eher abnehmende traditionelle Kirchlichkeit, so lassen sich genügend Anzeichen dafür erkennen, daß der gesellschaftliche Bedarf an Religion nicht ab-, sondern eher zunimmt.[31] Es ist nicht einzusehen, warum das Christentum auf diesen Bedarf nicht reagieren und an ihn anknüpfen können sollte. Statt über den Verfall der Kirchlichkeit zu klagen,[32] gilt es, nach neuen Chancen für das

---

CG § 6, Zusatz, I, 45-47). Dies entspricht seiner Tendenz zur Verdeutschung theologischer Begriffe und bedeutet inhaltlich keinen grundlegenden Wandel.

30 Zum gesellschaftlichen Nutzen der Religion vgl. den Aufsatzband von E. Herms: Erfahrbare Kirche. Beiträge zur Ekklesiologie, Tübingen 1990, darin besonders die Beiträge: Ist Religion noch gefragt?, 25-48 sowie: Religion und Organisation. Die gesamtgesellschaftliche Funktion von Kirche aus der Sicht der evangelischen Theologie 49-79. Chancen der christlichen Religion, auf die Gesellschaft positiv einzuwirken, sieht auch Reiner Preul: Die sogenannten Überlebensprobleme als Herausforderung an die Kirche, in: WzM 43 (1991), 2-18 sowie ders., Evangelische Kirche - Was ist das heute?

31 Vgl. auch: Fremde Heimat Kirche. Ansichten ihrer Mitglieder. Erste Ergebnisse der dritten EKD-Umfrage über Kirchenmitgliedschaft, hg. v. d. Studien- und Planungsgruppe der EKD, Hannover 1993, 7-21.

32 Vgl. die Kritik von Michael Welker an den kirchenamtlichen Verfallsdiagnosen in der EKD-Studie Christsein gestalten: M. Welker: Kirche ohne Kurs?, 8-22.

Christentum in Mitteleuropa zu suchen, in der Gewißheit, daß das Christentum die wahre Religion ist.

3. Impulse für eine erneuerte Theorie evangelischer Kirchenleitung

Am unmittelbarsten wirkt sich Schleiermachers Theorie des Kirchenregiments auf den Zuschnitt und das Selbstverständnis der Praktischen Theologie aus. Wenn es nach Schleiermacher der Theologie als Ganzes um das Wohl der Kirche zu tun sein soll, so gilt dies in ganz besonderer Weise für die Praktische Theologie. Über die Einrichtung der Disziplin Kirchensoziologie hinaus ist sie dazu aufgefordert, ihre vergessene *kybernetische* Tradition wiederzubeleben und ihre besondere Aufmerksamkeit Fragen der Kirchenleitung zuzuwenden. Sie hat das Handeln der Kirchenleitungen reflektierend zu begleiten und eine kybernetische Theorie analog zu Schleiermachers Theorie des Kirchenregiments zu entwickeln. Das praktisch-theologische Institut und nicht eine Unternehmensberatung sollte die *nächstliegende* Beratungsinstanz für evangelische Kirchenleitungen sein, auch bei Leitungs- und Strukturfragen.[33] Eine Theorie der Kirchenleitung könnte sich dabei durchaus am Zuschnitt von Schleiermachers Theorie des Kirchenregiments orientieren, sie müßte allerdings erweitert und aktualisiert werden, um den an sie gestellten Anforderungen gerecht zu werden.

Schleiermachers Unterscheidung von *externen* und *internen* Leitungsaufgaben der Kirchenleitung vermag auch heutige Verhältnisse noch zutreffend zu beschreiben. Jedes soziale System muß interne Steuerungsfunktionen etablieren, die zugleich als Kontaktstelle zur Umwelt des sozialen Systems fungieren. Bei der Gestaltung der internen Verhältnisse der Kirche kommt der Frage der *Kirchenverfassung* eine überragende Bedeutung zu. Schleiermacher war der Ansicht, daß die synodale Verfassung der Kirche und die durch sie konstituierte Kirchenleitung unmittelbar mit dogmatischen Grundentscheidungen der Reformation zusammenhängen und daß Bischöfe

---

33 Es soll damit keinesfalls bestritten werden, daß das Heranziehen von außerkirchlichem Leitungs-know-how, gerade auch von Unternehmensberatungen, von erheblichem Nutzen für die Kirche sein kann.

und Kirchenämter nur Vollzugsorgane der gewählten kirchlichen Repräsentationsorgane sein können.

Für das Wohl der Kirche ist nach Schleiermacher die Erforschung der Schrift und die dogmatische Reflexion unabdingbar. Beide garantieren die Identität der Kirche durch Rekurs auf ihre Ursprünge. Schriftauslegung und Dogmatik sorgen zugleich für die beständige Fortentwicklung der Lehre und der durch sie motivierten Kirchengestaltung. Die maßgebliche Aufgabe der Kirchenleitung sieht Schleiermacher jedoch nicht darin, die Lehrentwicklung zu kontrollieren oder die Rechtgläubigkeit der Kirchenglieder und der Geistlichen zu überwachen.[34] Aufgabe der Kirchenleitung in bezug auf die Lehre ist es vielmehr, die *größtmögliche Freiheit der Reflexion* sicherzustellen, im Vertrauen darauf, daß die Öffentlichkeit das beste Korrektiv für Lehrirrtümer darstellt.

Die *Lehre* spielt in Schleiermachers Theorie des Kirchenregiments durchaus keine so prominente Rolle, wie man aufgrund des geschichtlich belasteten Begriffs „Kirchenregiment" zunächst annehmen könnte. Schleiermachers Theorie läßt sich denn auch keinesfalls auf die von Eilert Herms geprägte Formel „Leitung aufgrund von Lehre" reduzieren.[35] Schleiermachers Theorie läßt sich vielmehr durch die Formel *Leitung durch Theologie* charakterisieren. Denn für Schleiermacher ist Lehre im Sinne von Schriftauslegung und Dogmatik nur *ein* Teilaspekt der Theologie, der *neben* und nicht *über* den anderen Teilen der Theologie zu stehen kommt: Theologie ist keinesfalls mit Dogmatik gleichzusetzen, und aus der rechten Lehre allein lassen sich noch keine sinnvollen Gestaltungsregeln ableiten. Es ist gerade das Moderne und Zukunftsweisende an Schleiermachers Konzeption, daß die soziologisch-ethischen, die historischen und die praktischen Aspekte der Theologie *nur zusammen* eine sachgerechte Kirchenleitung ermöglichen und die *Gestaltung der Kirche die eine, gemeinsame Aufgabe der Theologie* in all ihren Disziplinen ist.

---

34 Ein derartiges Verständnis der „theologischen Aufgabe" der Kirchenleitung klingt beispielsweise bei E. Jüngel an; vgl. ders., Was ist die theologische Aufgabe evangelischer Kirchenleitung? 198ff.

35 Das Programm „Leitung aufgrund von Lehre" vertritt E. Herms in: ders., Was heißt „Leitung in der Kirche"?, in: ders., Erfahrbare Kirche. Beiträge zur Ekklesiologie, Tübingen 1990, 80-101, bes. 89 u. 96ff. Vgl. auch Herms' programmatische Äußerungen im Vorwort zum Band „Erfahrbare Kirche", VII-IX.

Trotz großer dogmatischer Liberalität entwickelt Schleiermacher detaillierte Vorstellungen, welche Kriterien ein evangelischer Geistlicher erfüllen muß, um in den kirchlichen Dienst aufgenommen zu werden. Neben der vorauszusetzenden Frömmigkeit des Kandidaten ist vor allem seine *theologische Qualifikation* entscheidend. Evangelische Geistliche müssen eine akademische Ausbildung absolviert haben, um die Kirche in der modernen Gesellschaft repräsentieren zu können. Sie müssen nach ihrer *Leistung* bewertet und eingesetzt werden. Der Ausbildung und dem leistungsgerechten Einsatz des kirchlichen Personals räumt Schleiermacher höchste Priorität ein, denn allein mit motivierten und qualifizierten Kräften kann die Kirche in der modernen Gesellschaft bestehen. Die Komplexität der Verhältnisse macht die Professionalisierung vieler kirchlicher Ämter unausweichlich und die Effizienz kirchlichen Handelns zu einer Überlebensfrage der Kirche.[36]

Um den strukturell-kybernetischen Problemen der Kirchenleitungen begegnen zu können, müßte heute über Schleiermacher hinausgehend *modernes Managementwissen* in die Praktische Theologie integriert werden. Die Leitungsstrukturen der kirchlichen Verwaltungen sind so komplex geworden, daß sie mit pfarramtlicher Erfahrung und durch die Auslegung der Lehrtradition allein nicht bewältigt werden können.[37] Um derartige strukturell-kybernetische Kompetenz zu erwerben, legt sich für die Praktische Theologie die Zusammenarbeit mit der wirtschaftswissenschaftlichen Disziplin Kybernetik nahe. Aufgrund von Schleiermachers funktionalem Zu-

---

36 Die Art und Weise der Interpretation der Rechtfertigungslehre bei D. Rössler, die mit einer grundsätzlichen Kritik an der Erfolgs- und Leistungsorientierung in der Kirche einhergeht (Der Kirchenbegriff der Praktischen Theologie, ähnlich auch E. Jüngel, Was ist die theologische Aufgabe evangelischer Kirchenleitung?), muß eher lähmend statt motivierend für Kirchenleitende wirken. So richtig es ist, daß das Handeln der Leitenden scheitern kann und Effizienz nicht das einzige Kriterium kirchlicher Arbeit sein kann (vgl. Rössler, a.a.O., 469), so hinterläßt doch die unablässige Betonung dieser von niemand bestrittenen reformatorischen Grundeinsicht den Eindruck, es käme gar nicht darauf an, mit aller Energie und aller verfügbaren Kompetenz die Kirche effektiv zu organisieren und erfolgsorientiert zu leiten.

37 Dieser Aspekt findet in Herms' Ausführungen zu Fragen der Kirchenleitung (vgl. Anm. 35) zu wenig Beachtung. Kybernetische Kompetenz fällt nur dann mit theologischer Kompetenz zusammen, wenn das Studium der Theologie auch Kybernetik im Sinne von *organisatorischem* Leitungswissen umfaßt. Alfred Jäger schlägt für die Ausbildung von Leitungskräften u.a. die Gründung einer Führungsakademie der EKD vor; vgl. ders., Konzepte der Kirchenleitung für die Zukunft, 458-461.

schnitt der Theologie böte eine solche Integration von wirtschafts-
kybernetischen Erkenntnissen in die Praktische Theologie keine
Schwierigkeiten. Solange die Theologie nicht selbst die erforderliche
strukturell-kybernetische Kompetenz bereitstellen kann, kann sie
ohne weiteres „Lehnsätze" aus anderen Wissenschaften aufgreifen
und für die Kirchenleitung fruchtbar machen. Darüber hinaus gibt es
genügend andere non-profit-Unternehmen wie z.B. greenpeace oder
staatliche Verwaltungen, Parteien und Verbände, die ebenfalls auf
wirtschaftskybernetische Erkenntnisse zurückgreifen und an deren
Erfahrungen die Kirche partizipieren kann.[38] Bemerkenswert ist,
daß Schleiermacher die Kenntnis der Theorie des Kirchenregiments
für prinzipiell jeden Theologiestudierenden für sinnvoll hielt. Nur
wer etwas vom Kirchenregiment versteht, kann sich als Teil der
Freien Geistesmacht an der Gestaltung der Kirche qualifiziert beteiligen.

Die Wiederetablierung der Kybernetik als Teildisziplin der Praktischen Theologie wäre auch der Praktischen Theologie selbst von
Nutzen. Das Auseinanderfallen der bisherigen Teildisziplinen Homiletik, Poimenik und Religionspädagogik bzw. die Dominanz jeweils
eines dieser Fächer über die anderen ließe sich durch die Reflexion
von Leitungsfragen der *ganzen* Kirche in einer den Teildisziplinen
vorgelagerten praktisch-theologischen Disziplin verhindern. Eine
solche Disziplin könnte den einzelnen Feldern der Praktischen
Theologie ihren jeweiligen Ort im Gesamtzusammenhang des kirchlichen Lebens zuweisen. Sie könnte sowohl die Selbständigkeit jeder
Teildisziplin als auch ihre Verbindungen zu den anderen Teildisziplinen begründen und zu einer sinnvollen, integrativen Zusammenarbeit anleiten. Der Kybernetik käme damit mindestens für die
Praktische Theologie auch die Funktion der *enzyklopädischen Reflexion* zu.[39] Folgt man Schleiermachers Theorie akademischen

---

38 Den Unterschied zwischen der Führung eines normalen Wirtschaftsunterneh-
    men und der Führung des non-profit-Unternehmens Kirche erfaßt Eilert
    Herms durch die Unterscheidung von „ökonomischer" und „ethischer Steue-
    rung" (Was heißt „Leitung in der Kirche"?, 81-86). Die ökonomische Steue-
    rung dient allein der Erhaltung des Hauses am Markt, die ethische Steuerung
    hingegen hat übergeordnete Ziele im Blick, die allerdings die Erhaltung des
    Hauses am Markt einschließen.

39 Einen solchen Vorschlag unterbreitet in Anlehnung an Schleiermacher Reiner
    Preul in: Was leistet die Praktische Theologie für die Einheit der Theologie? in:
    PthI (1993) 77-92. Vgl. auch: Dietrich Rössler, Die Einheit der Praktischen
    Theologie, in: Praktische Theologie und Kultur der Gegenwart. Ein internatio-
    naler Dialog, hg. v. K. E. Nipkow, D. Rössler, F. Schweizer, Gütersloh

Lehrens, hätte die praktisch-theologische Kybernetik darüber hinausgehend die Aufgabe, ein enzyklopädische Konzept für die *ganze*
Theologie zu entwerfen und so die Grundlage für eine zusammenstimmende Kirchenleitung zu schaffen.[40]

Besonders markant an Schleiermachers Theorie des Kirchenregiments ist sein Konzept der *Freien Geistesmacht* als innovatives Moment evangelischer Kirchenleitung.[41] Die Freie Geistesmacht erweitert das Kirchenregiment über seine institutionelle Formen hinaus
auf alle Glieder der Kirche. Prinzipiell *jedes* Mitglied der evangelischen Kirche kann durch das mündliche oder schriftliche Wort auf
den Gang und die Gestalt der Kirche Einfluß nehmen und betätigt
sich damit legitim auf dem Gebiet des Kirchenregiments, ohne in
irgendeiner Weise ein kirchliches Amt bekleiden zu müssen.
Schleiermacher selber sah zu seiner Zeit die dazu erforderliche
Kompetenz vor allem bei den akademischen Theologen. Er machte
zugleich deutlich, daß die im protestantischen Geist begründete und
von ihm im politischen Amt geförderte Ausbreitung der Bildung auf
breite Bevölkerungsschichten die Zahl der Qualifizierten erheblich
steigern würde. Mit Nachdruck plädierte er für die Aufnahme von
Laien in die Synoden und für die Übertragung von Verwaltungsaufgaben an kirchliche Laien.

Schleiermachers Modell der Freien Geistesmacht ist aufgrund
seines funktionalen Zuschnitts ohne weiteres auf heutige Verhältnisse
übertragbar. Alle kirchlichen Gruppen und Institutionen sowie ihre
Mitglieder, Mitarbeiterinnen und Mitarbeiter können, sofern sie sich
mit der nötigen Sachkenntnis in kirchlichen Fragen engagieren, als
Teil der für den Protestantismus konstitutiven Freien Geistesmacht
verstanden werden: die evangelischen Akademien, der Kirchentag,
das Frauenbildungszentrum der EKD, kirchliche Publikationsorgane,
Presbyterien und einzelne Gruppen in den Gemeinden. Sie alle

1991, 43-51 und im selben Band: Wilhelm Gräb, Die Praktische Theologie auf
der Suche nach ihrer Einheit und der Bestimmung ihres Gegenstandes, a.a.O.
77-88.

40 Vgl. Kap. VI. 2. Die jahrzehntelange Vernachlässigung der Enzyklopädie
durch die Systematik, insbesondere im regelmäßigen Vorlesungsangebot, fordert zur Wiederbelebung der praktisch-theologischen enzyklopädischen
Tradition heraus. Immerhin ist auf den aktuellen systematisch-theologischen
Beitrag zur Enzyklopädie von O. Bayer, Theologie (1994), zu verweisen.

41 M. Doerne, Theologie und Kirchenregiment, 379, stellt fest, daß es sich bei
der Freien Geistesmacht um die „originalste[] und am meisten zeitüberdau-
ernde[] Ausweitung" handelt, „die Schleiermacher dem Begriff des Kirchenregiments gab."

beteiligen sich zurecht und zum Nutzen der Kirche an der ständig erforderlichen Diskussion um den rechten Weg und die rechte Gestalt der evangelischen Kirche. Sie sind die manifeste Form des allgemeinen Priestertums und machen die evangelische Kirche überhaupt erst zu einer solchen. Schleiermachers Theorie ermutigt sowohl die Freie Geistesmacht als auch die institutionellen Leitungsorgane darüber hinaus, das erforderliche Verständnis für die Arbeit und Aufgabe der jeweils anderen Seite aufzubringen.[42] Ohne institutionelle Formen fehlte es der Kirche an Stabilität und Durchsetzungsvermögen, ohne Freie Geistesmacht mangelte es ihr an Vielfalt, innovativem Potential und Beweglichkeit. Gerade das spannungsvolle Gegenüber der beiden Kräfte garantiert den Bestand der evangelischen Kirche.

Eine heutige Theorie der Kirchenleitung müßte, griffe sie Schleiermachers Idee der freien Geistesmacht als protestantisches Grundphänomen auf, dem Engagement der nichtamtlichen Kirchenglieder für ihre Kirche die nötige Würde und Anerkennung verschaffen. Nicht Pfarrerinnen und Pfarrer konstituieren die Kirche, sondern die Kirchenglieder. Ohne Beteiligung und Interesse der *Laien* an der Kirchenleitung kann die Kirche nicht gedeihen. Die evangelische Kirche muß Kirche *durch* das Volk sein.[43] Auf den Spuren Schleiermachers müßte darüber nachgedacht werden, wie sich heute die Bindung der Kirchenglieder an ihre Kirche und die Identifikation mit ihr stärken ließe. Die Einrichtung von Presbyterien und Synoden mit Laienbeteiligung, wie sie Schleiermacher vorschlug, war zu seiner Zeit ein wichtiger Schritt in diese Richtung. Heute müßten neue Beteiligungsformen und Identifikationsangebote entwickelt werden, um die evangelische Kirche in der Bundesrepublik attraktiver zu

---

42 Für ein solches gegenseitiges Verständnis und damit zugleich für die Volkskirche votiert von kirchenkritischer Seite aus Fulbert Steffensky, Wo der Glaube wohnen kann, Stuttgart 1989, 93-98.

43 Der Begriff „Volkskirche" wurde vermutlich von Schleiermacher im Sinne einer Nationalkirche geprägt (vgl. Kap. II. 3. e). Sein Programm des Kirchenregiments stellt jedoch ein Plädoyer für eine Kirche *durch* das Volk und gegen die vom Landesherrn gesteuerte Kirche „von oben" dar. Keinesfalls läßt sich Schleiermacher einseitig als Protagonist einer möglichst das ganze Volk umfassenden und durch Kindertaufe stabilisierten Volkskirche deuten. Schleiermacher befürwortet in bezug auf kirchliche Strukturen eine möglichst große Vielfalt. Neben den Landeskirchen soll es durchaus Gemeinschaften wie die Brüdergemeine geben. Vgl. zum Begriff Volkskirche die Ausführungen von W. Huber, Welche Volkskirche meinen wir?, 131-145 (zu Schleiermacher 133f), sowie von W. Härle, [Art] Kirche VII. Dogmatisch, 306-308.

machen und ihr neue Kräfte zuzuführen. Zusammen könnten eine an den Phänomenen orientierte dogmatische Ekklesiologie, eine sensibel differenzierende Kirchensoziologie und eine durch wirtschaftswissenschaftliche Erkenntnisse angereicherte Kybernetik eine Perspektive für den Weg und die Gestalt der verfaßten Kirche entwerfen. Sie könnten Konzepte zur Lösung sowohl der *ekklesiologisch*-kybernetischen als auch der *strukturell*-kybernetischen Probleme der Kirchenleitung erarbeiten und die Kirchenleitungen entsprechend beraten. Ekklesiologie, Kirchensoziologie und Kybernetik könnten gemeinsam dazu beitragen, daß Ordnung und Gestalt der evangelischen Kirche theologisch anspruchsvoll begründet werden. Sie könnten dazu verhelfen, daß die evangelische Kirche ihre Rolle in der Gesellschaft der Bundesrepublik besser versteht und ihren Einfluß im Verhältnis zu anderen sozialen Systemen wirkungsvoller zur Geltung bringt.

Schleiermachers Theorie des Kirchenregiments gründet auf seiner soziologisch und dogmatisch fundierten Ekklesiologie. Sie zeichnet sich durch reiche Praxiserfahrung und Genauigkeit bis ins Detail aus. Die Weite des Horizonts und die Grundsätzlichkeit von Schleiermachers Überlegungen setzen Maßstäbe für heute dringend erforderliche Versuche, eine ekklesiologisch gestützte Theorie der evangelischen Kirchenleitung zu entwickeln, die dazu beiträgt, die evangelische Kirche ihrem Wesen gemäß zu gestalten. Denn:[44] „Es ist ihr [der Kirche] natürliches Leben die Unvollkommenheit der Zustände jedesmal zu erkennen, und dies nicht fruchtlos, sondern daß sie in steter Vervollkommnung ihres Lebens und ihrer organischen Formen begriffen sein muß. [... M]an soll den Glauben erwekken, Ueberzeugung und Einsicht verbreiten und lebendig darstellen. [...] Sobald die Ueberzeugung allgemein ist wird es auch der Wille sein, und da muß auch die That folgen."

---

44 Das folgende Zitat: PT, 726f.

Literaturverzeichnis

Die Abkürzungen richten sich nach dem Abkürzungsverzeichnis der Theologischen Realenzyklopädie, zusammengestellt von Siegfried M. Schwertner, 2., überarb. und erw. Auflage, Berlin/New York 1994

1. Texte Schleiermachers

Schleiermacher, Friedrich Daniel Ernst: Sämmtliche[!] Werke [SW], 30 erschienene Bde. in 3 Abteilungen, Berlin 1834-1864

- : Kritische Gesamtausgabe [KGA], in 5 Abteilungen, hg. v. H.-J. Birkner†, G. Ebeling, H. Fischer, H. Kimmerle, K.-V. Selge, Berlin/New York 1980ff

- : Aus Schleiermacher's Leben. In Briefen [Briefe], 4. Bde, Bd. 1-2, 2. Aufl. Berlin 1860, Bd. 3-4, vorbereitet v. L. Jonas, hg. v. W. Dilthey, Berlin 1861-1863; Nachdruck Berlin/New York 1974

- : Kleine Schriften und Predigten [Schriften und Predigten], hg. v. H. Gerdes u. E. Hirsch, 3 Bde., Berlin 1969-1970

- : Amtliche Erklärung der Berlinischen Synode über die am 30. October von ihr zu haltende Abendmahlsfeier, Berlin 1817; SW I, 5, 295-307

- : An die Herren D.D. D. von Cölln und D. Schulz, in: Theologische Studien und Kritiken, Jg. 1831, 1. Heft, Hamburg 1831; KGA, I, 10, 395-426

- : An die Mitglieder beider zur Dreifaltigkeitskirche gehörigen Gemeinen, Berlin 1820; SW I, 5, 455-462

- : An Herrn Oberhofprediger D. Ammon über seine Prüfung der Harmsischen Säze, Berlin 1818; KGA I, 10, 17-92

- : Briefe bei Gelegenheit der politisch theologischen Aufgabe und des Sendschreibens jüdischer Hausväter, [anon.] Berlin 1799; KGA I, 2, 327-361

- : Der christliche Glaube. Nach den Grundsätzen der evangelischen Kirche im Zusammenhange dargestellt, 7. Aufl., auf Grund der 2. Aufl. und kritischer Prüfung des Textes hg. v. M. Redeker, 2 Bde., Berlin 1960

- : Die christliche Sitte nach den Grundsäzen der evangelischen Kirche im Zusammenhange dargestellt von Dr. Friedrich Schleiermacher. Aus Schleiermacher's handschriftlichem Nachlasse und nachgeschriebenen Vorlesungen hg. v. L. Jonas, SW I, 12 (1843), 2. Aufl., Berlin 1884

- : Dialektik. Aus Schleiermachers handschriftlichem Nachlasse hg. v. L. Jonas, SW III, 4. 2, hg. v. L. Jonas, Berlin 1839

- : Ethik. Entwurf eines Systems der Sittenlehre. Aus Schleiermachers handschriftlichem Nachlasse hg. v. Alex. Schweizer, SW III, 5, Berlin 1835

- : Ethik (1812/13) mit späteren Fassungen der Einleitung, Güterlehre und Pflichtenlehre, auf Grundlage der Ausg. v. O. Braun hg. u. eingel. v. H.-J. Birkner [Ethik], 2. verb. Ausgabe, Hamburg 1990

- : Gelegentliche Gedanken über Universitäten in deutschem Sinn. Nebst einem Anhang über eine neu zu errichtende, Berlin 1808; in: Die Idee der deutschen Universität, Die fünf Grundschriften aus der Zeit ihrer Neubegründung durch klassischen Idealismus und romantischen Realismus, hg. v. E. Anrich, Darmstadt 1964

- : Gesangbuch zum gottesdienstlichen Gebrauch für evangelische Gemeinen. Mit Genehmigung Eines hohen Ministerii der geistlichen Angelegenheiten, Berlin 1829

- : Gespräch zweier selbst überlegender evangelischer Christen über die Schrift: Luther in Bezug auf die neue preußische Agende. Ein leztes Wort oder ein erstes [anon.], Berlin 1827; SW I, 5, 537-625

- : Glükkwünschungsschreiben an die Hochwürdigen Mitglieder der von Sr. Majestät dem König von Preußen zur Aufstellung neuer liturgischer Formen ernannten Commission, Berlin 1814; SW I, 5, 157-187

- : Kurze Darstellung des theologischen Studiums zum Behuf einleitender Vorlesungen, Berlin 1811

- : Kurze Darstellung des theologischen Studiums zum Behuf einleitender Vorlesungen, 2., umgearb. Ausg., Berlin 1830

- : Kurze Darstellung des theologischen Studiums zum Behuf einleitender Vorlesungen, kritische Ausgabe, hg. v. H. Scholz, Nachdruck der 3. kritischen Ausgabe, Leipzig 1910, 5. Aufl. Darmstadt o.J.

- : Die Lehre vom Staat. Aus Schleiermacher's handschriftlichem Nachlasse und nachgeschriebenen Vorlesungen hg. v. Chr. A. Brandis, SW III, 8, Berlin 1845

- : Oratio in sollemnibus ecclesiae per Lutherum emendatae saecularibus tertiis in Universitate litterarum Berolinensi die III. Novembris A. MDCCCXVII habita, KGA I, 10, 1-15

- : Ordnung bey den Verhandlungen der Synode, in: Hans-Friedrich Traulsen: Eine gedruckte Synodalgeschäftsordnung von Schleiermacher, in: ZKG 104 (1993), 377-382, 379-382

- : Praktische Theologie. Die praktische Theologie nach den Grundsäzen der evangelischen Kirche im Zusammenhange dargestellt. Aus Schleiermachers handschriftlichem Nachlasse und nachgeschriebenen Vorlesungen hg. v. J. Frerichs, SW I, 13, Berlin 1850, Nachdruck Berlin /New York 1983

- : Rede an Nathanaels Grabe, den 1. November 1829, in: Dogmatische Predigten der Reifezeit, ausgew. u. erl. v. E. Hirsch, Schriften und Predigten Bd. 3, Berlin 1969, 337-341

- : Theologische Enzyklopädie (1831/1832). Nachschrift David Friedrich Strauß, hg. v. W. Sachs, SchlAr 4, Berlin/New York 1987

- : Ueber das berliner Gesangbuch. Ein Schreiben an Herrn Bischof Dr. Ritschl in Stettin, Berlin 1830; SW I, 5, 627-666

- : Ueber das liturgische Recht evangelischer Landesfürsten. Ein theologisches Bedenken von Pacificus Sincerus [pseud.], Göttingen 1824; SW I, 5, 477-535

- : Ueber den Begriff des höchsten Gutes. Erste Abhandlung. Gelesen am 17.5.1827, SW III, 2, 446-468

- : Ueber den Begriff des höchsten Gutes. Zweite Abhandlung. Gelesen am 24.6.1830, SW III, 2, 469-495

- : Ueber den eigenthümlichen Werth und das bindende Ansehen symbolischer Bücher, in: Reformationsalmanach auf das Jahr 1819, 2. Jg., Erfurt; KGA, I, 10, 117-144

- : Über den Gegensatz zwischen der Sabellianischen und der Athanasianischen Vorstellung von der Trinität, Theologische Zeitschrift, 3. Heft, Berlin 1822; KGA I, 10, 223-306

- : Ueber die für die protestantische Kirche des preußischen Staats einzurichtende Synodalverfassung. Einige Bemerkungen vorzüglich der protestantischen Geistlichkeit des Landes gewidmet, Berlin 1817 (SW I, 5, 217-294)

- : Über die Glaubenslehre. Zwei Sendschreiben an Lücke, Theologische Studien und Kritiken, 2. Bd., 2. u. 3. Heft, Hamburg 1829; KGA I, 10, 307-394

- : Ueber die neue Liturgie für die Hof- und Garnison-Gemeinde zu Potsdam und für die Garnisonkirche in Berlin, Berlin 1816, SW I, 5, 189-216

- : Ueber die Religion. Reden an die gebildeten unter ihren Verächtern, Berlin 1799; KGA I, 2, 185-326

- : Ueber die Religion. Reden an die gebildeten unter ihren Verächtern, 4. Aufl., Berlin 1831; SW I, 1, 133-460

- : Ueber die wissenschaftliche Behandlung des Tugendbegriffes. Vorgelesen den 4.3.1819, SW III, 2, 350-378

- : Versuch einer Theorie des geselligen Betragens, Berlinisches Archiv der Zeit und ihres Geschmacks 5, Teilband 1, Berlin 1799; KGA I, 2, 163-184

- : Versuch über die wissenschaftliche Behandlung des Pflichtbegriffs. Gelesen am 12.8.1824, SW III, 2, 379-396

- : Vorschlag zu einer neuen Verfassung der protestantischen Kirche im preußischen Staate (1808) [Neue Verfassung], Schriften zur Kirchen- und Bekenntnisfrage, bearb. v. H. Gerdes, Schriften und Predigten Bd. 2, Berlin 1969, 117-136

- : Das Ziel der Wirksamkeit unserer evangelischen Kirche, in: Dogmatische Predigten der Reifezeit, ausgew. u. erl. v. E. Hirsch, Schriften und Predigten Bd. 3, Berlin 1969, 136-154

- : Zugabe zu meinem Schreiben an Herrn Ammon, Berlin 1818; KGA I, 10, 93-116

- : Zwei unvorgreifliche Gutachten in Sachen des protestantischen Kirchenwesens zunächst in Beziehung auf den Preußischen Staat, Berlin 1804; Schriften zur Kirchen- und Bekenntnisfrage, bearb. v. H. Gerdes, Schriften und Predigten Bd. 2, Berlin 1969, 21-112

2. Sekundärliteratur und Hilfsmittel zu Schleiermacher

Adelung, Johann Christoph: Versuch eines vollständigen grammatisch-kritischen Wörterbuches der hochdeutschen Mundart, mit beständiger Vergleichung der übrigen Mundarten, besonders aber der oberdeutschen, 5 Teile, Leipzig 1774-1786

Albrecht, Christoph: Schleiermachers Liturgik. Theorie und Praxis des Gottesdienstes bei Schleiermacher und ihre geistesgeschichtlichen Zusammenhänge, Berlin 1962

Barth, Karl: Die Theologie Schleiermachers. Vorlesung Göttingen Wintersemester 1923/24, hg. v. D. Ritschl, Karl Barth-Gesamtausgabe, II. Akademische Werke 1923/24, Zürich 1978

Bibliographie der Schriften Schleiermachers nebst einer Zusammenstellung und Datierung seiner gedruckten Predigten, bearb. v. W. v. Meding, SchlAr 9, Berlin/New York 1992

Birkner, Hans-Joachim: Beobachtungen zu Schleiermachers Programm der Dogmatik, in: NZSTh 5 (1963), 119-131

- : Deutung und Kritik des Katholizismus bei Schleiermacher und Hegel, in: Das konfessionelle Problem in der evangelischen Theologie des 19. Jahrhunderts. Heinrich Bornkamm zum 65. Geburtstag am 26. Juni 1966. Drei Beiträge v. H.-J. Birkner, H. Liebing, K. Scholder, Sammlung gemeinverständlicher Vorträge und Schriften aus dem Gebiet der Theologie und Religionsgeschichte 245/246, Tübingen 1966, 7-20

- : Friedrich Schleiermacher, in: Gestalten der Kirchengeschichte Bd. 9, hg. v. M. Greschat, Stuttgart/Berlin/Köln/Mainz, 1985, 87-115

- : Schleiermachers Christliche Sittenlehre. Im Zusammenhang seines philosophisch-theologischen Systems, TBT 8, Berlin 1964

- : Schleiermachers „Kurze Darstellung" als theologisches Reformprogramm, in: Schleiermacher im besonderen Hinblick auf seine Wirkungsgeschichte in Dänemark, Vorträge des Kolloquiums am 19. und 20. November 1984, hg. v. H. Hultberg, K. F. Johansen, T. Joergensen, F. Schmöe, Kopenhagener Kolloquien zur Deutschen Literatur/Text und Kontext, Sonderreihe Bd. 22, Kopenhagen/München 1986, 59-81

- : Theologie und Philosophie. Einführung in Probleme der Schleiermacher-Interpretation, TEH 178, München 1974

Boekels, Joachim: Schleiermacher als Kirchengeschichtler. Mit Edition der Nachschrift Karl Rudolf Hagenbachs von 1821/22, SchlAr 13, Berlin/New York 1994

Daur, Martin: Die eine Kirche und das zweifache Recht. Eine Untersuchung zum Kirchenbegriff und der Grundlegung kirchlicher Ordnung in der Theologie Schleiermachers, JusEcc 9, München 1970

Doerne, Martin: Theologie und Kirchenregiment. Eine Studie zu Schleiermachers praktischer Theologie, NZSTh 10 (1968), 360-386

Fink, Heinrich: Begründung der Funktion der Praktischen Theologie bei Friedrich Schleiermacher. Eine Untersuchung seiner praktisch-theologischen Vorlesungen, Dissertation Theol. Fakultät der Humboldt-Universität, Berlin 1966

Fischer, Martin: Die notwendige Beziehung aller Theologie auf die Kirche in ihrer Bedeutung für die praktische Theologie bei Schleiermacher, in: ThLZ 75 (1950), 287-300

Friedrich Schleiermacher zum 150. Todestag. Handschriften und Drucke, bearb. v. A. Arndt u. W. Virmond, Berlin/New York 1984

Gräb, Wilhelm: Kirche als Gestaltungsaufgabe. Friedrich Schleiermachers Verständnis der Praktischen Theologie, in: Schleiermacher und die wissenschaftliche Kultur des Christentums, hg. v. G. Meckenstock, i. Verb. m. J. Ringleben, TBT 51, Berlin/New York 1991, 147-172

Graf, Friedrich Wilhelm: Ursprüngliches Gefühl unmittelbarer Koinzidenz des Differenten. Zur Modifikation des Religionsbegriffs in den verschiedenen Auflagen von Schleiermachers „Reden über die Religion", in: ZThK 75 (1978), 147-186

Herms, Eilert: Herkunft, Entfaltung und erste Gestalt des Systems der Wissenschaften bei Schleiermacher, Gütersloh 1974

- : Die Ethik des Wissens beim späten Schleiermacher, in: ZThK 73 (1976), 471-523

- : Reich Gottes und menschliches Handeln, in: Friedrich Schleiermacher 1768-1834. Theologe - Philosoph - Pädagoge, hg. v. D. Lange, Göttingen 1985, 163-192

- : Die Bedeutung der „Psychologie" für die Konzeption des Wissenschaftssystems beim späten Schleiermacher, in: Schleiermacher und die wissenschaftliche Kultur des Christentums, TBT 51, hg. v. G. Meckenstock i. Verb. m. J. Ringleben, Berlin/New York 1991, 369-401

- : Schleiermachers Eschatologie nach der zweiten Auflage der „Glaubenslehre", in: ThZ 46 (1990), 97-123

Honecker, Martin: Schleiermacher und das Kirchenrecht, TEH 148, München 1968

Jüngel, Eberhard: Ein protestantischer Kirchenfürst. Der Theologe Schleiermacher als Meister seines Fachs [Rez. zu KGA I, 10], Neue Zürcher Zeitung, Nr. 256, 3./4. Nov. 1990, 66

Kade, Franz: Schleiermachers Anteil an der Entwicklung des preußischen Bildungswesens von 1808-1818, Leipzig 1925

Luther, Henning: Praktische Theologie als Kunst für alle. Individualität und Kirche in Schleiermachers Verständnis Praktischer Theologie, in: ZThK 84 (1987), 371-393

Moxter, Michael: Güterbegriff und Handlungstheorie. Eine Studie zur Ethik Friedrich Schleiermachers, Morality and the Meaning of Life 1, Kampen 1991

Ohst, Martin: Schleiermacher und die Bekenntnisschriften. Eine Untersuchung zu seiner Reformations- und Protestantismusdeutung, BHTh 77, Tübingen 1989

Pöttner, Martin: Theologie als semiotische Theorie bei Schleiermacher, NZSTh 34 (1992), 182-199

Redeker, Martin: Friedrich Schleiermacher. Leben und Werk (1768 bis 1834), Berlin 1968

Reich, Andreas: Friedrich Schleiermacher als Pfarrer an der Berliner Dreifaltigkeitskirche 1809-1834, SchlAr 12, Berlin/New York 1992

Rendtorff, Trutz: Kirchlicher und freier Protestantismus in der Sicht Schleiermachers, NZSTh 10 (1968), 18-30

Rössler, Dietrich: Vocatio interna. Zur Vorgeschichte des Schleiermacherschen Bildes vom Kirchenfürsten, in: Verifikationen. FS G. Ebeling, hg. v. E. Jüngel, J. Wallmann, W. Werbeck, Tübingen 1982, 207-217

Rössler, Martin: Schleiermachers Programm der Philosophischen Theologie, SchlAr 14, Berlin/New York 1994

Schleiermacher und die wissenschaftliche Kultur des Christentums, hg. v. G. Meckenstock, i. Verb. m. J. Ringleben, TBT 51, Berlin/New York 1991

Schleiermachers Bibliothek: Bearbeitung des faksimilierten Rauchschen Auktionskatalogs und der Hauptbücher des Verlages G. Reimer, besorgt v. G. Meckenstock, SchlAr 10, Berlin/New York 1993

Schleiermachers Briefwechsel (Verzeichnis) nebst einer Liste seiner Vorlesungen, bearb. v. A. Arndt u. W. Virmond, SchlAr 11, Berlin/New York 1992. Liste der Vorlesungen Schleiermachers: 300-330

Steck, Wolfgang: Der evangelische Geistliche. Schleiermachers Begründung des religiösen Berufs, in: Internationaler Schleiermacherkongreß Berlin 1984, 2 Bde., hg. v. K.-V. Selge, SchlAr 1, Berlin/New York 1985, Bd. 2, 717-770

- : Friedrich Schleiermacher und Anton Graf - eine ökumenische Konstellation Praktischer Theologie?, in: Praktische Theologie

Heute, hg. v. F. Klostermann u. R. Zerfaß, München u. Mainz 1974, 27-41

Traulsen, Hans-Friedrich: Aus Schleiermachers letzten Tagen (25. Januar bis 12. Februar 1834), in: ZKG 102 (1991), 372-385

- : Eine gedruckte Synodalgeschäftsordnung von Schleiermacher, in: ZKG 104 (1993), 377-382

- : Schleiermacher und Claus Harms. Von den Reden ‚Über die Religion' zur Nachfolge an der Dreifaltigkeitskirche, SchlAr 7, Berlin/New York 1989

Volp, Rainer: Praktische Theologie als Theoriebildung und Kompetenzgewinnung bei F. D. Schleiermacher, in: Praktische Theologie Heute, hg. v. F. Klostermann u. R. Zerfaß, München u. Mainz 1974, 52-64

Wagner, Falk: Schleiermachers Dialektik. Eine kritische Interpretation, Gütersloh 1974

Weirich, Adele: Die Kirche in der Glaubenslehre Friedrich Schleiermachers, EHS.T 398, Frankfurt a.M./Bern/New York/Paris 1990

3. Allgemeine Literatur

Achelis, Ernst Christian: Lehrbuch der Praktischen Theologie, 2 Bde., 2., neu bearbeitete Aufl., Leipzig 1898

Barth, Karl: Die Kirchliche Dogmatik I, 1, München 1932

- : Die Kirchliche Dogmatik I, 2, 4. Aufl., Zollikon-Zürich 1948

Bayer, Oswald: Theologie, HST 1, Gütersloh 1994

Die Bekenntnisschriften der evangelisch-lutherischen Kirche [BSLK], hg. im Gedenkjahr der Augsburgischen Konfession 1930, 9. Aufl., Göttingen 1982

Das Berneuchener Buch. Vom Anspruch des Evangeliums auf die Kirchen der Reformation, hg. v. der Berneuchener Konferenz (1926), Darmstadt 1971

Birkner, Hans-Joachim: Natürliche Theologie und Offenbarungstheologie. Ein theologiegeschichtlicher Überblick, in: NZSTh 3 (1961), 279-295

- : Protestantismus im Wandel. Aspekte, Deutungen, Aussichten, München 1971

- : Spekulation und Heilsgeschichte. Die Geschichtsauffassung Richard Rothes, FGLP 10, 17, München 1959

Bohren, Rudolf: Daß Gott schön werde. Praktische Theologie als theologische Ästhetik, München 1975

Bonhoeffer, Dietrich: Sanctorum Communio. Eine dogmatische Untersuchung zur Soziologie der Kirche (1930), 4. Aufl., München 1969

Brandt, Sigrid: Eilert Herms, „Erfahrbare Kirche als soziales System. Antwort auf Rückfragen". Rückfragen an Antworten, EvTh 52 (1992), 467-470

Christsein gestalten. Eine Studie zum Weg der Kirche, hg. v. Kirchenamt im Auftrag des Rates der Evangelischen Kirche in Deutschland, Gütersloh 1986

Dibelius, Otto: Das Jahrhundert der Kirche. Geschichte, Betrachtung, Umschau und Ziele (1926), 5. Aufl., Berlin 1928

Drehsen, Volker: Neuzeitliche Konstitutionsbedingungen der Praktischen Theologie. Aspekte der theologischen Wende zur sozial-kulturellen Lebenswelt christlicher Religion, 2 Bde. (Bd. 2 Anmerkungen zu Band 1), Gütersloh 1988

Drews, Paul: „Religiöse Volkskunde", eine Aufgabe der praktischen Theologie, in: MKP 1 (1901), 1-8

Evangelische Kirche und freiheitliche Demokratie. Der Staat des Grundgesetzes als Angebot und Aufgabe. Eine Denkschrift der Kammer der Evangelischen Kirche in Deutschland für Öffentliche Verantwortung, hg. v. Kirchenamt im Auftrag des Rates der Evangelischen Kirche in Deutschland, Gütersloh 1985

Fischer, Martin: Theologie und Kirchenleitung (1960), in: Theologie und Kirchenleitung. Martin Fischer zum 65. Geburtstag gewidmet, hg. v. W. Erk u. Y. Spiegel, München 1976, 12-31

Foerster, Erich: Die Entstehung der Preußischen Landeskirche unter der Regierung Friedrich Wilhelms des Dritten, nach den Quellen erzählt. Ein Beitrag zur Geschichte der Kirchenbildung im deutschen Protestantismus, 2. Bde., Tübingen 1905/1907

Fremde Heimat Kirche. Ansichten ihrer Mitglieder. Erste Ergebnisse der dritten EKD-Umfrage über Kirchenmitgliedschaft, hg. v. d. Studien- und Planungsgruppe der EKD, Hannover 1993

Gerhard, Wilfried: Faktisch fundamentalistisch. Erwiderung auf Wolfhart Pannenberg, EK 27 (1994), 89-91

Gräb, Wilhelm: Die Praktische Theologie auf der Suche nach ihrer Einheit und der Bestimmung ihres Gegenstandes, in: Praktische Theologie und Kultur der Gegenwart. Ein internationaler Dialog, hg. v. K. E. Nipkow, D. Rössler, F. Schweizer, 77-88

Grundsätze für die Ausbildung und Fortbildung der Pfarrer und Pfarrerinnen der Gliedkirchen der EKD (1988), in: Grundlagen der theologischen Ausbildung und Fortbildung im Gespräch. Die Diskussion über die „Grundsätze für die Ausbildung und Fortbildung der Pfarrer und Pfarrerinnen der Gliedkirchen der EKD". Dokumentation und Erträge 1988-1993, im Auftrag der Gemischten Kommission für die Reform des Theologiestudiums hg. v. W. Hassiepen u. E. Herms, Stuttgart 1993, 13-80

Härle, Wilfried: [Art.] Kirche VII. Dogmatisch, in: TRE 18, 277-317

Harms, Claus: Pastoraltheologie. In Reden an Theologiestudierende, 3 Bde., Kiel 1830-1834

Herms, Eilert: Die Bedeutung des Gesetzes für die lutherische Sozialethik (1989), in: ders., Erfahrbare Kirche. Beiträge zur Ekklesiologie, Tübingen 1990, 1-24

- : Erfahrbare Kirche. Beiträge zur Ekklesiologie, Tübingen 1990

- : Ist Religion noch gefragt? in: ders., Erfahrbare Kirche. Beiträge zur Ekklesiologie, Tübingen 1990, 25-48

- : Das Kirchenrecht als Thema der theologischen Ethik, in: ZEvKR 28 (1983), 199-277

- : Offenbarung (1985), in: ders., Offenbarung und Glaube. Zur Bildung des christlichen Lebens, Tübingen 1992, 168-220

- : Offenbarung und Glaube. Zur Bildung des christlichen Lebens, Tübingen 1992

- : Die Ordnung der Kirche, in: ders., Erfahrbare Kirche. Beiträge zur Ekklesiologie, Tübingen 1990, 102-118

– : Religion und Organisation. Die gesamtgesellschaftliche Funktion von Kirche aus der Sicht der evangelischen Theologie (1989), in: ders., Erfahrbare Kirche. Beiträge zur Ekklesiologie, Tübingen 1990, 49-79

– : Von der Glaubenseinheit zur Kirchengemeinschaft. Plädoyer für eine realistische Ökumene, MThSt 27, Marburg 1989

– : Was heißt „Leitung in der Kirche"?, in: ders., Erfahrbare Kirche. Beiträge zur Ekklesiologie, Tübingen 1990, 80-101

Hirsch, Emanuel: Geschichte der neuern evangelischen Theologie im Zusammenhang mit den allgemeinen Bewegungen des europäischen Denkens, 5 Bde. Gütersloh (1949), 2. Aufl. 1960

Hoffmann, Georg: [Art.] Kirchenleitung I, in EStL, 3. Aufl., Bd. 1, 1987, 1640-1645

Honecker, Martin: Kirche als Gestalt und Ereignis. Die sichtbare Gestalt der Kirche als dogmatisches Problem, FGLP 10, 25, München 1963

Huber, Wolfgang: Folgen christlicher Freiheit. Ethik und Theorie der Kirche im Horizont der Barmer Theologischen Erklärung, NBST 4, Neukirchen-Vluyn 1983, 2. Aufl 1985

Hummel, Gert: [Art.] Enzyklopädie, theologische, in: TRE 9, 716-742

Jäger, Alfred: Konzepte der Kirchenleitung für die Zukunft. Wirtschaftsethische Analysen und theologische Perspektiven, Gütersloh 1993

Jetter, Werner: Die Praktische Theologie, in: ZThK 64 (1967), 451-473

Jüngel, Eberhard: Das Verhältnis der theologischen Disziplinen untereinander, in: E. Jüngel, K. Rahner, M. Seitz, Die Praktische Theologie zwischen Wissenschaft und Praxis, SPTh 5, München 1968, 11-45

– : Was ist die theologische Aufgabe evangelischer Kirchenleitung?, ZThK 91 (1994), 189-209

– : Wertlose Wahrheit. Christliche Wahrheitserfahrung im Streit gegen die „Tyrannei der Werte", in: Carl Schmitt, Eberhard Jüngel, Sepp Schelz, Die Tyrannei der Werte, hg. v. S. Schelz, Hamburg 1979, 45-75

Karle, Isolde: Seelsorge in der Moderne. Eine soziologisch-konstruktivistische Kritik der psychoanalytisch orientierten Seelsorgelehre, Neukirchen-Vluyn 1996

Kirchenleitung und Wissenschaftliche Theologie. Vorträge vor einer Konferenz der Leitungen der Landeskirchen der EKD und Vertretern der wissenschaftlichen Theologie mit einem Geleitwort v. W. Lohff, TEH 179, München 1974

Kneer, Georg / Nassehi, Armin: Niklas Luhmanns Theorie sozialer Systeme. Eine Einführung, München 1993

Kopfermann, Wolfram: Abschied von einer Illusion. Volkskirche ohne Zukunft, 2. Aufl., Hamburg/Mainz 1990

Koschnik, Hans: Notwendiges Instrument. Für eine offene Kirche ist die Kirchensteuer nötig, EK 27 (1994), 352-353

Kreß, Hartmut: Ethische Werte und der Gottesgedanke. Probleme und Perspektiven des neuzeitlichen Wertbegriffs, Stuttgart/Berlin/Köln 1990

- : Würde bewahren. Homosexuelle haben ein Recht auf Schutz ihrer Identität, EK 27 (1994), 91-93

Kriege, Hartmut: Protestantisches bei den Katholiken? Ökumene in Dresden, EK 27 (1994), 449

Krumwiede, Hans-Walter: Geschichte des Christentums III. Neuzeit 17. bis 20. Jahrhundert, ThW 8, 2. Aufl., Stuttgart/Berlin/Köln/-Mainz 1987

- : [Art.] Kirchenregiment, Landesherrliches, TRE 19, 59-68

Küng, Hans: Das Christentum. Wesen und Geschichte, München/Zürich 1994

Lämmermann, Godwin: Praktische Theologie als kritische oder als empirisch-funktionale Handlungstheorie? Zur theologiegeschichtlichen Ortung und Weiterführung einer aktuellen Kontroverse, TEH 211, München 1981

Landau, Peter: [Art.] Kirchenverfassungen, TRE 19, 110-165

Lange, Dietz: Ethik in evangelischer Perspektive. Grundfragen christlicher Lebenspraxis, Göttingen 1992

Lindt, Andreas: Das Zeitalter des Totalitarismus. Politische Heilslehren und ökumenischer Aufbruch, Christentum und Gesellschaft 13, Stuttgart/Berlin/Köln/ Mainz 1981

Lohse, Eduard: Die Verantwortung der Kirche für die theologische Forschung und Ausbildung, in: Kirchenleitung und Wissenschaftliche Theologie. Vorträge vor einer Konferenz der Leitungen der Landeskirchen der EKD und Vertretern der wissenschaftlichen Theologie mit einem Geleitwort v. W. Lohff, TEH 179, München 1974, 42-59

Lübbe, Hermann: Religion nach der Aufklärung, 2. Aufl., Graz/-Wien/Köln 1990

Luhmann, Niklas: [Kap.] Die Ausdifferenzierung der Religion, in: Gesellschaftsstruktur und Semantik. Studien zur Wissenssoziologie der modernen Gesellschaft 3, Frankfurt a.M. 1989, 259-357

- : Funktion der Religion (1977), Frankfurt 1982

- : Soziale Systeme. Grundriß einer allgemeinen Theorie, Frankfurt a.M. 1984

- : Die Wissenschaft der Gesellschaft, Frankfurt a.M. 1990

Luther, Martin: Daß eine christliche Versammlung oder Gemeine Recht und Macht habe, alle Lehre zu urteilen, Lehrer zu berufen, ein- und abzusetzen. Grund und Ursach aus der Schrift (1523), WA 11, 408-416; Studienausgabe hg. v. H.-U. Delius, Bd. 3, Berlin 1983, 72-84

- : De servo arbitrio (1525), WA 18, 600-787; Studienausgabe hg. v. H.-U. Delius, Bd. 3, Berlin 1983, 170-356

Meckenstock, Günter: Liebe, in: MJTh 5. Gute Werke, hg. v. W. Härle u. R. Preul, Marburg 1993, 63-93

- : Über die Schwierigkeit, von Gott zu reden, NZSTh 33 (1991), 217-230

Moltmann, Jürgen: Kirche in der Kraft des Geistes. Ein Beitrag zur messianischen Ekklesiologie, München 1975

Müller, Alfred Dedo: Grundriß der praktischen Theologie, Gütersloh 1950

Niebergall, Alfred: [Art.] Agende, TRE 1, 755-784, TRE 2, 1-91

Nipkow, Karl Ernst: Bildung - Glaube - Aufklärung. Zur Bedeutung von Luther und Comenius für die Bildungsaufgaben der Gegenwart, KThR 2, Konstanz 1986

Nitzsch, Carl Immanuel: Praktische Theologie, Bd. 1, Allgemeine Theorie des kirchlichen Lebens. Einleitung u. 1. Buch: Das kirchliche Leben, Bonn 1847; 2. Buch: Bd 2, 1, Der Dienst am Wort, Bonn 1848; Bd. 2, 2, Der evangelische Gottesdienst, Bonn 1851; Bd. 3, 1, Die eigenthümliche Seelenpflege des evangelischen Hirtenamtes mit Rücksicht auf die innere Mission, Bonn 1857; Bd. 3, 2, Die evangelische Kirchenordnung, Bonn 1867

Otto, Gerd: Grundlegung der Praktischen Theologie, München 1986

Pannenberg, Wolfhart: Angst um die Kirche. Zwischen Wahrheit und Pluralismus, EK 26 (1993), 709-713

- : Systematische Theologie, Bd. 3, Göttingen 1993

- : Wahrheit statt Gleichgültigkeit. Antwort an Wilfried Gerhard, EK 27 (1994), 134f

- : Wissenschaftheorie und Theologie, Frankfurt 1973

Popper, Karl: Die offene Gesellschaft und ihre Feinde, 7. verb. Aufl., Tübingen 1992

Preul, Reiner: Erziehung als „gutes Werk", in: MJTh 5. Gute Werke, hg. v. W. Härle u. R. Preul, Marburg 1993, 95-115

- : Erziehung bei Luther - Luthers Bedeutung für die Erziehung, in: ders., Luther und die Praktische Theologie. Beiträge zum kirchlichen Handeln in der Gegenwart, Marburg 1989, 47-70

- : Evangelische Kirche - Was ist das heute?, in: PTh 81 (1992), 2-16

- : Luther und die Praktische Theologie. Beiträge zum kirchlichen Handeln in der Gegenwart, Marburg 1989

- : Problemskizze zur Rede vom Handeln Gottes, in: MJTh 1, hg. v. W. Härle u. R. Preul, Marburg 1987, 3-11

- : Die sogenannten Überlebensprobleme als Herausforderung an die Kirche, in: WzM 43 (1991), 2-18

- : Was leistet die Praktische Theologie für die Einheit der Theologie? in: PthI 13 (1993) 77-92

Rendtorff, Trutz: Christentum außerhalb der Kirche. Konkretionen der Aufklärung, Stundenbuch 89, Hamburg 1969

- : Kirche und Theologie. Die systematische Funktion des Kirchenbegriffs in der neueren Theologie, Gütersloh 1966

- : Die Verantwortung der theologischen Forschung und Ausbildung für die Kirche, in: Kirchenleitung und Wissenschaftliche Theologie. Vorträge vor einer Konferenz der Leitungen der Landeskirchen der EKD und Vertretern der wissenschaftlichen Theologie mit einem Geleitwort v. W. Lohff, TEH 179, München 1974, 14-41

Rohls, Jan: Theologie reformierter Bekenntnisschriften. Von Zürich bis Barmen, Göttingen 1987

Rössler, Dietrich: Die Einheit der Praktischen Theologie, in: Praktische Theologie und Kultur der Gegenwart. Ein internationaler Dialog, hg. v. K. E. Nipkow, D. Rössler, F. Schweitzer, Gütersloh 1991, 43-51

- : Grundriß der Praktischen Theologie, 2. erw. Aufl., Berlin/New York 1994

- : Der Kirchenbegriff der Praktischen Theologie. Anmerkungen zu CA VII, in: Kirche, FS G. Bornkamm, hg. v. D. Lührmann u. G. Strecker, Tübingen 1980, 465-470

Scharfenberg, Joachim: Bestandsaufnahme des neuzeitlichen Christentums. Gedanken zu Dietrich Rösslers Grundriß der Praktischen Theologie, in: WzM 38 (1986), 266-277

Schmidt-Rost, Reinhard: Die Bedeutung der „Kunstregeln" für die Praktische Theologie, in: PthI 12 (1992), 195-210

- : Probleme der Professionalisierung der Seelsorge, in: WzM 41 (1989), 31-42

Schmitz-Pfeiffer, Heinz: Kirche am „fin de siècle". Ein Szenario aus dem Jahr 2000, EK 27 (1994), 423-426

Scholder, Klaus: Die Kirchen zwischen Republik und Gewaltherrschaft. Gesammelte Aufsätze, hg. v. K. O. v. Arentin u. G. Besier, Frankfurt a.M./Berlin 1991

Schröer, Henning: Es begann mit Schleiermacher. Impulse des Begründers der Praktischen Theologie für ein gegenwärtiges Konzept, in: Schleiermacher und die Praktische Theologie, PthI 1 (1985), 84-105

- : [Art.] Kybernetik, in TRE 20, 356-359

Schwöbel, Christoph: Offenbarung und Erfahrung - Glaube und Lebenserfahrung, in: MJTh 3. Lebenserfahrung, hg. v. W. Härle u. R. Preul, Marburg 1990, 68-122

Sölle, Dorothee: Atheistisch an Gott glauben. Beiträge zur Theologie (1968), München 1983

Steffensky, Fulbert: Wo der Glaube wohnen kann, Stuttgart 1989

Steinacker, Peter: Die Kennzeichen der Kirche. Eine Studie zu ihrer Einheit, Heiligkeit, Katholizität und Apostolizität, TBT 38, Berlin/New York 1982

Strukturbedingungen der Kirche auf längere Sicht: hg. v. der Evangelischen Kirche in Deutschland, Kirchenamt. Studien- und Planungsgruppe, Hannover 1986

Tanner, Klaus: Von der liberalprotestantischen Persönlichkeit zur postmodernen Patchwork-Identität?, in: Protestantische Identität heute, hg. v. F. W. Graf u. K. Tanner, Gütersloh 1992, 96-104

Tillich, Paul: Systematische Theologie III, 2. Aufl., Stuttgart 1978

Trillhaas, Wolfgang: Ethik, 3. bearb. u. erw. Aufl. Berlin 1970

Volkskirche - Kirche der Zukunft? Leitlinien der Augsburgischen Konfession für das Kirchenverständnis heute. Eine Studie des Theologischen Ausschusses der Vereinigten Evangelisch-Lutherischen Kirche Deutschlands. Mit Beiträgen v. J. Becker, W. Joest u.a.: hg. v. W. Lohff u. L. Mohaupt, Hamburg 1977

Wallmann, Johannes: Kirchengeschichte Deutschlands seit der Reformation, 3. durchgesehene Aufl., Tübingen 1988

Wartenberg-Potter, Bärbel: Für eine Kirche, die wir lieben können. Ein Kommentar zu vier Thesen, EK 27 (1994), 353-355

Welker, Michael: Kirche ohne Kurs? Aus Anlaß der EKD-Studie
„Christsein gestalten", Neukirchen-Vluyn 1987

- : Der Mythos „Volkskirche", in: EvTh 54 (1994), 180-193

4. Verzeichnis der Sigla

Birkner, SCS   Hans-Joachim Birkner, Schleiermachers
Christliche Sittenlehre. Im Zusammenhang
seines philosophisch-theologischen Systems, TBT 8, Berlin 1964

Zu Texten Schleiermachers

Briefe   Aus Schleiermacher's Leben. In Briefen, 4.
Bde, Bd. 1-2, 2. Aufl. Berlin 1860, Bd. 3-
4, hg. v. W. Dilthey; L. Jonas, Berlin
1861-1863 (Nachdruck Berlin/New York
1974)

CG   Der christliche Glaube. Nach den Grundsätzen der evangelischen Kirche im Zusammenhange dargestellt von Friedrich Schleiermacher, 7. Aufl., auf Grund der 2. um-
gearbeiteten Aufl. von 1830/31 und kritischer Prüfung des Textes hg. v. M. Redeker, 2 Bde., Berlin 1960

CS   Christliche Sittenlehre. Die christliche Sitte
nach den Grundsätzen der evangelischen
Kirche im Zusammenhange dargestellt,
Friedrich Schleiermachers sämmtliche
Werke I,12, hg. v. L. Jonas, 2.Aufl., Ber-
lin 1884

Enzyklopädie   Theologische Enzyklopädie (1831/1832).
Nachschrift David Friedrich Strauß, hg. v.
Walter Sachs, SchlAr 4, Berlin/New York
1987

Ethik   Ethik (1812/13) mit späteren Fassungen
der Einleitung, Güterlehre und Pflichten-

lehre, auf der Grundlage der Ausgabe von
Otto Braun herausgegeben und eingeleitet
von Hans-Joachim Birkner, 2. verb. Ausgabe, Hamburg 1990.

KD	Kurze Darstellung des theologischen Studi-
ums zum Behuf einleitender Vorlesungen,
kritische Ausgabe, hg. v. H. Scholz, Nachdruck der 3. kritischen Ausgabe, Leipzig
1910, 5. Aufl. Darmstadt o.J.

KD 1. Aufl.	Kurze Darstellung des theologischen Studi-
ums zum Behuf einleitender Vorlesungen,
Berlin 1811.

KGA	Kritische Gesamtausgabe, in 5 Abteilun-
gen, hg. v. H.-J. Birkner†, G. Ebeling, H.
Fischer, H. Kimmerle, K.-V. Selge, Berlin/
New York 1980ff

Neue Verfassung	Vorschlag zu einer neuen Verfassung der
protestantischen Kirche im preußischen
Staate. 1808, ders. Schriften zur Kirchen-
und Bekenntnisfrage, bearb. v. H. Gerdes,
Friedrich Schleiermacher, Kleine Schriften
und Predigten Bd. 2, hg. v. H. Gerdes, E.
Hirsch, Berlin 1969, 117-136.

PT	Praktische Theologie. Die praktische Theo-
logie nach den Grundsäzen der evangelischen Kirche im Zusammenhange dargestellt von Dr. Friedrich Schleiermacher.
Aus Schleiermachers handschriftlichem
Nachlasse und nachgeschriebenen Vorlesungen hg. v. Jacob Frerichs, Berlin 1850.

Reden 1. Aufl.	Ueber die Religion. Reden an die gebilde-
ten unter ihren Verächtern, Berlin 1799;
KGA I, 2, 185-326

Reden 4. Aufl.	Ueber die Religion. Reden an die gebilde-
ten unter ihren Verächtern, 4. Aufl., Ber-
lin 1831; SW I, 1, 133-460

Schriften und Predigten   Kleine Schriften und Predigten, hg. v. H.
                               Gerdes u. E. Hirsch, 3 Bde., Berlin 1969-
                               1970

SW   Sämmtliche Werke, 30 erschienene Bde. in
                               3 Abteilungen, Berlin 1834-1864

Walter de Gruyter
Berlin • New York

Friedrich Daniel Ernst Schleiermacher Kritische Gesamtausgabe

Herausgegeben von
Hermann Fischer und Gerhard Ebeling, Heinz Kimmerle,
Günter Meckenstock, Kurt-Victor Selge

Etwa 40 Bände in 5 Abteilungen. Groß-Oktav. Ganzleinen

Erste Abteilung (Schriften und Entwürfe)
**Band 5: Schriften aus der Hallenser Zeit
1804-1807**

Herausgegeben von Hermann Patsch

CXXXII, 290 Seiten. Mit 2 Abbildungen. 1995.
DM 268,- / öS 2.091,- / sFr 255,- ISBN 3-11-014614-2

Edition eines poetischen Werkes (Die Weihnachtsfeier), einer
exegetischen Monographie (1.Timotheusbrief) sowie von fünf
theologisch-philosophischen Rezensionen (Zöllner, Spalding,
Jenisch, Fichte, Sack). Namen- und Stellenregister.

Preisänderung vorbehalten

Walter de Gruyter & Co • **Berlin** • **New York** • Genthiner Straße 13
D-10785 Berlin • Telefon: (030) 2 60 05-0 • Telefax: (030) 2 60 05-2 22

Walter de Gruyter
Berlin • New York

W DE G

Friedrich Daniel Ernst Schleiermacher Kritische Gesamtausgabe

Herausgegeben von Hermann Fischer
und Gerhard Ebeling, Heinz Kimmerle, Günter Meckenstock,
Kurt-Victor Selge

Etwa 40 Bände in 5 Abteilungen. Groß-Oktav. Ganzleinen

Erste Abteilung (Schriften und Entwürfe)

Band 12: Über die Religion (2.-) 4. Auflage, Monologen (2.-) 4. Auflage

Herausgegeben von Günter Meckenstock

LXXX, 411 Seiten. Mit 8 Abbildungen. 1995.
M 298,- / öS 2.325,- / sFr 284,- ISBN 3-11-014473-5

Der Band enthält in kritischer Edition Schleiermachers Reden
"Über die Religion" und seine "Monologen" in den Endgestalten
von 1831 bzw. 1829. Die abweichenden Lesarten der 2. und
3.Auflage sind in einem Variantenapparat erfaßt. Zusammen mit
den bereits in KGA I/2 und I/3 edierten Erstauflagen sind damit
alle Druckfassungen lückenlos dokumentiert.

Preisänderung vorbehalten

Walter de Gruyter & Co • Berlin • New York • Genthiner Straße 13
D-10785 Berlin • Telefon: (030) 2 60 05-0 • Telefax: (030) 2 60 05-2 22